JN440646

연세 근대 동아시아
번역총서

모시명물도설
毛詩名物圖說

지은이 서정(徐鼎)_ 청대(淸代) 오현(吳縣) 사람. 자(字)는 치동(峙東)이고, 호(號)는 설초(雪樵) 또는 실부(實父)이다. 경학(經學)에 밝았고, 산수화에 뛰어났으며, 영민(穎敏)하고 학문을 좋아했으며, 강좌(江左)에서 이름이 드높았다. 저서에 서실(書室)의 이름을 딴『애운관시문집(靄雲館詩文集)』등이 있다.

옮긴이 매지고전강독회

고 훈 연세대학교 인문예술대학 강사
김정한 연세대학교 인문예술대학 강사
김형태 경남대학교 문과대학 국어국문학과 교수
김혜은 연세대학교 인문예술대학 강사
박창균 연세대학교 국어국문학과 박사과정
반재유 연세대학교 인문예술대학 강사
정대혁 연세대학교 국어국문학과 박사과정
최용신 연세대학교 인문예술대학 강사

모시명물도설毛詩名物圖說

초판 인쇄 2012년 7월 1일 **초판 발행** 2012년 7월 10일
지은이 서 정 **옮긴이** 매지고전강독회
펴낸이 박성모 **펴낸곳** 소명출판 **출판등록** 제13-522호
주소 서울시 서초구 서초동 1621-18 란빌딩 1층
전화 02-585-7840 **팩스** 02-585-7848 **전자우편** somyong@korea.com **홈페이지** www.somyong.co.kr

값 36,000원

ISBN 978-89-5626-728-9 91820

연세 근대 동아시아 번역총서 5

모시명물도설
毛詩名物圖說

The figure encyclopedia of animals and plants in *Sikyung*[詩經]

서정 지음 | 매지고전강독회 역

머리말

『시경』은 기원전 11세기 서주(西周) 초기부터 기원전 6세기 동주(東周) 중기까지 약 5백 년간의 중국 북방 지역 운문(韻文)을 모은 대표 텍스트이다. 세계에서 가장 오래된 시집 중 하나이며, 인류 생활상의 흔적을 고이 간직한 소중한 문화유산이다. 유가(儒家)의 경서로서 『시경』이 지닌 가치는 논외로 하더라도, 그 안에 담긴 305편의 주옥같은 시들이 시공을 초월하여 우리에게 주는 감동은 이루다 표현할 수 없다.

일찍이 공자도 『논어』에서 『시경』의 중요성을 거듭 역설하였다. 예컨대, 「계씨(季氏)」 편에서는 아들 백어(伯魚)에게 『시경』을 배웠느냐고 물으면서 "사람이 시를 배우지 않으면 말을 할 수가 없다"고 하였고, 「양화(陽貨)」 편에서도 『시경』의 「주남(周南)」과 「소남(召南)」을 배웠느냐고 물으면서 "사람이 「주남」과 「소남」을 배우지 않으면 담장을 마주보고 서있는 것과 같다"고 하였다. 특히 제자들에게 『시경』을 읽으면 "조수초목(鳥獸草木)의 물명(物名)에 대해서도 많이 알 수 있다"고 하였는데, 예로부터 이를 간과하지 않은 동아시아 인문학자들이 그 생물의 정체성을 규명하고자 고증학(考證學)에 입각해 다양한 연구를 진행하였다.

역자(譯者)들도 평소 『시경』에 등장하는 다양한 생물의 정체성에 관심을 갖고 중국과 일본의 『시경』 물명 관련 서적들을 조사하던 중 『모시명물도설(毛詩名物圖說)』의 존재를 확인하게 되었다. 그리고 이 책이 동아시아에서 『시경』에 등장하는 생물의 정체성을 규명한 방대한 저술이며, 특히 고증학의 본령(本領)을 적실(的實)하게 보여주는 책이라는 점에 이끌려 '매지고전강독회(梅芝古典講讀會)' 세미나를 통해 번역하기로 했다.

'매지고전강독회'는 연세대학교 인문예술대학 국어국문학과 대학원을 중심으로 고전문학 전공자들이 모여 만든 모임이다. 2002년부터 고전(古典)을 강독하면서 옛 성현들의 말씀을 되새기고, 그 말씀에 담긴 뜻을 시대에 맞게 재해석 해보려는 시도를 하고 있다. 『통감절요(通鑑節要)』를 시작으로 고전을 읽어가던 중 물명(物名)을 다루는 유서류(類書類)를 접하게 되었고, 이후 『맹자』 등을 비롯한 고전강독과 유서류 번역을 지속하고 있다.

『모시명물도설』은 청나라 학자인 서정(徐鼎)이 1771년에 저술한 책인데, 그 중요성과 고증적 학풍에 힘입어 일본에서 1808년에 번각(翻刻)하기도 했다. 저자인 서정(徐鼎)은 청대(淸代) 오현(吳縣) 사람으로 자는 치동(峙東)이고, 호는 설초(雪樵) 또는 실부(實父)이다. 저서에 서실(書室)의 이름을 딴 『애운관시문집(靄雲館詩文集)』 등이 있는데, 『국조화식(國朝畫識)』 권1, 『묵향거화식(墨香居畫識)』 권6, 『국조화인집략(國朝畫人輯略)』 권5 등을 참조해보면, 경학(經學)에 밝았고, 산수화에 뛰어났으며, 영민(穎敏)하고 학문을 좋아했기 때문에 강좌(江左)에서 이름이 드높았다. 일본의 번각본 앞에 실린 서문은 에도[江戶] 시대 의원인 타끼 모또히로[多紀元簡]가 지었고, 글씨는 당대 유학자 니시지마 란케이[西島蘭溪]가 썼다. 각 생물 항목의 물명마다 일본 이름이 덧붙어 있는데, 이것은 당시 일본의 유명한 의원 오노 란잔[小野蘭山]이 정리했다. 그만큼 『모시명물도설』은 근대 동아시아에 유행하던 학제 간 통섭(通涉)의 전통을 집약적으로 보여주는 수준 높은 연구의 결정체이다.

이 책은 『시경』에 등장하는 동식물에 관한 설명을 담고 있는 책으로, 결국 『시경』 동식물 백과사전이라고 할 수 있다. 이 책은 전체 아홉 권으로 되어 있다. 1권은 새(鳥)를 테마로 '저구(징경이)'를 비롯해 38종, 2권은 짐승

(獸)으로 '마(말)'를 비롯해 29종, 3권은 벌레(蟲)로 '종사(여치)'를 포함해 27종, 4권은 물고기(魚)로 '방(방어)'을 비롯해 19종, 5권은 풀(草) 상권인데 '행(노랑어리연꽃)'을 시작으로 36종, 6권은 풀(草) 중권으로 '연(연꽃)'을 포함한 31종, 7권은 풀(草) 하권으로 '평(쑥)'을 비롯해 21종, 8권은 나무(木) 상권인데 '도(복숭아나무)'를 시작으로 28종, 9권은 나무(木) 하권으로 '양(버드나무)'을 포함해 26종으로 구성되어 있다.

내용상 『시경』 각 장에 등장하는 생물의 물명과 그 생물을 지칭하는 또 다른 이름부터 시작해서 그 생김새와 습성을 그림과 함께 묘사하고 있으며, 나아가 그 쓰임새와 잘못된 명칭이나 분류도 바로잡고 있다. 또 육기(陸機)의 『모시초목조수충어소(毛詩草木鳥獸蟲魚疏)』, 장화(張華)의 『박물지(博物志)』, 이시진(李時珍)의 『본초강목(本草綱目)』과 『이아(爾雅)』, 채원도의 『명물해(名物解)』, 곽박(郭璞)의 『이아주(爾雅注)』, 양웅(揚雄)의 『방언(方言))』, 라원(羅願)의 『이아익(爾雅翼)』, 육전(陸佃)의 『비아(埤雅)』, 주희(朱熹)의 『시전(詩傳)』 및 『금경(禽經)』, 『광아(廣雅)』, 『설문해자(說文解字)』, 『회남자(淮南子)』, 『산해경(山海經)』 등 여러 책을 참고·인용하고 있다. 이와 같은 참고문헌의 다양함과 각종 사물에 대한 해박한 지식이 수록되어 있는 것을 볼 때, 이 책에 쏟은 저자 서정의 노력과 애착을 십분 느낄 수 있다.

요즈음 문화콘텐츠에 대한 관심은 높아졌지만, 그 안에 탑재할 소프트웨어에 대한 연구는 적은 듯하다. 동아시아의 풍부한 고전에서 아이디어를 찾고, 이를 잘 활용해서 되살린다면 둘도 없는 좋은 소재가 될 수 있을 것이다. 즉, 동아시아 전통사회를 관류하던 문화와 풍습에서 훌륭한 문화사적 소재를 찾을 수 있는 것이다. 이런 측면에서 볼 때 『시경』 관련 유서류는 무궁한 가능성을 지닌 소재의 보고(寶庫)라 하겠다. 우리 '매지고전강독회'는 앞으로도 동아시아 유서류에 대한 지속적 관심을 가지고 후속 작업들을 진행해나가고자 한다.

역자들을 심오한 학문의 세계로 이끌어 주신 윤덕진 선생님과 학문하는 자세를 깨우쳐주신 임성래 선생님께 머리 숙여 깊이 감사드린다. 더불어 출판을 주선해주신 김영민 선생님께도 이 자리를 빌려 감사드린다. 우리 '매지고전강독회'의 이 작은 성과가 '온고지신(溫故知新)'의 디딤돌이 되었으면 하는 바람을 가져본다.

2012년 6월

매지고전강독회 일동

차례

모시명물도설
毛詩名物圖說

魚

草上

草中

草下

木上

木下

일러두기

- 본 번역의 대본으로는 『毛詩名物圖說』(淸徐雪樵撰)을 사용했다.
- 원문은 글자 그대로 입력하는 것을 원칙으로 가급적 속자(俗字)와 고자(古字)를 살리려했다. 오자(誤字)나 탈자(脫字)라고 판단한 경우에는 기타 참고문헌과 비교하여 각주에 설명하였다.
- 이 책에 수록된 그림은 『毛詩名物圖說』(淸徐雪樵撰)을 그대로 사용했다.
- 본서에 인용된 『詩經』의 해석은 주희(朱熹) 및 그 학파의 주석(註釋)에 의거하였다.
- 번역은 직역을 원칙으로 하였지만, 지나치게 고투이거나 의미가 분명하게 드러나지 않는 경우에 한하여 의역하였다.
- 각 표제어는 '한자(사전적 명칭)'으로 명시했으며, 본문에는 '한자음(사전적 명칭)'으로 표기하였다.
- 한자어에 대한 사전적 명칭은 『大漢韓辭典』(全1卷, 教學社, 1998)을 사용했다.
- 번역과정에서 사용한 사전은 『大漢和辭典』(全15卷. 大修館書店, 1960, 1983年 修訂版), 『中文大辭典』(全7卷. 中華文化大學出版部. 1985), 『漢語大辭典』(全13卷. 漢語大詞典出版社. 1994) 등이 있다.
- 책의 제목은 『 』, 각 편의 제목은 「 」, 장명과 작품명은 〈 〉으로 표기했고, 직접인용은 " ", 간접인용과 물명(物名)은 ' ' 등의 문장부호를 사용했으며, 그 외에는 일반적인 관행을 따랐다.

모시명물도설

毛詩名物圖說

모시명물도설 서문

나는 의원(醫員)으로서 『본초』의 학문을 닦아 동식물의 이름을 분별해 밝혔는데, 장차 이는 박식함을 자랑하거나 기이함을 다투고자 함이 아니다. 오직 사람의 질병을 다스림에 알맞은 용도를 아는 것이 중요할 뿐이다. 유학자들도 『모시』의 학문을 익힘으로써 날짐승과 길짐승, 풀과 나무의 이름을 증명해 기록했는데, 또한 어찌 많이 앎을 탐하고 박식함을 자랑했겠는가. 중요한 것은 그 시 가운데 표현된 정취를 가지고 사람의 성정을 바르게 함에 있다. 아! 대체로 사람의 질병을 다스림으로써 천수(天壽)를 누리는 데 오르게 되고, 사람의 성정을 바르게 함으로써 성인(聖人)의 경지에 들어가게 된다. 그 일은 비록 다르지만, 타고난 이치는 모두 다 같다. 더욱이 시 3백 편은 생각에 사특함이 없게 하고, 『본초』라 일컫는 360종은 몸에 질병을 없게 한다. 사람 몸에 질병이 없고 어질어 사특함이 없다고 일컬음은 태평하고 배를 불리는 다스림이니, 성현들의 원하는 바가 어찌 이 밖에서 나오겠는가. 이 때문에 어진 재상이 되지 말고, 어진 의사가 되라고 말한 것은 대개 그 이치가 서로 같다. 오중 서실부[1]의 『모시명물도설』은 합

---

1 '실부'는 저자 서정(徐鼎)의 호(號). 청대(淸代) 오현(吳縣) 사람. 자는 치동(峙東). 호는 설초(雪樵). 경학(經學)에 밝았고, 산수화에 뛰어났다. 영민(穎敏)하고 학문을 좋아했으며, 강좌(江左)에서 이름이 드높았다. 저서에 서실(書室)의 이름을 딴 『애운관시문집(靄雲館詩文集)』 등이 있다. 『국조화식(國朝畫識)』 권1, 『묵향거화식(墨香居畫識)』 권6, 『국조화인집략(國朝畫人輯略)』 권5 등에 보인다.

쳐 모은 여러 뜻을 나눔으로써 생겨난 소견이 간략하고 요점이 있으니, 이는 시를 공부하는 보벌[2]이다. 등주와 양주의 번각[3]을 가지고 나에게 서문을 청하였다. 나는 의원이니, 유학 서적의 서문 쓰기를 좋아하지 않는데, 하물며 경서를 풀이한 책이야 어떠하겠는가? 비록 그러하나 이 책은 동식물에 대해 상세하게 풀이했으니, 나의 본초학에 이르러 본초학을 밝게 수학하려는 사람들은 이 책을 참고하지 않을 수 없을 것이다. 이 때문에 서문을 청함에 이르렀으니, 시와 본초를 논하여 서로 겉과 속이 된 듯하고, 그 엮음이 바르다고 하겠다.

문화 5년[4] 무진 3월

에도[江戶] 의관 탄바 모또히로[丹波元簡][5] 염부(廉夫)

니시지마 란케이[西島蘭溪][6] 장손(長孫) 씀

---

2 불교용어. 중생(衆生)을 고해(苦海)를 건너 피안(彼岸)에 이르게 하는 보배로운 불법(佛法)이다.

3 원각본(原刻本)을 본보기로 하여 판목을 다시 새긴 것. 또는 원본과 같은 내용으로 출판한 것이다. 번인(翻印).

4 '문화'는 일본 고오까꾸[光格] 국왕(1779~1817)의 연호(年號)이고, 문화 5년은 1808년이다.

5 타끼 모또히로[多紀元簡]. 자(字)는 염부(廉夫). 안장(安長)이라고 통칭했다. 호(號)는 역창(櫟窓) 또는 계산(桂山)이고, 이를 따라 타끼 케이잔[多紀桂山]으로도 칭했다. 이노우에 킹가[井上金峨]에게 문학을 배웠고, 의학을 공부해 부친 타끼 란케이[多紀藍溪]의 업(業)을 계승했으며, 관립(官立) 의학관(醫學館)을 총괄 감독했다. 시의겸의학독사(侍醫兼醫學督事)와 궁의(宮醫) 등을 지냈으며, 『소문(素問)』·『영추(靈樞)』·『상한(傷寒)』·『금궤(金匱)』 등을 연구해 정통했다. 저서에 『소문식(素問識)』, 『영추식(靈樞識)』, 『상한론집의(傷寒論輯義)』, 『금궤요략집의(金匱要略輯義)』 등이 있다.

6 1781~1853. 에도시대 후기의 유학자. 자(子)는 원령(元齡). 호(號)는 난계(蘭溪), 곤재(坤齋). 원래 성(姓)은 게죠위[下條]. 이름은 장손(長孫). 임술재(林述齋)에서 양부(養父)인 니시지마 류코[西島蘭溪, 1760~1823]에게 주자학 등을 수학(修學)했고, 저서에 『곤재일초(坤齋日抄)』, 『폐추시화(弊箒詩話)』 등이 있다.

毛詩名物圖說序

吾醫脩本草之學 以辯明動植之名 將是非於誇博而鬪奇也. 唯要知其功用以治人之疾疹耳. 儒者講毛詩之學 以疏證鳥獸草木之名物 亦豈貪多識 而誇博聞乎哉. 要在爲其興象 以正人之性情. 烏! 夫治人之疾疹 以躋壽域 正人之性情以入聖域. 其事雖異 而生理則同是. 尤詩三百要思無邪 俑本草三百六十種要身無疾. 俑人身無疾 而良以無邪 則太平鼓腹之治 聖賢所願 豈出此外乎. 是故云 不爲良相 則爲良醫 蓋以其理相類也. 吳中徐實夫毛詩名物圖說 會萃衆義斷 以生所見 簡而有要 是學詩之寶筏也. 滕・楊州翻刻之 以請序於予. 予醫也不好序儒書 况於解經之書乎. 雖然此書疏解動植之物 則涉於吾本草之學 而修明本草者 不可不參考此書也. 是故於生請序 論詩本草之 所以相爲表裏者矣其編端之.

文化五年 戊辰三月

江戶醫官 丹波元簡 廉夫

蘭溪西島長孫書

모시명물도설 서

옛날에 용마[7]가 등에 그림을 지고 나오자 복희가 그것을 본떠 팔괘를 그렸으니, 그림이 풍부해지기 시작했다. 이 때문에 육경에 그림이 없음이 없고, 천문을 관측하거나 지리를 살펴 아래로 조류와 어류, 동물과 식물에까지 수많은 형상이 갖추어지지 않은 것이 없음은 『시경』만한 것이 없을 것이다. 『대학』에서는 "앎에 이르려면 사물의 이치를 궁구해야 한다"고 했고, 『논어』에서는 "새·짐승·풀·나무의 이름을 많이 알아야 한다"고 했다. 사물이 있으면 이름이 있고 형상이 있으니, 사물을 알게 된다. 이름을 짓게 되면 형상을 본뜰 수 있다. 시를 쓴 사람이 비(比)하고 흥(興)하여 그 뜻을 같은 부류끼리 모았으니, 〈관저〉의 숙녀, 〈녹명〉의 가빈, 〈상체〉의 형제, '조라'[8]의 친척, 〈종사〉의 자손, 〈가어〉의 연악과 같은 것이다. 그 형상을 분별하지 못한다면, 어떤 경로를 통해 사물을 알겠는가? 그 이름을 자세히 살피지 않는다면, 어떤 경로를 통해 뜻을 알겠는가? 만약 한쪽 모퉁이만 보는 것을 고집한다면, 동쪽만 향해 바라보다가 서쪽 담장을 보지 못해 바로 앞에 있는 것을 잃게 되고, 시인들은 같은 부류끼리 모으려는 뜻을 구하고자 함이 적을 것이다. 어찌 성신·악독·예악·거기의 큼을 한가롭게 궁구하겠는가! 당나라 문종이 정수이[9]에게 명하여 진나라 위협[10]

7 용의 머리에 말의 몸을 하고 있다는 전설상의 신수(神獸)이다.

8 『시경(詩經)』「소아(小雅)」〈규변(頍弁)〉.

의 정본을 본뜨도록 해서 거듭 사물의 형상을 그리게 했고, 다시 사신[11]에게 명하여 풀·나무·벌레·물고기 그림을 그리도록 했으나, 마침내 세상에 유행하지 못해 고찰하고 의거할 바가 없었다. 선대와 후대의 훈고학자들이 품위 있는 것과 속된 것을 각각 구분했고, 빠진 것이 많지 않으며, 이리 저리 흩어짐이 없으니, 어찌 의심할 수 있겠는가? 앞선 군자들은 경서로써 저작을 남기면서 죽을 때 명하기를 "원컨대 너희들이 통달한 유학자라고 써주는 것으로 족하다"라고 했다. 어릴 때에는 삼가고 명심하여 잊어버리지 않았고, 어른으로 자라서는 암자에서 삼가 『주역』의 이치를 연구했으니, 드러내 밝힌 바가 많아 풍부하게 책을 이룬 듯하다. 내가 속발[12]할 때가 되자 형이 『모시』 3백 편을 주었는데, 문득 사물을 귀와 눈으로 듣고 봄에 흔연히 얻는 바가 있었다. 이에 사물의 이름을 넓게 살펴보고자 하여 전적을 그물질하듯 찾았고, 제멋대로 기록하기를 반복했는데, 꺼리거나 번거로워하지 않았으며, 어리석음을 헤아리지 않고 엮어 모아 20년을 검열한 듯하다. '격물치지'와 '다식'의 설을 더욱 두려워했으나, 면밀하고 자세하지 못하다. 대체로 낚시질 하는 노인과 촌농의 초부, 사냥꾼으로부터 아래로는 여대[13]와 조례[14]에 이르기까지 듣는 바가 있으면 반드시 사물의 성질을 따져 알아본 뒤 묘사해 아래에 주석을 달았다. 서로 같지 않은 것은 통하게 했고, 번잡하고 자질구레한 것은 깎아냈으며, 잘못된 것은 바르게 했고, 샅샅이 조사해 옮겨 모은 것을 추려내었다. 오직 만물에서 그 이름을 분별하고, 이름에서 그 뜻을 구했으며, 시인의 무리들이 가탁해 읊은 뜻을 취해 얻은 뒤에야 편안하고자 했다. 근래 여러 해 계속 집에 거하

9 당대(唐代) 기주(冀州) 사람. 백의자(伯儀子). 자(字)는 경지(敬之). 소주(蘇州)에 살았고, 주방(周昉)에게 그림을 배웠다.

10 진대(晉代) 화가(畵家). 도·불교관련 인물화를 잘 그렸다.

11 문학(文學)으로 시종하는 신하. 한림(翰林)과 같은 벼슬이 이에 해당한다.

12 성인(成人)이 됨. 사내아이가 성인이 되어 상투 트는 것을 이른다.

13 하인(下人).

14 관아(官衙)에서 천역(賤役)에 종사(從事)하던 관노비(官奴婢) 따위를 지칭한다.

면서 가르쳤으며, 나그네들을 좇아 무리 짓고, 여러 사람들에게 의뢰하니, 서로 함께 성공하도록 도와주었다. 이때 나는 막부의 중승[15]으로 있으면서 고맙게도 강연 자리에 앉게 되었고, 동학과 함께 경서의 뜻을 궁구해 이 책을 내보이게 되었으니, 책의 첫머리를 보면 귀우(歸愚) 심(沈)선생[16]이 손수 쓴 "명물 한 권의 책은 세상에 전하는 학문이다"라는 몇 마디 말이 있다. 곧 수긍하며 말한다. "선생은 어찌 이조[17]만 축수(祝壽)하여 사물을 좋아함이 공평하지 않습니까?" 이어서 또 세상을 위해서 판목(板木)을 구해 차례를 나누어 9권을 만들었으며, "명물도설"이라고 표지(標識)했다. 그 밖의 '예', '악', '관', '상', '거', '기'의 모든 그림도 뒤를 이어 판목에 행했다. '조', '수', '충', '어', '초', '목'을 앞세운 것은 『시경』이 「국풍」에서 시작하여 「아」와 「송」에서 끝나는 것과 같다. 다만 견문이 좁아 어찌 누락된 것이 없겠는가마는 온갖 사물에 정통한 군자의 질정(質定)을 바라며, 이에 598자를 책머리에 쓰노라.

때는 건륭 신묘년[18] 자월 초하루. 오중 서정이 청덕당의 서쪽 서재(書齋)에서 서(序)하노라.

---

15 벼슬 이름. 난대(蘭臺)에 소속되어 궁중(宮中) 도적(圖籍)을 관장했다.

16 [1673~1769] . 심덕잠(沈德潛). 자는 확사(確士). 호는 귀우(歸愚). 중국 청대(淸代)의 시인. 강소성(江蘇省) 소주(蘇州) 사람. 일찍부터 시명(詩名)이 높았고, 예부시랑(禮部侍郞)을 지냈다. '격조설(格調說)'이라 칭하는 그의 시론(詩論)은 한(漢)·위(魏)·성당(盛唐)의 시를 모범으로 해 격식과 격률을 중시하고, 송대 이후의 시풍에 반대한 것으로서 같은 시대의 시인 원매(袁枚)의 '성령설(性靈說)'과 대립됨. 이는 명대 전후7자(前後七子)의 주장인 양당억송(揚唐抑宋)의 정신을 계승한 것임. 그의 작품은 대개 공덕을 칭송한 시나 과거시험용 문장이 많아 높은 평가를 받고 있지는 못함. 저서에 시론집 『설시수어(說詩晬語)』, 한·위·육조(六朝)의 시를 선록하고 평론을 덧붙인 『고시원(古詩源)』, 당시·명시·청시 중심의 『별재집(別裁集)』 등이 있다.

17 배나무와 대추나무. 서적의 판목(版木). 배나무와 대추나무를 판목으로 많이 썼기 때문에 이르는 말이다.

18 '건륭'은 중국 고종(高宗, 1736~1795)의 연호(年號)이며, 신묘년은 1771년이다.

毛詩名物圖說序

古者龍馬負圖 虙犧則之以畫八卦 圖之所繇昉也. 以故六經莫不有圖 而仰觀天文 俯察地理 下及飛潛動植 百千萬狀 靡不具擧者 莫詩若矣. 大學曰 致知在格物. 論語曰 多識鳥獸草木之名. 有物迺有名. 有象迺知物. 有以名名之 即可以象像之. 詩人比興 類取其義 如關雎之淑女 鹿鳴之嘉賔 常棣之兄弟 蔦蘿之親戚 螽斯之子孫 嘉魚之燕樂. 不辨其象 何由知物. 不審其名 何由知義 若其名 何由知義. 若株守一隅之見 東嚮而望 不見西墻 當前者失之 而欲求詩人類取之旨罕矣. 更何暇究星辰・嶽瀆・禮樂・車旂之大者哉. 唐文宗命程修已 倣晉衛協定本 重圖物象 復命詞臣作艸木蟲魚圖 卒不行世 罔所攷据. 先後詁訓家雅俗各殊 弗多遺漏 卽失支離 又安足恠. 先君子以經書遺子 易簀命之曰 願爾曹作通儒足矣. 時年幼謹佩之弗忘. 長晜敬菴研窮易理 多所闡明 裒然成集矣. 余丁束髮時 兄授㠯毛詩三百篇 輒遇耳目聞見之物 忻然有所淂. 迺欲博考名物 蒐羅典籍 往來書肆 不憚煩 不揆檮昧 編而輯之 閱二十年矣. 尤恐於格致多識之說 未精詳也. 凡釣叟邨農 樵夫獵戶 下至輿臺皁隸 有所聞 必加試驗 而后圖寫 即分註釋於下. 異同者通之 煩碎者削之 謬訛者正之 穿鑿傅會者汰之. 止欲於物辨其名 於名求其義 得詩人類取託詠之旨而后安. 比年來家居教授 從游者衆 賴諸子相與贊成. 時余在中丞幕府 忝居講席 與同學究經義 出示斯編 則見卷首 有歸愚沈師手書 名物一書傳世之學數語. 即首肯曰 先生何不壽諸梨棗 以公同好. 嗣又為坊間請梓 㠯分為九卷 標之曰 名物圖說. 其他禮樂冠裳車旂諸圖 後續梓行. 先之鳥獸蟲魚艸木者 猶詩之始國風 而終雅頌也歟. 但聞見單淺 詎無挂漏 願質諸博物君子 爰以五百九十八言弁諸簡首.

時乾隆辛夘子月朔. 吳中徐鼎序清德堂之西齋.

모시명물도설 발범

일(一). 시가 가르침이 됨은 흥관군원군부[19]로부터 밖으로 조수초목의 이름을 많이 아는 것에서 끝난다. 다만 이름을 밝히지 않고서 어찌 이 뜻을 알고, 사물을 보지 않고서 어찌 이 이름을 알겠는가. 도(圖)와 설(說) 두 가지는 서로 날실과 씨실이 되니, 옛 사람들이 좌우에 도서를 둠은 진실로 까닭이 있다. 이 책에 모은 것들은 위에 그림을 두었고, 아래에 주석을 나누어 배열했다.

일(一). 책 가운데 한 생물이 거듭 나오는 것이 있는데, 다시 그리거나 설명하지 않았다. 같은 생물이지만 이름이 다른 것이 있는데, 〈갈담〉의 '황조(꾀꼬리)'를 〈동산〉에서 '창경'이라 말했고, 「주남」의 '종사(여치)'를 〈칠월〉에서 '사종'이라 말함과 같으니, 그림은 없고 설명만 있으며, 그 끝부분에 덧붙였다. 이름은 같지만 다른 생물인 것이 있는데, 〈작소〉의 '구(산비둘기)'는 '길국(뻐꾸기)'이 되었고, 〈맹〉의 '구'는 '골주(고지새)'가 되었으며, 〈장

19 "감흥하고, 감찰하며, 사교하고, 풍자한다. 가까이 아비를 섬기고, 멀리 임금을 섬긴다"는 뜻. 시가의 사회적 작용을 개괄하는 전통적 설명 방법. '흥'은 시가가 인간의 감정과 의지를 감동시킬 수 있음을 말하는 것이고, '관'은 시가를 통해 인간이 풍속의 성쇠와 정치의 득실을 알 수 있다는 것을 의미하며, '군'은 사람들이 시가를 통해 상호 절차탁마(切磋琢磨)하고 계발하며 화락하게 지낼 수 있음을 말하는 것이고, '원'은 시가에 잘못된 정치를 비판 풍자하는 기능이 있음을 설명하는 것이다. "子曰 小子何莫學夫詩 詩可以興 可以觀 可以羣 可以怨 邇之事父 遠之事君. 多識於鳥獸草木之名" 『논어(論語)』 제9 「양화(陽貨)」.

중자〉의 '기(키버들)'는 '기류(고리버들)'가 되었고, "남산에는 '기(멀구슬나무)'가 있고"[20]와 "저 '기'와 '극(멧대추나무)'에 있도다"[21]에서는 '재기'가 되었으며, "떨기로 나는 '기(구기자나무)'에 모이도다"[22]와 "그 '기'를 뜯노라"[23]와 "진펄에는 '기'와 '이(멧대추나무)'가 있도다"[24]에서는 '구계(구기자나무)'가 된 듯하고, 〈택피〉의 '포(부들)'는 '포초'가 되었으니 풀 종류에 들어갔는데, "속포(갯버들 단) 하나 떠내려 보내지 못하네"[25]에서는 '포류(갯버들)'가 되었으니 나무 종류에 들어감과 같다. 각각 도설을 나누었다.

일(一). 생물의 형상을 밝히기 어려운 것은 그림을 그려 구별했다. 이름과 별명을 알기 어려운 것은 설명을 모아 대조했는데, 이에 『산해경(山海經)』 및 『당본초(唐本草)』, 『송본초(宋本草)』에 의거했다. 간혹 갖추지 못한 것이 있으면, 주군현(州郡縣)의 기록을 참고하거나 토착민(土着民)에게 자문(諮問)했는데, 대체로 지금 전하는 것만 믿고 정했으며, 뒤에 썼다.

일(一). 제・노・한나라의 시는 이미 없어졌고, 『모전』만 홀로 남아 있다. 한・당대에 여러 선생이 방법을 나누어 성(盛)함을 드날림으로부터 자양[26]에 이르기까지 여러 말들을 모으고 모았다. 이 책은 경전과 제자서(諸子書)와 역사서를 널리 인용한 것 외에도 경서의 뜻을 열어 밝힌 곳도 있다.

---

20 『시경(詩經)』「소아(小雅)」〈남산유대(南山有臺)〉. 나라를 잘 다스려 태평(太平)의 기초를 세울 수 있는 현자(賢者) 얻음을 즐거워한 시이다.

21 『시경(詩經)』「소아」〈잠로(湛露)〉. 천자가 제후들에게 연회를 베풀어 줌을 읊은 시. 인신하여 임금의 은덕을 비유한 것이다.

22 『시경(詩經)』「소아」〈사모(四牡)〉. 사신(使臣)을 위로하고, 수고로움을 밝힌 시이다.

23 『시경(詩經)』「소아」〈북산(北山)〉. 나라의 부역 때문에 부모 봉양을 할 수 없음을 읊은 시이다.

24 『시경(詩經)』「소아」〈사월(四月)〉. 대부가 유왕(幽王)을 풍자한 시이다.

25 『시경(詩經)』「소아」〈왕풍(王風)〉〈양지수(揚之水)〉. 백성들을 어루만지지 않고, 멀리 신(申)나라에 주둔시켜 수자리 살게 한 평왕(平王)을 주나라 백성들이 풍자한 시이다.

26 산 이름으로 송나라 주희의 부친 주송(朱松)이 독서하던 곳이다. 이 때문에 주희가 그의 서재 이름을 '자양서실(紫陽書室)'이라 이름 지었다.

그러한 말들을 모두 모았으나, 달리 참위[27] 같은 여러 책은 대개 버려두고 기록하지 않았다.

일(一). '맥(오소리)'은 문수[28]를 건너지 못하고, '구욕(구욕새)'은 제수[29]를 건너지 못하며, '호(여우)'는 양자강을 건너 남쪽으로 가지 못하고, '귤'은 양자강을 건너 북쪽으로 가지 못하니, 땅의 기운 때문에 그러한 것이다. 앞선 선비들이 그 사이에 나고 자라서 각각 지방의 말들을 늘어놓아 서로 같지 않은 설명이 적지 않다. 나는 시가 채집된 지방을 고쳐 바로잡았고 사투리를 보충했으며, 그 잘못됨을 바로잡았고 의심나는 것을 뺐으니, '나는 이렇게 생각한다'를 참고하여 보충하라.

일(一). '창려'[30]는 말했다. "구두[31]를 알지 못하면 미혹되어 풀이하지 못한다." 그러므로 책 속에는 어느 책인지 아무개인지를 자세히 늘어놓았고, 읽는 사람으로 하여금 연원을 알 수 있게 했으며, 큰 글자를 써서 그 글을 나타냈다. 만약 설명 중에 어느 책이나 아무개를 다시 인용했다면, 작은 주석을 따라 연관 지으면 부분이 차례대로 되리니, 살펴보고 외우는 데 편리할 것이다.

---

27 참서(讖書)와 위서(緯書). '참서'는 도참(圖讖) 등에 의해 사람의 미래를 예견(豫見)한 책이고, '위서'는 유가(儒家)의 경전(經典)에 끌어다 붙여 치란흥망(治亂興亡)을 예언한 책이다.

28 산동성(山東省)에서 발원해 제수(濟水)로 흘러드는 대문하(大汶河).

29 하남성(河南省)에서 발원해 황하로 흘러드는 강.

30 한유(韓愈, 768~824)의 호(號). 당대(唐代) 등주(鄧州) 남양(南陽) 사람. 자(子)는 퇴지(退之). 시호는 문(文). 당송8대가(唐宋八大家)의 한 사람. 형부시랑(刑部侍郞)・이부시랑(吏部侍郞) 등을 지냄. 6경(六經)과 제자백가(諸子百家)에 통달함. 유종원(柳宗元)과 함께 병려문(騈儷文)을 반대하며 고문 부흥에 힘씀. 그의 글을 문인 이한(李漢)이 편집한 『창려선생집(昌黎先生集)』 50권이 있다.

31 문장을 끊어 읽는 규칙. 구두법(句讀法). 문(文)에서 뜻이 끊기는 곳을 '구(句)', 구에서 읽기에 편하도록 끊는 곳을 '독(讀)'이라고 한다.

일(一). 전책[32]은 널리 많고, 옛날과 지금의 체제는 다르나, 글자의 흔적은 전례(前例)를 답습(踏襲)하니, 그릇되고 잘못된 것이 없지 않다. '작(까치)'을 세 번 베끼면 '오(까마귀)'자가 되고, 범의 무늬를 세 번 베끼면 '제'자가 되는 것과 같다. 그러므로 자세하게 교정한 것을 더함으로써 획 하나라도 단단히 결정했다.

毛詩名物圖說發凡

一, 詩之爲敎 自興觀羣怨君父外 而終之以多識鳥獸草木之名. 顧不辨名 胡知是義 不見物 胡知是名. 圖說二者 相爲經緯 古人左圖右書 良有以也. 玆編所輯 寘圖於上 分列注釋於下.

一, 集中有一物重出者 不復圖說. 有同物異名者 如葛覃黃鳥 東山言倉庚 周南螽斯 七月言斯螽 無圖而有說 即附其末. 有同名異物者 如鵲巢之鳩爲鳲鳩 氓之鳩爲鶻鵃 將仲子之杞爲杞柳 南山有杞 在彼杞棘 爲梓杞 集于苞杞 言采其杞 隰有杞桋 爲枸檵與 澤陂之蒲 爲蒲艸 入草類 不流束蒲 爲蒲柳 入木類. 各分圖說.

一, 物狀難辨者 繪圖以別之. 名號難識者 薈說以參之 爰據山經曁唐宋本草. 有或未備 考州郡縣志 諏之土人. 凡期信今傳後云.

一, 齊・魯・韓詩既亡 毛傳孤行. 自漢唐諸子分道楊鑣 洎乎紫陽 會稡羣言. 玆編博引經傳子史外 有闡明經義者. 悉捃拾其辭 他若讖緯諸書 槩寘不錄.

一, 貉不踰汶 鸜鵒不踰濟 狐不渡江 而南橘不越江 而北地氣使然也. 先儒生

32 전장(典章)과 제도 등을 기록한 서적.

長其間 各陳方土之言 不少異同之說. 余釐訂采詩之地 衷之土音 正其譌 闕其疑 用愚按 以備參攷.

一, 昌黎有云 句讀之不知 惑之不解. 故集中詳列某書某氏 俾讀者知所淵源 用大字表章之. 若說中更引某書某氏 仍依小註聯貫之 則部分班列 便於觀覽成誦.

一, 典冊浩汗 古今體異 字蹟相沿 不無謬譌. 如潟三寫而爲烏 帍三寫而爲帝. 故詳加校讐 以期畫一.

鳥

雎鳩(징경이) : 『시경(詩經)』「주남(周南)」〈관저(關雎)〉[1]

『이아』[2]「석조」에서 말하였다. '저구(징경이)'는 '왕저'이다.
곽박[3]이 주[4]에서 말하였다. '조(수리)'의 따위이다. 지금 강동[5]에서 부르기를 '악(물수리)'이라 하고, 물가나 산 가장자리에 살기를 좋아하며, 물고기를 먹는다.
사광[6]이 『금경』[7]에서 말하였다. '어응(물수리)'이다. 또한 '백예(흰 갈매기)'라 하고, '백궐(흰 물수리)'이라 이름한다.

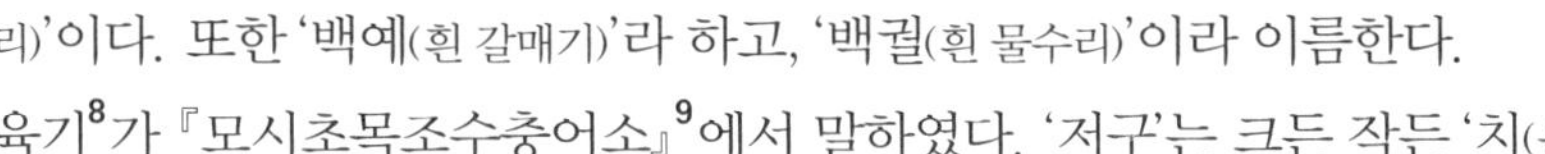

육기[8]가 『모시초목조수충어소』[9]에서 말하였다. '저구'는 크든 작든 '치(올

1 후비(后妃)의 덕을 읊은 시이다.

2 중국에서 가장 오래된 훈고학서(訓詁學書)로 진(秦)·한(漢)에 걸쳐 여러 사람에 의해 편찬, 보완된 것으로 추정된다. 당(唐) 때 이루어진 개성석경(開成石經)인 『십이경(十二經)』이나 송(宋) 때 성립된 『십삼경(十三經)』에 포함되어 있는 경전의 하나로 문자의 뜻을 고증, 설명하는 사전적 성격을 가지고 있다.

3 276~324. 자(字)는 경순(景純). 중국 육조시대의 학자로, 서진(西晉)말에 강남에 가서 오행(五行)과 천문, 특히 점술로 이름을 떨치고, 동진(東晉)왕조 성립 초에 그 장래의 운명과 길흉화복을 예언하였다고 한다. 322년 왕돈(王敦)이 반란을 일으켰을 때 흉(凶)하다는 단정을 내렸기 때문에 살해당하였다. 『산해경(山海經)』·『목천자전(穆天子傳)』·『이아(爾雅)』·『삼창(三蒼)』에 주석을 달았다. 선계(仙界)에 대한 동경을 노래한 『유선시(遊仙詩)』가 있다.

4 『이아주(爾雅注)』.

5 양자강(揚子江) 하류 남안(南岸)의 지방이다. 강좌(江左)·강서(江西)·강우(江右)라고도 한다.

6 생몰년 미상. 자(字)는 자야(子野). 춘추(春秋)때 진(晉)의 악사(樂師)로 태어날 때부터 눈이 멀었으며, 소리를 잘 분별하였다 한다.

7 사광(師曠)이 편찬하였으며, 진(晉)의 장화(張華)가 주를 냈다. 위서(僞書) 논쟁이 있었지만, 실제 모두 후인들이 의탁(依託)했으며 날짐승의 무리를 두루 실었다. 송(宋) 육전(陸佃)의 『비아(埤雅)』에 이 책을 처음 인용하였다.

8 261~303. 자(字)는 사형(士衡). 진(晉)의 오군(吳郡)사람으로 오(吳)가 망하자 10년 동안 은거하며 독서에 전념한 후, 낙양(洛陽)에 들어가 문명(文名)을 떨쳤다고 한다. 저작에 『문부(文賦)』, 문집에 『육사형집(陸士衡集)』이 있다.

9 삼국(三國) 때 오(吳)의 육기(陸機)가 지었다. 『시경(詩經)』에 나오는 동식물의 명칭 가운데 고금에 서로 다른 것을 분별하여 밝혔다.

빼미)'와 같고, 눈이 움푹 들어가 있으며, 눈 위의 뼈는 드러나 있다. 유주[10] 사람들은 '취(수리)'라 하고, 양웅[11]과 허신[12]은 모두 '백궐'이라 하였으며, '응(매)'과 비슷한데 꽁지 위가 희다고 하였다.

서현[13]이 말하였다. '저구'는 항상 강 모래톱 위에 살고, 무리와 짝하며, 사는 곳을 다시 옮기지 않는다.

엄찬[14]이 『시집』[15]에서 말하였다. 『좌전』[16]에서 "담자[17]는 오구[18]이다"라 하였는데, 『시경』에 다 보인다. 축구씨는 '사도'이니 '발구(집비둘기)'이며,

---

10 십이주(十二州)의 하나로 하북성(河北省) 북경(北京)일대의 지역을 지칭한다.

11 B.C.53~A.D.18. 자(字)는 자운(子雲). 한(漢)의 유학자로 사천성(四川省) 촉군(蜀郡) 성도(成都) 출신이다. 전한(前漢)·신(新)·후한(後漢) 세 왕조를 섬겼다. 저서로는 『태현경(太玄經)』, 『법언(法言)』이 있다.

12 30~124. 자(字)는 숙중(叔重). 후한(後漢) 초기의 학자로 박학(博學)하였고, 『설문해자(說文解字)』 14편과 『오경이의(五經異義)』를 지었다. 어릴 때부터 경서(經書)에 통달하여 당시 사람들이 '오경무쌍허숙중(五經無雙許叔重)'이라 일컬었다고 한다.

13 917~992. 자(字)는 정신(鼎臣). 송(宋)의 광릉(廣陵)사람으로 문자의 훈고에 정통하여 『설문해자(說文解字)』를 다시 교정하고, 『문원영화(文苑英華)』의 편찬에 참여하였다. 저작에는 『서문공집(徐文公集)』 30권이 있다.

14 생몰년 미상. 자(字)는 명경(明卿), 또는 탄숙(坦叔). 송(宋)대의 소무(邵武)사람으로 『시경』에 정통(精通)하였고 저서에는 『엄씨시집(嚴氏詩緝)』이 있다.

15 송(宋)의 엄찬이 지은 것으로 총 36권이다. 송대 여조겸(呂祖謙)의 『독시기(讀詩記)』를 주로 하여 여러 설명을 섞어 실었고 새로운 설명을 더하였다. 옛 설명에 마땅한 것이 없거나 음과 뜻이 비슷하여 판별하기 어려운 것과 사물의 이름이 여럿일 때는 상세히 고증하여 견해를 밝혔다.

16 『춘추좌씨전(春秋左氏傳)』의 준말로 『춘추(春秋)』를 해설한 '춘추삼전(春秋三傳)' 가운데 하나이다. 『좌씨춘추』, 『좌씨전』이라고도 한다. 춘추시대 노(魯)의 좌구명(左丘明)이 저자로 알려져 있으나 확실하지 않다. 처음으로 소개된 시기는 전한(前漢)말기이다. 『공양전(公羊傳)』과 『곡량전(穀梁傳)』이 『춘추』에 쓰여진 공자의 정신을 순리적으로 해석한 데 반하여 『춘추좌씨전(春秋左氏傳)』은 춘추시대의 사실(史實)에 입각해 역사적으로 기술한 것이며, 문학적으로 뛰어난 가치를 가진다. 그러나 사상적으로는 왕을 절대시하는 입장을 취하였다. 지금 전하는 것은 전한말기 유흠(劉歆) 일파가 편찬한 것이고, 원본은 소실되었다.

17 누구인지 자세하지 않다. 다만 '담'은 옛 나라 이름으로 '소호(少昊)'의 후손을 봉한 나라이고, 지금의 산동성(山東省) 담성현(郯城縣) 지역이다. 아울러 '담'은 성(姓)이기도 하다. 따라서 『좌전』의 '담자'는 그 임금을 포함한 '담' 땅 사람이거나 '담' 성을 가진 사람이라는 의미인 듯하다.

18 상고(上古) 소호(少皞) 때의 벼슬이름이다. 『좌전』 「소공(昭公) 17년」에 따르면, "축구씨는 사도이고, 저구씨는 사마이며, 시구씨는 사공이고, 상구씨는 사구이며, 골구씨는 사사이다. '오구'는 백성을 모으는 사람이다(祝鳩氏司徒也 鴡鳩氏司馬也 鳲鳩氏司空也 爽鳩氏司寇也 鶻鳩氏司事也)"라 하였고, 주에 "구는 모음이니 백성을 위에서 모아 다스리기 때문에 구를 가지고 이름을 삼았다(鳩聚也 治民上聚故 以鳩爲名)"라고 하였다.

〈사모〉·〈가어〉[19]의 '추(집비둘기)'가 이것이다. 저구씨는 '사마'이니 〈관저〉의 '구(비둘기)'가 이것이다. 시구씨는 '사공'이니 '포곡(뻐꾸기)'이며, 「조풍」의 '시구'가 이것이다. 상구씨[20]는 '사구'[21]이니 〈대명〉의 '응'이 이것이다. 골구씨는 '사사'이니 '학구(작은 비둘기)'이고, '반구(산비둘기)'가 아니며, 〈소완〉의 시구와 〈맹〉에 "오디를 먹지 말지어다"[22]의 '구'가 이것이다.

두예[23]가 『좌전』 주에서 말하였다. '저구'는 정이 도타우면서도 분별이 있기 때문에 '사마'를 삼아 법칙을 주관케 한다.

나는 이렇게 생각한다. 『모전』에 정이 도타우면서도 분별이 있다고 하였고, 『열녀전』에 "사람들이 여럿이 섞여 살면서 짝으로 처하는 것을 보지 못했다"고 하였다. 대개 삶에 정한 짝이 있어 어울리면 곧 짝지어 날지만, 떨어지면 곧 다른 곳에서 살며, 모래톱에 있기를 좋아한다. 그 색은 누렇고, 그 눈은 깊다. 말하자면 '조' 따위는 '치'와 같고, '응'과 비슷한 것이며, 모두 정이 도타운 새라고 말한다. 정이 도타운 새의 성질은 음란하지 않고, 바야흐로 숙녀의 덕을 취한다. 또 『통지』[24]에 "'부(물오리)'의 따위인데 물가에 많이 살고, 꽁지에 흰 점 하나가 있기 때문에 양웅이 '백궐'이라 하였다"라 하였으니, 다만 '백궐'은 '응'과 비슷하지만 '부'는 아니다. 「석조」에 "'저구'는 '왕저'이다", "'양조'는 '백궐'이다"는 각각 한 종류라 하였다. 주자가 『전』[25]에서 또한 물새이며, 모양이 '부예'와 비슷하다고 하였는데, 마치 전씨의 『시고』에 '두견'이라 함과 같다. 어떤 사람은 '원앙'과 비슷한 것이라고 하

---

19 『시경(詩經)』 「소아(小雅)」의 장명.

20 옛날 벼슬이름. 오구(五鳩)의 하나로 형벌(刑罰)과 옥사(獄事)를 맡았다.

21 주(周) 때 형옥(刑獄)을 맡던 벼슬로 육경(六卿)의 하나이다.

22 여기에서는 "食桑葚"으로만 나왔지만 『시경』에는 "無食桑葚"이라 되어 있으므로 이에 따른다.

23 222~284. 자(字)는 원개(元凱). 진(晉)의 경조(京兆)사람으로 박학하고 모략이 풍부하여 두무고(杜武庫)라 일컬어졌다. 저작에는 『춘추좌씨전집해(春秋左氏傳集解)』가 있다.

24 1161년에 남송(南宋)의 정초(鄭樵)가 지은 사서(史書)로, 모두 200권이다. 『통사(通史)』의 체재를 모방하여 「본기(本紀)」·「열전(列傳)」·「연보(年譜)」·「이십략(二十略)」 등으로 나누었으며, 『통전(通典)』·『문헌통고(文獻通考)』와 함께 '삼통(三通)'이라 부른다.

25 주자의 『전(傳)』은 주자의 『시집전(詩集典)』을 말한다.

였으니 아울러 잘못된 것이다.

爾雅釋鳥 雎鳩王雎. 郭璞註 鵰類. 今江東呼之爲鶚 好在江渚山邊 食魚. 師曠禽經 魚鷹也. 亦曰白鷢 亦名白鷹. 陸璣草木蟲魚疏 雎鳩大小如鴟 深目 目上骨露. 幽州人謂之鷲 楊雄許愼皆曰白鷹 似鷹尾上白. 徐鉉曰 雎鳩常在河洲之上 爲儔偶 更不移處. 嚴粲詩緝 左傳郯子五鳩 備見詩經. 祝鳩氏 司徒鵓鳩也 四牡嘉魚之鵻 是也. 雎鳩氏 司馬關雎之鳩 是也. 鳲鳩氏 司空布穀也 曹風之鳲鳩 是也. 爽鳩氏 司寇大明之鷹 是也. 鶻鳩氏 司事鸒鳩也 非斑鳩 小宛之鳲鳩氓食桑葚之鳩 是也. 杜預左傳注 雎鳩 摯而有別 故爲司馬主法則. 愚按 毛傳摯而有別 列女傳云 未見乘居而匹處. 葢生有定偶交則雙翔 別則異處 好在洲渚 其色黃 其目深. 云鵰類如鴟 似鷹者 皆謂摯鳥. 摯鳥之性不淫 取以方淑女之德. 又據通志云 臯類多在水邊 尾有一點白 故楊雄謂白鷹 但白鷹似鷹而非臯. 釋鳥雎鳩王雎 楊鳥白鷹 各一種. 朱傳亦云 水鳥狀類臯鷲 若錢氏詩詁爲杜鵑. 或謂似鴛鴦者並謬.

黃鳥(꾀꼬리) : 『시경(詩經)』「주남(周南)」〈갈담(葛覃)〉[26]

『이아』에서 말하였다. '황'은 '황조(꾀꼬리)'·'창경'·'상경'·'리황'·'초작'이니 '창경'은 '리황'이다.
육기가 『시소』에서 말하였다. '황조'는 '황리류'이다. 어떤 사람은 '황률류'라 한다. 유주 사람들은 '황앵'이라 하는데 다른 이름으로 '창경'·'상경'·'리황'·'초작'이다.
『태평어람』[27]에서 말하였다. 간간[28]한 '황조'는 그 소리가 좋다.
『격물총론』에서 말하였다. '앵(꾀꼬리)'은 검은 꽁지에 부리는 뾰족하고 붉다. 다리는 푸르며 온몸이 '감초'처럼 누런색이다. 깃과 꽁지에는 검은 털이 서로 섞여 있다. 3·4월에 우는데 소리가 맑고 곱다.
나는 이렇게 생각한다. '황조'는 이름이 하나가 아니니 각 지방마다 다르게 부를 뿐이다. 「월령」[29]에 "중춘(仲春)[30]에 '창경'이 운다"고 하였다. 세속에서 "'황률류'가 내 '맥(보리)'과 '상심(오디)'이 익는 것을 본다"고 하였으니, 이는 절기에 맞춰 그 때의 풍속을 따르는 새라는 것이다. '서(기장)'가 올라오면 소리가 잦아들기 때문에 이름을 '단서'라 한다. 또 성질이 짝지어 날기를 좋아하기 때문에 라원[31]은 "'리(鸝)'자는 '려(麗)'자를 따르는데, '리(꾀꼬리)'는

---

26 후비(后妃)가 스스로 지은 시이다.

27 처음 이름은 『태평총류(太平總類)』이며, 『어람(御覽)』이라고도 한다. 송(宋) 태종(太宗)의 명으로 이방(李昉)이 977년에 착수하여 983년에 완성시킨 1,000권에 달하는 방대한 백과사서(百科辭書)이다.

28 한가롭고 평온한 모양.

29 『예기(禮記)』의 편명.

30 음력 2월.

31 1136~1184. 자(字)는 단량(端良). 호(號)는 존재(存齋). 송(宋)의 흡(歙)사람으로 박학하여 주희(朱熹)의 칭찬을 받았다. 저서에는 『이아익(爾雅翼)』·『악주소집(鄂州小集)』·『신안지(新安志)』가 있다.

반드시 짝지어 날아서 〈동산〉 시[32]에 '지자의 시집감이여'라고 흥(興)[33]한 것이다"라 하였다. 〈벌목〉[34]에 "새가 앵앵[35] 울도다"라 하였고, 『금경』에 "'앵(앵무새)'이 앵앵 운다"고 한 것은 그 소리가 앵앵한 까닭에 이름한 것이다. 그러하니 곧 「빈풍」[36]의 '창경', 〈벌목〉의 '조앵'은 곧 '황조'이다. 그림과 설명을 반복하지 않아도 아래가 모두 이와 같다.

爾雅 皇黃鳥倉庚商庚鵹黃楚雀 倉庚黧黃也. 陸璣詩疏 黃鳥黃鸝留也. 或謂之黃栗留. 幽州人謂之黃鸎 一名倉庚一名商庚一名鵹黃一名楚雀. 太平御覽 簡簡黃鳥載好其音. 格物總論 鸎黑尾嘴尖紅. 脚靑遍身甘草黃色. 羽及尾有黑毛相間. 三四月鳴聲音圓滑. 愚按 黃鳥不一名五方異語耳. 月令仲春之月倉庚鳴. 里語 黃栗留看我麥黃葚熟 是應節趨時之鳥. 黍登而聲伏 故名搏黍. 又性好雙飛故 羅願云 鸝字从麗 鸝必匹飛而 東山詩所以興之子于歸焉. 伐木鳥鳴嚶嚶 禽經作鸎鳴嚶嚶 其聲嚶嚶 故名然則 豳風倉庚伐木鳥嚶卽是黃鳥. 不復圖說下凡倣此.

32 『시경(詩經)』「빈풍(豳風)」의 장명.
33 『시경(詩經)』의 작법(作法) 중 하나로 賦・比・興이 있다.
34 『시경(詩經)』「소아(小雅)」의 장명.
35 새가 정답게 지저귀는 소리.
36 『시경(詩經)』의 편명.

鵲(까치) : 『시경(詩經)』「소남(召南)」〈작소(鵲巢)〉[37]

『예기』「월령」에서 말하였다. 계동(季冬)[38]의 달에 '작(까치)'이 둥지를 짓기 시작한다.

「주서」[39]에서 말하였다. 소한(小寒)[40]의 날에 '안(기러기)'은 북쪽을 향하고, 또 닷새 뒤에 '작'이 둥지를 짓기 시작한다.

『금경』에서 말하였다. '작'은 소리로 느껴서 새끼를 배고, 또 '작'은 책책[41]하고 운다.

『회남자』[42]에서 말하였다. '작'은 그 해에 바람이 많을 것을 알아서 키 큰 나무를 떠나 곁가지에 둥지를 짓는다. 또 태음(太陰)[43]의 방각(方角)에 '작' 둥지는 그곳을 향하여 문을 삼는다고 하였다.

육가[44]가 말하였다. '건작(까치)'이 시끄럽게 지저귀면 먼 길을 떠났던 사람

---

37 부인(夫人)의 덕을 읊은 시이다.

38 음력 섣달인 12월의 늦겨울.

39 『예기(禮記)』의 편명.

40 이십사절기(二十四節氣)의 하나로 동지(冬至)와 대한(大寒) 사이에 들며, 양력 1월 5일경이다.

41 새가 시끄럽게 우는 소리.

42 한(漢)의 회남왕(淮南王) 유안(劉安)이 찬(撰)한 것으로 도가(道家)의 사상을 주지로 삼고 있다. 원명(原名)은 『홍렬(鴻烈)』로 알려져 있다.

43 중국 역법(曆法)에서 목성(木星, 歲星)이 11.86년, 즉 약 12년 만에 하늘을 한바퀴 돈다는 데서 이것을 하늘의 12차(十二次, 하늘의 十二支로 구별한 것)와 대응시키고 목성이 어느 위치에 있는지에 따라 횟수를 세었는데 이것을 '세성기년법(歲星紀年法)'이라고 한다. 그런데 12지는 일반적으로 시계 바늘 방향과 같이 우회전하는 것으로 표시한데 비하여 목성의 운행은 좌회전이다. 따라서 우선 천구상(天球上) 축인(丑寅)과 미신(未申)을 묶어서 선을 긋고 그 선을 축으로 하여 목성의 위치와 좌우 대칭의 형상을 생각하여 정하고 그 상을 추적하면 12지와 같은 순서가 된다. 이 형상을 '태음'이라고 하며 각 연도에 있어서의 12지는 실제로는 이 태음의 위치에 따라 정해진다. 중국의 역법이 12진(十二辰, 12지)에 의해 연차(年次)를 정하고 있는 것은 이 법에 따른 것이다.

44 한(漢)대 초(楚)의 사람으로 유방(劉邦)을 좇아 한 왕조를 세웠고, 변설에 재주가 있었다. 저서에 『신어(新語)』 12편이 있다.

이 돌아온다.

라원이 『이아익』[45]에서 말하였다. '작' 둥지는 물이 많으면 높이 짓고, 물이 적으면 낮게 짓는다. 나뭇가지를 이어 펴서 새끼를 낳는다. 춘이월(春二月)에 새끼 '작'이 있는데, 이윽고 집을 떠나간다. 다른 새가 그곳에 살기 때문에 「소남」에서 '구(비둘기)'가 '작' 둥지에 산다고 한 것이다. 지금도 새의 따위가 '작'을 내쫓고 그 둥지에 산다.

육전[46]이 『비아』[47]에서 말하였다. '작'은 사람의 기쁨을 안다. 둥지를 만듦에 나뭇가지 끝에 있는 가지를 얻고, 땅에 떨어진 것을 얻지 않는다. 모두 가지를 이어 펴서 알을 받기 때문에 한편으로 '건작'이라 한다. 장자[48]는 "'건작'은 '유'이다"라 하였으니, 나뭇가지를 이어 펴고, 욕심이 적기 때문에 '유'라 한 것이다. 『박물지』에 "'작'은 태세(太歲)[49]를 등진다"라 하였다. 옛 선비들은 '작'은 둥지를 짓고 살아서 바람을 알고, '의(개미)'는 굴속에 살아서 비를 안다 여겼다.

나는 이렇게 생각한다. '작' 둥지는 태세를 등지고 태을(太乙)[50]을 향한다. 북쪽지방에서는 '아(큰부리까마귀)'를 좋아하고 '작'을 싫어하는데, 남쪽지방에서는 '아'를 싫어하고 '작'을 좋아한다. 높이 날 수 없기 때문에 『이아』에

---

45 송(宋)의 라원(羅願)이 지었으며, 원(元)의 홍염조(洪焱祖)가 음석(音釋)하였다. 이 책도 『이아(爾雅)』를 모방하여 「석초(釋草)」, 「석목(釋木)」, 「석조(釋鳥)」, 「석수(釋獸)」, 「석충(釋蟲)」, 「석어(釋魚)」의 여섯으로 나누었다.

46 1042~1102. 자(字)는 농사(農師), 호(號)는 도산(陶山)이고, 송(宋)의 산음(山陰)사람이며, 벼슬은 상서좌승(常書左丞)에 올랐다. 저서에는 『비아(埤雅)』, 『예상(禮象)』 등이 있다.

47 송(宋)의 육전(陸佃)이 지었으며, 20권이다. 『이아(爾雅)』를 증보한다는 뜻으로 「어(魚)」·「수(獸)」·「조(鳥)」·「충(蟲)」·「마(馬)」·「목(木)」·「초(草)」·「천(天)」의 8편으로 분류하여 해설하였다.

48 B.C.369~B.C.286. 장주(莊周). 전국(戰國) 때 송(宋) 사람이다. 칠원리(漆園吏)를 지냈고 청정무위(淸靜無爲)를 주장하였다. 저서에 『장자(莊子)』가 있다. 당(唐) 현종(玄宗) 때 남화진인(南華眞人)으로 추존되어, 그의 저서를 『남화진경(南華眞經)』이라고도 한다.

49 태세성(太歲星). 태세성이란 옛날 중국 천문학상 상징적 별이름이다. 이 별은 세성(歲星)과 서로 대응이 되는 별로 천문관들은 이 태세성이 있는 곳을 불길한 쪽으로 여겼다. 따라서 집을 옮기거나 토목건축 등을 할 때에 이 방향을 꺼렸다.

50 태을성(太乙星). 태을성이란 음양가에서 북쪽 하늘에 있어 병란(兵亂), 재앙, 생사(生死) 등을 맡아 다스린다고 하는 별이다.

"'작'과 '격(때까치)'의 무리는 날개를 위아래로 치면서 난다"라 하였고, 주에 "날개를 위아래로 흔드는 것일 따름이다"라 하였다.

禮月令 季冬之月鵲始巢. 周書 小寒之日雁北鄕 又五日[51]鵲始巢. 禽經 鵲以音感而孕 又鵲鳴唶唶. 淮南子 鵲識歲之多風去喬木而巢扶枝. 又云太陰所建鵲巢向而爲戶. 陸賈曰 乾鵲噪而行人至. 羅願爾雅翼 鵲巢水大則高 水小則卑. 傳枝而生子. 春二月有乳鵲矣 已而舍去. 他鳥居之 故 召南稱鳩居鵲巢. 今鳥之麬 亦逐鵲而居其巢. 陸佃埤雅 鵲知人喜. 作巢取在木杪枝 不取墮地者. 皆傳枝受卵 故一曰乾鵲. 莊子云 乾鵲孺 以傳枝少欲 故曰孺也. 博物志云 鵲背太歲也. 先儒以爲鵲巢居而知風 蟻穴居而知雨. 愚按 鵲巢背太歲向太乙. 北方喜鴉惡鵲 南方惡鴉喜鵲. 不能高飛 故爾雅 鵲鶪醜其飛也 猣註云 竦翅上下而已.

51 『주서(周書)』 원문에는 '又後五日'로 되어 있어 이에 따라 해석하였다.

鳩(비둘기) : 『시경(詩經)』「소남(召南)」〈작소(鵲巢)〉[52]

『모전』에서 말하였다. '구(비둘기)'는 '시구(뻐꾸기)' · '길국(뻐꾸기)'이다.

『이아』에서 말하였다. '시구'는 '길국(鴶鵴, 뻐꾸기)'이다.

곽박이 주에서 말하였다. 지금의 '포곡(뻐꾸기)'이다. 강동에서는 '확곡'이라 부른다.

형병[53]이 소에서 말하였다. 『좌전』에 "시구씨[54]는 사공[55]이다"라 한 것과 『시경』에 "비둘기가 살도다"[56]라 한 것은 모두 이것을 이른다. 『방언』에 '대승(오디새)'이라 하였다. 사씨는 "'포곡'의 따위이다"라 하였다. 육기가 "지금 양과 송의 사이에서는 '포곡'을 일러 '길국(鴶鵴)'이라 하고, 다른 이름으로 '격곡'이라 한다"라 하였다. 살펴보건대 '대승'은 스스로 굴 가운데에서 태어나고 둥지에서 태어나지 않으니 『방언』[57]에서 말한 '대승'은 아니다.

『금경』에서 말하였다. '구'는 서투르나 편안하게 산다. 주에 이르기를 '시구'라 하였다.

『비아』에서 말하였다. 지금의 '포곡'이니 강동에서는 '곽공(뻐꾸기)'이라 부른다. 스스로 둥지를 만들지 못해서 '작(까치)'이 만들어 놓은 둥지에 산다. 한결같이 고른 덕이 있으니 대개 그 새끼를 먹여 기름에 아침에는 위로부터 내려가고, 저녁에는 아래로부터 올라감이 고르다. 그 새끼는 '매(매화나

---

52 앞장 '작(鵲)' 참조.

53 932~1010. 자(字)는 숙명(叔明). 송(宋)의 제음(濟陰) 사람으로 두호(杜鎬) · 손석(孫奭) 등과 함께 삼례(三禮)와 삼전(三傳)을 교정하였고, 『논어(論語)』 · 『효경(孝經)』 · 『이아(爾雅)』의 소(疏)를 지었다.

54 벼슬이름.

55 주(周) 육경(六卿)의 하나로 수토(水土)의 일을 관장하던 관직이다. 동관(冬官).

56 『시경(詩經)』「소남(召南)」〈작소(鵲巢)〉.

57 한(漢)의 양웅(揚雄)이 『이아(爾雅)』의 체제를 모방하여 각 지방의 사투리를 모아 기록한 책으로 13권이다.

무)'·'극(멧대추나무)'·'진(개암나무)'에 머물러 있으나 자신은 늘 '상(뽕나무)'에 머물러 있는 것이 한결같다.
나는 이렇게 생각한다. 모양은 '반구(산비둘기)'와 같으나 털이 길고, 누런색이 섞였다. 우는 때가 곡식을 뿌릴 때와 바로 걸맞기 때문에 '포곡'이라 이름한다. 세속에서 "'아공'[58]·'아파'[59]는 '할맥'[60]·'포화'[61]·'탈사'[62]·'파고'[63]이다"라 한 것은 그 우는 때로 농사지을 절기를 삼았기 때문일 뿐이다. 「조풍」의 '시구'는 곧 이 '구'이다.

毛傳 鳩鳲鳩秸鞠也. 爾雅 鳲鳩鴶鵴. 郭璞註 今之布穀也. 江東呼爲穫穀. 邢昺疏 左傳鳲鳩氏司空 詩維鳩居之 皆謂此也. 方言云 戴勝. 謝氏云 布穀類 也. 陸璣云 今梁宋之間謂布穀爲鴶鵴 一名擊穀. 案戴勝自生穴中不巢生而 方言云 戴勝 非也. 禽經 鳩拙而安. 註云 鳲鳩也. 埤雅 今之布穀江東呼爲郭公. 不自爲巢居鵲之成巢. 有均一之德蓋其哺子朝自上而下 暮自下而上均也. 其子在梅在棘在榛而 己則常在乎桑者一也. 愚按 形如斑鳩而大毛 雜黃色. 鳴時正値播穀 故名布穀. 里語云 阿公阿婆 割麥捕禾脫卸破袴 因其鳴時爲農候故耳. 曹風鳲鳩卽此鳩也.

58 할아버지, 시아버지, 늙은 남자에 대한 존칭이다.
59 할머니, 나이 많은 부인, 시어머니, 남편의 늙은 처에 대한 경칭이다.
60 보리를 세로로 이등분하여 쓿은 보리쌀이다.
61 벼베기.
62 멘 물건을 벗음. 짐을 부림. 화물을 판매함.
63 헤진 바지.

雀(참새) : 『시경(詩經)』「소남(召南)」〈행로(行路)〉[64]

허신이 『설문』[65]에서 말하였다. '작(참새)'은 사람에게 의지하는 작은 새이다.[66]

최표가 『고금주』[67]에서 말하였다. '작'은 다른 이름으로 '가빈'[68]이라 하니 사람들의 집에 잠시 머묾이 손님과 같다는 말이다.

『금경』에서 말하였다. '작'은 사귐이 한결같지 않으나 '치(꿩)'는 사귐을 거듭하지 않는다.

『비아』에서 말하였다. 〈작부〉에 "머리는 '과산(알 마늘)'과 같고, 눈은 '벽초'[69]와 같다"고 하였으니 '작'의 무리는 음란한 것들이고 '서(쥐)'의 무리는 탐하여 훔치는 것들이다. 그러므로 『시경』에서 '작' 뿔과 '서' 어금니를 말함으로써 완강하고 포악함을 비유하였다. 또 『금경』에 "'작'은 의심하고 두려워한다"라 하였으니, 지금 '작'은 굽어보며 쪼고 우러르며 사방을 둘러보

---

64 소백(召伯)이 송사를 받아들임을 읊은 시이다. 쇠한 세상에 풍속이 미미해지고 정숙과 믿음의 가르침이 일어나 강폭(彊暴)한 남자들이 정숙한 여자를 침범하여 능멸할 수 없다는 것이다.

65 후한(後漢)때의 자전으로 15편으로 되어 있다. 허신(許愼)이 진(秦) 이전의 문자를 널리 수집하여 기본이 되는 9,353자 및 이체자(異體字) 1,163자를 육서(六書)의 원리로 분석하고, 540부(部)로 분류하여 한 자마다 설명과 해석을 달았다.

66 '작'은 다른 이름으로 '의인작(依人雀)'이다.

67 진(晉)의 최표(崔豹)가 엮은 책이다. 「여복(輿服)」·「도읍(都邑)」·「음악(音樂)」·「조수(鳥獸)」·「어충(魚蟲)」·「초목(草木)」·「잡주(雜注)」·「문답석의(問答釋義)」의 8편 3권으로 되어 있는데, 고조선(古朝鮮) 때의 〈공무도하가(公無渡河歌)〉에 대한 내용이 실려 있다.

68 귀한 손이나 반가운 손이란 의미의 가객(佳客), 가빈(佳賓)을 뜻하며 참새의 다른 이름이기도 하다. 손처럼 언제나 인가에 모여 사는 데서 유래한 말이다.

69 '벽'은 엄지손가락이고 '초'는 운향과의 낙엽 활엽 관목인 산초나무(大椒)나 후추과의 관목인 후추나무(胡椒)로 풀이가 가능하다. 따라서 '초'를 산초나무로 해석했을 때에는 '엄지손가락만한 산초나무씨(椒目)'라고 풀 수 있으며 후추나무로 해석했을 때에는 '엄지손가락만한 후추'라고 풀 수 있다. 어쨌든 두 가지 풀이 모두 의심이 많고 겁이 많은 참새의 성질을 겁이 많은 외양의 대명사인 큰 눈과 결부시킨 것이라고 하겠다.

니 이른바 놀라서 본다는 것이다.

『아익』에서 말하였다. '작'은 작은 새인데 그 어린 것은 노란 부리로 먹을 것을 탐하여 사로잡기 쉽고, 늙은 것은 약아서 얻기 어려우니 '빈작'이라 부른다. 성질은 지극히 욕심이 많고, 글자는 '작(爵)'과 통하니 술 마시는 데 쓰는 그릇을 가지고 이름을 삼음은 모양이 '작'을 흉내내었기 때문이다. 그 울음은 절절족족[70]이라 들린다.

나는 이렇게 생각한다. 『본초』에는 다른 이름으로 '와작'이라 하였으니 그 처마 기와 사이에 머문다는 말이다. 털은 얼룩졌고, 부리는 검으며, 꽁지 길이는 두 치쯤이다. 발톱과 며느리발톱은 황백색이고, 뛰어오르나 걷지는 못한다. 그것은 놀라 두려워하며 살펴보고, 그 눈은 밤에 시력을 잃는다. 세속에서는 늙고 얼룩진 것을 '마작',[71] 어리고 노란 부리인 것을 '황작'이라 부른다. 작은 새이고, 꽁지가 짧기 때문에 글자는 '소(小)'와 '추(隹)'[72]를 따른다. '작'은 뿔이 없기 때문에 『전』에 "'작'이 지붕을 뚫음은 뿔로써 함이 아니라 곧 부리로써 함이다"라 하였다.

許愼說文 雀依人小鳥. 崔豹古今注 雀一名嘉賓 言棲宿人家如賓客. 禽經 雀交不一 雉交不再. 埤雅 雀賦云 頭如顆蒜 目如擘椒 雀物之淫者 鼠物之貪竊者. 故詩言 雀肉鼠牙以譬强暴. 又禽經云 雀以猜瞿 今雀俛而啄 仰而四顧 所謂瞿也. 雅翼 雀小隹 其小者黃口貪食易捕 老者黠難取號爲賓雀. 性極多欲 字通於爵 飮器以爲名 象雀之形. 取其鳴節節足足也. 愚按 本草一名瓦雀 言其宿簷瓦間也. 毛班 嘴黑 尾長二寸許. 爪距黃白色跳躍不步. 其視驚瞿 其目夜盲. 俗呼老而斑者麻雀 小而黃口者黃雀. 小鳥短尾 故字从小从隹. 雀無肉 故箋云 雀之穿屋不以角乃以味.

---

70 이것은 사실 모두 '봉황(鳳凰)'의 암수에 따른 울음소리를 흉내 낸 것이다. 즉, 『송서(宋書)』「부서지(符瑞志)」에 "鳳凰者…其鳴 雄曰節節 雌曰足足"이라 하였고, 『광아(廣雅)』「석조(釋鳥)」에도 "鳳凰 雄鳴曰即即 雌鳴曰足足"이라 하였다.

71 『물명고(物名考)』에 참새가 늙어 무늬가 있으면 '마작'이라고 하였다.

72 '추(隹)'는 꽁지가 짧은 새를 통틀어 일컫는 글자이다.

燕(제비) : 『시경(詩經)』「패풍(邶風)」〈연연(燕燕)〉[73]

『이아』에서 말하였다. '연연(제비)'은 '을(제비)'이다.

곽박이 주에서 말하였다. 다른 이름으로 '현조(제비)'라 하며 제 사람들은 '을'이라 부른다.

형병이 소에서 말하였다. '연(제비)'은 곧 지금의 '연'으로 옛날 사람들이 거듭하여 그것을 말하였는데, 『시경』에서 "제비가 나는구나"[74]라 한 것과 『한서』에서 "동요에 보면 '연연' 꽁지가 윤이 난다고 하였다"라 한 것이 이것이다.

「월령」에서 말하였다. 중춘(仲春)에 '현조'가 가고 중추(中秋)[75]에 '현조'가 돌아온다.

『좌전』에서 말하였다. 소호[76]씨는 조사이니 새의 이름으로 삼았고 현조씨는 사분[77]인 것이다.

『금경』에서 말하였다. '연'은 정강이를 분주하게 움직인다.

도은거[78]가 『본초주』[79]에서 말하였다. '연'은 두 종류가 있으니 자줏빛 가슴에 가볍고 작은 것은 월의 '연'이고, 검은 반점이 있고 소리가 큰 것은 호

---

73 위(衛) 장강(莊姜)이 친정으로 돌아가는 첩부(妾婦)를 전송하는 시이다.

74 『시경(詩經)』「패풍(邶風)」〈연연(燕燕)〉.

75 음력 8월.

76 중국 전설상의 임금.

77 춘분(春分)과 추분(秋分)에 관한 일을 맡는 관직 이름이다.

78 생몰년 미상. 자(字)는 통명(統明). 호(號)는 은거(隱居). 이름은 홍경(弘景). 남조(南朝) 때 양(梁)의 본초학자(本草學者)이다. 남제(南齊)의 하급귀족 집안에서 태어나 고전과 의약학을 비롯한 과학을 공부하였다. 29세 때에 큰 병에 걸렸던 것을 계기로 도교(道教)에 심취했으며, 손유악(孫遊岳)에게 사사하여 상청파도교경전(上清派道教經典)의 정통적 계승자가 되었다. 저서에 『본초경집주(本草經集注)』와 『신농초본경(神農草本經)』 등이 있다.

79 『신농본초경집주』. 600년경 중국 양(梁)의 학자 도홍경(陶弘景)이 『신농본초경(神農本草經)』을 증보하여 주(註)를 단 의학서로 모두 7권이다.

의 '연'이다. 호의 '연'은 둥지를 트는데 길어서 두 필의 명주를 담을 수 있으니, 집안을 부유하게 해준다.

『비아』에서 말하였다. '연'은 부리가 족집게 같고, 날개는 넓으며, 꽁지는 갈라져 있다. "하늘의 명으로 '현조'가 내려와 상을 이루었다"라 한 것은 간적[80]이 그 알을 삼켜서 설[81]을 낳았다는 말이다. "그 깃이 가지런하지 않도다"[82]라 한 것은 그 깃이 서로 차이가 있다는 말이다. "오르내리는구나"[83]라 한 것은 날 때 위로 갔다가 아래로 갔다가 하는 것을 말한다. "그 소리가 오르내리도다"[84]라 한 것은 그 울음소리가 아래 있다가 위로 갔다가 하는 것을 말한다. 『금경』에서 "새는 등으로 날아서 깃들 곳을 향하는데, '연'은 등지고 날아서 쉴 곳으로 향한다"라 하였으니, 등지고 난다는 것은 오르내린다는 것이다.

나는 이렇게 생각한다. '연'자는 전서로 상형글자이고, '을'은 자기를 부르는 것처럼 울기 때문이며, '현'은 그 색깔로 부른 것이다. 월의 '연'은 둥지를 위쪽을 향하게 짓는데, 호의 '연'은 둥지를 옆을 향하도록 짓는다. 옛 말에 오고 갈 때에는 모두 사[85]를 피해야 하며 또 무사일에는 땅에 흉년이 들지 않는다.

爾雅 燕燕鳦. 郭璞註 一名玄鳥 齊人呼鳦. 邢昺疏 燕即今之燕 古人重言之 詩燕燕于飛 漢書童謠燕燕尾涎涎 是也. 月令 仲春玄鳥至 仲秋玄鳥歸. 左傳 少皡氏 鳥師而鳥名 玄鳥氏 司分者也. 禽經 燕以狂胻. 陶隱居本草注 燕有兩種 紫胸輕小者越燕 有斑黑而聲大者胡燕. 胡燕作窠 長能容二疋絹者 令人家富. 埤雅 燕籋口 布翅 枝尾. 曰天命玄鳥降

---

80 중국 고대 사람으로 유융씨(有娀氏)의 장녀이다.

81 상(商)의 시조.

82 『시경(詩經)』「패풍(邶風)」〈연연(燕燕)〉 1장.

83 『시경(詩經)』「패풍(邶風)」〈연연(燕燕)〉 2장.

84 『시경(詩經)』「패풍(邶風)」〈연연(燕燕)〉 3장.

85 토지신에게 제사를 지내는 절일(節日)로 입춘(立春)과 입추(立秋)의 다섯 번 째 무일(戊日)이다.

而生商 言簡狄呑其卵而生契也. 曰差池其羽 言其羽相與差池. 頡之頏之 言其飛一上而一下. 下上其音 言其鳴一下而一上. 禽經 鳥向飛背棲 燕背飛向宿 背飛頡頏 是也. 愚按燕字篆文象形 鳦其鳴自呼也 玄其色也. 越燕營巢上向 胡燕營巢旁向. 舊說來去皆避社又戊巳日不嗛土.

翟(꿩) : 『시경(詩經)』「패풍(邶風)」〈웅치(雄雉)〉[86]

『한시장구』에서 말하였다. '치(꿩)'는 굳게 지조를 지키는 새이다.

곽박이 주에서 말하였다. 『이아』에 "'요치'[87]이다"라 한 것은 푸른 바탕에 다섯 가지 빛깔이다. "'교치'이다"라 한 것은 곧 '교계'이니, 꽁지가 길고, 달리면서 운다. "'복치(노란색의 꿩)'이다"라 한 것은 노란색이고, 스스로를 부르는 것처럼 운다. "'별치(금계)'이다"라 한 것은 '산계(꿩)'와 비슷하지만 작고, 볏과 등의 털은 노란색이며, 배 아래는 붉고, 목은 녹색인데 선명하다. "'질질'[88]은 '해치'이다"라 한 것은 '치'와 같지만 검고, 바다 가운데 산 위에 있다. "'요'[89]는 '산치'이다"라 한 것은 꽁지가 긴 것이다. "'한치(꿩)'는 '조치(꿩)'이다"라 한 것은 지금 '백조'이니, 강동에서는 '백한(흰 꿩)'이라고 부르는데, 또 다른 이름으로는 '백치(흰 꿩)'이다. "매우 힘이 센 '치'는 '분'이다"라 한 것은 가장 용감하게 싸운다. "이하[90]와 낙하[91]의 남쪽에 흰 바탕과 다섯 가지 빛깔이 모두 갖추어져 무늬를 이룬 것을 '휘(오색 털의 꿩)'라고 한다"라 한 것은 '휘' 또한 '치'의 무리이니, 그 털의 색과 빛이 선명하다는 말이다. "강회[92]의 남쪽에 푸른 바탕과 다섯 가지 빛깔이 모두 갖추어져 무늬를 이룬 것을 '요'라고 한다"라 한

86 위(衛) 선공(宣公)이 음란하여 나라 일을 생각하지 않고 군대를 자주 일으킴을 풍자한 시이다.
87 푸른 바탕에 오색 무늬가 있는 꿩.
88 바다 가운데 있는 산에 사는 꿩.
89 푸른 바탕에 오색 무늬가 있는 꿩.
90 황하(黃河)의 지류.
91 황하(黃河)의 지류.
92 지금 중국의 장강(長江) 중하류와 회하(淮河) 유역이다.

것은 곧 '요치'이다. "남쪽 지방에서는 '수'라 하고, 동쪽 지방에서는 '치(鶅, 들꿩)'라 하며, 북쪽 지방에서는 '희(꿩)'라 하고, 서쪽 지방에서는 '준(꿩)'이라 한다"라 한 것은 여러 곳의 '치'의 이름을 말한다.

『비아』에서 말하였다. 『역』에 "'리' 괘로는 '치'를 삼는다"라 하였는데, '리' 괘는 화(火)이니, 그 몸의 무늬가 밝고, 본성은 '복' 괘로 빠르고 날래기 때문에 '치'를 삼는다. 또한 '치'는 비록 십이지(十二支)의 무리는 아니지만 바로 남쪽 지방의 동물이다. 도씨가 "병오일(丙午日)에는 먹을 수 없다"고 한 것이니, 불의 명왕[93]이다.

송제구[94]가 『화서』에서 말하였다. '치'는 다시 짝하지 않으니, 믿음이다.

나는 이렇게 생각한다. '치'는 세속에서 '야계(꿩)'라고 부른다. 그 이름은 한 고조[95]에서 시작되었는데, 여태후[96]의 이름이 '치'이기 때문에 이름을 '야계'로 바꾸었다. 본성은 싸움을 좋아하고, 나는 모양이 화살 같아서 한 번 가면 떨어지기 때문에 글자는 '시(矢)'를 따랐다. 멀리 날지 못하는데, 높게는 한 장에 지나지 않고, 멀게는 세 장에 지나지 않으니, "'치'의 높이는 한 장이고, 거리는 세 장이다"라 한 것이다. 〈사간〉[97]에 "'휘'가 나는 것 같도다"라 하였는데, '휘'는 '치'이다. 『정전』에 "이하와 낙하의 남쪽에 흰 바탕과 다섯 가지 빛깔이 모두 갖추어져 무늬를 이룬 것을 '휘'라고 한다"라 하였고, 『상서』에 "'화충(꿩)'이다"라 하였으며, 「곡례」[98]에 "'소지'[99]이다"라 하였다.

韓詩章句 雉耿介之鳥. 郭璞註 爾雅曰 鷂雉 靑質五彩. 鷮雉 卽鷮雞也 長尾 走且鳴.

---

93 밝은 지혜로 악마를 굴복시킨다는 무서운 얼굴을 한 신장(神將)이다.

94 생몰년 미상. 남당(南唐) 여릉(廬陵) 사람으로 자(字)는 자숭(子嵩)이다. 저서에 『옥관조신경(玉管照神經)』이 있다.

95 유방(劉邦).

96 유방(劉邦)의 황후(皇后).

97 『시경(詩經)』「소아(小雅)」의 장명.

98 『예기(禮記)』의 편명.

99 제사에 쓰이는 살진 꿩.

鳪[100]雉 黃色 鳴自呼. 鷩雉 似山雞而小 冠背毛黃 腹下赤 項綠色鮮明. 秩秩海雉 如雉而黑 在海中山上. 鷂山雉 長尾者. 鶾雉鵫雉 今白鵫也 江東呼白韓 亦名白雉. 雉絶有力奮最健鬬. 伊洛而南素質五彩皆備成章曰翬 翬亦雉屬 言其毛色光鮮. 江淮而南靑質五彩皆備成章曰鷂 卽鷂雉也. 南方曰鷽 東方曰鶅 北方曰鵗 西方曰鷷 說四方雉之名. 埤雅易曰離爲雉 離火也 其體文明 性復猋悍 故爲雉. 亦雉雖非辰屬 而正是南方之物. 陶氏所謂丙午日不可食者 明王於火也. 宋齊邱化書 雉不再合 信也. 愚按 雉俗呼爲野雞. 其名昉于漢高 以呂太后名雉 故易名爲野雞. 性好鬬 飛若矢 一往而墮 故字从矢. 不能遠飛 崇不過丈 修不過三丈 所謂雉高一丈 長三丈也. 斯干云 如翬斯飛 翬雉也. 鄭箋云 伊洛而南 素質五色皆備成章曰翬. 尙書謂之華蟲 曲禮謂之疎趾.

100 문맥상 '복(鳪)'자의 오기인듯하여 이에 따라 해석하였다.

雉(꿩) : 『시경(詩經)』「패풍(邶風)」〈포유고엽(匏有苦葉)〉[101]

공영달[102]이 『정의』[103]에서 말하였다. "'치(꿩)'는 울면서 그 수컷을 구한다"고 하였으니, 곧 수놈 '치'가 아니다. 따라서 우는 것으로 암놈 '치'의 소리임을 알 수 있다. 또 〈소변〉[104]에서 "꿩은 아침에 울면서도 오히려 그 암놈을 구하거늘"이라 하였으니, 곧 수놈 '치'의 울음을 '구'라고 한 것이다.

장화[105]가 『박물지』[106]에서 말하였다. '치'는 긴 꽁지를 가지고 있는데, 비와 눈이 내릴 때에는 그 꽁지를 아끼기 때문에 높은 나무의 가지 끝에서 머물러 있을 뿐, 내려와서 먹지 않아 굶어 죽곤 한다.

---

101 위(衛) 선공(宣公)의 음란함을 풍자한 시이다.

102 574~648. 자(字)는 중달(仲達). 당대(唐代)의 대유(大儒)로 수(隋) 때 과거에 급제하고 당(唐)에 들어와서 국자사업(國子司業)·국자제주(國子祭酒)등을 지냈다. 태종(太宗)의 명(命)을 받들어 『오경정의(五經正義)』를 찬(撰)하였다.

103 당(唐) 태종(太宗)이 공영달(孔穎達)·안사고(顔師古) 등을 시켜 5경의 해석서를 만들게 하고 이와 같은 책 이름을 하사(下賜)하였다. 널리 한(漢)·위(魏)·육조(六朝)의 주석 속에서 적당한 설을 모았으며, 나중에 두 번의 교정(校正)을 거쳐 확정하였다. 채용된 경서와 그 주석의 종류는, 『주역(周易)』은 왕필(王弼)·한강백(韓康伯)의 주(注), 『상서(尙書)』는 공안국(孔安國)의 『전(傳)』, 『모시(毛詩)』는 모형(毛亨)의 『전(傳)』과 정현(鄭玄)의 『전(箋)』, 『예기(禮記)』는 정현의 주, 『춘추좌씨전(春秋左氏傳)』은 두예(杜預)의 주이다. 이것은 관리등용시험 및 학자에게 있어 절대적인 권위를 가졌으며, 위(魏)·진(晉) 이래 분열되었던 학설이나 사상의 통일을 달성케 하는 역할을 하였다. 그 후 다른 경서에도 이를 모방한 해석서가 만들어졌고, 송대(宋代)에는 8종류의 경서가 부가된 『십삼경주소(十三經注疏)』가 완성되었다.

104 『시경(詩經)』「소아(小雅)」의 장명.

105 232~300. 자(字)는 무선(茂先). 하북성(河北省) 출신으로 서진(西晉)시대 문인이자 정치가이다. 시문(詩文)에 능했고, 남녀의 애정을 노래한 화려한 정시(情詩) 5수와 잡시(雜詩) 3수는 특히 유명하다. 저서에 천하의 이문(異聞)과 신선에 관한 이야기 및 고대 일화 등을 모은 『박물지(博物志)』 10권이 있다.

106 진(晉)의 장화(張華)가 지었으며, 10권으로 되어 있다. 『산해경(山海經)』과 유사하며 연변(演變)적이고 지괴(志怪)한 이야기들을 많이 담고 있다. 실려 있는 내용들은 이물(異物), 기괴(奇怪)와 수속(殊俗), 쇄문(瑣聞) 등으로 분류 할 수 있으며, 신선(神仙)과 방술(方術) 등의 고사도 많이 실려 있다.

나는 이렇게 생각한다. 윗글의 '치'는 수놈이고 여기의 '치'는 암놈이다. 수놈 '치'는 볏이 있고 잘 싸우며 무늬가 있고 꽁지가 길다. 암놈 '치'는 볏이 없고 잘 울며, 무늬가 없고 꽁지가 짧다. 알은 갈색이며 알을 낳으면 암놈은 수놈을 피해 숨겨야하는데 그렇게 하지 않으면 수놈이 그 알을 먹는다. 날짐승을 '자'·'웅'이라하고 들짐승을 일러 '모'·'빈'이라 한다. 그 수놈을 구함에 음란하니, 거듭 수놈을 구하면 어지러워진다.

孔穎達正義 雉鳴求其牡 則非雄雉 故知鷕雌雉聲也. 又小弁云 雉之朝雊 尙求其雌 則雄雉之鳴曰雊也. 張華博物志 雉長尾 雨雪惜其尾 棲高樹杪 不下食餓死. 愚按 上雉是雄 此雉是雌. 雄雉有冠善鬭 文采而尾長. 雌雉無冠鷕鳴 文暗而尾短. 其卵褐色 卵時雌避其雄 而潛伏之 不則雄食其卵也. 飛曰雌雄 走曰牝牡. 求其雄淫也 更求其牡亂也.

雁(기러기) : 『시경(詩經)』「패풍(邶風)」〈포유고엽(匏有苦葉)〉[107]

「하소정」[108]에서 말하였다. 정월에는 '안(기러기)'이 북으로 향하고, 9월에는 '홍안(기러기)'이 떠난다.

「우공」에서 말하였다. '양조'[109]가 사는 곳이다.

『금경』에서 말하였다. '안(鴈, 기러기)'은 물로써 말하니 북에서부터 남으로 가고, '안(鳽)'[110]은 산으로써 말하니 남에서부터 북으로 간다.

장화가 주에서 말하였다. '안(鴈)'과 '안(鳽)'은 음이 '안'이다. 겨울이 되면 남으로 가서 물가에 모이기 때문에 글자는 '간(干)'을 따르고, 봄이 되면 북으로 향하여 산기슭에 모이기 때문에 글자는 '안(岸)'을 따른다. 작은 것을 '안'이라 하고, 큰 것을 '홍'이라 하며, 강가에 많이 모이기 때문에 글자는 '강(江)'을 따른다.

『춘추번로』[111]에서 말하였다. 모든 폐백에서 대부는 '안'을 쓰는데 연장자가 백성들 위에 있으니 반드시 선후가 있고, '안'도 항렬이 있기 때문에 폐

---

107 앞장 '치(雉)' 참조.

108 대대례(大戴禮)의 편명.

109 양기를 따르는 새로 기러기 따위의 철새를 지칭한다.

110 원래 『금경(禽經)』의 원문에는 '척(斥)'으로 되어 있으나 본 책에서는 '鳽'으로 표기되어 있다.

111 전 17권 82편(編)으로 전한(前漢)의 학자 동중서(董仲書)가 저술한 것으로 전하나 그 서명(書名)이 『수서(隋書)』「경적지(經籍志)」에 처음 기록된 것으로 보아 위작(僞作)으로 보는 학자가 많다. 『춘추공양전(春秋公羊傳)』의 설(說)을 한(漢)대에 적합하게 해석한 여러 편(編)은 공양학(公羊學)의 전통상 주목할 만한 것이며, 또 「재이설(災異說)」이나 「음양오행설(陰陽五行說)」을 논술한 편들은 한(漢)대의 사상연구에 없어서는 안 될 문헌이다. 그리고 법가사상(法家思想)의 혼입(混入)도 있어 귀중한 사료(史料)가 된다

백으로 삼는다.

「사혼례」[112]에서 말하였다. 납채[113]를 내릴 때 '안'을 쓰고, '안'을 잡아 문명[114]을 청하며, 납길[115]과 청기[116]에도 '안'을 쓴다.

주에서 말하였다. 폐백으로 '안'을 쓰는 것은 그 음양에 따라 오고감을 취함이다.

나는 이렇게 생각한다. '안'이 철에 따라 오고감은 추위를 피하고 따뜻함을 따름이다. 북으로는 고비사막을 넘지 않고, 남으로는 형산[117]을 넘지 않는다. '안'은 네 가지 덕이 있다. 추우면 곧 남으로 향하고 더우면 곧 북으로 향함이 신(信)이고, 날면 곧 차례가 있어 앞에서 울면 뒤에서 응답하니 예(禮)이며, 짝을 잃어도 다시 배필하지 않음이 절(節)이고, 밤이면 곧 모여 자는데 한 마리 '안'이 돌며 지키는 것과 날면 갈대로 재갈 물어 증작[118]을 피함이 지(智)이다. 혼례에 '안'을 쓰는 것은 정씨가 『전』에서 "'안'이 양(陽)을 따라 처함은 부인이 지아비를 따름과 비슷하다"라고 하였다. 정명도[119]는 "그 거듭 짝하지 않기 때문이다"라고 하였다. '홍'과 '안'은 대체로 같은 따위인데, 『박물지』에 "'안'의 색은 푸르고, '홍'의 색은 희다"라고 하였으니 오직 이것이 조금 다를 뿐이다.

---

112 『의례(儀禮)』의 편명.

113 전통혼인의 여섯 가지 의식 절차인 육례(六禮), 즉 납채・문명(問名)・납길(納吉)・납폐(納幣)・청기(請期)・친영(親迎) 가운데 하나이다. 납채는 남자 집에서 혼인을 하고자 예를 갖추어 청하면 여자 집에서 이를 받아들이는 것을 말한다.

114 납채를 한 뒤에 남자 집에서 혼약한 여자의 혼인 운세를 점쳐 보기 위해 그 생모의 성(姓)을 묻는 일이다.

115 납채와 마찬가지로 육례의 하나이다. 남자 집에서 혼인 날짜를 받아 신부 집에 알리는 것을 말한다.

116 육례의 하나로 혼인할 때, 납폐한 뒤에 남자 집에서 택일을 하여 그 가부를 묻는 글을 신부의 집으로 보내는 것이다.

117 중국 오악 가운데 남악에 해당한다. 형양(衡陽)에서 북쪽으로 50킬로미터 정도 떨어져 있다. 수악산(壽岳山)이라고도 한다. 산속에는 축융(祝融), 자개(紫蓋)등 모두 72개의 봉우리가 있다. 예부터 기러기 떼들이 이곳 회안봉(回雁峰)에서 쉬었다가 날아가는 것으로도 유명하다.

118 오늬(시위를 끼우는 화살의 꽁지부분)에 줄을 매어 쏘는 화살이다.

119 1032~1085. 정호(程顥). 북송 때의 유학자로 자는 백순(伯淳), 호는 명도(明道)이다. 존칭으로 명도선생이라고도 불리며 동생 정이(程頤)와 함께 이정자(二程子)로 알려졌다.

夏小正 正月雁北鄉 九月遰鴻雁. 禹貢 陽鳥攸居. 禽經 鴈以水言 自北而南 鳱以山言 自南而北. 張華注 鴈鳱並音雁. 冬則適南集于水干 故字从干 春則向北 集于山岸 故字从岸. 小曰雁 大曰鴻 多集江渚 故字从江. 春秋繁露 凡贄大夫用雁 有數長者在民上 必有先後 雁有行列 故以爲贄. 士昏禮 下達納采用雁 執雁請問名 納吉用雁請期用雁. 註 用雁爲贄者 取其順陰陽往來. 愚按 雁去來以時 避寒就溫. 北不踰瀚海 南不踰衡山. 雁有四德. 寒則南熱則北 信也 飛則有序前鳴後和 禮也 失偶不再匹 節也 夜則羣宿 一雁巡防飛則啣蘆以避矰繳 智也. 昏禮用雁 鄭箋云 以雁隨陽而處 似婦人從夫. 程子明道云 以其不再偶. 鴻雁大畧相類 博物志云 雁色蒼 而鴻色白 惟此稍異耳.

流離(올빼미) : 『시경(詩經)』「패풍(邶風)」〈모구(旄丘)〉[120]

『모전』에서 말하였다. 젊고 예쁜 것은 어릴 때의 모습이다. '유리(올빼미)'는 새로 어릴 때는 아름답지만 크면서 추해진다.

『이아』에서 말하였다. 새가 어릴 때는 아름답지만 크면서 추해지는 것은 '류률(올빼미)'이다.

곽박이 주에서 말하였다. '류률'은 '유리'와 같으니, 『시경』에서 "올빼미의 새끼들이로다"[121]라고 말한 것이다.

육기가 『모시초목조수충어소』에서 말하였다. '유리'는 '효(올빼미)'이다. 함곡관으로부터 서쪽에서는 '효'를 '유리'라 한다. 그 새끼는 자라서 크면 도리어 그 어미를 잡아먹기 때문에 장환이 "'류률'은 그 어미를 잡아먹는다"고 하였고, 허신은 "'효'는 불효하는 새이다"라 하였으니 이것이다.

『비아』에서 말하였다. '효'는 어미를 잡아먹고, '파경'[122]은 아비를 잡아먹기 때문에 일지(日至)[123]에 '효'를 잡아 찢어서 널어 두었다. 글자는 새 머리가 나무 위에 있는 모양을 따랐다.[124] 『북산록』에 "'오(까마귀)'는 은혜를 갚고, '효'는 은혜를 배반한다"고 하였다.

나는 이렇게 생각한다. 주자는 『집전』에서 "'유리'는 흩어져서 떠도는 것이다. 흩어지고 떠도는 자잘함이 이와 같이 가련하니 이로써 위에 오랫동안 머무른 여의 군신을 비유하였다"라 하였다. 한과 당의 여러 유학자들은 모

---

120 여(黎) 임금이 위(衛)에 붙어있자 여의 신하들이 돌아갈 것을 권하는 시이다.

121 『시경(詩經)』「패풍(邶風)」〈모구(旄丘)〉.

122 아비를 잡아먹는다는 전설상의 동물이다.

123 동지와 하지.

124 효(梟)는 새를 나무 위에 찔러 얹어 놓은 모양으로, 올빼미, 효수(梟首)의 뜻을 나타낸다. 올빼미는 불효하는 새이므로 이것을 목 베어 매달았다가 5월 5일에 그것을 끓인 국물을 관리들에게 본때를 보이기 위해 먹였다고 한다.

두 '유리'를 새 이름으로 풀이하였다. 『정의』에 "류(流)와 류(鶹)는 대개 고금의 글자이고, 『이아』에서는 '리'를 간혹 '률'로 쓰기도 하였다"라고 하였다. 또 "어릴 때는 아름답지만 크면 곧 추악해지는 것이 위의 여러 신하들이 처음에는 즐기며 기뻐하였으나 마지막에는 힘없이 여려진 것과 같다"라고 하였다. 대개 시를 설명한 사람들이 『모전』을 많이 따르고 있어 같은 증거들이 있기에 주자의 『전』을 따르는 것이 적음은 어쩔 수 없다.

毛傳 瑣尾少好之貌. 流離鳥也 少好長醜. 爾雅 鳥少美長醜 爲鶹鷅. 郭璞註 鶹鷅猶流離詩所謂流離之子. 陸璣疏 流離梟也. 自關而西謂梟爲流離. 其子適長大還食其母 故張奐云 鶹鷅食母 許慎云 梟不孝鳥 是也. 埤雅 梟食母 破獍食父 故日至捕梟磔之. 字从鳥頭在木上. 北山錄曰 烏反哺 梟反噬. 愚按 朱子集傳云 流離漂散也 流離瑣尾若此可憐以況黎君臣久寓於衛之若. 而漢唐諸儒 皆訓流離爲鳥名. 正義曰 流與鶹葢古今之字 爾雅離或作栗. 又云少而美好長卽醜惡 以與衛之諸臣始而愉樂終以微弱. 葢說詩者多宗毛傳 似有確據 不得以朱傳而少之.

烏(까마귀) : 『시경(詩經)』 「패풍(邶風)」 〈북풍(北風)〉[125]

『비아』에서 말하였다. '오(까마귀)'는 온 몸이 검은 색이고, 다른 이름으로 '아(큰부리까마귀)'라 부르며, 자기를 부르는 이름이다. 『회남자』에서 "'오'는 아아[126]하며 '작(까치)'은 책책[127]한다"라 하였다. 『시경』에서 "검지 않다고 까마귀가 아닐까"[128]라 한 것은 위의 임금과 신하가 그 악행이 이와 같음을 비유한 것이다. "까마귀가 머물러 있는 곳을 보니 누구의 지붕에 있는 것인가?"[129]라 한 것은 부유한 사람의 집에는 이로움이 있기 때문에 '오'가 모여드는 것이고, 백성들이 녹봉을 따르는 것이 이와 같다는 말이다. "모두 내가 성인이라 말하니 누가 까마귀의 암수를 알리오"[130]라 한 것은 유왕의 군신들이 모두 스스로 성인이라 말하니 '오'가 검어서 암컷과 수컷을 구별할 수 없음과 같다는 말이다. '오'를 다르게 보면 새가 떼 지어 우는 것 같으니 지금 사람들이 그 우는 소리를 들으면 곧 그 재앙에 침을 뱉는다.[131]

나는 이렇게 생각한다. 순흑색인 것은 '오'라 이르니 "검지 않다고 까마귀가 아닐까"라 한 것이 이것이다. 작고 배 아래가 흰 것은 '아오(갈가마귀)'라고 하니 『이아』에서 "'여사(갈가마귀)'는 '비거(갈가마귀)'이다"라 한 것과 곽박이 "'아오'는 곧 〈소변〉[132]의 '여사'이다"라 한 것이 이것이다. 또 어떤 한 종

---

125 국가의 위란(危亂)이 사나움을 풍자한 시이다. 위(衛) 사람들이 포악한 짓을 해서 백성들이 떠나간다는 내용이다.

126 새가 우는 소리로 아이가 말을 배우는 소리이다.

127 새가 우는 소리로 시끄럽게 떠드는 소리이다.

128 『시경(詩經)』 「패풍(邶風)」 〈북풍(北風)〉 3장.

129 『시경(詩經)』 「소아(小雅)」 〈정월(正月)〉 3장.

130 『시경(詩經)』 「소아(小雅)」 〈정월(正月)〉 5장.

131 까마귀 울음소리는 불길해서 그 울음소리를 들으면 침을 세 번 뱉어야 재앙을 막을 수 있다는 미신이 있다.

류는 목덜미가 하얀 '오'인데 '자오(까마귀)'이니 이것은 먹을 것을 물어다 주는 효성스러운 새이다. 오 땅에서 태어나는 것으로 증명할 수 있는데, 세 종류의 '오'가 있으니, 곧 지금 '노아(까마귀)'라 부르는 것이 이것이다.

埤雅 烏體全黑 一名鴉 其名自呼. 淮南子云 烏之啞啞 鵲之唶唶. 詩曰 莫黑匪烏 以況衛之君臣 其惡如一. 曰瞻烏爰止 于誰之屋 言富人之屋 利之所在 故烏集焉 民之從祿將如此矣. 曰具曰予聖 誰知烏之雌雄 言幽王君臣俱自謂聖 如烏之黑雌雄無以別也. 烏見異則噪 今人聞噪 則唾其凶也. 愚按 純黑者謂烏 卽莫黑匪烏 是也. 小而腹下白者謂雅烏 爾雅云 鸒斯鵯鶋 郭璞云 雅烏卽小弁之鸒斯 是也. 又有一種白脰烏 卽慈烏 是反哺孝烏也. 以吳地所產驗之 有此三種烏 卽今呼謂老鴉也.

132 『시경(詩經)』 「소아(小雅)」의 장명.

鶉(메추라기) : 『시경(詩經)』「용풍(鄘風)」〈순지분분(鶉之奔奔)〉[133]

장읍이 『광아』[134]에서 말하였다. '추'는 '순(鶉, 메추라기)'이고, '여'는 '암(메추라기)'이다.

『비아』에서 말하였다. '순(메추라기)'은 정해진 거처가 없고, 항상 짝이 있다.

『시경』에서 말하였다. "메추라기는 분분하며, 까치는 강강하거늘"[135] 분분은 싸움이고, 강강은 굳셈이다. 말하자면 '순'은 그 짝짓기가 어지럽지 않고, '작'은 그 짝짓기가 음란하지 않다. 그러므로 모서(毛序)에 위 사람들은 선강[136]이 '순'이나 '작'만도 못하다고 여겼다고 했다. 또 "사냥하지 않았다면, 어찌 네 뜰에 매달려 있는 메추라기가 보이리오"[137]라 하였는데, '순'은 작은 것이니, 벼슬에 있는 자가 욕심이 많고 비루한 것이다. 작은 날짐승이지만, 항상 공변됨이 이와 같다. 세속에서 말하기를, 이 새의 성질은 순박하지만 어리석다고 하였다. 가로놓인 풀을 넘지 못하는데, 작은 풀을 만나 그 앞에 가로 놓여 있으면 곧 피한다. '순(淳)'이라 이름한 것은 이 때문이다.

나는 이렇게 생각한다. 모양이 '계(닭)'와 같으나 작고, 털은 얼룩 빛이며, 꼬리는 짧다. 수컷은 다리가 길고, 암컷은 다리가 짧다. 그 성질은 추위를 두려워한다. 그 수컷은 잘 싸운다. 밤이면 무리지어 날고, 낮이면 풀숲에 숨는다. 사람이 소리로 불러서 그것을 잡을 수 있으며, 길러서 싸우게 한다.

---

133 위(衛) 선강(宣姜)을 메추라기나 까치만도 못하다고 풍자한 시이다.

134 위(魏)의 장읍(張揖)이 지은 자서(字書)로 『박아(博雅)』라고도 한다. 『이아(爾雅)』의 구목(舊目)에 의하여 널리 한(漢)대 학자의 주석 등을 채록증보(採錄增補)하였으므로 『광아(廣雅)』라 하였다. 청(淸)의 왕염손(王念孫)은 『광아소증(廣雅疏證)』 10권을 지었다.

135 『시경(詩經)』「용풍(鄘風)」〈순지분분(鶉之奔奔)〉.

136 춘추(春秋) 때 위(衛) 선공(宣公)의 부인이며, 제(齊) 제후의 딸이다.

137 『시경(詩經)』「위풍(魏風)」〈벌단(伐檀)〉.

지금 오중[138]에서는 '암순'이라 부른다.

張揖廣雅 隹鶉鴽鵪. 埤雅 鶉無常居 而有常匹. 詩曰 鶉之奔奔 鵲之彊彊. 奔奔鬬也 彊彊剛也. 言鶉能不亂其匹 鵲能不淫其匹. 故序云 衛人以爲宣姜鶉鵲之不若也. 曰不狩不獵 胡瞻爾庭有縣鶉兮 鶉小物也 以言在位貪鄙. 小禽 尙公之如此. 俗言 此鳥性淳惷. 不越橫草 所遇小草橫其前卽避. 名之曰淳以此. 愚按 形如雞而小 毛斑色短尾. 雄者足高 雌者足卑. 其性畏寒. 其雄善鬬. 夜則羣飛 晝則草伏. 人能以聲呼取之 畜令鬬搏. 今吳中呼爲鵪鶉.

138 지금 강소성(江蘇省) 오현(吳縣)이다. 춘추(春秋) 때, 오(吳)의 도읍지이다.

鳩(비둘기) : 『시경(詩經)』「위풍(衛風)」〈맹(氓)〉[139]

『이아』에서 말하였다. '굴구(산비둘기)'는 '골주(고지새)'이다.
손염이 주에서 말하였다. 다른 이름으로 '명구(산비둘기)'이다.
「월령」에서 말하였다. '명구'는 그 날개를 퍼덕인다.
곽박이 주에서 말하였다. '산작(삼광조)'과 비슷하나 작고, 짧은 꽁지에 청흑색이며, 많이 운다. 지금 강동에서는 '골주'라고도 부른다.
어떤 사람이 말하였다. 『춘추전』에 "골구씨는 사사[140]인데, 봄에 와서 겨울에 간다"고 하였다.
『광아』에서 말하였다. '골구'는 '분구(비둘기)'이다.
『비아』에서 말하였다. '골구'는 '상심(오디)'를 먹되, 지나치면 취하여 그 성질을 해친다. 그러므로 『시경』에 "아! 비둘기여. 오디를 먹지 말지어다"[141]라고 하여 남녀 간의 음란한 짓을 풍자한 것이다. 『시경』에 "작은 저 비둘기여. 날갯짓하여 하늘에 이르도다"[142]라 하였다. 말하자면 '명구'는 작은 것이어서 힘껏 날아올라 '유(두릅나무)'나 '방(참빗살나무)'에 닿으려 해도 때로는 그곳에 이르지 못하고, 땅에 곤두박질할 뿐이라는 것이다.[143] 이 새는 아침에 울기를 즐기는데, 대체로 새들이 아침에 우는 것을 '조'라 하고, 밤에 우는 것을 '야'라고 말한다. 『금경』에 "산새는 아침에 울고, 물새는 밤에 운다"고 하였다. 지금 숲에 머무르는 것은 아침에 많이 울고, 물가에 머무르는 것은 밤에 많이 운다. '야(咹)'의 음은 '야(夜)'인데, 글자가 『용감수

139 세속의 음탕함을 풍자한 시이다.
140 '저구(雎鳩)' 각주 참조.
141 『시경(詩經)』「위풍(衛風)」〈맹(氓)〉.
142 『시경(詩經)』「소아(小雅)」〈소완(小宛)〉.
143 "我決起而飛搶楡枋時則不至而控於地而已矣" 『장자(莊子)』「소요유(逍遙遊)」.

경』[144]에 보인다.

나는 이렇게 생각한다. 형병이 소에서 "옛 말에 모두 '반구'라 했는데 아니다. 대개 '반구'의 목에는 자수무늬가 있는데, '반(斑)'이 그러한 것이고, 이 때문에 '반구'라 말한다. 이와 '골구'는 완전히 다르다"고 하였다. 『정의』에 말하기를 "'작은 저 비둘기여.'는 또한 이 '구'이다. 『이아』에 '구'의 종류는 하나가 아니라고 했는데, 이것이 틀림없이 '골구'라는 것을 안 것은 '골구'가 겨울에 떠나가기 시작하고, 지금 가을에 그것을 보았기 때문에 분명히 알 수 있는 것이다. 그러므로 나머지 '구'도 아님을 알 수 있다"고 하였다. 〈동도부〉[145]에 "'골'은 아침에 울고, 봄에 운다"고 하였으니, 곧 이것이다.

爾雅 鶌鳩鶻鵃. 孫炎注 一名鳴鳩. 月令云 鳴鳩拂其羽. 郭璞註 似山鵲而小 短尾靑黑色多聲. 今江東亦呼爲鶻鵃. 某氏曰 春秋傳云 鶻鳩氏司事 春來冬去. 廣雅 鶻鳩鷆鳩也. 埤雅 鶻鳩性食桑葚 然過則醉而傷其性. 故詩云 于嗟鳩兮 無食桑葚 而序以爲刺淫佚也. 詩曰 宛彼鳴鳩 翰飛戾天 言鳴鳩小物 决起而飛搶楡枋 時則不至而控於地而已矣. 此鳥喜朝鳴 凡鳥朝鳴曰嘲 夜鳥鳴曰啄. 禽經云 林鳥以朝嘲 水鳥以夜啄. 今林棲多朝鳴 水宿多夜叫. 啄音夜 字見龍龕手鏡. 愚按 邢昺疏云 舊說皆云斑鳩 非也 葢斑鳩項有繡文 斑然 故曰斑鳩 與此鶻鳩全異. 正義曰 宛彼鳴鳩 亦此鳩也 爾雅鳩類非一 知此是鶻鳩者 以鶻鳩冬始去 今秋見之以爲喩 故知非餘鳩也. 東都賦云 鶻嘲春鳴卽此.

144 요(遼) 성종(聖宗) 15년(997)에 요(遼)의 승려 행균(行均)이 편찬한 한자 자전으로 현재 우리나라에만 그 당시 원본이 남아 있어 보물에서 국보로 격상되었다. 현재 국보 291호이다.

145 한(後漢)의 반고(斑固)가 지은 작품으로 〈서도부〉와 〈동도부〉로 되어 있다. 동도인 낙양의 경치를 묘사한 작품이다.

雞(닭) : 『시경(詩經)』「왕풍(王風)」〈군자우역(君子于役)〉[146]

「설괘」[147]에서 말하였다. 손(巽)[148]은 '계(닭)'이다.
소[149]에서 말하였다. 손은 부름과 명령을 주관하는데, '계'는 그 때를 알기 때문에 '계'라 한다.
『한시외전』[150]에서 전요[151]가 말하였다. '계'는 다섯 가지 덕이 있는데, 머리에 '관'을 썼으니 문(文)이고, 다리에 며느리발톱이 이어졌으니 무(武)이며, 적을 앞에 두고 용감히 싸우니 용(勇)이고, 먹을 것을 보고 서로 부르니 인(仁)이며, 밤을 지켜 때를 잃지 않으니 신(信)이다.
「관로열전」[152]에서 말하였다. '계'라는 것은 태(兌)[153]의 가축이다. 그러므로 태백성[154]이 떠올라 빛나면 곧 '계'가 운다.
『고금주』에서 말하였다. '계'는 다른 이름으로 '촉야'[155]이다.

---

146 군자가 부역을 가서 돌아올 기한이 없으니, 대부(大夫)가 그 위난(危難)을 생각하며 평왕(平王)을 풍자한 시이다.

147 『주역(周易)』의 편명으로 공자가 지은 '십익(十翼)'의 하나이다. 8괘의 덕업변화(德業變化)와 법모양(法象)을 설명한 것이다.

148 『주역(周易)』 팔괘(八卦)의 하나이며 바람을 상징한다. 또한 육십사괘의 하나로 손하손상(巽下巽上)이며 공손하고 유순함의 상이다.

149 형병의 소.

150 한(漢) 초기에 전하던 『시경(詩經)』은 노(魯)・제(齊)・한(韓)・모(毛) 네 가문에 있었다. 한영(韓嬰)이 『내전(內傳)』 4권과 『외전(外傳)』 6권을 찬(撰)했다는 기록이 『한서(漢書)』「예문지(藝文志)」에 보인다. 선진제자(先秦諸子)의 학설 및 춘추전국 때의 사적을 인용하여 『시경』의 뜻을 설명하였다. 경전의 뜻과 부합되지 않는 것이 많다.

151 전국(戰國) 제(齊) 사람으로 제의 승상(相) 송위(宋衛)의 문지기로 있었다. 노 임금 애공(哀公)에게 임금이 갖추어야 할 덕을 닭에 비유하여 다섯 가지로 설명했다.

152 『삼국지(三國志)』「위서(魏書)」〈관로전(管輅傳)〉. 관로(管輅)의 자(字)는 공명(公明), 삼국(三國) 위(衛) 평원(平原)사람으로 8・9세에 성신(星辰)을 그려 설명할 수 있었으며, 성인이 되어서 풍각점(風角占)에 정통했다.

153 팔괘(八卦)의 하나 또는 육십사괘(六十四卦)의 하나로 태하태상(兌下兌上)이고 못을 상징하며 방위는 서쪽이다.

154 저녁 때 서쪽 하늘에 보이는 금성(金星).

유향[156]이 말하였다. '계'는 때를 주관하며, 살고 있는 사람들을 깨운다. 『비아』에서 말하였다. 『염철론』[157]에 "'계'는 청렴하지만, 게걸스럽게 먹는다"고 하였는데, '계'가 발톱으로 후벼 파며 먹으면서도 매양 가리는 바가 있으므로 '계'와 같이 소렴[158]하다고 말한 것이다. 『이아』에 "'계'의 큰 것은 '촉'이고, '촉'의 새끼는 '여(병아리)'이다"라 하였는데, 곽박은 "'계'의 큰 것이 '촉'인데, 지금의 '촉'이 '계'이다. '계'는 여러 종이 촉・노・형・월에 있다. 월의 '계'는 작은 것, 촉의 '계'는 큰 것, 노의 '계'도 큰 종이다"라 말하였다. 『설문』에 "해가 서쪽 방향에 있거나 새가 깃들면 동서 방향의 서쪽으로 삼았다"라 하였으며, 『시경』에 "닭이 홰에서 깃들며 해가 저무니"[159]라 하였다. 말하자면 '계'가 깃들면 해가 저물고 달이 서녘에서 보이기 때문에 모양이 반달이며 아직 '섬(두꺼비)'과 '계(계수나무)'의 형상이 있지 않다는 것이다. 『시경』에서 "닭은 개개히 울고 교교히 울며, 그치지 않도다"[160]라 하였는데, 말하자면 '계'의 신의의 정도가 이와 같으니 군자도 그 법도를 고치지 말아야함을 비유한 것이다.

나는 이렇게 생각한다. '계'를 자세히 살펴보면 때를 헤아릴 수 있다. 집에서 기르며 밤에 무리지어 우는 것을 '황계'[161]라 하였고, 해질 무렵 홀로 우는 것을 '도제'라 하였는데, '황계'는 상서롭지 못함을 주관하고, '도제'는 불의 재앙을 주관한다.

---

155 어두운 밤을 비춘다는 뜻이다.

156 한(漢)의 사람. 초(楚)의 원왕(元王) 교(交)의 4세손. 자(字)는 자정(子政). 본명은 갱생(更生). 유흠(劉歆)의 아버지. 저서에 『홍범오행전(洪範五行傳)』・『열녀전(列女傳)』・『열선전(列仙傳)』・『신서(新序)』・『설원(說苑)』 등이 있다.

157 한(漢) 때 환관(桓寬)이 편찬했다. 소제(昭帝) 때 어사대부(御史大夫) 상호양(桑弘羊)과 선비들 사이에 일어난 염철법(鹽鐵法) 등 전매(專賣)에 관한 논란을 모아서 엮은 것으로 10권 60편이 전한다.

158 작은 일에 청렴하다는 뜻이다.

159 『시경(詩經)』「왕풍(王風)」〈군자양양(君子陽陽)〉.

160 『시경(詩經)』「정풍(鄭風)」〈풍우(風雨)〉.

161 삼경(三更)이 되기 전에 우는 닭으로 전란(戰亂)이 일어날 징조라 하였다.

說卦 巽爲雞. 疏 巽主號令 雞知時 故爲雞也. 韓詩外傳田饒云 雞有五德 頭戴冠者文也 足傳距者武也 敵在前敢鬪者勇也 見食相呼者仁也 守夜不失時者信也. 管輅列傳 雞者兌之畜. 故太白揚輝則雞鳴. 古今註 雞一名燭夜. 劉向曰 雞者主司時 起居人. 埤雅 鹽鐵論曰 雞廉狼呑 雞跑而食之 每有所擇 故曰小廉如雞. 爾雅曰 雞大者蜀 蜀子雓 郭璞云 雞大者蜀 今蜀雞也. 雞有蜀魯荊越諸種 越雞小 蜀雞大 魯雞又其大者. 說文云 日在西方而鳥栖 因以爲東西之西 詩曰 雞棲于塒日之夕矣. 言雞棲矣日于是夕 夕于是月見 故象半月 未有蟾桂之狀. 曰雞鳴喈喈膠膠 不已者 言雞之信度如此 君子不改其度之譬也. 愚按 雞稽也能稽時也. 人家畜之夜羣鳴謂之荒雞 黃昏獨啼謂之盜啼 荒雞主不祥 盜啼主火患.

鳧(물오리) : 『시경(詩經)』 「정풍(鄭風)」 〈여왈계명(女曰鷄鳴)〉[162]

『이아』에서 말하였다. '미(물오리)'는 '침부(물오리)'이다.

곽박이 주에서 말하였다. '압(오리)'과 비슷하나 작고, 긴 꼬리에 등에는 무늬가 있으며, 지금 강동에서는 '미'라 부른다.

이순[163]이 주에서 말하였다. 들에 있는 것을 '부(물오리)'라 하고, 집에 있는 것을 '목(집오리)'이라 한다.

육기가 『모시초목조수충어소』에서 말하였다. 크기가 작으나 '압'과 같고, 푸른색이며, 다리와 부리가 짧고, 물새 중 성실한 것이다.

『비아』에서 말하였다. 『장자』에 "'부'의 정강이가 짧다고 해서 이으면 곧 근심스럽게 되고, '학'의 정강이가 길다고 해서 끊으면 슬프게 된다"[164]고 하였는데, 이것은 태어난 이치에 지극히 만족해서 모자람도 없고 남음도 없으니, 긴 것으로부터 더하는 바가 아니고, 짧은 것으로부터 덜어내는 바도 아니라는 말이다. 『시경』에 "물오리와 기러기를 주살질할지어다"[165]라 하였는데, 대개 '부'와 '안(기러기)'은 항상 새벽에 날기 때문에 서로 일찍 일어날 것을 경계한 것이다.

『아익』에서 말하였다. 육구몽[166]은 "밤에 폭우 같은 소리를 들었는데, 어느 날 밤에는 네 번이나 들어서 백성들에게 자세히 묻자 '부예'라 말했다. 그 무

---

162 지금 덕(德)을 좋아하지 않고 색(色)을 좋아함을 풍자한 시이다.

163 후한(後漢)의 여양(汝陽) 사람. 영제(靈帝) 때 중상시(中常侍)에 이르렀다. 환관들의 전횡이 극에 달했음에도 홀로 충절을 지켰다. 여러 선비들과 함께 오경(五經)의 문장을 비석에 새겼고, 채옹(蔡邕) 등이 그 문자를 바로 잡았다. 이에 오경이 정리되었고, 이로부터 논쟁이 종식되었다.

164 『장자(壯者)』 「외편(外篇)」 〈변무(騈拇)〉.

165 『시경(詩經)』 「정풍(鄭風)」 〈여왈계명(女曰鷄鳴)〉.

166 ?~881. 자(字)는 노망(魯望). 당(唐)의 장주(長州) 사람이며, 송강(松江) 보리(甫里)에 은거하여 저술에 힘썼고, 각지를 두루 유람하여 강호산인(江湖散人)이라 자호(自號)하였는데 보리선생이라 일컬어졌다. 저서에 『뇌사경(耒耜經)』·『소명록(小名錄)』·『입택총서(笠澤叢書)』 등과 문집으로 『보리집(甫里集)』이 있다.

리는 하늘을 덮으며 와서, 반드시 벼 이삭을 먹어 없애고 떠난다. 강남에서는 주살과 그물을 쓰지 않고, 항상 약으로만 그것을 얻는다"고 하였다.

나는 이렇게 생각한다. 『초사』에 "차라리 천리를 가는 '구(망아지)'처럼 당당히 걷겠는가? 장차 물 가운데 '부'처럼 둥둥 떠 있기만 하겠는가?"[167]라고 하였는데, 대개 '부'의 성질은 물결의 오르내림과 더불어 가라앉는 것이다. 수백이 무리를 지어 나는데 그 소리가 비바람이 사납게 치는 듯하다. 지금 세속에서 '야압진'이라 부르는 것은 그 모양이 '압'과 비슷하기 때문이다.

爾雅 鸍沈鳧. 郭璞註 似鴨而小 長尾背上有文 今江東呼之爲鸍. 李巡註 野曰鳧 家曰鶩. 陸機璣 大小如鴨 青色 卑脚短喙 水鳥之謹愿者也. 埤雅 莊子曰 鳧脛雖短續之則憂 鶴脛雖長斷之則悲 此言生理至足 無欠無餘 自長非所增 自短非所損也. 詩曰 弋鳧與雁 蓋鳧雁常以晨飛 故相警以夙興也. 雅翼 陸龜蒙稱夜聞有聲類 暴雨 一夕數四明訊其甿曰 鳧鷖也 其曹蔽天而來 必竭禾穗而去 江南不能弋羅 常藥而得之. 愚按 楚辭云 寧昻昻若千里之駒乎 將氾氾若水中之鳧乎 蓋鳧性沈沒 與波上下. 數百爲羣飛 聲如風雨暴至. 今俗呼爲野鴨陣 以其狀類鴨也.

167 『초사(楚辭)』〈복거(卜居)〉.

鴇(능에) : 『시경(詩經)』「당풍(唐風)」〈보우(鴇羽)〉[168]

『모전』에서 말하였다. '보(능에)'는 나무에 머무르지 못하는 성질이다.

육기가 『모시초목조수충어소』에서 말하였다. '보'는 발가락 사이가 이어져 있어서 나무에 머무르지 못하는 성질이니, 나무에 머무르면 고생하게 된다.

곽박이 말하였다. '보'는 '안(기러기)'과 비슷하고, 뒷발가락이 없으며, 털에는 '표(표범)'의 무늬가 있어서 다른 이름으로 '독표'라 한다.

『유양잡조』[169]에서 말하였다. '보'는 사나운 새를 만나면 세차게 배설하여 막을 수 있는데, 배설물이 붙으면 털이 모두 벗겨진다.

『비아』에서 말하였다. '보'는 혀가 없고, 발가락 사이가 이어져 있어서 나무에 머무르지 못하는 성질이다. 『설문』에 "'보(㫖)'는 차례 있는 모양이라는 뜻이니, '비(匕)' 자와 '십(十)' 자를 따른다"고 하였다. 대개 '보'의 성질은 무리지어 살고, '안'처럼 자연스럽게 줄지어 가기 때문에 '보(㫖)' 자를 따르니, 『시경』에서 "능예의 행렬이니"라고 말한 것은 이러한 까닭이다.

『정의』에 말하였다. '보'는 나무에 머무르지 못하는 성질이다. 나무에 머무르면 고생하게 되기 때문에 군자가 조세와 부역에 종사하여 위험하고 고생하게 됨을 비유한 것이다.

---

168 군자(君子)가 조세(租稅)와 부역(賦役)에 종사하여 그 부모를 봉양치 못하는 세상을 풍자한 시이다.

169 당(唐)의 단성식(段成式)이 편찬하였으며, 신선・부처・사람・귀신에 관한 일에서부터 동물・식물・음식・사묘(寺廟) 등에 이르기까지 여러 항목으로 나누어 기록되어 있다. 총 20권이며, 10권의 속집이 있다.

毛傳 鴇之性不樹止. 陸璣疏 鴇鳥連蹄性不樹止 樹止則爲苦. 郭璞曰 鴇似雁 無後趾 毛有豹文 一名獨豹. 酉陽雜俎 鴇遇鷙鳥 能激糞禦之 糞著毛悉脫. 埤雅 鴇無舌 連蹄性不木止 說文曰 早相次也 从匕从十. 蓋鴇性羣居 如雁自然而有行列 故从早 詩曰 鴇行以此故也. 正義曰 鴇性不樹止. 樹止則爲苦 以喻君子從征役爲危苦也.

晨風(새매) : 『시경(詩經)』 「진풍(秦風)」 〈신풍(晨風)〉[170]

『이아』에서 말하였다. '신풍(새매)'은 '전(송골매)'이다.

육기가 『모시초목조수충어소』에서 말하였다. '요(새매)'와 비슷하고 누런색이며, '연(제비)'의 턱에 부리는 굽었다. 바람을 향하여 날개를 흔들면 이에 바람을 따라 빠르게 날며, '구(비둘기)' · '합(집비둘기)' · '연(제비)' · '작(참새)'을 공격해서 잡아먹는다.

『열자』에서 말하였다. '요'는 '전'이고, '전'은 '포곡'이며, '포곡'은 옛날부터 또 '요'라고 했다.

『금경』에서 말하였다. '전(鸇)'은 '전'이다.

주[171]에서 말하였다. '신풍'이며 생김새는 '계(닭)'의 따위이다.

『비아』에서 말했다. 맹자가 이른바 나무숲을 위하여 '작'을 몰아주는 것은 '전'이라고 한 것이 곧 이것이다.[172] 『시경』에 "빨리 나는 저 새매여 울창한 북쪽 숲에 있도다"[173]라 하였는데, 말하자면 목공이 그 그늘진 곳을 가릴 수 있어서 어진 자를 그곳으로 나아가게 한 것이 이와 같다. 또 〈황조〉는 어질고, 〈신풍〉은 의로워서 진의 어진 선비는 의로써 죽고, 현명한 신하는 의로써 살았기 때문에 〈황조〉는 삼량[174]을 슬퍼하는 것을 말하고, 〈신풍〉은 그 버려진 어진 신하를 풍자한 것이다.

---

170 목공(穆公)의 기업(基業)을 잊고 어진 신하를 버린 강공(康公)을 풍자한 시이다.

171 『이아주(爾雅注)』.

172 『맹자(孟子)』 「이루(離婁)」.

173 『시경(詩經)』 「진풍(秦風)」 〈신풍(晨風)〉.

174 삼량(三良)은 자차(子車)씨의 삼형제로 '엄식(奄息)' · '중행(仲行)' · '겸호(鍼虎)'이다. 진(秦) 목공(穆公)이 자신이 아끼는 자차씨의 삼형제를 같이 순장(殉葬)하라고 명했는데 백성들이 이를 슬퍼했다. 목공이 어진 임금이었다고 하나 결국 순장이라는 악습을 이어 어진 선비를 죽음으로 나아가게 함을 말한 듯하다.

爾雅 晨風鸇. 陸璣疏 似鷂黃色 燕頷勾喙. 嚮風搖翅 乃因風飛急疾 擊鳩鴿燕雀食之. 列子 鷂之爲鸇 鸇之爲布穀 布穀久復爲鷂也. 禽經鸇 曰鸇. 注 晨風也 狀類 雞. 埤雅 孟子所謂爲叢毆爵者鸇. 卽此 是也. 詩曰 鴥[175]彼晨風 鬱彼北林 言穆公能茈其所賴 而賢者赴之如此. 且黃鳥仁 晨風義 而秦之良士以仁死 賢臣以義生 故黃鳥曰哀三良也 而晨風以刺其棄賢臣.

175 『시경(詩經)』의 원문에는 '율(鴥)'이 '율(鴪)'로 되어 있다.

鴞(올빼미) : 『시경(詩經)』「진풍(陳風)」〈묘문(墓門)〉[176]

『모전』에서 말하였다. '효(올빼미)'는 소리가 좋지 않은 새이다.

육기가 『모시초목조수충어소』에서 말하였다. '효'는 크기가 '반구(산비둘기)'만 하다. 녹색이며 집안에 들어오면 흉하다했으니 가의[177]가 〈부〉[178]에서 '복조'라 한 것이 이것이다. 그 고기는 아주 맛있어서 고깃국을 만들 수 있고 또 구이도 만들 수 있다. 한은 각각 그 철에 맞추어 임금에게 진상품을 바쳤는데, 오직 '효'만 겨울과 여름에 항상 진상된 것은 그 맛 때문이었다.

곽의공이 『광지』에서 말하였다. '효'는 '초구'[179]에서 생겨난 것이다.

『비아』에서 말하였다. 『시경』에 "이리저리 나는 저 올빼미여. 반궁의 숲에 모였구나. 내 오디를 먹고 좋은 목소리로 나를 달래도다"[180]라 하였다. 말하자면 '효'는 '상심(오디)'을 먹으면 곧 변하여 그 색이 아름다워지고 그 소리가 좋아지는데, 하물며 덕과 의가 이와 같이 소인의 그릇됨을 고칠 수 있

---

176 진타(陳佗)가 훌륭한 스승이 없으므로 불의(不義)에 이르러 악(惡)이 온 백성에 가해졌음을 풍자한 시이다.

177 BC.201~BC.169. 한(漢)의 낙양(洛陽)사람으로 정삭(正朔)을 고치고 복색(服色)을 바꾸었으며 법률과 제도를 제정하고 예악을 진흥시켰다. 후에 장사왕(長沙王)의 태부(太傅)를 지내고 양회왕(梁懷王)의 태부가 되었다. 전한(前漢) 문제(文帝) 때의 문인 겸 학자로 최연소 박사가 되었으나 주변의 시기로 좌천되자 자신의 신세를 '굴원'에 비유해 〈조굴원부(弔屈原賦)〉를 지었다. 저서에 『신서(新書)』·『가장사집(賈長沙集)』이 있다.

178 "가의(賈誼)가 장사왕(長沙王)의 태부(太傅)가 된지 3년 되던 해에 가의가 묵고 있는 관사로 올빼미가 날아 들어와 방안 한 쪽 모퉁이에 앉았다. 초(楚) 사람들은 올빼미를 복(服)이라고 불렀다. 가의가 좌천되어 머물렀던 장사는 땅이 낮고 습기가 많았다. 그래서 가의는 자신이 오래 살지 못할 것이라는 생각이 들어 마음이 아파 그것을 슬퍼했고, 이에 〈복조부(鵩鳥賦)〉를 지어 스스로 위로했다(誼爲長沙王傅 三年 有鵩鳥飛入誼舍 止於坐隅 鵩似鴞 不祥鳥也 誼既以謫居長沙 長沙卑濕 誼自傷悼 以爲壽不得長 迺爲賦以自廣)." 『문선(文選)』〈복조부(鵩鳥賦)〉 서문.

179 새 이름으로 '호조(嗥鵰)'라고도 부른다.

180 『시경(詩經)』「노송(魯頌)」〈반수(泮水)〉.

지 않겠는가. 그것이 '매(매실)'를 먹게 되면, 그 모습과 낯빛을 변화시키지만 그 울음소리를 바꾸기에는 부족하다. 그러므로 "묘문에 매화나무가 있거늘 올빼미가 모여 앉았구나"[181]하고 진타에게 어진 스승이 없는 것을 풍자하였다.

나는 이렇게 생각한다. '효'는 소리가 좋지 않은 새이다. 『이아』에 "'효(梟)'는 '치(올빼미)'이다"라 하였으니, 곧 이 '효'이다. '효(梟)'와 '효'는 음이 서로 가깝다. 『정의』에 다른 이름으로 '효'이고 또 '치'라 하였으니, 〈첨앙〉에 "올빼미(梟)가 되고 올빼미(鴟)가 되도다"[182]는 것이 이것이다. 세속에서 '효'를 곧 '토효(올빼미)'라 한 것은 잘못이다. 대개 '토효'는 『이아』에서 '유률'이라 이르니, 곧 『시경』에 "올빼미의 새끼로다"[183]라 한 것이다. 『이물지』를 살펴보면 "어떤 새가 작은 '계(닭)'와 같고, 몸에는 무늬와 색깔이 있어서 '복'이라 불렀는데, 멀리 날 수 없고 영역 밖으로 나가지 않는다"고 하였다. 가공언[184]은 "'효'와 '복' 두 새는 밤에 좋지 않은 소리로 운다"고 하였다. 그러므로 '효(梟)'와 '효'와 '치'는 한 종이며, 육기가 『모시초목조수충어소』에서 '효'를 '복'이라 한 것은 잘못이다.

毛傳 鴞惡聲之鳥也. 陸璣疏 鴞大如斑鳩. 綠色入人家凶 賈誼所賦鵩鳥 是也. 其肉甚美可爲羹臛 又可爲炙. 漢供御物各隨其時 唯鴞冬夏常施之 以其美故也. 郭義恭廣志 鴞楚鳩所生. 埤雅 詩曰 翩彼飛鴞 集于泮林 食我桑葚懷我好音. 言鴞食桑黮 則變而美其色好其音以 況德義能革小人之非如此. 及其食梅 則不足以革其容色變其聲音. 故墓門有梅有鴞萃止 以刺陳陀無良師傅也. 愚按 鴞惡聲之鳥. 爾雅曰梟鴟 卽此鴞也. 梟與鴞音相近. 正義曰 一名梟一名鴟 瞻卬云 爲梟爲鴟 是也. 俗說以爲鴞卽土梟 非也. 蓋土梟 爾雅自謂之鶹鷅 卽詩流離之子也. 考異物志有鳥如小雞 體有文色名之曰 服不能遠飛 行不出域. 賈公彦曰 鴞鵩二鳥 夜爲惡鳴者也. 然則梟也鴞也鴟也一物也 陸疏以鴞爲鵩者非.

---

181 『시경(詩經)』「진풍(陳風)」〈묘문(墓門)〉.
182 『시경(詩經)』「대아(大雅)」〈첨앙(瞻卬)〉.
183 『시경(詩經)』「패풍(邶風)」〈모구(旄丘)〉.
184 당(唐) 때 영년(永年)의 사람으로 관직은 영휘중(永徽中)이며, 태학박사(太學博士)이다. 저서에는 『주례의소(周禮義疏)』·『의례의소(儀禮義疏)』가 있다.

鵜(사다새) : 『시경(詩經)』 「조풍(曹風)」 〈후인(候人)〉[185]

『이아』에서 말하였다. '제(사다새)'는 '오택'이다.

곽박이 주에서 말하였다. 지금의 '제호(사다새)'인데, 무리지어 날기를 좋아하고, 물에 들어가 물고기를 먹기 때문에 '오택(洿澤)'이라 이름하며, 세상 사람들은 '도하(사다새)'라 부른다.

육기가 『모시초목조수충어소』에서 말하였다. 물새로 '악(물수리)'과 모양이 비슷하나 크고, 부리는 길이가 몇 자 남짓인데 곧고 넓으며, 입 가운데가 매우 붉다. 턱 밑의 살은 몇 되나 되는 주머니처럼 크다. 만약 작은 못 가운데 물고기가 있다면, 곧 무리가 그 턱밑에 물을 가득 담아 버려서 물이 다 마르게 되면 물고기가 땅에 있게 되고, 이에 그것을 먹는다. 그러므로 '도하'라 부른다.

『회남자』에서 말하였다. '제호'는 몇 말의 물을 마셔도 만족하지 못한다.

『산해경』[186]에서 말하였다. 잠수[187]에 '례호(사다새)'가 많은데, 그 울음은 스스로 이름을 부르는 것과 같다. 이것이 보이면 곧 그 나라에 토목공사가 많다.

『비아』에서 말하였다. 『장자』에 "물고기는 그물을 두려워하는 것이 아니

---

185 공공(共公)이 군자를 멀리하고, 소인과 가까이 하기를 좋아함을 풍자한 시이다.

186 중국 상고의 지리서로 모두 18편으로 되어 있었다고도 하고, 13편이라고도 한다. 『사기(史記)』에 이 책 이름이 처음 보이지만 작자에 대한 언급이 없다. 하우(夏禹) 때의 책이라는 설이 있으나 일반적으로 주(周)·진(秦) 대에 살던 사람이 지은 것으로 추정한다. 전한(前漢) 말 유흠(劉歆)이 원문에 몇 편을 더 보태어 편찬하였고 진(晉)의 곽박(郭璞)이 이에 주를 붙였다. 산과 바다에 사는 이상한 물건에 대해 그림을 그리고 설명을 곁들였는데 서술된 내용 중에는 황당무계한 이야기도 포함되어 있다.

187 호남성(湖南省)에서 발원하여 풍현(灃縣)의 서북으로 흘러드는 강이다. 세속에서는 용동수(龍洞水)라 부른다.

라 '제호'를 두려워한다"[188]고 하였으니, '제'가 지혜의 힘으로 물고기를 얻기 때문에 두려워한다는 말이다. 『시경』에서 "사다새가 어량[189]에 있으니 그 날개를 적시지 않도다. 그 부리를 적시지 않도다"[190]라고 한 것은 '제'의 성질이 물에 들어가 물고기를 먹는 것이어서 곧 그 부리와 날개가 젖는 것이 마땅하지만, 도리어 지금 어량에서 배불러 그 날개와 부리를 적시지 않으니, 이로써 소인이 그 힘으로 먹지 않아 공이 없으나 봉록은 받는 것을 풍자한 것이다.

爾雅 鵜鴮鸅. 郭璞註 今之鵜鶘也 好羣飛 沈水食魚 故名洿澤 俗呼之爲淘河. 陸璣疏 水鳥形如鶚而大 喙長尺餘直而廣 口中正赤. 頷下胡大如數升囊. 若小澤中有魚 便羣其抒水滿其胡而弃之 令水竭盡 魚在陸地 乃其食之. 故曰淘河. 淮南子 鵜鶘飮水數斗而不足. 山海經 滂水多鴛鶘 其鳴自訆. 見則其國多土功. 埤雅 莊子曰 魚不畏網 而畏鵜鶘 言鵜以智力取魚 故畏之也. 詩維鵜在梁 不濡其翼 不濡其味者 鵜性沈水食魚 則濡其味翼宜矣 今反取飽于梁 不濡其翼與味 以刺小人不食其力 無功而受祿也.

188 『장자(莊子)』「외물(外物)」.
189 물고기를 잡는 시설.
190 "사다새가 어량에 있으니 그 날개를 적시지 않도다"는 『시경(詩經)』「조풍(曹風)」〈후인(候人)〉에 나오고, 뒤의 "그 부리를 적시지 않도다"는 같은 시의 다른 구에 나오는 구절이다.

鶪(때까치) : 『시경(詩經)』「빈풍(豳風)」〈칠월(七月)〉[191]

「월령」[192]에서 말하였다. 중하(中夏)[193]의 달에 '격(때까치)'이 울기 시작한다.

『이아』에서 말하였다. '격'은 '백로(때까치)'이다.

번광[194]이 주에서 말하였다. 『좌전』에 "소호씨는 새 이름으로 벼슬 이름을 삼았는데, 백조씨[195]는 사지[196]이다"라 했으니, '백조(때까치)'는 '격'으로, 하지(夏至)에 왔다가 동지(冬至)에 떠나간다.

곽박이 주에서 말하였다. '할갈(티티새)'과 비슷하지만 크다.

정현이 『전』에서 말하였다. '백로'는 날씨가 장차 추워지려 할 때 우는데, 5월에 우는 것은 빈 땅의 늦추위 때문이니, 새의 주기적 변화는 그 기후를 따른다.

『정의』에서 말하였다. 진사왕[197] 『영금악조론』에 "'백로'는 5월에 울어서 음기의 움직임에 응한다. 양(陽)은 길러진 어짊을 살리고, 음(陰)은 잔적[198]을 죽이는데, '백로'는 잔적의 새이다"라 하였다. 그 울음소리가 격격하기 때문에 그 소리로 이름 지은 것이다.

---

191 주공(周公)이 변란을 만났기 때문에, 후직(后稷)과 선공(先公)의 풍화로 인하여 왕업을 이룩하기 어려웠음을 노래한 시이다.

192 『예기(禮記)』의 편명.

193 음력 5월.

194 생몰년 미상. 자(字)는 록(錄). 후한(後漢) 때 경조(京兆) 사람으로, 중산대부(中散大夫)를 지냈고, 『이아(爾雅)』의 주(注)와 경전(經典)을 풀이한 글이 있다.

195 소호씨(少皞氏) 때 하지(夏至)와 동지(冬至)를 주관하던 벼슬의 이름이다.

196 하지(夏至)와 동지(冬至)를 맡는 것으로, 옛날에 책력(冊曆)을 엮어내는 것을 맡던 벼슬을 말한다. 또, 책력을 바르게 엮는 벼슬이기도 하다.

197 192~232. 자(字)는 자건(子建). 시호(諡號)는 사(思). 삼국시대 위(魏) 무제(武帝) 조조(曹操)의 아들이자 문제(文帝) 조비(曹丕)의 아우인 조식(曹植)이다. 진(陳)의 왕으로 봉해졌다. 저서로는 『조자건집(曹子建集)』이 있다.

198 잔인하고 포악함. 또는 그러한 사람.

범처의[199]가 『시보전』에서 말하였다. '격'은 중하(中夏)에 울기 시작하고, 7월에 이르면 울음이 극에 달하니, 장차 떠나갈 것이다.

『비아』 「석조」에서 말하였다. '작(까치)'과 '격'은 날개를 위 아래로 치면서 나는 무리이다. 허신은 『설문』에서 '종'은 다리를 오므리는 것이라고 여겼다. 지금 '작'과 '격'의 무리는 또한 모두 배 아래로 다리를 오므린다. 『시경』에 "7월에 때까치가 울거든 8월에 비로소 길쌈을 하니"[200]라 하였으니, 대개 '창경(꾀꼬리)'은 춘분(春分)과 추분(秋分)을 알고, '명격'[201]은 하지와 동지를 안다. 그러므로 양기인 춘분과 추분에는 '창경'이 우니 누에칠 수 있는 철이고, 음기인 하지와 동지에는 '격'이 우니 길쌈할 수 있는 철이다.

나는 이렇게 생각한다. 「하소정」에는 '백료(백로)'라 말하였고, 『시경』에는 '격'이라 말하였으며, 『춘추전』에는 '백조'라 말하였다. 『시소』에는 '박로(백로)'라 말하였고, 「석조」에는 '백로'라 말하였으며, 『맹자』에는 '결'이라 말하였으니, 모두 이 새를 가리키는데, 지금 오중에서는 '백로'라 부른다.

月令 仲夏之月鵙始鳴. 爾雅 鵙伯勞也. 樊光注 左傳 少皞氏以鳥名官 伯趙氏司至 伯趙鵙也 夏至來 冬至去. 郭璞註 似鶷鶡而大. 鄭箋 伯勞鳴將寒之候也 五月則鳴豳地晚寒鳥物之候從其氣焉. 正義曰 陳思王惡鳥論云 伯勞以五月鳴 應陰氣之動 陽爲生仁養 陰爲殺殘賊 伯勞殘賊鳥也. 其聲鵙鵙 故以其音名云. 范處義詩補傳 鵙仲夏始鳴 至七月則鳴之極 而將去矣. 埤雅釋鳥云 鵲鵙醜 其飛也翪. 許愼說文 以爲翪斂足也. 今鵲鵙醜飛 亦皆斂足腹下. 曰七月鳴鵙 八月載績 蓋倉庚知分 鳴鵙知至. 故陽氣分而倉庚鳴 可蠶之候也 陰氣至而鵙鳴 可績之候也. 愚按 夏小正謂伯鷯 詩謂鵙 春秋傳謂伯趙. 詩疏謂博勞 釋鳥謂伯勞 孟子謂鴂 皆指此鳥 今吳中呼爲伯勞.

---

199 생몰년 미상. 자(字)는 일재(逸齋). 송(宋) 사람으로, 진사(進士)였으나 전중시어사(殿中侍御史)에 올랐다. 경학(經學)에 능통했으며, 저서로는 『시보전(詩補傳)』·『해이신어(解頤新語)』가 있다.

200 『시경(詩經)』 「빈풍(豳風)」 〈칠월(七月)〉.

201 본래 '백로(伯勞)의 울음'을 이르는 말이지만, 여기에서는 '백로'를 가리킨다.

鴟鴞(올빼미) : 『시경(詩經)』「빈풍(豳風)」〈치효(鴟鴞)〉[202]

『이아』에서 말하였다. '치효(올빼미)'는 '영결(뱁새)'이다.

곽박이 주에서 말하였다. '치(올빼미)'의 따위이다.

『비아』에서 말하였다. 선대 유학자들이 '치효'는 곧 지금의 '교부(뱁새)'라 여겼는데, 곽박의 주만 홀로 "'치'의 따위이다"라 하였으니, 곧 곽박과 선대 유학자들의 의견이 다른 것이다. 『시경』과 『이아』를 살펴본 바에 의하면 마땅히 곽박의 뜻과 같다. 대개 『이아』에 말하길 "'치효'는 '영결'이다"라 했고, 뒤이어 말하길 "'광(매의 일종)'은 '모치(수리부엉이)'이고, '괴치(부엉이)'이며, '효(올빼미)'는 '효(鴞)'이다"라 하였으니 곧 '치효' 또한 마땅히 '치'의 따위이다. 가의가 "난새와 봉황새는 숨어 피해 버리고, 올빼미가 나는구나"[203]라 한 것이 이것이다. 『시경』에 "올빼미야 올빼미야 이미 내 자식을 잡아갔으니 내 집을 헐지 말지어다"[204]라 하였는데, 곧 그 말은 '치효'를 경계하는 말과 비슷하다. 바로 선왕의 〈황조〉[205] 시와 같으니, '치효' 스스로의 도리는 아니다. 옛 현인이 "'치효'가 백성을 근심하고 염려하는 것처럼 자식과 집을 사랑하도다"[206]라고 한 것은 잘못이다.

주자가 『전』에서 말하였다. '치효'는 '휴류(부엉이)'이니 나쁜 새로, 새의 새끼를 잡아먹는 것이다.

나는 이렇게 생각한다. '치효'는 다른 이름으로 '영결'이다. '교부'도 또한 '영결'이라 부른다. 『방언』에 "유주에서 '교부'를 '영결'이라 한다"고 했기

---

202 주공(周公)이 난(亂)을 구원한 시이다.

203 "鸞鳳伏竄兮 鴟鴞翱翔." 〈조굴원부(弔屈原賦)〉.

204 『시경(詩經)』「빈풍(豳風)」〈치효(鴟梟)〉.

205 『시경(詩經)』「소아(小雅)」〈황조(黃鳥)〉.

206 "신이 듣기로 봄비가 나무를 적시어 잎으로부터 뿌리에 흐르고 '치효'가 백성을 사랑하는 것처럼 자식과 집을 사랑하니(臣聞 春雨潤木 自葉流根 鴟鴞恤功 愛子及室)." 『문선(文選)』.

때문에 선대 유학자들이 '치효'를 '교부'라고 하는 오류를 범했다. 그 '교부'는 실제로 곧 「주송」[207]의 '도충(뱁새)'이다. 만약 '치효'가 이 '치'의 따위라면 『본초』에서 "'치효'와 '효'와 '효(鴞)'는 같다"라 의거한 것은 틀렸다. '효'는 곧 "'유리'의 새끼이다"라 하였으니 『이아』에서 '토효(올빼미)'라 한 것이다. "올빼미가 모여 앉았구나"[208]의 '효'는 『이아』에서 '효치'라 한 것이다. 주자가 『전』에서 "'휴류'이다"라 한 것과 『이아』에서 "'격(부엉이)'은 '기기(부엉이)'이다"라 한 것, 곽박이 "'휴류'이다"라 한 것은 곧 '휴류'인데 또 이것들은 한 종류이며 '치효'는 아니다.

爾雅 鴟鴞鸋鴂. 郭璞註 鴟類 . 埤雅 先儒以爲鴟鴞卽今巧婦 郭註獨云 鴟類 則璞與先儒異意. 以詩與爾雅考之 宜如璞義. 蓋爾雅言鴟鴞鸋鴂 繼云狂茅鴟怪鴟 梟鴞 則鴟鴞宜亦鴟類 . 賈誼 所謂鸞鳳伏竄 鴟鴞翱翔 是也. 曰鴟鴞鴟鴞 旣取我子 無毁我室 則其語似戒鴟鴞之詞. 正如宣王黃鳥之詩 卽非鴟鴞自道也. 昔賢云 鴟鴞恤功 愛子及室誤矣. 朱傳 鴟鴞鵂鶹惡鳥 攫鳥子而食者也. 愚按 鴟鴞一名鸋鴂. 巧婦亦名鸋鴂. 方言云 幽州以巧婦爲鸋鴂 故先儒誤以鴟鴞爲巧婦也. 其實巧婦 卽周頌桃蟲. 若鴟鴞是鴟類 據本草鴟鴞與梟鴞同 非也. 梟卽流離之子 爾雅所謂土梟也. 有鴞萃止之鴞 爾雅所謂梟鴟也. 朱傳云 鵂鶹 爾雅鵅鵋鵙 郭云 鵂鶹則鵂鶹 又是一種 非卽鴟鴞也.

207 『시경(詩經)』의 편명.

208 『시경(詩經)』「진풍(陣風)」〈묘문(墓門)〉.

鸛(황새) : 『시경(詩經)』「빈풍(豳風)」〈동산(東山)〉[209]

『한시장구』에서 말하였다. '관(황새)'은 물새이다. 나무 위에 둥지를 지으면 바람이 불 것을 알고, 굴속에서 살 때에는 비가 올 것을 안다. 하늘이 장차 비를 내리려고 할 때, '의(개미)'가 수로에 쌓여있는 흙에서 나오면, '관'은 그것을 보고 길게 울며 즐거워한다.

정현이 『전』에서 말하였다. '관'은 물새이다. 장차 날이 흐리고 비가 오면 운다.

육기가 『모시초목조수충어소』에서 말하였다. '관작(황새)'이니, '홍(큰 기러기)'과 비슷하나 크다. 목이 길고 부리가 붉으며, 몸은 희고 꽁지는 검다. 나무 위에 수레바퀴와 같은 큰 둥지를 만든다. 알은 마치 세 되짜리 잔과 같고, 높은 곳에서 사람을 바라보며 그 새끼를 살피다가 새끼로 하여금 엎드리게 하거나 집을 버리고 떠나간다. 다른 이름으로 '부부'·'흑고'·'배조'·'조군'이라 한다. 또 둥지를 진흙으로 만들고 한쪽을 못으로 만들어 물을 머금어 가득 채우는데, 물고기를 잡아 못 안에 두었다가 새끼에게 먹인다.

구종석이 『본초연의』에서 말하였다. '관'의 머리에는 붉은색이 없고, 목에는 검은 띠가 없으며, 몸이 마치 '학'과 같은데, 잘 울지는 않고 다만 부리를 부딪쳐 운다.

---

209 주공(周公)의 동쪽 정벌을 노래한 시이다. 주공이 동쪽을 정벌한지 3년 만에 돌아왔는데, 돌아오는 군사들을 위로하였다. 대부(大夫)가 이를 찬미하였으므로 이 시를 지은 것이다. 첫 장은 완전함을 말하였고 둘째 장은 그리워함을 말하였다. 셋째 장은 실가(室家)가 자신에게 바라는 것을 말하였고 넷째 장은 남녀의 혼인이 제때에 미침을 즐거워하였다. 군자가 백성에 대하여 그 정을 서술하고 수고로움을 민망히 여겼음이 담겨 있다.

도은거가 말하였다. '관'에는 두 종이 있는데, '곡(고니)'과 비슷하며 나무에 둥지가 있는 것을 '백관'이라 하고, 흑색이며 목이 굽은 것을 '오관'이라 한다. 『박물지』에서 말하였다. '관'은 알을 품을 때 자주 물에 들어가는데, 알이 차가워져도 곧 부화되지 않는 것은 아니지만, 여석[210]을 가져다가 알 주위에 둘러놓고 따뜻한 기운을 돕는다.[211]

『비아』에서 말하였다. "황새는 개밋둑에서 우는데 아내는 방에서 탄식하니"[212]라 하였으니 '질'은 개밋둑이다. '관'은 하늘에서 장차 비 내릴 것을 아는데 위에서 보고, 개미는 땅에서 장차 비 내릴 것을 아는데 아래에서 보니, 개밋둑에서 울면 장차 비가 내리려고 하는 징조이다. 장차 비가 내리면 부역 간 지아비가 약속과 같이 돌아오지 못하기 때문에 부인이 방에서 탄식하는 것이다.

나는 이렇게 생각한다. 『유양잡조』에 "'관'의 무리가 빙빙 돌며 날고 '관'이 어울려 있다"라 했으니, 곧 반드시 바람이 불고 비가 온다는 것이다.

韓詩章句 鸛水鳥. 巢居知風 穴居知雨. 天將雨 而蟻出壅土 鸛鳥見之長鳴而喜. 鄭箋 鸛水鳥也. 將陰雨則鳴. 陸璣疏 鸛雀也 似鴻而大. 長頸赤喙 白身黑尾翅. 樹上作巢大如車輪. 卵如三升杯 望見人 按其子 令伏徑舍去. 一名負釜 一名黑尻 一名背竈 一名皀裙. 又泥其巢 一傍爲池含水滿之 取魚置池中以食其雛. 寇宗奭本草衍義 鸛頭無丹 項無烏帶 身如鶴者 是不善唳 但以喙相擊而鳴. 陶隱居曰 鸛有兩種 似鵠而巢樹者爲白鸛 黑色曲頸者爲烏鸛. 博物志 鸛伏卵時數入水 卵冷則不毈 取礜石周圍繞卵以助煖氣. 埤雅曰 鸛鳴於垤 婦嘆于室 垤蟻塚也. 鸛知天將雨有見於上 蟻知地將雨有見于下 鳴于垤將雨之候也. 將雨 則征夫之至不如期 故婦歎于室也. 愚按雜俎云 群鸛旋飛 爲鸛井 則必有風雨.

---

210 여석은 비소(砒素)를 함유한 광석의 이름으로, 유비철광(硫砒鐵鑛)이다. 열을 내포하고 있으며 독성을 품고 있다. 독사(毒砂)라고도 부르는데, 약에 들어가며 쥐를 잡는 데에 쓰이기도 한다.

211 『박물지(博物志)』에는 '毈(알 곯을 단)'자가 '㵒(부화할 비)'로 표기되어 있다.

212 『시경(詩經)』「빈풍(豳風)」〈동산(東山)〉.

鵻(비둘기) :『시경(詩經)』「소아(小雅)」〈사모(四牡)〉[213]

『모전』에서 말하였다. ‘추(비둘기)’는 ‘부불(뻐꾸기)’이다.

『정의』에서 말하였다. 「석조」[214]에서 “‘추’는 ‘부불’이다”라 하였고, 사인[215]은 “‘추’는 ‘부불’이라 이름한다”라 하였으며, 이순은 “‘부불’은 다른 이름으로 ‘추’인데, 지금의 ‘초구(비둘기)’이다”라고 하였다. 어떤 사람은 『춘추』에서 말한 “축구씨는 사도이다”라는 부분을 인용하여 ‘축구’는 ‘추’나 ‘부불’인데 효성스럽기 때문에 사도로 삼았다 하였고, 곽박은 “지금의 ‘발구(집비둘기)’이다”라 하였다.

정초[216]가 『통지』[217]에서 말하였다. 대체로 새 중에 꽁지가 짧은 것을 ‘추(隹)’라 부르는데, 오직 ‘부불’만 고유명사로 쓴다.

육기가 『모시초목조수충어소』에서 말하였다. 지금의 작은 ‘구(비둘기)’이다.

『비아』에서 말하였다. 지금의 ‘반구(비둘기)’이니 ‘일숙지조(비둘기)’이다. 한 번 머무르면 그 나무에서만 산다. 『청성고상편』에서 “‘작(참새)’은 무서운 독을 가진 소리이고, ‘구’는 인자한 생각을 가진 소리이다”라 하였고, 『시경』에서 신하와 어진 사람의 비유로 여긴 것이다. “경쾌하게 나는 비둘기가 오래 기다리다 오는구나”[218]는 태평한 시대의 군자가 지극히 성실함으로 어진 사람과 더불어 즐거워하니 오래 기다린 뒤에 좋은 물고기와 한 마

---

213 사신(使臣)의 방문을 위로하는 것이니, 공(功)이 있어 알려짐을 기뻐하는 시이다.

214 『이아(爾雅)』의 편명.

215 소사(小舍). 주(周) 대에 궁중의 재정(財政)에 관한 사무를 맡던 벼슬이며, 전국(戰國)과 한(漢) 대 초에 왕(王)・공(公)・귀인(貴人)의 좌우에 두던 근시(近侍) 벼슬을 일렀으며, 송(宋)과 원(元) 이후에는 존귀한 집안의 자제에 대한 호칭으로 사용하였다.

216 1104~1162. 자(字)는 어중(漁仲). 남송(南宋)의 학자로 협제산(夾漈山)에 살았으므로 협제선생(夾漈先生)이라 불렸다. 고증학(考證學)을 좋아하였으며, 『통지(通志)』 200권을 썼다.

217 청(淸)의 서건학(徐乾學)이 당(唐)・송(宋)・원(元)・명(明) 때 사람들의 경해(經解)를 모은 총서(叢書)로, 납란성덕(納蘭成德)이 간행하였다. 『통지당경해(通志堂經解)』.

218 『시경(詩經)』「소아(小雅)」〈남유가어(南有嘉魚)〉.

리 새를 얻는다는 말이다. "경쾌하게 나는 비둘기여", "상수리나무에 모이도다", "구기자나무에 모이도다"[219]는 대개 효도로 개인적 은혜를 다하고, 삼가 공공의 의로움을 다한다는 것이다. 그러므로 〈사모〉는 신하를 위로하는 시이니 그것을 의탁하여 비유함이 이와 같다.

나는 이렇게 생각한다. '시구'는 성질이 한결같이 자애롭고, '축구'는 성질이 한결같이 효성스러우니 대개 날고 머묾에 '허(상수리나무)'와 '기(구기자나무)'에서 떠나지 않는다는 것은 그 한결같음을 말함이다. 신하가 나랏일에만 매달려 부모를 모실 수 없어 염려하기 때문에 '추'의 한결같이 효도함을 비유한 것이다. '추'의 이름은 번잡하여 이루 다 열거할 수 없어서 엄찬은 "새 한 마리에 열네 개의 이름이 있다"고 하였다. 그러나 『방언』에서 또 미비한 것이 많아서 그 간략함을 따른다.

毛傳 鵻夫不也. 正義曰 釋鳥云 鵻其夫不 舍人云 鵻名其夫不 李巡云 夫不一名鵻 今楚鳩也. 某氏引春秋云 祝鳩氏司徒 祝鳩鵻夫不 者[220]故爲司徒 郭璞云 今鵓鳩也. 鄭樵通志 凡鳥之短尾者皆謂之隹 惟夫不專名焉. 陸璣疏 今小鳩也. 埤雅 今鵧鳩也 壹宿之鳥. 壹宿壹于所宿之木. 聽聲考詳篇曰 雀聲慘毒 鳩聲慈念 而詩以爲使臣賢者之况. 曰翩翩者鵻 烝然來思 言太平君子至誠 樂與賢者共之 烝然後 得嘉魚壹鳥也. 曰翩翩者鵻 集于苞栩 集于苞杞 蓋孝所以致私恩 謹所以致公義. 故四牡勞使臣之詩 而其托況如此. 愚按 尸鳩性壹而慈 祝鳩性壹而孝 蓋飛止不離于栩杞 言其壹也. 人臣一于王事 不得以養父母爲念 故取鵻之壹而孝以爲喩. 至鵻名煩雜不勝枚擧 嚴粲云 一鳥有十四名. 然于方言又多未備 概從其略.

---

219 『시경(詩經)』「소아(小雅)」〈사모(四牡)〉.

220 원문에는 '者'로 쓰여 있으나, 문맥상 '孝'의 오기인 것으로 보아 이에 따라 해석했다.

脊令(할미새) : 『시경(詩經)』「소아(小雅)」〈상체(常棣)〉[221]

『이아』에서 말하였다. ‘척령(할미새)’은 ‘옹거(할미새)’이다.
곽박이 주에서 말하였다. ‘작(참새)’ 따위로, 날면서 울고, 걸으면서 꽁지를 흔든다.
육기가 『모시초목조수충어소』에서 말하였다. 크기가 ‘안작(세가락 메추라기)’과 같다. 다리와 꽁지가 길고, 부리가 뾰족하며, 등 위는 청회색이고, 배 아래는 흰 색이다. 목 아래 동전 같은 검은 무늬 때문에 두양[222] 사람들은 ‘연전’이라 부른다.
『금경』에서 말하였다. ‘척령’은 형제간의 우애이다.
장화가 주에서 말하였다. 어미가 같은 ‘척령’은 서로 떨어지지 않은 채로 날면서 우니, 시를 쓴 사람이 형제 사이에 우애 있는 도리를 비유한 것이다.
『광아』에서 말하였다. ‘용거(상오리)’는 ‘견(할미새)’이다.
『비아』에서 말하였다. ‘척령’은 자기를 부르는 것처럼 운다. 어떤 사람은 “머리와 꽁지가 서로 응한다. 날면서 우는 것을 ‘옹거’라 이르는데, ‘거’는 부지런하다는 말이다”라 하였다.
채원도가 『명물해』에서 말하였다. ‘척령’은 나아가는 바가 있고, 부르는 바가 있다. 나아갈 수 있어서 나아가면 곧 친하지 않음이 없고, 명령할 수 있어서 명령하면 곧 따르지 않음이 없으니, 나아가고 명령함이 꽁지가 머리에 응한 것과 같아 형제의 친하지 않음이 없고 화목하지 않음이 없음을 비유한 것이다.

爾雅 鶺鴒雝渠. 郭璞註 雀屬也 飛則鳴 行則搖. 陸璣疏 大如鷃雀. 長脚長尾 尖喙 背上

221 관숙(管叔)과 채숙(蔡叔)이 도(道)를 잃은 것을 근심하여 지은 시이다.
222 진(秦) 때의 두양읍(杜陽邑), 한(漢) 때의 두양현(杜陽縣)이다. 지금의 섬서성(陝西省) 인유현(麟遊縣) 서북쪽이다.

青灰色 腹下白. 頸下黑如連錢 故杜陽人謂之連錢. 禽經 鶺鴒友悌. 張華注 鶺鴒共母者飛鳴不相離 詩人取以喩兄弟相友之道. 廣雅 鵻鶏鴈也. 埤雅 脊令其鳴自呼. 或曰 首尾相應 飛且鳴者謂之鵻渠 渠之言勤也. 蔡元度名物解 鶺鴒有所就 有所招. 彼可卽而卽之 則無不親 彼可令而令之 則無不從 如卽令之尾應首也 以喩兄弟之無不親無不和也.

隼(새매) : 『시경(詩經)』「소아(小雅)」〈채기(采芑)〉[223]

『금경』에서 말하였다. '응(매)'은 머물러 있기를 좋아하고, '준(새매)'은 높이 나는 것을 좋아한다. 『이아』에서 말하였다. '응'과 '준'은 같은 무리로 날개를 훨훨 치며 난다.

곽박이 주에서 말하였다. 날개를 쳐서 휘휘난다는 것은 빠르다는 것이다.

육기가 『모시초목조수충어소』에서 말하였다. '준'은 '요(새매)'의 무리이다. 제 사람들은 '격정(새매)'이라 하고, 어떤 사람은 '제견(수리부엉이)'이라 하며, 어떤 사람은 '작응(새매)'이라고도 한다. 봄에 '포곡'으로 변하는 것이 이것이다.

양웅이 『법언』[224]에서 말하였다. '린(기린)'의 의의[225]함과, '봉(봉황)'의 사사[226]함은 지극하나 '리(뿔 없는 용)'와 '호(호랑이)'의 환환[227]함과, '응'과 '준'의 잔잔[228]함은 지극하지 못하다.[229]

육전이 말하였다. 만약 '응'과 '준'이 움켜잡는 것이 매우 빠르다고 말한 것이라면, 이는 곧 굳셈을 숭상할 뿐이지 지극함을 말한 것은 아니다. 『화서』[230]에 "'오(까마귀)'는 반포[231]하니 어질고, '준'은 새끼 밴 것을 가엽게 여

---

223 선왕(宣王)이 남쪽을 정벌한 것을 읊은 시이다.

224 한(漢)의 학자 양웅이 지은 저서로 공자와 맹자를 본받고자 『논어』와 『맹자』가 각 7권 14편으로 되어 있는 것에 착안하여 정치·경제·사회·역사·문화·교육·군사 등 제반 제도와 문물을 총망라하여 자문자답 형식으로 총 14편으로 저술하였다.

225 몸가짐이 정숙하고 예의바른 모양.

226 외모가 단정하고 바른 모양.

227 위풍이 당당한 모양.

228 맹금이 날쌔게 먹이를 낚아채는 모양, 새가 빨리 나는 모양.

229 『법언』 13권 「효지(孝至)」. 여기에서 지극하다 함은 덕(德)이 지극하다는 말이다.

230 당(唐)의 저명한 도교학자 담초(譚峭)가 저술한 책. 총 6편으로 도(道), 술(術), 덕(德), 인(仁), 식(食), 검(儉)으로 되어 있다.

기니 의롭다"라 하였다. 대개 '준'은 사나운 짐승인데 새끼 밴 것을 만나면 번번이 놓아주고 죽이지 않는다. '준(準)'이라는 글자는 '수(水)'와 '준(隼)'을 좇았다. 지금 '응'은 치고 깨물어도 잘 놓치기에, 홀로 '준(隼)'만이 본받을 바가 있다. 매번 반드시 잘 잡기 때문에 옛날에 이것을 가지고 글자를 만든 것이다.

禽經 鷹好跱 隼好翔. 爾雅 鷹隼醜 其飛也翬. 郭璞註 鼓翅翬翬然疾. 陸璣疏 隼鷂屬也. 齊人謂之擊征 或謂之題肩 或謂雀鷹. 春化爲布穀者 是也. 楊雄法言 麟之儀儀鳳之師師其至矣乎 螭虎桓桓鷹隼䎃䎃未至也. 陸佃曰 言若鷹隼攫撮急疾 則是右武而已 非所以語至也. 化書曰 烏反哺 仁也 隼憫胎義也. 葢隼之擊物 遇懷胎者輒釋不戮也. 準于文从水从隼. 今鷹之搏噬不能無失 獨隼爲有準. 故其每發必中 而古之制字者以此.

231 까마귀 새끼가 자란 뒤에 늙은 어미에게 먹을 것을 물어다 준다는 뜻으로, '부모님에게 은혜 갚음'을 비유한 말이다.

鶴(학) : 『시경(詩經)』 「소아(小雅)」 〈학명(鶴鳴)〉[232]

『주역』에서 말하였다. 우는 '학'이 그늘에 있으니 새끼가 화답한다.

『역위통괘험』[233]에서 말하였다. 입하(立夏)[234]에 시원하고 맑은 바람이 불면 '학'이 운다.

『회남자』에서 말하였다. '계(닭)'는 장차 아침이 올 것을 알고, '학'은 밤이 깊은 때를 안다.

부구공[235]이 『상학경』[236]에서 말하였다. '학'은 양(陽)의 새이지만 음(陰)에서 논다. 금(金)의 기운에 따라 화정(태양)에 의지하여 자신을 기른다. 화(火)의 수는 7이고 금(金)의 수는 9이므로 16년이 되면 조금 변화하고, 60년이 되면 크게 변화한다. 1600년이 되면 모양이 정해지고, 흰색이 된다. 또, 2년이 되면 잔털이 떨어져 검은 점으로 바뀌고, 3년이 되면 머리가 붉어지며, 7년이 되면 날아서 운한(은하수)에 도달한다. 또 7년이 되면 춤을 배우고, 다시 3년이 되면 절도를 따른다. 밤과 낮으로 열두 번을 울고, 60년이 되면 큰 털이 빠지며 솜털이 생기는데 색은 눈 같이 희며 진흙탕에서도 더럽혀지지 않는다. 160년이 되면 암수가 서로 보는데, 눈동자를 움직이지 않으면 잉태한다. 1600년이 되면 물만 마시고 먹이는 먹지 않는다. 물에서 먹기 때문에 부리가 길고, 앞이 높게 들렸으므로 등이 짧다. 육지에서 살기

---

232 선왕(宣王)을 가르치는 시이다.

233 『역위통괘험현도(易緯通卦驗玄圖)』의 약칭(略稱)으로 『역위(易緯)』 8종 중 하나이다. 『송사 예문지(宋史藝文志)』에는 두 권이라 되어 있으나 『영락대전(永樂大典)』에는 합하여 한 권으로 되어 있다. 상권에는 천인감응(天人感應)의 논리를, 하권에는 괘기(卦氣)의 징험(徵驗)을 이야기했다.

234 이십사절기(二十四節氣)의 하나로 양력 5월 6・7일경이다.

235 부구백(浮邱伯), 전국(戰國)시대 사람으로 순경(荀卿)의 문도(門徒)이다.

236 '학'에 대해 기록한 부구공(浮邱伯)의 저서(著書)이다.

때문에 다리가 길고 꽁지가 짧으며, 구름에서 날기 때문에 털이 풍성하고 살집이 적다. 다닐 때는 반드시 모래톱을 의지하고, 멈출 때는 반드시 숲에서 빙빙 돈다. 대개 새 무리의 우두머리이며 신선의 '기기'[237]이다. 코는 우뚝하고 입은 짧으며, 잠을 적게 잔다. 눈이 튀어나오고 눈동자가 붉어서 멀리 본다. 머리가 뾰족하고 몸통이 짧아서 울기를 잘한다. 네 개의 깃이 가슴 뒤에 붙어 있어서 몸이 가볍다. 날개가 '봉(봉황)'과 같고 깃털이 '작(참새)'과 같아서 잘 난다. 등이 '귀(거북)'와 같고 배가 '별(자라)'과 같아서 출산을 잘한다. 앞이 높게 들려있고 뒤가 낮게 늘어뜨려져 있어서 춤을 잘 춘다. 넓적다리가 크고 발이 가늘어서 잘 다닌다.

易曰 鳴鶴在陰 其子和之. 通卦驗曰 立夏淸風至而鶴鳴. 淮南子 雞知將旦 鶴知夜半. 浮邱公相鶴經 鶴陽鳥而遊于陰. 因金氣依火精以自養. 火數七 金數九 故十六年小變 六十年大變. 千六百年形定而色白. 又云二年落子毛易黑點 三年頭赤 七年飛薄雲漢. 又七年學舞 復三年應節. 晝夜十二鳴 六十年大毛落茸毛生 色雪白泥水不能汚. 百六十年雄雌相見 目精不轉而孕. 千六百年飮而不食. 食于水故喙長 軒于前故後短. 棲于陸故足高而尾凋 翔于雲故毛豐而肉疎. 行必依洲嶼 止必翔林木. 葢羽族之宗長 仙人之騏驥也. 隆鼻短口則少眠. 露眼赤睛則視遠. 頭銳身短則喜鳴. 四翮亞膺則體輕. 鳳翼雀毛則善飛. 龜背鱉腹則能產. 軒前垂後則善舞. 洪髀纖趾則能行.

237 하루에 천 리를 달린다는 준마(駿馬)이다.

桑扈(상호) : 『시경(詩經)』「소아(小雅)」〈소완(小宛)〉[238]

『이아』에서 말하였다. '상호'는 '절지(콩새)'이다.

곽박이 주에서 말하였다. 세속에서 '청작(상호)'이라 부르는데, 부리가 굽어있고 고기를 먹으며, 기름을 훔쳐 먹기 좋아해서 이에 따라 이름을 부른다.

육기가 『모시초목조수충어소』에서 말하였다. '청작'이니, 사람이 말려 놓은 고기의 기름과 통 속의 기름진 것[239]을 잘 훔치기 때문에 '절지'라 부른다. '상호'는 고기를 먹는 새여서 부리로 곡식을 구해서는 살 수 없으니, 위의 정치가 어지러우면 아래가 다스려짐을 구할 수 없음을 비유하였다.

『회남자』에서 말하였다. '마(말)'는 기름진 것을 먹지 않고, '상호'는 곡식을 먹지 않는다.

『명물해』에서 말하였다. 성질이 '상(뽕나무)'에 모이기를 좋아하기 때문에 이름하였다. '호(戶)'는 닫는 것이고 '읍(邑)'은 지키는 것이니 이 새는 스스로 잘 닫고 지키기 때문에 이름이 '호(扈)'가 되었다.

나는 이렇게 생각한다. 「석조」에 "'춘호'는 '분춘'이고, '하호'는 '절현'이며, '추호'는 '절람'이고, '동호'는 '절황'이며, '상호'는 '절지'이고, '극호'는 '절단'이며, '행호'는 책책(唶唶)이고, '소호'는 책책(嘖嘖)이다"[240]라 하였다. 곽박은 "모두 그 깃 색과 소리를 따라 이름을 붙였으니 '절람'은 푸른색이다"라 하였는데, 옛 말에 '절'자는 '천'자의 옛 글자이니 곧 '절현'은 연한 흑색이고, '절람'은 연한 청색이며, '절황'은 연한 황색이고, '절단'은 연한 적색이다. 네 색을 모두 갖춘 것이 곧 '절지'이니 연한 흰색이다. '절'을 가지고 '천'이라

238 대부(大夫)가 유왕(幽王)을 풍자한 시이다.

239 육기의 『모시초목조수충어소』에는 '篇中膏'라 되어 있어 이에 따라 해석하였다.

240 여기에 나오는 새의 이름은 모두 '상호'를 가리키는데, 계절마다 바뀌는 깃 색과 울음소리에 따라 부르는 이름이 다르다.

한 것이니, 기름을 훔쳐서 '절'이 되었다고 한 곽박의 말과 다르다. 『이아』 「석수」를 살펴보면 "연한 색 털의 '호(호랑이)'를 '잔묘'라 부른다"고 하였고, 곽박은 주에서 "'절'은 '천'이다"라 하였으니 곧 경순[241] 역시 '절'을 가지고 '천'이라 한 것이다. 또 『본초』에 의거해보면 "'납취작(콩새)'은 그 부리가 기름과 같이 연한 흰색이거나 혹은 밀랍처럼 노란색이기 때문에 옛날에는 '절지'라 이름하였고, 지금은 '납취'라 이름한다"라 하였다.

爾雅 桑扈竊脂. 郭璞註 俗呼青雀 嘴曲食肉 喜盜脂膏食之 因以名云. 陸璣疏 青雀也 好竊人脯肉脂及膏 故曰竊脂也. 桑扈食肉之鳥 而啄粟求活不可得 以喻上爲亂政 而求下治不可得也. 淮南子 馬不食脂 桑扈不食粟. 名物解 性好集桑故名. 戶所以閉 邑所以守 此鳥善自閉守 故名爲扈. 愚按 釋鳥云 春鳸鳻鶞 夏鳸竊玄 秋鳸竊藍 冬鳸竊黃 桑鳸竊脂 棘鳸竊丹 行鳸唶唶 宵鳸嘖嘖. 郭璞云 皆因其毛色音聲以爲名 竊藍青色 而舊說竊古淺字 則竊玄淺黑也 竊藍淺青也 竊黃淺黃也 竊丹淺赤也. 四色皆具 則竊脂爲淺白也. 以竊爲淺 與郭氏盜脂膏爲竊者異. 然案爾雅釋獸云 虎竊毛謂之虦猫 郭註竊淺也 則景純亦以竊爲淺者. 又據本草稱蠟嘴雀 其嘴或淡白如脂 或凝黃如蠟 故古名竊脂 今名蠟嘴.

241 곽박(郭璞)의 자(字).

鸒斯(갈가마귀) : 『시경(詩經)』「소아(小雅)」〈소변(小弁)〉[242]

『이아』에서 말하였다. '여사(갈가마귀)'는 '비거(갈가마귀)'이다.

곽박이 주에서 말하였다. '아오(갈가마귀)'이니, 작은데 많은 수가 무리 지으며, 배 아래는 하얗다. 강동에서는 또한 '비조'[243]라 부른다.

『설문』에서 말하였다. '아(갈가마귀)'는 '초오(갈가마귀)'이니, 다른 이름으로 '여(갈가마귀)'・'비거(鵯居)'라 하며, 진에서는 '아'라 부른다.

나는 이렇게 생각한다. '여사'에 대해서 공씨[244]는 '사'자를 어조사로 여겨서 유효표[245]가 『유원』[246]에서 '여사'를 조목으로 정한 것을 비난했다. 그러나 『이아』와 양웅의 『법언』, 정협제[247]의 『통지』에는 모두 '여사'라고 말하였으니, 어찌 '사' 한 글자로 어조사라 단정할 수 있겠는가? 곤충 중에 이른바 '종사(여치)'라 하는 것과 같다.

爾雅 鸒斯鵯鶋. 郭璞註 雅烏也 小而多群 腹下白. 江東亦呼爲鵯鳥. 說文 雅楚烏也 一名鸒 一名鵯居 秦謂之雅. 愚按 鸒斯孔氏 以斯字爲語辭 而譏劉孝標類苑立鸒斯之目. 然爾雅及楊雄法言鄭夾漈通志 皆曰鸒斯 何以斯之一字定爲語辭耶. 猶虫類所謂螽斯也.

---

242 태자(太子)의 사부(師傅)가 유왕(幽王)을 풍자한 시이다.

243 『중문대사전(中文大辭典)』에서는 "江東亦呼爲鵯鳥"라 하였고, 『시경집전(詩經集傳)』「소아(小雅)」〈소반(小弁)〉 주자주(朱子註)에서는 "江東呼爲鵯烏"라 한 것으로 보아 '비오(鵯烏)'의 오자인 듯하다.

244 공영달.

245 462~521. 자(字)는 효표(孝標), 이름은 준(峻)이다. 평원군(平原郡) 사람이다. 469년에 평성(平城)으로 출가(出家)하여, 오랫동안 속세로 돌아오지 않았으며, 일찍이 불경(佛經) 번역에 힘썼다. 또 『세설신어(世說新語)』에 주(注)를 달았으며, 저서로는 『양서(梁書)』, 『남사(南史)』가 전해지고 있다.

246 서로 같은 성격의 문장을 모아 유효표가 엮은 책이다.

247 정초(鄭樵).

鷻(독수리) : 『시경(詩經)』 「소아(小雅)」 〈사월(四月)〉[248]

『금경』에서 말하였다. '응(매)'은 잘 공격하고, '홀(송골매)'은 교활하며, '준(새매)'은 믿음직하고, '조(독수리)'는 빙빙 날며, '취(수리)'는 잘 나아가고, '단(수리)'은 잘 잡는다.
『설문』에서 말하였다. '단'은 '조'이고, 부수는 '조(鳥)'이며, 음은 '단(敦)'이다.
『비아』에서 말하였다. '조'는 풀을 먹을 수 있고, '응'과 비슷하나 크며, 흑색이고, 세속에서 '조조'라고 부르며 다른 이름으로는 '단'이다. 그것은 운한(은하수)에 가까이 닿을 정도로 높이 난다. 『시경』에 말하길 "독수리도 아니요, 솔개도 아니니 날아서 하늘에 닿을까"[249]라 하였다. 지금 큰 '조'가 물 위를 빙빙 날며 날개를 쳐서 물결을 일으켜 나온 물고기를 잡아 먹는다. 다른 이름으로 '비하'라고 한다. 『회남자』에 "이른바 새 중에 '비파(물수리)'라는 것이 있다"라 하였는데 바로 이것이다. 『금경』에 "'도하(사다새)'가 언덕에 있으면 곧 물고기들이 숨고, '비하'가 언덕에 있으면 곧 물고기들이 떠오른다"라 하였다.
나는 이렇게 생각한다. '단'은 꽁지가 길고 날개가 짧으며, 황토색이다. 여섯 개의 깃촉은 바람을 탈 정도로 가벼우나 굳세니, 그 깃촉은 화살의 날개를 만들만큼 뛰어나다. 공중에서 빙빙 돌아 작은 것도 보지 못하는 것이 없으며, 또한 새나 '토(토끼)'를 잡아먹는다. '단'의 음은 '단(團)'으로 '조'의 따위이며, 〈순지분분〉[250]의 '순(메추라기)'과는 다른 것이다.

禽經 鷹以膺之 鶻以猾之 隼以尹之 鵰以周之 鷲以就之 鷻以搏之. 說文 鷻鵰也 从鳥敦

248 대부(大夫)가 유왕(幽王)을 풍자한 시이다.
249 『시경(詩經)』 「소아(小雅)」 〈사월(四月)〉.
250 『시경(詩經)』 「용풍(鄘風)」의 장명.

聲. 埤雅 鵰能食草 似鷹而大黑色 俗呼皂鵰 一名鷲. 其飛上薄雲漢. 詩曰 匪鶉匪鳶 翰飛戾天. 今大鵰翱翔水上 扇魚令出沸波攫而食之. 一名沸河. 淮南子所謂鳥有沸波者 卽此是也. 禽經云 淘河在岸 則魚沒 沸河在岸 則魚涌. 愚按 鶉尾長翅短 土黃色. 六翮乘風輕勁 其翮堪爲箭羽. 空中盤旋無微不見 亦捉鳥兎食之. 鶉音團 鵰類也 與上鶉之奔奔之鶉異.

鳶(솔개) : 『시경(詩經)』「소아(小雅)」〈사월(四月)〉[251]

『창힐해고』[252]에서 말하였다. '연(솔개)'은 '치(솔개)'이다.

『포박자』[253]에서 말하였다. '연'은 날 때 아래에 있으면 힘이 없다가 위에 이르면 몸을 솟구쳐 날개를 곧게 펼 따름이다.

『설문』에서 말하였다. '연'은 사나운 새이다.

『비아』「석조」에서 말하였다. '연'과 '오(까마귀)'의 무리는 날 때에 빙빙 돈다. 높이 나는 것을 '고'라 하고, 날개를 펴고 움직이지 않는 것을 '상'이라 한다. '연'은 '치'이니, 바람을 헤아려 빙빙 돌며 난다. 「곡례」[254]에 "바람에 날리는 흙먼지가 있으면 비로소 '연이 운다"라 하였으니, '연'이 울면 장차 바람이 불었기 때문이다. "옛날에 묵자가 나무 '연'을 만들어 사흘을 날려도 떨어지지 않았다"[255]고 하였는데, 『열자』에서 "반륜[256]의 운제[257]와 묵적의 '연'"이라 한 것이 이것이다.

나는 이렇게 생각한다. '연'의 성질은 높이 날고 빙빙 돌기 때문에 〈사월〉[258]에 "날개로 날아 하늘에 이를까"라 하였고, 〈한록〉[259]에 "솔개는 날

---

251 앞장 '단(鶉)' 참조.

252 곽박(郭璞)이 찬(撰)한 책.

253 진(晉)의 갈홍(葛洪)이 자신의 호(號)를 제목으로 삼아 지은 책이다. 내편(內篇)과 외편(外篇)으로 분류하며 내편 20권은 신선(神仙)·연단(練丹)·부록(符籙) 등 도가(道家)의 일을, 외편 50권은 시정(時政)의 잘잘못과 인간사의 좋고 나쁨을 논의하였다.

254 『예기(禮記)』의 편명.

255 『묵자한고(墨子閒詁)』.

256 공수반(公輸班). 춘추(春秋)시대 노(魯)의 기교 있는 장인이다. 일설에는 공수(公輸)와 노반(魯班) 두 사람을 지칭하기도 한다.

257 고대(古代) 공성(攻城)에 쓰인 기구이다.

258 『시경(詩經)』「소아(小雅)」〈사월(四月)〉.

259 『시경(詩經)』「대아(大雅)」〈한록(旱麓)〉.

아 하늘에 이르도다"라 하였으니 그 성질이 그러하다. "매도 아니요 솔개도 아니니 날개로 날아 하늘에 이를까"[260]라는 것은 군자가 재난을 만나면 도망갈 곳이 없음을 비유한 것이다. "솔개는 날아 하늘에 이르고 물고기는 못에서 뛰어노는구나"[261]라는 것은, '연'과 물고기의 성질로써 군자가 다른 사람에게 각자의 처지에 따르게 함을 비유한 것이다.

倉頡解詁 鳶鴟也. 抱朴子 鳶飛在下無力 及至乎上 聳身直翅而已. 說文 鳶鷙鳥也. 埤雅釋鳥云 鳶烏醜其飛也翔. 高飛曰翱 布翼不動曰翔. 鳶鴟也 摩風回翔. 曲禮曰 前有塵埃則載鳴鳶 鳶鳴則將風故也. 昔墨子作木鳶 飛三日不集 列子所謂班輸之雲梯 墨翟之飛鳶 是也. 愚按 鳶性高翔 故四月云 翰飛戾天 旱麓云 鳶飛戾天 其性然也. 曰匪鶉匪鳶 翰飛戾天者 喩君子遭禍無所逃也. 曰鳶飛戾天 魚躍于淵者 以鳶魚之得其性 喩君子作人俾之各得其所也.

260 『시경(詩經)』「소아(小雅)」〈사월(四月)〉.
261 『시경(詩經)』「대아(大雅)」〈한록(旱麓)〉.

鴛鴦(원앙) : 『시경(詩經)』「소아(小雅)」〈원앙(鴛鴦)〉[262]

『모전』에서 말하였다. ‘원앙’은 짝지은 새이다.
정현이 『전』에서 말하였다. 머물면 서로 짝짓고 날면 한 쌍이 되는데, 성질이 짝을 따르기 때문이다.
『고금주』에서 말하였다. 물새로 ‘부(오리)’의 따위이다. 암컷과 수컷이 서로 떨어져있지 않은데, 사람이 그 하나를 얻으면 곧 다른 하나는 그리워하다 죽기 때문에 짝짓는 새라고 부른다.
맹선이 『식료본초』에서 말하였다. ‘원(원앙)’의 고기를 먹으면 사람이 아름답고 고와진다. 부부가 불화할 때 함께 먹으면 서로 사랑하는 마음이 생긴다.
『열리전』[263]에서 말하였다. 송강왕이 한빙과 그 부인을 묻었는데 하루 저녁을 자고나니 결이 고운 ‘재(가래나무)’가 나고 ‘원앙’이 있었다. 암컷과 수컷 각 한 마리가 늘 나무 위에 살면서 아침저녁으로 목을 서로 마주 대었다.
나는 이렇게 생각한다. 수컷의 울음은 ‘원’이라 하고, 암컷의 울음은 ‘앙’이라 한다. 그 바탕은 황색인데 무늬가 있고, 붉은 머리에 비취색 머리털이 있으며, 검은 날개와 검은 꽁지가 있고, 붉은 발바닥이 있다. 머리에는 하얗고 긴 털이 있는데 꽁지까지 드리워지고, 서로 목을 마주 대고 눕는다.

毛傳 鴛鴦匹鳥. 鄭箋言 其止則相耦 飛則爲雙 性馴耦也. 古今註 水鳥鳧類. 雌雄未嘗相離 人得其一 則一者相思死 故謂之疋[264]鳥. 孟詵食療本草 食鴛肉令人美麗. 夫婦不和

262 유왕(幽王)을 풍자한 시이니, 옛날 명왕(明王)은 만물을 사귐에 도(道)가 있었고, 스스로 봉양함에 절도가 있었음을 그리워한 내용이다.
263 위(魏) 문제 조비(曹丕)가 편찬한 책.

與食 立相憐愛. 列異傳 宋康王埋韓馮夫妻 宿夕文梓生 有鴛鴦. 雌雄各一 恒棲樹上 晨夕交頸. 愚按 雄鳴曰鴛 雌鳴曰鴦. 其質黃色而有文彩 紅頭翠鬣 黑翅黑尾 紅掌. 頭有白長毛 垂之至尾 交頸而臥.

264 '匹'의 오기인 듯하다.

鷮(꿩) : 『시경(詩經)』「소아(小雅)」〈거할(車舝)〉[265]

『이아』에서 말하였다. '교(꿩)'는 '치(꿩)'이다.
곽박이 주에서 말하였다. 곧 '교계'이니, 꽁지가 길고, 달리면서 운다.
육기가 『모시초목조수충어소』에서 말하였다. '교'는 '치'보다 조금 작고, 달리면서 운다. 색은 '치'의 수컷과 같고, 꽁지는 '치'의 꽁지와 같으나 길다. 그 머리 위에는 볏이 있고, 볏 위에는 몇 치 되는 긴 털이 있다. 고기가 매우 맛있기 때문에 임록산[266] 아래에 사는 사람들[267]이 말하길 "네 발 짐승 중에 맛이 좋은 것은 '포(고라니)'이고, 두 발 짐승 중에 맛이 좋은 것은 '교'이다"라 하였다.
『설문』에서 말하였다. '교'는 달리면서 울고, 꽁지가 긴 '치'이다. 천자의 수레는 그 꽁지로 장식을 만들어 '마(말)' 머리 위에 단다.
『설종집』[268]에서 말하였다. '치'의 굳센 것이 '교'인데, 꽁지 길이는 여섯 자이다.
『정의』에서 말하였다. '치'가 지조를 굳게 지키는 성질이 있으므로 석녀[269]의 곧고 한결같은 덕을 비유한 것이다.

---

265 대부(大夫)가 유왕(幽王)을 풍자한 시이다. 포사(褒姒)의 질투로 도리에 어긋난 자들이 벼슬을 하여 서로 헐뜯고 교묘한 말을 해서 나라가 망하고 덕(德)이 백성에게 미치지 않았다. 주(周) 사람들은 군자(君子)는 현명한 여자를 아내로 얻는다고 생각하였기 때문에 이 시를 지은 것이다.

266 『모시초목조수충어소(毛詩草木鳥獸蟲魚疏)』에는 '록(麓)'이 '려(慮)'로 적혀 있다.

267 『모시초목조수충어소(毛詩草木鳥獸蟲魚疏)』에는 '임려산하인(林慮山下人)'으로 되어 있어 이를 참조하여 해석하였다.

268 『비아(埤雅)』에 따르면 "薛綜曰"의 오기이다. 설종(薛綜)은 삼국 시대 오(吳) 사람이다.

269 『시경(詩經)』「소아(小雅)」〈거할(車舝)〉에 "辰彼碩女"라는 시구가 나오는데 석녀는 어질고 덕이 있는 여자를 가리킨다.

爾雅 鷮雉. 郭璞註 卽鷮雞也 長尾 走且鳴. 陸璣疏 鷮微小于雉 走而且鳴. 色如雄雉 尾如雉尾而長. 其頭上有肉冠 冠上長毛數寸. 肉甚美 故林麓山人語云 四足之美有麃 兩足之美有鷮. 說文 鷮走鳴 長尾雉也. 乘輿以尾爲防釳 著馬頭上. 薛綜集 雉之健者爲鷮 尾長六尺. 正義曰 以雉有耿介之性 喩碩女有貞專之德.

鶖(무수리) : 『시경(詩經)』「소아(小雅)」〈백화(白華)〉[270]

『모전』에서 말하였다. '추(무수리)'는 '독추(무수리)'이다. 『고금주』에서 말하였다. '부로(독수리)'는 '독추(무수리)'이다. 모양은 '학'과 비슷하나 크고, 큰 것은 높이가 여덟 척이다. 사람과 다투는 것을 좋아하며 '사(뱀)'를 먹는 것을 좋아한다.

『비아』에서 말하였다. '부(오리)'와 '안(기러기)'은 목에 털이 난 무리이고, '추'와 '학'은 '별(금계)'의 무리이다. '추'의 성질은 탐욕스럽고 나쁘다. 세속에서는 '독추'라고 부른다. 목은 길고 눈은 붉으며, 그 털은 수독을 막아준다. 『시경』에서 "무수리는 어량에 있고, 학은 숲에 있도다"[271]라고 한 것은 각각 마땅히 있어야할 곳이 있다는 것이다. 유정[272]이 〈노도부〉에서 "'익(익조)'은 초록이고 '추'는 푸르다"라 말하였는데, '추'의 색은 대개 푸르다.

나는 이렇게 생각한다. 『서경』에서 "날짐승과 길짐승이 털갈이를 한다"[273]라 하였는데 이는 새가 가을이 되면 대머리가 되는 까닭으로 '독추'라 이름하고, 노인의 대머리와 노인의 지팡이와 같기 때문에 또 이름을 '부로'라 한 것이다. '추'는 탐욕스럽고 잔혹한 성질이어서 포사[274]를 비유하였고, '학'은 성질이 고결하므로 신후[275]를 비유한 것이다.

---

270 주(周) 사람이 포사(褒姒)를 풍자한 것으로, 왕이 첩을 얻고 아내를 쫓아내며, 서자를 종자(宗子)로 삼게 되니 사람들이 이를 시로 지은 것이다.

271 『시경(詩經)』「소아(小雅)」〈백화(白華)〉.

272 자(字)는 공간(公幹). 삼국(三國) 위(魏) 사람. 양(梁)의 손자로 문재가 뛰어나 건안칠자(建安七子)의 하나로 불려진다.

273 "以殷仲秋 厥民夷 鳥獸毛毨" 『서경(書經)』「우서(虞書)」〈요전(堯典)〉.

274 주(周) 때 포국(褒國)의 여자로 성(姓)은 사(姒)이다. 포후(褒侯)가 주(周) 유왕(幽王)에게 바쳤는데 유왕이 포사에게 빠져 난정(亂政)을 하게 되었고, 후에 견융(犬戎)의 침입으로 포로가 되었다.

毛傳 鵚禿鶖也. 古今註 扶老禿秋也. 狀如鶴而大 大者高八尺. 善與人鬬 好啖蛇. 埤雅 鳧雁醜翁 鶖鶴醜驚. 鶖性貪惡. 俗呼禿鶖. 長頸赤目 其毛辟水毒. 曰有鶖在梁 有鶴在林 各有所宜也. 劉楨魯都賦曰 綠鶂葱鶖 鶖色蓋靑也. 愚按 書曰 鳥獸毛毨 此鳥至秋頭禿 故名鶖鵚 如老人頭童及扶老之杖 故又名扶老. 鶖貪殘之性 以喩褒姒 鶴性高潔 喩申后.

---

275 주(周) 때 신국(申國)의 여자로 주(周) 유왕(幽王)의 후비(后妃)가 되었으나, 이후 유왕이 포사를 얻고는 축출되었다.

鷹(매): 『시경(詩經)』「대아(大雅)」〈대명(大明)〉[276]

「월령」[277]에서 말하였다. 중춘(仲春)에 '응(매)'은 변하여 '구(비둘기)'가 되고, 계하(季夏)[278]에 '응'은 배워 익히며, 맹추(孟秋)[279]에 '응'이 새를 잡아 늘어 놓는다.

「왕제」[280]에서 말하였다. '구'가 변하여 '응'이 된 뒤에야 위라[281]를 설치한다. 진씨는 "중추(仲秋)이다"라 하였다.[282]

『이아』에서 말하였다. '응'은 '래구'이다.

번광이 주에서 말하였다. '래구'는 '상구'[283]인데, 『춘추』에 "상구씨는 '사구'이다"라 하였다. '응'은 사납기 때문에 '사구'로 삼았다.

곽박이 주에서 말하였다. '래'는 마땅히 '상'이 되어야 하는데, 글자가 잘못됐을 뿐이다. 『좌전』에 '상구'라 쓴 것이 이것이다.

『좌전』에서 말하였다. 담자는 "소호씨는 새의 우두머리이고 새의 이름이며, 상구씨(爽鳩氏)는 사구이다"라 하였다.

두예가 주에서 말하였다. '상구'는 '응'이니 사나운 새이기 때문에 '사구'로 삼는데, 주로 훔치고 해친다.

『금경』에서 말하였다. '응'은 굴복한 것을 공격하지 않고 '골(산비둘기)'은 새

---

276 문왕(文王)에게 명덕(明德)이 있었기 때문에 하늘이 다시 무왕(武王)에게 명함을 읊은 시이다. 무왕의 군대가 많고 장수(將帥)가 현명하여 상(商)을 침에, 더럽고 혼탁한 것이 제거되어 천하가 맑아짐을 노래한 것이다.

277 『예기(禮記)』의 편명.

278 음력 6월.

279 음력 7월.

280 『예기(禮記)』의 편명.

281 새를 잡는 그물.

282 "陳氏曰 仲秋也"는 『예기(禮記)』「왕제(王制)」에 보이지 않는다.

283 소호씨(少皞氏) 때 두었던 벼슬이름으로 사구(司寇)의 직을 맡았으며, 매의 다른 이름이기도 하다.

끼 밴 것을 공격하지 않는다.

『아익』에서 말하였다. 북쪽에 있는 것을 '응'이라 하고 남쪽에 있는 것을 '요'라 한다. 일설에는 큰 것을 '응'이라 하고 작은 것을 '요'라 한다.

『비아』에서 말하였다. 정수리에 털로 된 뿔이 작게 서 있어서, 지금 두루 이르길 '각응(뿔매)'이라 한다. 『시경』에 "태사 상보가 때에 맞춰 매가 날듯이 하도다"[284]라 했는데, 말하자면 그 무용을 떨쳐 날아오름이 이와 같다는 것이다.

나는 이렇게 생각한다. 본성은 용맹하며, 정수리에는 털이 있다. 『본초』에 '각응'이라 하는데, 지금 세속에서 '모두응'이라 부르는 것이 이것이다.

月令 仲春鷹化爲鳩 季夏鷹乃學習 孟秋鷹乃祭鳥. 王制 鳩化爲鷹 然後設罻羅. 陳氏曰 仲秋也. 爾雅 鷹鶆鳩. 樊光註 鶆鳩鷞鳩也 春秋曰 鷞鳩氏司寇 鷹鷙故爲司寇. 郭璞註 鶆當爲鷞 字之誤耳. 左傳 作鷞鳩 是也. 左傳 郯子曰 少皞氏鳥師而鳥名 爽鳩氏司寇也. 杜預註 爽鳩鷹 鷙鳥也 故爲司寇 主盜賊. 禽經 鷹不擊伏 鶻不擊妊. 雅翼 在北爲鷹 在南爲鷂. 一云 大爲鷹 小爲鷂. 埤雅 頂有毛肉微起 今通謂之角鷹. 詩曰 維師尙父 時維鷹揚 言其武之奮揚如此. 愚按 性勇猛 頂有毛. 本草謂之角鷹 今俗呼毛頭鷹者 卽此也.

---

284 『시경(詩經)』「대아(大雅)」〈대명(大明)〉.

鷖(갈매기) : 『시경(詩經)』「대아(大雅)」〈부예(鳧鷖)〉[285]

『창힐해고』에서 말하였다. '예(갈매기)'는 '구(갈매기)'이다. 『금경』에서 말하였다. '구'는 '신조(갈매기)'인데 '신(信)' 자는 쓰임을 알지 못하겠다. 주에서 "조수 때가 되면 돌며 나는데, 물을 향하는 것을 '신'[286]이라 여겼고, 돌아올 때는 사나운 새들에게 공격당한다. 이는 물을 향하는 것은 알지만 자기가 해 입는 것은 알지 못한다는 것이다"라 하였다. 『풍토기』[287]에서 말하였다. '예'이니 '예'는 '압(오리)'이다. 스스로 이름을 부르는 것처럼 울고, 크기는 '계(닭)'와 같으며, '하(연)'잎 위에 알을 낳는다. 『비아』에서 말하였다. '예'는 '부(물오리)'의 따위이다. '부'는 잘 가라앉고 '예'는 잘 뜨기 때문에 '예'는 다른 이름으로 '구(漚)'라 한다. '부'와 '예'는 물에서 편안한 것이기 때문에 『시경』에서 천신과 지신과 조상이 편안히 여기는 것을 비유한 것이다.

나는 이렇게 생각한다. '구'는 뜨는 것을 가지고 이름했고, '예'는 울음소리를 가지고 이름한 것이다.

倉頡解詁 鷖鷗也. 禽經 鷗信鳥也 信不知用. 註云 潮至則翔 水嚮以爲信 反爲鷙鳥所擊. 是知信而不知所以自害也. 風土記 鷖鷖鴨也. 以名自呼 大如雞 生卵於荷葉之上. 埤雅 鷖鳧屬. 鳧好殁[288] 鷖好浮 故鷖一名漚. 鳧鷖安樂於水者也 故詩以爲神衹[289]祖考安樂之譬. 愚按 鷗其浮也 鷖其聲也.

---

285 태평한 시대에 군자가 가득함을 유지하여 성을 지키니 천신과 지신과 조상이 편안하고 즐거워한 시이다.

286 바닷물이 정해진 시간에 만조가 되는 것을 말한다.

287 진(晋) 주처(周處)가 지었다. 책은 지금 전하지 않으며, 오직 옛 책들에서만 끌어다 쓴 것을 볼 수 있다.

288 『비아(埤雅)』 원문에는 '殁'이 '沒'로 기록되어 있다.

289 『모전(毛傳)』에 "神祇祖考"라고 기록된 것으로 보아 '衹'자는 '祇'자의 오기인 것으로 보인다.

鳳凰(봉황) : 『시경(詩經)』「대아(大雅)」〈권아(卷阿)〉[290]

『이아』에서 말하였다. '언(봉새)'은 '봉(봉새)'이고, 그 암컷은 '황'이다.

『산해경』에서 말하였다. 단혈지산[291]에 '계(닭)'와 같은 새가 있는데, 다섯 빛깔 무늬가 있으며, '봉황'이라 이름한다. 머리 무늬는 '덕', 날개 무늬는 '순', 등 무늬는 '의', 가슴 무늬는 '인', 배 무늬는 '신'이라 한다. 마시고 먹는 것을 억지로 하지 않으며, 스스로 노래하고 춤추니, 이 새가 보이면 세상이 편안해진다.[292]

『순자』에서 말하였다. 일시[293]에 인용하여 "'봉황'이 춤을 추듯 나니, 그 날개가 간[294]과 같고, 그 소리가 퉁소와 같다"라 하였다.

『광아』에서 말하였다. 수컷의 울음소리는 즉즉, 암컷의 울음소리는 족족, 저녁 때 울음소리는 고상, 새벽 때 울음소리는 발명, 낮의 울음소리는 보장, 날 때 울음소리는 상상, 모일 때 울음소리는 귀창이라 한다.

곽박이 말하였다. 상서롭게 여기는 새이니, 머리는 '계(닭)', 목은 '사(뱀)', 턱은 '연(제비)', 등은 '귀(거북)', 꽁지는 물고기와 비슷하고, 다섯 빛깔이며, 높

---

290 소강공(召康公)이 성왕(成王)에게 현명한 사람을 구하여 어진 선비를 등용하라고 경계한 시이다.

291 산의 이름이다. 산 위에 금과 옥이 많고, 붉은 물이 나와서 남쪽으로 흘러 요동 반도와 산동 반도 사이의 바다로 나간다.

292 『산해경(山海經)』「남산경(南山經)」에는 "飮食自然, 自歌自舞. 見則天下安寧"이라고 하였기 때문에 원전에 따라 해석하였다.

293 고시(古詩)로서 지금의 『시경(詩經)』에 실려 있지 않은 시이다. 이 일시는 『순자(荀子)』「해폐편(解蔽篇)」의 〈봉황추추(鳳凰秋秋)〉라는 시이다.

294 춤출 때 손에 드는 기구의 한 가지이다.

이는 여섯 자쯤이다.

『정의』에서 말하였다. 『설문』에 "신비한 새이다. 천로[295]가 말하길 다섯 가지 색을 갖추어 나는데, 동쪽 군자의 나라에서 나와 사해 밖을 빙빙 돌며 난다. 곤륜[296]을 지나고, 지주[297]에서 마시며, 약수[298]에서 날개를 씻고, 해가 저물면 풍혈[299]에서 잔다. 부수는 '조'이며, 음은 '범'이다. '봉'이 날면 많은 수의 새 무리가 따르기 때문에 옛날에는 '봉'을 '붕'으로 썼다"라 하였다.

『비아』에서 말하였다. 옛글에는 '봉(朋)'으로 썼으니 모양을 본뜬 글자이다. 대개 사령[300] 중에서 오로지 '봉'만 '구(비둘기)'처럼 그 무리를 모을 수 있기 때문에 '붕당'의 글자로 삼은 것이다. 옛 말에 살아있는 벌레를 쪼지 않고, 살아있는 풀을 꺾지 않으며, 무리지어 살지 않고, 이리저리 돌아다니지 않으며, 새 잡는 그물에 걸리지 않고, '오동(오동나무)'이 아니면 깃들지 않으며, '죽(대)'의 열매가 아니면 먹지 않고, 물맛이 좋은 샘이 아니면 마시지 않는다고 하였다.

『명물해』에서 말하였다. '소호'는 새 이름으로 벼슬 이름을 삼았는데, '봉황(鳳皇)'은 역정[301]이니 춘분(春分)과 추분(秋分), 하지(夏至)와 동지(冬至), 입춘(立春)과 입하(立夏), 입추(立秋)[302]와 입동(立冬)의 벼슬인데 모두 무리가 있기 때문에 『시경』에서 큰 신하를 비유한 것이다.

나는 이렇게 생각한다. 『대대례』[303]에 "날짐승은 360가지이고 '봉황'이 우

---

295 황제(黃帝)를 보좌한 일곱 명의 현인 중의 한 사람이다.

296 신화에서 서왕모(西王母)가 살며 아름다운 옥(玉)이 산출된다고 하는 영산(靈山)이다.

297 하남성(河南省) 삼문협시(三門峽市)에 있는 산. 황하(黃河)가 이 산을 싸고돌며 흘러, 물 가운데 있는 기둥처럼 보이므로 이르는 말이다.

298 물이 얕거나 혹은 궁벽(窮僻)한 곳에 위치하여 배가 다니지 않는 강을 물이 약해서 배를 띄우지 못한다고 보아 붙인 이름이다. 『서경(書經)』「우공(禹貢)」, 『산해경(山海經)』, 『한서(漢書)』「지리지(地理地)」 등 옛 전적에 약수라 일컬어진 강이 매우 많다.

299 북방의 한풍(寒風)이 불어온다는 전설상의 동굴 이름이다.

300 전설상의 네 가지 신령(神靈)한 동물이다. 곧, 기린・봉황・거북・용이다. 또는 창룡(蒼龍)・백호(白虎)・주작(朱雀)・현무(玄武)이다.

301 역법(曆法)에 관한 일을 맡아보던 관리이다.

302 24절기의 하나. 양력 8월 8・9일경이다.

303 한(漢)의 대덕(戴德)이 제가(諸家)의 『예서(禮書)』 200편을 줄여서 85편으로 엮은 것으로 지

두머리이다”라고 하였으니, 대개 ‘봉’은 모든 새를 거느린다. 수컷은 ‘봉’, 암컷은 ‘황’이라 하고, 색은 다섯 가지 빛깔을 갖추었으며, 소리 가운데는 육률[304]에 해당하고, 하늘 아래 밝게 빛나는 것이다.

爾雅 鶠鳳 其雌皇. 山海經 丹穴之山有鳥如雞 五彩而文 名曰鳳凰. 首文曰德 翼文曰順 背文曰義 膺文曰仁 腹文曰信. 飮食自歌自舞 見則天下大安寧. 荀子 引逸詩云 鳳凰秋秋 其翼若干 其聲若簫. 廣雅 雄鳴曰卽卽 雌鳴曰足足 昏鳴曰固常 晨鳴曰發明 晝鳴曰保長 擧鳴曰上翔 集鳴曰歸昌. 郭璞曰 瑞應鳥 鷄頭 蛇頸 燕頷 龜背 魚尾 五彩色 高六尺許. 正義曰 說文云 神鳥也 天老曰五色備擧 出于東方君子之國 翺翔四海之外 過崑崙飮砥柱 濯羽弱水 暮宿風穴 字从鳥凡聲 鳳飛則羣鳥從以萬數 故鳳古作朋字. 埤雅 古文作𪇗 象形. 葢四靈惟鳳能鳩其類 故以爲朋黨之字. 舊說不啄生蟲 不折生草 不羣居 不旅行 不罹羅網 非梧桐不棲 非竹實不食 非醴泉不飮. 名物解 小昊以鳥名官 鳳皇爲歷[305]正 分至啓閉之官皆有屬焉 故詩以喩大臣. 愚按 大戴禮云 羽蟲三百六十 而鳳皇爲之長 葢鳳總凡鳥也. 雄曰鳳 雌曰皇 色備五彩 音中六律 天下文明之物也.

금은 39편만 남아있다. 『대대기(大戴記)』, 『대대례기(大戴禮記)』.

304 십이율(十二律) 중 양성(陽聲)에 속하는 여섯 가지 음(音)이다. 곧, 황종(黃鐘), 태주(太簇), 고선(姑洗), 유빈(蕤賓), 이칙(夷則), 무역(無射)이다.

305 歷의 오자인 듯하다.

鷺(해오라기) : 『시경(詩經)』 「주송(周頌)」 〈진로(振鷺)〉[306]

『이아』에서 말하였다. '로(해오라기)'는 '용서(해오라기)'이다.

곽박이 주에서 말하였다. '백로(해오라기)'이다. 머리, 날개, 등 위에는 모두 긴 털이 있다.

육기가 『모시초목조수충어소』에서 말하였다. 물새이다. 깨끗함을 좋아하여 '백조'라고 부른다. 긴 다리는 푸른 색이며, 높이는 한 자하고 일곱에서 여덟 치 정도이다. 꽁지는 짧고 부리는 길며, 머리 위에 긴 털 수십 가닥이 있는데, 물고기 잡아먹는 것을 좋아한다.

『명물해』에서 말하였다. 시를 지은 사람이 깨끗함은 더럽힐 수 없음을 가지고 군자의 덕을 비유하였고, 항상 떨쳐 일어나는 뜻이 있음을 가지고 군자의 위엄 있는 거동을 비유하였다.

나는 이렇게 생각한다. 초 위왕 때에 '주로(따오기)'가 있었다. 모두 모여 빙빙 돌아 날고 춤을 추며 왔다고 하는데, 붉은 것도 있었다. 옛날에 〈주로곡〉을 연주하였다는 것이 이것이다. '로'의 깃은 춤추는 사람의 큰 양산을 만들 수 있기 때문에 「진풍」에 "백로 깃을 꽂도다"[307]라고 한 것이다. '지'는 꽂음이다. 또 '상(매)'이 날면 곧 서리가 내리고 '로'가 날면 곧 이슬이 맺히니 이것을 가지고 이름하였다. 얕은 물에서 걸을 때 곧잘 앉았다 일어났다가 하는데, 그 모양이 마치 절구질이나 호미질 하는 모습과 같기 때문에 '용서'라고 이름하였다. 또 항상 떨쳐 일어나는 뜻이 있고, 매우 깨끗하기 때문에 『시경』에서 두 왕의 후손을 비유한 것이다.

---

306 하(夏) · 상(商) 왕조의 후손들이 와서 제사를 돕는 내용으로 백로의 결백함과 같이 제사를 돕는 자의 용모가 닦여지고 정돈되어야 한다는 뜻을 담고 있는 시이다.

307 『시경(詩經)』 「진풍(陳風)」 〈완구(宛丘)〉.

爾雅 鷺舂[308]鉏. 郭璞註 白鷺也. 頭翅背上 皆有長翰毛. 陸璣疏 水鳥也. 好而潔白謂之白鳥. 靑脚長 高尺七八寸. 短尾喙長 頭上有長毛十數莖 好取魚食. 名物解 作詩者以其潔白 不可汚 喩君子之德 以常有振擧之意 喩君子之威儀. 愚按 楚威王時 有朱鷺. 合沓飛翔而來舞 則復有赤者. 舊鼓吹朱鷺曲 是也. 鷺鳥之羽 可爲舞者之翳 故陳風云 値其鷺羽. 値持也. 又鸛飛則霜 鷺飛則露 其名以此. 步于淺水 好自低昂 如舂鋤狀 故名舂鉏. 又常有振擧之意 且甚潔白 故詩以況二王後.

308 원문에는 '용(舂)'이 아닌 '춘(春)'으로 되어 있으나 '춘서'라는 단어는 없기에 문맥상 '용서'의 오기로 보았다.

桃蟲(뱁새) : 『시경(詩經)』「주송(周頌)」〈소비(小毖)〉[309]

『이아』에서 말하였다. '도충'은 '초(뱁새)'이니, 그 암컷은 '애(뱁새)'이다.

곽박이 주에서 말하였다. '도작(뱁새)'이니, 세속에서는 '교부(뱁새)'라 부른다.

육기가 『모시초목조수충어소』에서 말하였다. 지금 '초료(뱁새)'가 이것이다.

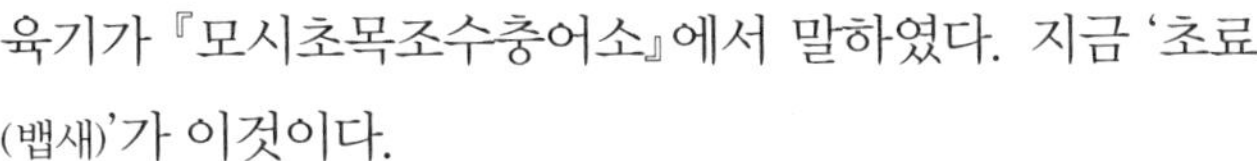

『광아』에서 말하였다. '초료'는 '영결(뱁새)'이다.

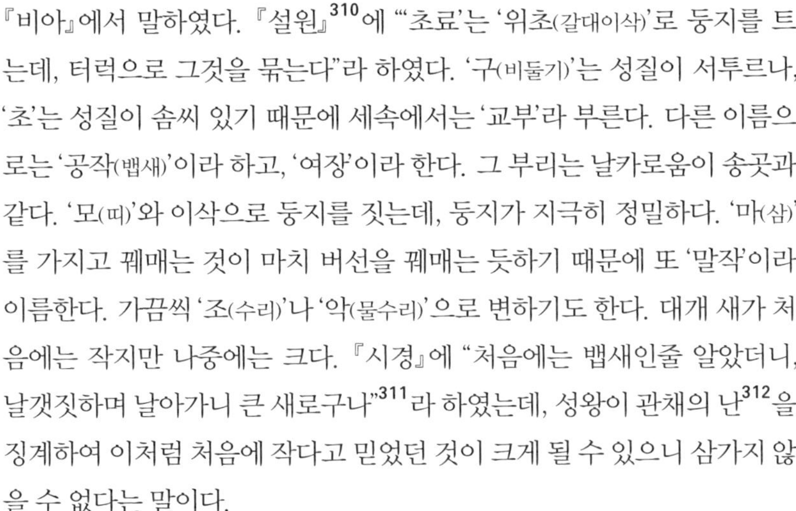

『비아』에서 말하였다. 『설원』[310]에 "'초료'는 '위초(갈대이삭)'로 둥지를 트는데, 터럭으로 그것을 묶는다"라 하였다. '구(비둘기)'는 성질이 서투르나, '초'는 성질이 솜씨 있기 때문에 세속에서는 '교부'라 부른다. 다른 이름으로는 '공작(뱁새)'이라 하고, '여장'이라 한다. 그 부리는 날카로움이 송곳과 같다. '모(띠)'와 이삭으로 둥지를 짓는데, 둥지가 지극히 정밀하다. '마(삼)'를 가지고 꿰매는 것이 마치 버선을 꿰매는 듯하기 때문에 또 '말작'이라 이름한다. 가끔씩 '조(수리)'나 '악(물수리)'으로 변하기도 한다. 대개 새가 처음에는 작지만 나중에는 크다. 『시경』에 "처음에는 뱁새인줄 알았더니, 날갯짓하며 날아가니 큰 새로구나"[311]라 하였는데, 성왕이 관채의 난[312]을 징계하여 이처럼 처음에 작다고 믿었던 것이 크게 될 수 있으니 삼가지 않을 수 없다는 말이다.

나는 이렇게 생각한다. 장무선[313]이 〈초료부〉[314]에 "작은 새이니, 둥지를

---

309 사왕(嗣王)이 도움을 구한 시이다.

310 한(漢)의 유향(劉向)이 지었다. 순(舜)임금 때부터 한(漢) 초까지 세상에 알려지지 않았던 일들 중 사람들이 본받을 만한 일들을 모아 편찬한 것으로 총 20권이다.

311 『시경(詩經)』「주송(周頌)」〈소비(小毖)〉.

312 관채(管蔡)는 주(周) 무왕(武王)의 아우 관숙(管叔)과 채숙(蔡叔)을 이른다. 성왕(成王)이 어려서 주공(周公)이 섭정하자, 이 둘이 난을 일으켰으나, 주공에게 평정되었다.

트는데 나뭇가지 하나면 되고, 매끼 식사는 몇 알갱이에 지나지 않는다"라 하였다. '도충'은 곧 '치효(올빼미)'를 가리킬 때도 있어서 이러한 까닭으로 '초료'는 또한 '영결'이라는 이름이 있다. 또 두 시가 모두 관채를 가리켜서 말했기 때문에 모두 한가지이다. 그 실제는 크고 작음이 각각이어서 서로 같은 무리가 아니다. "날갯짓하며 날아가니 큰 새로구나"라 한 것은 처음에는 작지만 나중에는 커지니 작은 것도 큰 것도 아니라는 말이다.

爾雅 桃蟲鷦 其雌鴱. 郭璞註 桃雀也 俗呼爲巧婦. 陸璣疏 今鷦鷯 是也. 廣雅 鷦鷯鷦鳩. 埤雅 說苑曰 鷦鷯巢於葦苕 繫之以髮. 鳩性拙 鷦性巧 故俗呼巧婦. 一名工雀 一名女匠. 其喙尖利如錐. 取茅秀爲巢 巢至精密. 以麻紩之如刺韈 然故又名韈雀. 其化輒爲鵰鶚. 蓋鳥之始小終大者. 詩曰 肇允彼桃蟲 拚飛維鳥 言成王懲管蔡之亂 于是始信小物之能成大 不敢不毖也. 愚案 張茂先鷦鷯賦曰 小鳥也 巢林不過一枝 每食不過數粒. 有以桃蟲卽指爲鴟鴞者 是因鷦鷯亦有鷦鳩之名. 又二詩皆指管蔡而言 故混爲一也. 其實大小各 不相類. 云拚飛維鳥者 言其始小終大 非卽小卽大也.

---

313 장화(張華)의 자(字).

314 위(魏) 말기에 세속의 질시에 분하여 지은 작품이다.

獸

馬(말) : 『시경(詩經)』「주남(周南)」〈권이(卷耳)〉[1]

허신이 『설문』에서 말하였다. '마(말)'는 굳세다. 그 글자는 머리와 갈기와 꼬리와 발의 형상을 본떴다. 한 살은 '환', 두 살은 '구(망아지)', 세 살은 '비', 네 살은 '조', 여덟 살은 '팔'이라 한다. 키가 여섯 자는 '교', 일곱 자는 '래', 여덟 자는 '용'이다.

나는 이렇게 생각한다. "이미 내 말을 골랐도다"[2]라는 것은 종묘를 다스릴 때 털은 순수함을 높이고, 전쟁에 관한 일을 다스릴 때 힘은 강함을 높이고, 사냥을 다스릴 때 발은 빠름을 높인다는 것이다. '마'의 이름과 색은 『시경』에 다음과 같이 갖추어져 보인다. 검은 갈기의 붉은 '마'는 '류(월따말)', 검은 갈기의 흰 '마'는 '락(가리온)', 흰 갈기의 검은 '마'는 '락(雒)', 흰 배의 '류'는 '원(절따말)', 푸르고 검은 것을 '기(검푸른 말)'라 한다. '기'라는 것은 검은색을 이름함인데 푸르고 희미하게 검은색을 이른다. 황백색은 '황(황부루)', '류'인데 흰 것은 '박(얼룩배기말)', 적황색은 '성(절따말)'이라 하니 두 가지 색이 각각 아울러 있는 것이다. 검푸른 색에 흰색이 섞인 것은 '추(오추마)', 붉은색에 흰색이 섞인 것은 '하(적부루마)', 누런색에 흰색이 섞인 것은 '비(황부루마)', 검은색에 흰색이 섞인 것은 '인(오총이)'이라 하는데 '음'은 옅은 검은색이다. 이것들은 모두 두 색이 아울러 있는데, 또 다른 털이 섞여 있는 것이다. '적상(별박이)'은 '백전(별박이)'이라 하는데 '적'은 희다는 것이니, 이마에 흰 털이 있는 것을 이른다. 주둥이가 검은 것은 '와'[3]이고, 순전히 검은

---

1 후비(后妃)의 뜻을 읊은 시이다. 마땅히 군자(君子)를 보좌하여 어진 이를 찾고, 관직을 살펴 신하들의 노고를 알아야 하는데, 편벽되거나 사사로이 청탁하려는 마음이 없어, 아침저녁으로 생각하고 근심함이 수고로움에 이른 것이다.

2 『시경(詩經)』「소아(小雅)」〈길일(吉日)〉.

3 주둥이 검은 누렁말.

것은 '려(가라말)'이며, 무릎 위가 모두 흰 것은 '주'[4]이고, '려'의 샅이 흰 것은 '율'[5]이라 하는데 샅이 흼은 넓적다리가 흰 것이다. 정강이에 털이 있는 것은 '담'[6]이라 하는데 '간'은 정강이고, 정강이에 있으면서 흰색으로 길게 자라는 털을 '담'이라 한다. 두 눈이 흰 것을 '어'[7]라 하는데 물고기의 눈과 같음을 이름이다. 푸른색과 검은색 털이 섞인 '마'를 '타(얼룩말)'라 하는데 색의 얕음과 깊음이 물고기 비늘과 같음을 이른다. 이름의 뜻은 여기에 자세히 갖추어져 있으니, 나머지는 미루어 짐작할 수 있다.

許愼說文 馬武也. 其字象頭髦尾足之形. 一歲曰馵 二歲曰駒 三歲曰騑 四歲曰駣 八歲曰馱. 高六尺曰驕 七尺曰騋 八尺曰龍. 愚按 旣差我馬者 宗廟齊毫尙純也 戎事齊力尙强也 田獵齊足尙疾也. 馬之名色備見於詩. 如赤馬黑鬣曰騂 白馬黑鬣曰駱 黑馬白鬣曰雒 騂馬白腹曰騵 蒼騏曰騏 騏者黑色之名 謂靑而微黑也. 黃白曰皇騂白曰駁 赤黃曰騂並兼二色之別也. 蒼白雜者騅 彤白雜者騢 黃白雜者駓 陰白雜者駰 陰淺黑也. 此皆兼二色 而復有雜毛者也. 的顙白顚 的白也謂額有白毛者. 黑喙者騧也 純黑者驪也 膝上皆白者馵也 驪馬白跨者驈也 白跨股脚白也. 豪骭曰驔 骭脚脛謂毫毛在骭 而白長爲驔也. 二目白曰魚 謂如魚目也. 靑驪驎曰驒 謂色有淺深如魚鱗也. 名義備詳於此 餘可類推.

4 왼쪽 뒷발 흰말.
5 가랑이만 흰 검은 말.
6 다리에 긴 털이 난 말.
7 두 눈의 털빛이 흰말.

麟(기린) : 『시경(詩經)』「주남(周南)」〈린지지(麟之趾)〉[8]

『대대례』에서 말하였다. 짐승은 360가지인데 '린(기린)'이 으뜸이 된다.

곽박이 말하였다. 뿔 끝에 살이 있으니 『공양전』[9]에 "'린(麐, 암컷 기린)'은 곧 뿔이 있다"고 하였다.

허신이 말하였다. '기(수컷 기린)'는 어진 동물이고, '린(麐)'은 암컷 '기'이다.

육기가 『시소』에서 말하였다. '균(노루)' 몸에 '우(소)' 꼬리이고, '마(말)' 발처럼 둥근 발굽이며, 외뿔이다. 소리는 쇠북의 음률에 알맞고, 행동은 법도에 알맞다. 놂에 반드시 땅을 가리고, 자세히 살핀 뒤에 머물러 산다. 산 벌레를 밟지 않고, 산 풀을 밟지 않는다. 무리로 살지 않고, 여럿이 함께 다니지 않는다. 함정에 들지 않고, 그물에 걸리지 않는다. 임금이 지극히 어질면 나타난다.

범처의가 『보전』에서 말하였다. '린'은 발이 있지만 발로 차지 않으니 마치 공의 자식이 망령되이 움직이지 않음과 같고, 이마가 있지만 들이받지 않으니 마치 공의 집안이 다른 사람의 뜻을 거스르지 않음과 같으며, 뿔이 있지만 떠받지 않으니 마치 공의 겨레가 겨룸을 좋아하지 않음과 같다.

나는 이렇게 생각한다. '린'·'봉(봉새)'·'귀(거북)'·'룡(용)'을 일러 '사령'이라 한다. 옛 말에 "'린'은 뿔에 살이 있고, '봉'은 부리에 살이 있다"라 하였으니 모두 용맹스러움이 있어 보이지만 쓸모없다. 대개 '린'의 성질은 어질고

---

8 공후(公侯)의 자손들이 번창하기를 바란 시이다.

9 춘추삼전(春秋三傳) 중 하나로 공자(孔子)의 『춘추(春秋)』를 해석한 책이다. 춘추 때 제(齊)의 공양고(公羊高)가 쓰기 시작하여 아들 대에 이루어졌으며, 한(漢) 초엽에 이르러 금문(今文)으로 기록되었다.

무던하여 발로는 사물을 밟지 않고, 이마로는 사물을 들이받지 않으며, 뿔로는 사물을 떠받지 않으니 모두 어질고 무던함을 말함이다. 그러므로 시를 가지고 비유하였다.

大戴禮 毛蟲三百六十 而麟爲之長. 郭璞云 角頭有肉 公羊傳曰 有麏而角. 許愼曰 麒仁獸也 麏牝麒也. 陸璣詩疏 麕身牛尾 馬足圓蹄一角. 音中鐘呂 行中規矩. 遊必擇地翔而後處. 不履生蟲 不踐生草. 不羣居 不旅行. 不入陷穽 不罹羅網. 王者至仁則出. 范處義補傳 麟有趾而不踶如公子之不妄動 有定而不抵如公姓之不忤物 有角而不觸如公族之不好競. 愚按 麟鳳龜龍謂之四靈. 舊說 麟肉角鳳肉味 皆示有武而不用. 葢麟性仁厚趾不踐物定不抵物角不觸物 皆言仁厚也. 故詩以況之.

鼠(쥐) : 『시경(詩經)』「소남(召南)」〈행로(行露)〉[10]

형병이 소에서 말하였다. 『이아』에서 '분서'[11]라 한 것과 곽박이 땅 속으로 다니는 것이라 한 것과 『방언』에서 '이서(두더지)'라 한 것은 곧 이 '서(쥐)'이다. '혐서(뒤쥐)'라는 것은 『대대례』에서 말한 '전서(두더지)'인데 '혐'은 볼 속에 먹이를 감춘다는 이름이다. '혜서(생쥐)'라는 것은 곽박이 "독이 있다"고 말한 것인데, 대개 지금의 '서랑(족제비)'과 같으니, 「성칠년」[12]에서 "성 밖의 '우(소)' 뿔도 먹는다"라 한 것이 이것이다. '시서(두더지)'라는 것은 '유(족제비)'와 비슷한 '서'이니, 곽씨가 "「하소정」에서 '시(두더지)'는 '유(족제비)'이니 곧 구멍을 뚫는다고 하였다"라 말한 것으로 9월에 있다. '유서'라는 것은 곽씨가 "'초(담비)'와 비슷하고, 적황색이며, 꼬리가 길고, '서'를 먹는다. 강동에서는 '생(족제비)'이라 한다"고 하였으니 곧 『장자』에 "'기기'와 '화류'[13]도 '서'를 잡는 데에는 '리(살쾡이)'나 '생'만 못하다"[14]라 한 것이 이것이다. '구서(생쥐)'라는 것은 작은 '서'이니 또한 '정구'라 이름한다. '석서(쥐)'라는 것은 손염이 말한 '오기서'[15]이니, 『시경』〈석서〉에서 사람들의 '화(벼)' 싹을 먹는다고 한 것이 이것이다. '표(표범)'의 얼룩무늬를 한 '정서(얼룩쥐)'라는 것은 곽씨가 "무늬가 마치 '표'와 같은 것으로 한의 무

10 앞장 '작(雀)' 참조.
11 두더지와 비슷한 쥐의 일종.
12 『좌전(左傳)』「성공7년(成公七年)」.
13 '기기'와 '화류'는 모두 준마를 가리킨다.
14 『장자(莊子)』「외편(外篇)」〈추수(秋水)〉.
15 '오기서'란 우리말로 옮기면 다섯 재주를 지닌 쥐이다. '오기'란 허신의 『설문』에 의하면 날 수는 있지만 지붕을 넘지 못하고, 헤엄칠 수 있지만 계곡물을 건너지 못하고, 나무를 탈 수 있지만 끝까지 가지 못하고, 뛸 수는 있지만 사람보다 앞서지 못하고, 구멍을 팔 수 있지만 몸을 숨기지 못한다는 것이다. 따라서 다섯 재주라는 것은 용렬한 재주를 일컫는다고 볼 수 있다. 이 이야기는 '오서오기(梧鼠五技)'라 하여 『순자(荀子)』「권학(勸學)」편에도 보인다.

제[16]때 이러한 '서'를 얻었는데 효렴[17] 종군[18]이 그것을 알려 명주 백 필을 하사받았다"고 하였다. '연서'라는 것은 곽씨가 "지금 강동의 산 속에 '연서'가 있는데 모양은 '서'와 같지만 크고, 검푸른 색이며 나무 위에 있다"고 하였다.

나는 이렇게 생각한다. 이것들은 '서'의 무리를 구별함이니 그 종류가 번거롭게 많지만 오히려 여기에서 그치지 않는다. 『본초』에 오장[19]이 모두 온전하고, 네 이빨이 있으나 어금니가 없다고 하였다. 대개 '작(참새)' 무리는 음란한 것들이고, '서' 무리는 탐하여 훔치는 것들이다. 그러므로 『시경』에서 "참새의 뿔"과 "쥐의 어금니"라는 말로 완강하고 포악함을 비유하였다.

邢昺疏 爾雅鼢鼠 郭云地中行者 方言云犂鼠 卽此鼠也. 鼸鼠者 大戴禮云田鼠也 鼸是頰裏藏食之名. 鼷鼠者 郭云 有螫毒 葢如今鼠狼 成七年 食郊牛角者 是也. 鼶鼠者似鼬之鼠也 郭云 夏小正曰 鼶鼬則穴者在九月也. 鼬鼠者 郭云 似鼦赤黃色大尾啖鼠 江東呼爲鼪卽 莊子云 騏驥驊騮捕鼠不如貍鼪 是也. 鼩鼠者小鼠也 亦名鼱鼩. 鼫鼠者 孫炎曰 五技鼠 詩碩鼠食人禾苗是也. 豹文鼮鼠者 郭云 文彩如豹者 漢武帝時得此鼠 孝廉終軍知之 賜絹百匹. 鼰鼠者 郭云 今江東山中有鼰鼠 狀如鼠而大 蒼色在樹木上. 愚按 此別鼠屬也 其類煩多 尙不止此. 本草云 五臟皆全有四齒而無牙. 葢雀物之淫者 鼠物之貪竊者. 故詩言 雀角 鼠牙 以譬强暴.

---

16 B.C.156~B.C.87. 이름은 철(徹)이며 한(漢) 경제(景帝)의 아들이다. 유학(儒學)을 숭상하였으며, 군사를 일으켜 판도(版圖)를 크게 넓혔다.

17 효성이 지극하고 청렴(淸廉)한 사람을 의미하기도 하며 관리를 임용하는 과목(科目)의 이름이기도 하다. 한 무제가 각 군국(郡國)에서 해마다 효성이 지극하고 청렴한 사람을 한 사람씩 추천하게 한 데서 비롯되었다.

18 ?~B.C.112. 자(字)는 자운(子雲). 한(漢)의 제남(濟南)사람으로 무제 때 간의대부(諫議大夫)가 되어 남월(南越)에 사신으로 갔다가 그곳에서 20세에 사망하였다.

19 심장(心臟) · 폐장(肺臟) · 비장(脾臟) · 간장(肝臟) · 신장(腎臟).

麕(노루) : 『시경(詩經)』「소남(召南)」〈야유사균(野有死麕)〉[20]

『이아』「석수」에서 말하였다. '균(노루)'은 수컷이 '우'이고, 암컷이 '률(암노루)'이며, 그 새끼는 '조'이다. 그 자취는 흩어져 있고, 힘이 매우 센 것을 '견(돼지)'[21]이라 한다.

『설문』에서 말하였다. '균'은 '장(노루)'이니 '균'은 그 모아 묶은 이름이다.

최표가 『고금주』에서 말하였다. '록(사슴)'은 뿔이 있지만 떠받을 수 없고, '균'은 어금니가 있지만 씹을 수 없다.

주자가 『집전』에서 말하였다. '균'은 '장(獐, 노루)'이고, '록'의 무리이며, 뿔이 없다.

육전이 『비아』에서 말하였다. '균'과 '록'은 모두 몹시 잘 놀라는데 '균'의 성질은 담력이 더욱 약하여 물을 마시다가 물에 비친 그림자를 보고는 번번이 달아난다. 도가의 서적에서 "'균'과 '록'은 넋이 없다"고 말함이 이것이다. 『시경』에 "들에 죽은 노루가 있거늘 띠로 싸도다"[22]는 혼례에 죽은 물건으로써 하지 않는다는 말이다. 그러므로 '안(기러기)'을 산 채로 붙잡아 쓰고, '고(새끼양)'와 '안'으로 수놓아 꾸민다. 지금 죽은 '균'을 가지고 다시 '백모(띠)'로 그것을 싸니 모두 그 예가 아닐 것이다. 그러하니 예가 없음보다 더욱 심함과 같다. 그러므로 서에 이르기를 "예가 없음을 미워하였다"고 하였다. 먼저 죽은 '균'을 말하고, 뒤에 죽은 '록'을 말한 것과, 먼저 쌈을 말하고, 뒤에 묶음을 말한 것은 문왕의 교화를 입어서 예가 없음을 미워해야

---

20 예가 없음을 미워한 시이다. 세상이 크게 혼란하니 강폭(彊暴)한 자들이 서로 능멸하여 마침내 음풍(淫風)을 이루었는데 문왕(文王)의 교화를 입으니 비록 어지러운 세상을 당하였으나 오히려 예가 없음을 미워한 것이다.

21 '견'은 큰 돼지나 짐승 또는 세 살 난 멧돼지를 일컫기도 한다.

22 『시경(詩經)』「소남(召南)」〈야유사균(野有死麕)〉.

함을 알았다는 말이니 그 풍속은 큼만 있고, 해됨은 없는 것이다.

爾雅釋獸 麢牡麌牝麜 其子麆. 其跡解絶 有力豜. 說文 麢麞也 麢其總名也. 崔豹古今注 鹿有角 而不能觸 麢有牙 而不能噬. 朱子集傳 麢獐也 鹿屬 無角. 陸佃埤雅 麢鹿皆健駭 而麢性膽尤怯 飮水見影輒奔. 道書曰 麞鹿無魂 是也. 詩 野有死麢 白茅包之 言昏禮不以死物. 故其生摯用鴈 而飾羔鴈者以繢. 今以死麢更以白茅包之 皆非其禮矣. 然猶愈於無禮. 故序云 惡無禮也. 先曰死麢 後曰死鹿 先曰包 後曰束 言被文王之化知惡無禮 其俗有隆而無殺.

鹿(사슴) : 『시경(詩經)』「소남(召南)」〈야유사균(野有死麕)〉[23]

『이아』에서 말하였다. 록(사슴)은 수컷이 '가(수사슴)'이고 암컷이 '우(암사슴)'이다. 그 자취는 빠르고, 힘이 매우 센 것을 '견'[24]이라 한다.

『설문』에서 말하였다. '록'은 묵은 뿔이 빠지고 새 뿔이 나는 짐승으로, 무리 지어 잘 달린다.

『본초』에서 말하였다. 산과 숲에 그것이 있다. '마(말)' 몸에 '양' 꼬리이고, 머리는 기울어서 길며, 다리는 높아서 빠르게 달린다. 수컷은 뿔이 있는데 여름에 이르면 곧 묵은 뿔이 빠지며, 누런 바탕에 흰 얼룩이다. 암컷은 뿔이 없고, 황백색이며, 얼룩이 없다. 새끼 밴지 여섯 달 만에 새끼를 낳는다. '록'의 성질은 음란하여 수컷 한 마리가 늘 암컷 몇 마리와 사귀니 '취우'[25]라 이른다.

『비아』에서 말하였다. '록'은 서로 등지고 서서 먹는데 먹으면 곧 서로 부르며, 무리 지으면 곧 원을 그리고 뿔을 밖으로 향하게 하여 자기를 해치려는 것을 방어하기에 『시경』에서 임금과 신하의 의리를 견주었고, 「초충경」[26]에서 "'록'은 먹고자 하면 모두 우니 서로 부르는 마음이 게으르지 않다"고 말했다.

나는 이렇게 생각한다. 유유는 그 울음소리를 말함이고, 우우는 그 많음을 말함이며, 탁탁은 그 살지고 함치르르함을 말함이다. 새가 알 까는 곳을 일러 '소'라 하고, '계(닭)'와 '치(꿩)'가 알 까는 곳을 일러 '과'라 한다. '토(토끼)'가

23 앞장 '균(麕)' 참조.

24 힘이 매우 센 사슴.

25 '취우'의 사전적 의미는 이와 조금 다르다. 즉, 암사슴 한 마리를 수사슴과 그 새끼 수사슴이 함께 흘레한다는 뜻으로 윤리 도덕을 어지럽히는 행위를 이른다.

26 『모시(毛詩)』의 편명.

쉬는 곳을 일러 '굴'이라 하고, '록'이 쉬는 곳을 일러 '장'이라 한다. "집 옆 빈 터는 사슴마당이 되었으며"[27]라는 것은 농사[28]가 이른바 밭이랑이나 마을에 사람이 없기 때문에 '록'이 마당을 삼았다는 말이다.

爾雅 鹿牡麚牝麀. 其跡速 絶有力麉. 說文 鹿解角獸羣萃善走者也. 本草 山林有之. 馬身羊尾 頭側而長 脚高而 行速. 牡者有角夏至則解 黃質白斑. 牝者無角 黃白色 無斑. 孕六月生子. 鹿性淫一牡常交數牝 謂之聚麀. 埤雅 鹿分背而食 食則相呼 羣居則環 其角外向 以防物之害己 故 詩以況君臣之義 而草蟲經曰 鹿欲食皆鳴 相召志不忌也. 愚按呦呦言其聲也 麌麌言其多也 濯濯言其肥澤也. 鳥之所乳謂巢 雞雉所乳謂窠. 兎之所息謂窟 鹿之所息謂場. 町疃鹿場者農師所謂町畦村疃之中無人焉 故鹿以爲場也.

27 『시경(詩經)』「빈풍(豳風)」〈동산(東山)〉.
28 육전(陸田).

尨(삽살개) : 『시경(詩經)』「소남(召南)」〈야유사균(野有死麕)〉[29]

『모전』에서 말하였다. '방(삽살개)'은 '구(개)'이니 예의가 없고 서로 업신여기면 곧 '구'가 짖는다.
공영달이 『정의』에서 말하였다. 이순은 "'방'은 다른 이름으로 '구'이다"라 하였다. 예의가 없고 서로 업신여기며, 주인이 손님을 맞이하지 않으면 곧 '구'의 짖는 소리가 있다. 이는 여자가 예로 오기를 원했으니 '구'의 경계가 쓸모없어진 것이다.
『비아』에서 말하였다. '구'는 잘 의심하여 경계하는데, 예의가 없고 서로 업신여기면 곧 경계하여 짖는다. 그러므로 『시경』에서 예의가 없음을 미워한 것이다. 굴자가 "마을에서 '견(개)'들이 무리지어 짖는 것은 의심스러운 것에 대해 짖는 것이다"[30]라고 하였다.
『설문』에서 말하였다. '구'는 '고(구)'이다.[31] '고'는 짖어서 지키는 기운이다. '방'은 털이 많은 '견'이다.

毛傳 尨狗也非禮相陵則狗吠. 孔穎達正義 李巡曰 尨一名狗 非禮相陵 主不迎客 則有狗吠. 此女願其禮來 不用驚狗. 埤雅 狗善猜警 非禮相陵 則警吠. 故詩以惡無禮. 屈子曰 邑犬羣吠 吠所怪也. 說文 狗叩也. 叩氣吠以守也. 尨犬之多毛者也.

29 앞장 '균(麕)' 참조.
30 『초사(楚辭)』「구장(九章)」〈회사(懷沙)〉.
31 이것은 본음(本音)이 '구'인 '叩(두드릴 고)'자를 빗댐으로써 '개'를 의미하는 '구(狗)'의 음을 밝힌 것이다.

騶虞(추우) : 『시경(詩經)』「소남(召南)」〈추우(騶虞)〉[32]

『산해경』에서 말하였다. '추우'는 다섯 가지 색깔[33]을 다 갖추었고, 꼬리는 몸보다 길며, 그것을 타면 하루에 천 리를 간다.

『모전』에서 말하였다. 의로운 들짐승이니 검은 무늬의 '백호(흰범)'이다. 살아있는 것을 먹지 않고, 지극한 믿음의 덕이 있으면 곧 그것에 응한다.

상여가 〈봉선서〉[34]에서 말하였다. '추우'의 보배로운 무리를 임금의 동산에서 기른다. 송(頌)을 지어 "얼룩얼룩한 들짐승이여! 우리 임금의 동산에서 즐기는구나. 흰 바탕에 검은 무늬이니 그 거동 경사롭고 빛나도다"라 하였다.

안사고[35]가 주에서 말하였다. '추우'라 이른다.

곽박이 찬하여 말하였다. 괴이한 짐승으로 다섯 가지 색깔이고, 꼬리는 몸의 세 배이다. 발을 들어 천 리를 가니 매우 빠른 모양이 마치 신과 같다. 이를 일러 '추우'라 하고, 『시경』에서 그 어짊을 칭찬하였다.

『비아』에서 말하였다. '추우'는 서쪽의 들짐승이라서 그것을 이름하여 '호

---

32 천하가 크게 문왕(文王)의 교화를 입으니, 어짊이 '추우(騶虞)'와 같으면 왕도가 이루어짐을 말한 시이다.

33 청(靑)·황(黃)·적(赤)·백(白)·흑(黑). 또는 여러 색의 범칭.

34 원래 '봉선'은 제왕(帝王)이 천지(天地)에 제사지내는 큰 의식이다. '봉'은 태산(泰山) 위에 제단(祭壇)을 쌓고 제사를 지내 하늘의 공에 보답하는 것이고, '선'은 태산 아래의 양보산(梁父山)에 터를 닦고 제사를 지내 땅의 은혜에 보답하는 것을 뜻한다. 봉사(封祀)·봉사(封事)라고도 한다. 「봉선서(封禪書)」는 『사기(史記)』 권28의 권명(卷名)이기도 하지만, 여기에서의 '봉선서(封禪書)'는 임금이 봉선에 대해 묻자 사마상여가 이에 답하여 지은 시문(詩文)을 의미한다. 이는 『사기(史記)』 권117 「사마상여열전(司馬相如列傳)」에 자세하다.

35 581~645. 이름은 주(籒). 당(唐) 만년(萬年)의 사람으로 어려서 가학(家學)을 전수받았고, 많은 책을 널리 읽어서 훈고(訓詁)에 능통하였다. 수(隋) 대 이전의 이십삼가(二十三家) 주석을 모아서 잘못을 바로잡고, 빠진 것을 보충하였다. 저서에 『급취장주(急就章注)』와 『광류정속(匡謬正俗)』 등이 있다.

(범)'라 하니, 마땅히 죽이기를 일삼았는데 지금은 도리어 산 풀조차 밟지 않고 스스로 죽은 고기만을 먹는다. 대개 어짊의 지극함이기 때문에『시경』의 서를 쓴 사람은 "어짊이 '추우'와 같다면 곧 왕도를 이룬다"라 하였다. 나는 이렇게 생각한다. '추우'에 대한 다른 설명이 분분했지만, 이에 대해 오래도록 결말이 나지 않았다.『제시장구』[36]에 '추우'로써 날짐승과 들짐승을 맡은 벼슬아치를 삼는다 하였고,[37]『노시전』[38]에 천자의 사냥터를 일러 '량추'로 삼는다 하였으며, 가의의『신서』[39]에서는 또 '추'는 '유'로 삼고, '우'는 '사수'로 삼아 나눈다고 하였다.[40] 뒤를 이어 여러 대가가「월령」의 "칠추가 모든 '마(말)'을 수레에 멍에케 하다"와『좌전』「성공18년」의 "진 도공이 정정으로 하여금 승마어[41]를 삼았으니 육추의 벼슬아치이다" 및『주관』[42]에서 "산우"[43] · "택우"[44]라 한 것은『제시』의 "날짐승과 들짐승을 맡은 벼슬아치이다"라는 설명에 맞는다. 어떤 사람은 '추'는 동산을 이름 삼음이라 하였는데 그것은 뒷날 '봉(봉새)'의 이름을 가지고 누각의 이름을 삼

36 한(漢) 초에 제(齊)의 사람 원고생(轅固生)이 제(齊) 지역의『시경』을 주석해서 그『시경』에 대한 전을 지어 보태 만들었다. 뒤에 하후시창(夏侯始昌) · 후창(后蒼) · 익봉(翼奉) · 소망지(蕭望之) · 광형(匡衡) · 복암(伏黯) 등에 의해 전해졌다.

37 '추'는 말에 관한 일을 맡던 관리의 벼슬이름이고, '우'는 산택(山澤)의 짐승에 관한 일을 관장했던 관리의 벼슬이름으로 '우인(虞人)'이라고도 했다.

38 한(漢) 초에 노(魯)의 사람 신배(申培)가 부구백(浮丘伯)에게『시경』을 전수받아 제자를 가르치면서 훈고하여 여기에 주를 단 것이다.

39 한(漢)의 가의(賈誼)가 지은 책으로 상주문(上奏文)을 비롯하여 정치, 도덕, 학문, 풍속 등에 대한 논설이 수록되어 있으며 총 10권으로 구성되어 있다.

40 『신서(新書)』「육례(六禮)」편의 원문에 의하면, "'추'라는 것은 천자의 동산이요, '우'라는 것은 동산의 들짐승을 맡은 사람이다(騶者天子之囿也 虞者囿之司獸者也)"라고 보아야 한다.

41 '승마'는 네 필의 말이 끄는 수레나 네 필의 말을 의미하고, '어'는 '마부'의 의미가 있다. 따라서 '승마어'는 말을 돌보는 일과 관련된 하급 관직인 듯하다.

42 『주관경(周官經)』.『주례(周禮)』의 본 이름으로 주의 관직 제도를 기록한 책이다.『예기(禮記)』·『의례(儀禮)』와 함께 삼례(三禮)의 하나로 전국시대에 성립된 것으로 여겨진다. 직제를 천관(天官) · 지관(地官) · 춘관(春官) · 하관(夏官) · 추관(秋官) · 동관(冬官)의 여섯으로 나누고, 각 관직과 직무를 서술하였으며 총 42권으로 구성되어 있다.

43 주(周)의 벼슬이름으로 산림의 정령(政令)을 관장하였다.

44 주(周) 대에 소택(沼澤)을 관리하던 벼슬이다. '소택'은 수초(水草)가 무성하고 질척거리는 늪을 말한다.

거나 '린(기린)'의 이름을 가지고 돈대[45]의 이름을 삼음과 같고, '우'는 들짐승을 맡은 벼슬아치로 삼았으니 이에 근거하여 구하면 가씨의 설명과 맞는다. 어떤 사람이 좌태충[46]이 〈위도부〉에서 "량추(良騶)라는 곳에 가서 다다랐다"라고 한 부분을 인용하였는데, 장선이 "량추(梁騶)이니 옛날에 천자가 사냥했던 땅이다"라고 풀어서 말하였다. 이에 근거하여 구하면 『노시』에서 "량추를 사냥터로 삼았다"라는 설명과 맞는다. 대개 많은 설명이 일어난 것은 모두 「사의」[47]에서 "벼슬아치가 갖추어졌음을 즐거워한다"고 했던 말 한마디에서 말미암았다. 그러나 이른바 "벼슬아치가 갖추어졌음을 즐거워한다"란 것은 어진 사람을 얻어야만 곧 벼슬아치가 갖추어짐을 깨우쳐 준 것이지 단지 추어[48]와 우인으로 벼슬아치가 모자라지 않음을 마치 '추우'로 벼슬아치를 삼았다는 것은 아니니 오히려 이치가 통할 수 있다. '추'로 동산을 삼고, '우'로 들짐승을 맡은 벼슬아치로 삼아 나눔에 이름은 잘못된 것으로 쓸데없는 해석이다. 옛날에 문왕이 과연 '추'를 가지고 동산을 이름했다면 어째서 영대[49]와 영유[50]는 책에 여기저기 보이고, '추유'는 아울러 전하지 않는가. 후세에 전해진 봉각과 린대로 증거해 보아도 생각 없이 한 말이 아니다. 비록 '추우'라는 들짐승이 『이아』에는 보이지 않지만 태공[51]의 『육도』[52]와 『회남자』에서 아울러 문왕이 유리[53]에 얽매이자 산

---

45 사방을 바라볼 수 있도록 높직하게 방형(方形)으로 흙을 쌓아 위는 평평하게 다듬은 곳이다. 인신하여 그 위에 세운 건축물을 뜻하기도 한다.

46 생몰년 미상. 자(字)는 태충(太沖). 진(晉)의 임치(臨淄) 사람으로 용모가 추하고 말을 더듬었으나 박학하고 문장에 능하였다. 10년에 걸쳐 완성한 〈삼도부(三都賦)〉는 베끼는 이가 많아 낙양(洛陽)의 종이 값이 올랐다고 한다. 후인이 집록(輯錄)한 『좌태충집(左太沖集)』이 있다. 〈삼도부(三都賦)〉는 〈촉도부(蜀都賦)〉·〈오도부(吳都賦)〉·〈위도부(魏都賦)〉로 각 도읍의 풍물을 읊은 내용이다. 좌사(左思).

47 『예기(禮記)』의 편명.

48 마부(馬夫). 어자(御者).

49 주(周) 문왕이 세운 대(臺).

50 주(周) 문왕이 설치한 새와 짐승을 기르던 동산이다.

51 강태공(姜太公). 태공망(太公望). 성(姓)은 강(姜), 씨(氏)는 여(呂). 이름은 상(尙). 주(周) 초의 사람으로 위수(渭水)가에서 낚시질을 하다가 사냥 나온 주 문왕을 만나 스승이 되었다. 주(周) 무왕이 즉위하자 그를 도와 은(殷)을 멸하고, 제(齊)의 시조(始祖)가 되었다.

의생[54]이 '추우'를 얻어 주에게 바쳤다고 하였다. 『산경』을 살펴보면 여러 학자들의 설명이 근거가 없다고 하지 못할 것이다. 서에서 "〈추우〉는 〈작소〉와 응한다"고 하였다. 대개 「소남」이 〈작소〉에서 시작하여 〈추우〉에서 끝맺음은 「주남」이 〈관저〉에서 시작하여 〈린지〉에서 끝맺음과 같다. 또 무엇을 의심하겠는가.

山海經 騶虞五采畢具 尾長於身 乘之日行千里. 毛傳 義獸也 白虎黑文. 不食生物 有至信之德則應之. 相如封禪書 囿騶虞之珍羣. 頌曰 般般之獸 樂我君囿 白質黑章 其儀可喜. 顔師古註謂 騶虞也. 郭璞贊曰 怪獸五采 尾參於身. 矯足千里 倏忽若神. 是謂騶虞詩歎其仁. 埤雅 騶虞西方之獸 而名之曰虎 則宜以殺爲事 今反不履生草 食自死之肉. 蓋仁之至也 故序詩者曰 仁如騶虞 則王道成也. 愚按 騶虞一說聚訟紛紛. 齊詩章句 以騶虞爲掌鳥獸官 魯詩傳謂 天子之田爲梁騶 賈誼新書 又分騶爲囿虞爲司獸. 嗣後諸家據 月令 七騶咸駕 左傳成十八年 晉悼公使程鄭爲乘馬御六騶屬焉 暨周官 山虞澤虞 以求合齊詩掌鳥獸官之說. 或謂 騶名爲囿 猶之後世閣以鳳名 臺以麟名 而虞爲司獸 以求合賈氏之說. 或引 左太冲魏都賦云 邁良騶之所著 張詵釋之曰 梁騶古天子田獵地名. 以求合 魯詩 梁騶爲田之說. 蓋衆說所起皆由於射義 樂官備也 一語. 然所謂樂官備者喩得賢人多 則官備 非直騶御虞人 不乏官之謂 如以騶虞爲官 理猶可通. 至分騶爲囿 虞爲司獸 殊屬費解. 昔文王果以騶名囿 何靈臺靈囿散見於書 而騶囿不並傳耶. 授後世鳳閣麟臺爲証不無臆說. 雖騶虞之獸不見爾雅 而太公六韜淮南子並稱 文王拘羑里 散宜生得騶虞獻紂. 及按之山經諸儒之說 不爲無據. 序云騶虞鵲巢之應也. 蓋召南之始鵲巢 而終騶虞 猶周南之始關雎 而終麟趾也. 又何疑哉.

---

52 병법서로 「문도(文韜)」·「무도(武韜)」·「용도(龍韜)」·「호도(虎韜)」·「표도(豹韜)」·「견도(犬韜)」의 6권이다. 태공망의 찬이라고 전해지나 후세의 위작이다. 황석공(黃石公)의 찬이라고 전해지나 역시 위작인 『삼략(三略)』과 함께 『육도삼략(六韜三略)』을 이룬다.

53 은(殷) 주왕(紂王)이 주(周) 문왕을 유폐(幽閉)한 곳으로 지금의 하남성(河南省) 탕음현(湯陰縣) 북부에 있다.

54 생몰년 미상. 주(周) 초의 사람으로 여상(呂尙)에게 수학하고 문왕(文王)을 보필하였는데, 문왕이 옥에 갇히자 주왕(紂王)에게 미녀와 보물을 보내 그를 석방시켰다.

羊(양) : 『시경(詩經)』「왕풍(王風)」〈군자우역(君子于役)〉[55]

『설문』에서 말하였다. '양'자는 머리 · 뿔 · 발 · 꼬리의 모양을 본떴다.

육덕명[56]이 『석문』[57]에서 말하였다. 작은 것은 '고(새끼양)'라 하고, 큰 것은 '양'이라 한다.

동중서[58]가 『춘추번로』에서 말하였다. '고'는 뿔이 있지만 쓸모가 없으니 마치 어짊을 좋아하는 자와 같다. 잡아도 울지 않고, 그것을 죽여도 울부짖지 않으니 의리를 지켜 죽는 것과 같은 따위이며, 그 어미의 젖을 먹음에 반드시 무릎을 꿇으니 예를 아는 것과 같은 따위이다. 그러므로 이로써 폐백을 삼는다.

나는 이렇게 생각한다. 『이아』에 "암컷은 '장(암양)'이다"라 하였으니 곧 〈초지화〉[59]의 "암양이 머리만 크며"가 이것이다. 또 자라지 않은 '양'을 '저'[60]라 하니 곧 〈벌목〉[61]의 "이미 살진 새끼양을 장만하여"가 이것이다. 털은 검은색과 흰색이 있고, 울음소리는 어린 아이가 어머니를 부름과 같으며, 새끼 밴 지 넉 달 만에 새끼를 낳는다. 그 눈은 눈동자가 없고, 그 창자는 얇고 구불구불하며, 다른 이름으로 '염수주부'라 하니 『고금주』에 보인다.

---

55 앞장 '계(鷄)' 참조.

56 550~630. 자(字)는 덕명(德明). 이름은 원랑(元朗)이다. 당(唐)의 소주(蘇州) 사람으로 한(漢) · 위(魏) · 육조(六朝) 때의 음절(音切)을 널리 채집하고, 또 제가(諸家)의 훈고(訓詁)를 아울러 고증하여 『경전석문(經傳釋文)』 30권을 저술하였다.

57 육조(六朝)말기에 육덕명(陸德明)이 저술한 책으로 여러 경전의 음의(音義) 및 문자의 이동(異同)을 수집한 것이다. 모두 30여 권으로 되어 있다.

58 ?~B.C.120. 하북성(河北省) 광천현(廣川縣) 출신으로 일찍부터 『공양전(公羊傳)』을 익혔으며 경제(景帝) 때는 박사가 되었다. 장막(帳幕)을 치고 제자를 가르쳤기 때문에 그의 얼굴을 모르는 제자도 있었다. 3년 동안이나 정원에 나가지 않았을 정도로 학문에 정진하였다. 저서에 『동자문집(董子文集)』, 『춘추번로(春秋繁露)』 등이 있다.

59 『시경(詩經)』「소아(小雅)」의 장명.

60 난 지 다섯 달 된 새끼양.

61 『시경(詩經)』「소아(小雅)」의 장명.

說文 羊字象頭角足尾之形. 陸德明釋文 小曰羔 大曰羊. 董仲舒春秋繁露 羔有角而不用 如好仁者. 執之不鳴 殺之不嗥 類死義者 飮其母必跪類知禮者 故以爲贄. 愚按 爾雅云 牝牂者卽 苕之華 牂羊墳首 是也. 又云未成羊羜者 卽伐木 旣有肥羜 是也. 毛有黑白聲似小兒呼阿孾 孕四月生子. 其目無神 其腸薄回 一名髯鬚主簿 見古今注.

牛(소) : 『시경(詩經)』「왕풍(王風)」〈군자우역(君子于役)〉[62]

『설문』에서 말하였다. '우(소)'는 큰 희생이다. 각두삼, 봉, 꼬리의 모습을 본떴다.[63] 서해가 말하였다. '봉'은 높게 일어섬이다. 유종원[64]이 〈우부〉에서 말하였다. 모연하고 운다.

『비아』에서 말하였다. 『시경』에 "그 귀가 젖었도다"[65]라 하였으니, 젖어 윤기가 흐른다는 말이다. '우'가 병이 나면 귀가 마르고, 편안하면 따뜻하게 젖어 윤기가 흐른다. 『전』에 "체교[66]에 쓰는 '우'는 뿔의 크기가 견율[67]만하고, 종묘에 쓰는 '우'는 뿔의 크기가 한 움큼 정도이며, 사직에 쓰는 '우'는 뿔의 크기가 한 자이다"[68]라 하였다. 『시경』에 "굽은 그 뿔이여"[69]라 하였는데, 굽었다는 것은 긴 모양이니 사직에 쓰는 뿔의 크기가 한 자인 '우'이다. 그 귀에 구멍이 없어 코로 듣는데, 맹약할 때에는 신과 사람이 듣기 때문에 '우' 귀를 잡고[70] 바로해서 듣지 않는 것을 경계하였다.

---

62 앞장 '계(鷄)' 참조.

63 각두삼은 두 뿔과 머리를 가리키고, 봉은 등에 살이 모여 솟아올라 낙타의 육봉 모양을 한 것이다. 봉(犎)으로도 쓴다.

64 773~819. 자(字)는 자후(子厚). 당(唐)의 하동(河東) 사람. 당송팔대가의 한사람으로 시문이 뛰어났고 특히 산문에 능했으며 한유(韓愈)와 함께 고문부흥을 주도했다. 저서에는 『유하동집(柳河東集)』, 『영주팔기(永州八記)』, 『용성록(龍城錄)』 등이 있다.

65 『시경(詩經)』「소아(小雅)」〈무양(無羊)〉.

66 임금이 시조와 천신에게 지내는 제사이다.

67 송아지의 뿔이 처음 나올 때, 그 모양이 누에고치 같고 밤톨과 비슷하다. 인신하여 송아지의 뿔 모양을 이른다.

68 『예기(禮記)』「왕제(王制)」.

69 『시경(詩經)』「주송(周頌)」〈사의(絲衣)〉.

70 '집우이(執牛耳)'는 고대에 맹약을 할 때 소 귀를 베어 쟁반에 피를 받은 뒤 주재하는 사람이

나는 이렇게 생각한다. '마(말)'의 따위는 양(陽)이고 '우'의 따위는 음(陰)이다. 따라서 건(乾)은 '마'이며 곤(坤)은 '우'이다.[71] '마'가 병이 나면 누워있으니 음(陰)이 우세하고, '우'가 병이 나면 서있으니 양(陽)이 우세하다. '마'는 일어날 때 앞발을 먼저 세우고 누울 때 뒷발을 먼저 굽히니 양(陽)을 좇는 것이고, '우'는 일어날 때 뒷발을 먼저 세우고 누울 때 앞발을 먼저 굽히니 음(陰)을 좇는 것이다. 『시경』에서 "소와 양"이라 하지 않고, "양과 소가 내려오니"[72]라 한 것은 대개 '양'의 성질이 이슬을 두려워하여 늦게 나가고 일찍 돌아오기 때문에 '양'이 '우'의 앞에 있는 것이다.

說文 牛大牲也. 象角頭三封尾之形. 徐諧曰 封高起也. 柳宗元牛賦 牟然而鳴. 埤雅 詩曰 其耳濕濕 言潤澤也. 牛病則耳燥安 則溫潤而澤. 傳曰 禘郊之牛角繭栗 宗廟之牛角握 社稷之牛角尺. 詩曰 有捄其角 捄長貌 社稷之牛角尺也. 其耳無竅以鼻聽 盟者聽於神人 故執牛耳而正 以不聽爲戒. 愚按 馬屬陽 牛屬陰. 故乾爲馬 坤爲牛. 馬病則臥 陰勝也 牛病則立 陽勝也. 馬起先前足 臥先後足從陽也 牛起先後足 臥先前足從陰也. 詩不曰 牛羊 而曰 羊牛下來者 蓋羊性畏露 晚出而早歸 故羊先於牛也.

쟁반을 들고 회맹자(會盟者)들이 맹세하도록 했던 것에서 유래하였다.

71 『주역(周易)』「설괘전(說卦傳)」.

72 『시경(詩經)』「왕풍(王風)」〈군자우역(君子于役)〉.

兎(토끼) : 『시경(詩經)』「왕풍(王風)」〈토원(兎爰)〉[73]

『이아』에서 말하였다. '토(토끼)'의 새끼는 '부'이고, 그 자취는 수레자국 같으며, 힘이 매우 센 것을 '흔'이라 한다.

『고금주』에서 말하였다. '토' 입에는 벌어진 틈이 있고, 꽁무니에는 아홉 구멍이 있다.

왕충[74]이 『논형』[75]에서 말하였다. '토'는 털을 핥아서 새끼를 배고, 그 새끼를 낳음에 미쳐서는 입을 따라서 나온다.

장화가 『박물지』에서 말하였다. '토'는 달을 바라보고 새끼를 배고, 입으로 새끼를 토하니 예전에는 이러한 설명이 있었다.

육전이 말하였다. 음식물을 씹는 것들은 아홉 구멍이 있고, 새끼가 어미 뱃속의 태반에서 생겨나는데 홀로 '토'만 암컷과 수컷이 여덟 구멍이기 때문에 도씨가 글에서 "'토'는 수컷의 털을 핥아서 새끼를 배고, 5월에 새끼를 낳는다"고 하였다. 세속에서 또 "'고토(달 속의 토끼)'로 기를 느낄 수 있다"라 하였으므로 가을 달의 밝음과 어두움으로 점쳐서 '토'의 많고 적음을 알 수 있다. 지금의 '공작(꿩과의 새)'과 또한 부합하니 옛 선비들이 '공작'은 우레 소리를 듣고 새끼를 밴다고 여겼는데 곧 '토'는 비록 털을 핥아 감응하여 새끼

73 주(周)를 민망히 여긴 시이다.

74 27~97. 자(字)는 중책(仲責). 중국 후한(後漢)시대 사상가로 절강성(浙江省) 출신이다. 『한서(漢書)』의 저자인 반고(班固)의 아버지 반표(班彪)에게서 가르침을 받았다. 환담(桓譚)의 비판정신을 이어받아 당시의 사회적 폐단을 지탄하였는데, 그의 생성(生成)·운명·무귀(無鬼)의 논은 위진(魏晉)과 당송(唐宋)의 사상에 영향을 주었다. 저서에 『양성서(養性書)』 및 세상의 허망을 증오하고 제설(諸說)의 참과 거짓을 밝힌 『논형(論衡)』 30권이 있다.

75 후한(後漢)의 왕충(王充)이 지은 사상서(思想書)이다. 잡가(雜家)에 속하며 모두 85편이다. 구래(舊來)의 사상(思想)과 저작(著作)의 내부적 모순을 폭로하고, 특히 당시의 미신적(迷信的)사상을 배격한 것이 특징이다. 그 내용이 때로는 편벽과격(偏僻過激)한 바가 있으나, 당시의 풍교(風敎)에 적지 않은 도움을 주었다.

를 배었더라도 달의 이치로써 그러했을 것이다. 달은 이지러지기 때문에 '토' 입도 벌어진 틈이 있다.

나는 이렇게 생각한다. 『설문』에는 '토'자가 없고, '면'자로 '토'자를 삼았다. 대개 새끼를 낳음에 입을 따라 나오니 스스로 계속되는 어려움이 있지만 토하면 곧 벗어날 수 있기 때문에 '면'이라 하고, 세속에서는 '토'자로 쓴다. 크기는 '리(살쾡이)'와 같고, 털은 흑백색이며, 붉은 눈에 긴 수염이다. 발은 앞이 짧고, 뒤는 길기 때문에 옛 시에 "수토끼는 발에 털이 덥수룩하고, 암토끼는 실눈이도다"라 하였다. 풀을 잘 먹고, 급하면 곧 소리를 내며, 땅을 파서 산다. 그 성질은 음험하고 교활하여 『정의』에 이르기를 "원원[76] 하고 느리지만 잡아가둘 수 없다"고 하였다.

爾雅 兔子嬎其跡迒絶有力欣. 古今注 兔口有缺尻有九孔. 王充論衡 兔舐毫而孕 及其生子從口而出. 張華博物志 兔望月而孕 口中吐子 舊有此說. 陸佃曰 咀嚼者九竅而胎生 獨兔雌雄八竅 故陶氏書云 兔舐雄毫而孕 五月而子. 里語 又謂之顧兔而感氣 故卜秋月之明暗知兔之多寡也. 今孔雀亦合 而先儒以孔雀聞雷而孕 則兔雖舐毫感孕以月理或然也. 月缺也 故兔口缺. 愚按 說文無兔字以免爲兔. 葢生子從口出自有留難 吐乃得免 故曰免 俗作兔字. 大如貍 而毛黑白 赤眼長鬚. 足前短後長 故古詩云 雄兔脚撲朔 雌兔眼迷離. 好食草 急則有聲 窟地而居. 其性陰狡 正義云 所無拘制爰爰然而緩.

76 느릿느릿 걷는 모양.

虎(호랑이) : 『시경(詩經)』「정풍(鄭風)」〈대숙우전(大叔于田)〉[77]

『이아』에서 말하였다. '함'[78]은 흰 '호(호랑이)'이고, '숙(검은 범)'은 검은 '호'이다.

『역괘통험』에서 말하였다. 입추(立秋)에는 '호'가 길게 울기 시작하고, 중동(仲冬)[79]에는 '호'가 짝짓기를 시작하여 새끼를 배고 7월에 낳는다.

양웅이 『방언』에서 말하였다. 진・위・초・송에서는 '이부(범)'라 하였고, 양자강과 회수 남쪽의 초에서는 '이이(범)'라 하였다.

『격물론』에서 말하였다. '호'는 산짐승의 이름이다. 노란 바탕에 검은 무늬이고, 몸은 톱니 모양이며, 발톱은 갈고리 모양이다. 털은 굳세고 뾰족하며, 혀는 손바닥같이 크고, 산 것을 넘어뜨려 죽인다. 목은 짧고, 코는 막혔다. 우레와 같이 소리 내어 울면 온갖 짐승이 떨며 두려워한다.

『비아』에서 말하였다. 〈간혜〉[80]에 "힘이 호랑이와 같도다"라 하였는데, 그 용기를 말한 것이다. 〈상무〉[81]에 "마치 성난 호랑이가 울부짖는 것 같도다"라 하였는데, 대개 '호'는 스스로 성내고 울부짖는 듯하니, 곧 장수의 용기가 충성스럽고 꿋꿋함에 나타나며, 과격하게 성내지 않는다는 말이다. 〈하초불황〉[82]에 "외뿔소도 아니고 호랑이도 아니도다"라 한 것은 선왕이

---

77 숙단(叔段)이 비록 의롭지는 않지만 재주가 많고 용맹을 좋아하여 여러 사람의 마음을 얻은 것으로 장공(莊公)을 풍자한 시이다.

78 이마 털과 눈썹이 센 늙은 범.

79 음력 11월.

80 『시경(詩經)』「패풍(邶風)」.

81 『시경(詩經)』「대아(大雅)」.

82 『시경(詩經)』「소아(小雅)」.

말을 몰아 원정을 가는 것이니, "저 넓은 들판을 헤매어 다니도다"[83]의 '호'와 '시(외뿔소)'는 마땅한 것으로, 지금 전쟁터로 가는 군사가 이와 같다면 슬퍼할 만하다.

나는 이렇게 생각한다. "옷을 벗고 맨손으로 호랑이를 잡아 왕 계신 곳에 바치도다"[84]는 곧 숙단[85]의 용기를 자랑함이다.

爾雅 虪白虎 虪黑虎. 易卦通驗 立秋虎始嘯 仲冬虎始交 孕七月而生. 揚雄方言 陳魏楚宋謂之李父 江淮南楚謂之李耳. 格物論 虎山獸之名也. 黃質黑章鋸身鉤爪. 鬚健而尖舌大如掌生倒刺. 項短鼻齆. 聲吼如雷百獸震恐. 埤雅 簡兮云 有力如虎 言其勇. 常武云 闞如虓虎 蓋虎之自怒虓然 則以言將帥之勇發於忠毅 非激而怒之也. 何草不黃云 匪兕匪虎 先王驅而遠之 則率彼曠野 兕虎之所宜 今征夫如此 則可哀矣. 愚按 襢裼暴虎 獻于公所 則夸叔段之勇也.

83 『시경(詩經)』「소아(小雅)」〈하초불황(何草不黃)〉.

84 『시경(詩經)』「정풍(鄭風)」〈대숙우전(大叔于田)〉.

85 정(鄭) 장공(莊公)의 동생.

狼(이리) : 『시경(詩經)』「제풍(齊風)」〈선(還)〉[86]

『이아』에서 말하였다. '랑(이리)'은 수컷을 '환(수이리)'이라 하고, 암컷을 '랑'이라 하며, 새끼를 '격(이리새끼)'이라 하고, 힘이 매우 센 것을 '신'이라 한다.

육기가 『모시초목조수충어소』에서 말하였다. 그 울음소리는 크거나 작게 할 수 있으며, 아이 울음소리 같은 소리를 잘 내어 사람을 유혹한다. 수십 보의 거리라면 용맹하고 건장한 사람이나 비록 무기를 잘 쓰는 사람이라도 빠져나갈 수 없다. 기름은 졸여서 간을 맞출 수 있고, 가죽은 갖옷을 만들 수 있기 때문에 『예기』에서 "'랑'의 가슴 기름이다"[87]라 한 것과 또 "임금의 왼쪽은 '호(호랑이)'의 갖옷을 입고, 그 뒤는 '랑'의 갖옷을 입는다"[88]는 것이 이것이다.

이기[89]가 말하였다. '랑'은 성질이 겁이 많고, 달릴 때 뒤돌아보기를 좋아하기 때문에 '낭고'[90]라 이름한다.

나는 이렇게 생각한다. '랑'은 크기가 '구(개)'와 같고, 푸른색이며, 남쪽 사람들은 '모구(이리)'라 부른다. 머리는 날카롭고, 주둥이는 뾰족하며, 뺨은 희고, 갈빗대는 나란하며, 앞쪽은 높이고 뒤쪽은 넓게 한다.[91] '패(이리)'의 다리는 앞이 짧고 먹을 것이 있는 곳을 알며, '랑'의 다리는 뒤가 짧고 '패'를 업고 다니기 때문에 낭패[92]라고 한다. 또 '랑'은 물건을 모으나 정리하지 않

---

86 애공(哀公)이 사냥에 빠짐을 풍자한 시이다.

87 『예기(禮記)』「내칙(內則)」.

88 『예기(禮記)』「옥조(玉藻)」. 『예기』 원문에는 "임금의 오른쪽은 호랑이의 갖옷을 입고, 그 왼쪽은 이리의 갖옷을 입는다(君之右虎裘 厥左狼裘)"로 되어있으나 여기서는 본문의 글자대로 해석한다.

89 옛날 이름난 광대(倡).

90 이리는 달려갈 때에 항상 뒤를 돌아본다. 인신하여 두려워하고 무서워하는 바가 있음을 비유한다.

91 가슴 위로는 치켜들고 아래는 땅에 붙이는 모습을 형상하는 듯하다.

으니 낭자[93]라고 한다. 옛 사람들은 봉화에 '랑'의 배설물을 사용하였는데, 대개 갈빗대가 나란하고 장기가 곧은 것의 배설물을 사용하면 연기가 곧게 올라간다. 늙은 '랑'은 목 아래 주머니가 있으니, 음식이 가득 찬 채로 앞으로 향하면 그것이 부딪치고 뒤로 물러서면 또 스스로 밟혀서 그 꼬리에 걸려 넘어지기 때문에 앞은 밟히고 뒤는 걸려 넘어진다고 한 것이다.[94]

爾雅 狼牡貛牝狼其子獥 絕有力迅. 陸璣疏 其鳴能大能小 善爲小兒啼聲以誘人. 去數十步 其猛健者 雖善用兵者 不能免也. 膏可煎和 皮可爲裘 故禮云 狼臅膏 又曰 君之左虎裘 厥後狼裘 是也. 李奇曰 狼性怯走喜還顧 故名狼顧. 愚按 狼大如狗蒼色 南人呼毛狗. 銳頭尖喙白頰駢脅高前廣後. 狽足前短 能知食所在 狼足後短 負之而行 故曰狼狽. 又狼聚物不整 謂之狼籍. 古者烽火取狼糞 蓋駢脅直腸 取其糞烟直上也. 老狼項下有袋求食滿腹 向前則觸之 退後又自踐踏 上躉其尾 故曰跋前躉後.

---

92 '랑'은 뒷다리가 짧고 '패'는 앞다리가 짧아서 다닐 때에 항상 '패'는 '랑'의 등에 업혀 다녀야 한다. 하지만 둘이 뜻이 맞지 않으면 잘 다닐 수 없다. 인신하여 계획한 일이 뜻대로 되지 않거나 바라던 일이 어그러짐을 비유한다.

93 여기저기 어지럽게 흩어져 있는 모양이다. 이리가 자고 난 자리는 몹시 난잡한 데서 온 말이다.

94 『시경(詩經)』「빈풍(豳風)」〈낭발(狼跋)〉의 "狼跋其胡 載疐其尾" 구절을 요약한 것이다.

盧(사냥개) : 『시경(詩經)』「제풍(齊風)」〈노령(盧令)〉[95]

『모전』에서 말하였다. '로(사냥개)'는 사냥개이다.
『정의』에서 말하였다. '견(개)'에는 사냥개와 집 지키는 개가 있다.
『전국책』에서 말하였다. 한나라의 '로'는 천하에서 가장 빠른 '견'이고, '동곽준'은 세상에서 가장 교활한 '토(토끼)'이다. 한의 '로'가 '동곽준'을 쫓아 산을 세 번 돌고 산등성이를 다섯 번 넘으니, '토'는 앞에서 힘이 다하고 '견'은 뒤에서 지쳐 모두 농부가 얻게 되었다.[96]
나는 이렇게 생각한다. 한에는 '로'가 있고, 송에는 '작(개)'이 있으니, 모두 좋은 '견'이다. '로'는 검은색이고, '작'은 흑백색이다. 「진풍」〈사철〉에 "주둥이가 긴 사냥개와 주둥이가 짧은 사냥개를 싣고 가는구나"라고 하였다. 『이아』에 주둥이가 긴 것을 '험', 주둥이가 짧은 것을 '갈효'라 하였으니, 이는 '견'의 주둥이의 길고 짧음을 구별하여 이름지은 것으로, 모두 사냥개이다. 『한시』에 "노령령"이라 썼는데, 령령은 '견'의 턱 아래의 방울 소리이고, 중환은 큰 방울과 하나의 작은 방울을 꿴 것이며, 중매는 하나의 큰 방울과 두 개의 작은 방울을 꿴 것이다.

毛傳 盧田犬. 正義曰 犬有田犬有守犬. 戰國策 韓國盧天下之駿犬也 東郭逡海內之狡兎. 韓盧逐東郭逡山三越岡五 兎極於前 犬疲於後 俱爲田父之所獲. 愚按 韓有盧 宋有鵲 並良犬也. 盧黑色 鵲黑白色. 秦風駟鐵云 載獫歇驕. 爾雅曰 長喙獫短喙猲獢 此別犬喙長短之名 則皆爲田犬也. 韓詩作 盧泠泠 令令者犬頷下環聲 重環者大環貫一小環也 重鋂者一大環貫二小環也.

---

95 사냥에 빠져 백성의 일을 돌보지 않은 양공(襄公)을 풍자한 시이다.
96 '견토지쟁(犬兎之爭)'의 유래.

貆(오소리) : 『시경(詩經)』「위풍(魏風)」〈벌단(伐檀)〉[97]

『이아』에서 말하였다. '학(오소리)'의 새끼는 '환(오소리)'이다.
곽박이 주에서 말하였다. 그 암컷의 이름은 '노'이다. 지금 강동에서는 '락(오소리)'이라 부르고, '앙사(오소리)'라고도 부른다.
『석문』에서 말하였다. '환'은 본래 '훤(오소리)'으로 쓰고, 음은 '훤'이며 '락'의 새끼이다. '락'은 '학'이라는 글자에 의거하여 만들었다.
여침이 『자림』에서 말하였다. '학'은 '호(여우)'와 비슷하며 잠자기를 좋아한다. 그 새끼는 '환'이라 한다.
나는 이렇게 생각한다. '노'는 '내'와 '노'의 반절로 음은 '뇌'이다. 암컷은 '학'으로 강동에서 '앙사'라고 부르는데 '앙'의 음은 '앙(央)'이고, '사'의 음은 '사(史)'로 모두 '학'을 통칭하는 이름이다.

爾雅 貈子貆. 郭璞註 其雌者名貗. 今江東呼貉爲貄貏. 釋文 貆本亦作狟 音暄貉子也. 貉依字作貈. 呂忱字林 貈似狐善睡. 其子名貆. 愚按 貗乃老切音惱. 牝貈也江東呼爲貄貏 貄音央貏音史 皆貈之通名也.

97 탐욕스러움을 풍자한 시이다. 지위에 있는 사람이 탐욕스럽고 비루하여 공이 없음에도 불구하고 녹(祿)을 받으니 군자가 벼슬할 수 없었다.

碩鼠(쥐) : 『시경(詩經)』「위풍(魏風)」〈석서(碩鼠)〉[98]

『이아』에서 말하였다. '석서(쥐)'이다.

곽박이 주에서 말하였다. 그 모양과 크기는 '서(쥐)'와 같고, 머리는 '토(토끼)'와 비슷하며, 꼬리에는 털이 있고, 청황색이다. 밭에 있는 것을 좋아하고 '속(조)'과 '두(콩)'를 먹는다. 관서에서는 '구서(생쥐)'라고 부르는데 『광아』에 보인다.

손염이 주에서 말하였다. '오기서(쥐)'이다.

허신이 말하였다. '석서'는 다섯 가지 재주가 있는데, 날 수 있지만 집 위에 올라갈 수 없고, 헤엄칠 수 있지만 골짜기를 건널 수 없고, 오를 수는 있지만 나무 끝에 닿을 순 없고, 잘 달리지만 사람보다 앞설 수 없고, 구멍을 잘 내지만 자기 몸을 숨기지 못한다.

육기가 『모시초목조수충어소』에서 말하였다. 지금 하동에는 큰 '서'가 있으니 사람처럼 설 수 있고, 두 앞발을 목 위로 교차하며, 춤을 잘 추고, 잘 울며, 사람의 '화(벼)' 싹을 먹는다.

라원이 『이아익』에서 말하였다. 『시경』에서는 '상서'[99]라 했는데, 곧 하동의 큰 '서'를 말한다.

『문자』[100]에서 말하였다. 성인들은 '공서'[101]를 본받아 예를 제정하였다.

『록이기』에서 말하였다. '공서'가 밭이랑 사이로 가다가 사람을 보면 손을 모으며 서고, 그것을 잡으려고 하면 뛰어올라 도망간다.

나는 이렇게 생각한다. '석서'는 번광이 『이아』의 '구서'라고 말한 것이다.

---

98 군주가 과중하게 세금을 거두어 탐욕스러우며 정사를 닦지 않음을 백성들이 풍자한 시이다.
99 『시경 (詩經)』「용풍(鄘風)」〈상서(相鼠)〉.
100 유가 · 묵가 · 도가 · 명가의 학설을 가지고 도덕경을 해설한 책이다.
101 쥐가 사람을 보면 앞발을 모으고 서는 것이다.

爾雅 鼫鼠. 郭璞註 形大如鼠 頭似兎 尾有毛 靑黃色. 好在田中食粟豆. 關西呼 爲鼩鼠見廣雅. 孫炎註 五技鼠. 許愼曰 鼫鼠五技 能飛不能上屋 能游不能渡谷 能緣不能窮木 能走不能先人 能穴不能覆身. 陸璣疏 今河東有大鼠 能人立 交前兩足於頸上 號[102]舞善鳴 食人禾苗. 羅願爾雅翼 詩稱相鼠 卽河東大鼠. 文子 聖人師拱鼠制禮. 錄異記 拱鼠行田畝中見人則拱手而立 捕之卽跳躍走去. 愚按 碩鼠樊光謂卽爾雅鼫鼠也.

102 육기의 『모시초목조수충어소』에는 이 글자가 '도(跳)'로 되어 있다. 이 글자의 오기인 듯하여 이를 바탕으로 해석하였다.

貉(오소리) : 『시경(詩經)』「빈풍(豳風)」〈칠월(七月)〉[103]

「고공기」[104]에서 말하였다. '락(오소리)'은 '문수'[105]를 넘으면 죽는데, 이 땅의 기운이 그러하기 때문이다.

유정이 『시의문』에서 말하였다. '호(여우)'의 무리에는 '락'·'단(오소리)'·'리(살쾡이)'가 있다.

『비아』에서 말하였다. '환(오소리)'과 '락'은 같은 굴에 살지만 사는 자리가 다르니, '환'은 드나들 때 '락'에게 이끌려 다닌다. 『시경』에 "동짓달[106]에 오소리를 사냥하러 가서, 저 여우와 살쾡이를 취하니"[107]라 하였으니, '락'의 가죽으로 제의에 나간다는 말은 '호'와 '리'의 가죽을 얻어 갖옷을 만든 것에서 비롯되었다. 그렇기 때문에 『전』에 "우락은 저 '호'와 '리'의 가죽 취함을 말한다"라 하였다. 『주관』[108]에 이른바 "'락'의 가죽으로 제의한다"는 것이 곧 이것이다.

나는 이렇게 생각한다. 『비아』에 "'락'은 '리'와 비슷하다"라 하였고, 『자림』에 "'학(오소리)'은 '호'와 비슷하다"라 하였으며, 주자는 『전』에서 "'락'은 '호'와 '리'이다"라 하였다. 대개 그 모습이 '호'나 '리'와 비슷하나 '호'나 '리'로 풀이해서는 안 된다. 산과 들 사이에서 살고, 머리는 날카로우며 코는 뾰족하다. 털은 황갈색이고 그 가죽은 따뜻하면서도 두터우니 갖옷을 만

---

103 앞장 '격(鶪)' 참조.

104 『주례(周禮)』 여섯 편 가운데 하나로 백공(百工)의 일을 기록한 것이다.

105 산동성(山東省)에서 발원하여 제수(濟水)로 흘러드는 대문하(大汶河)이다.

106 주자주(朱子註)를 참고하여 '일지월(一之日)'을 '동짓달(一陽之月)'로 풀이하였다.(一之日 謂斗建子 一陽之月). 『시경(詩經)』「빈풍(豳風)」〈칠월(七月)〉.

107 『시경(詩經)』「빈풍(豳風)」〈칠월(七月)〉.

108 『주례(周禮)』「춘관(春官)」.

들 만하다. 따라서 공자께서 "'호'와 '락'의 두터운 갖옷을 입고 산다"[109]라고 하셨다. 굴에서 사는데, 낮에는 숨어 있고 밤에는 나와 먹이를 잡는다. 성질은 잠자는 것을 즐겨서 사람이 혹 그것을 기를 때 '죽(대나무)'으로 두드려 깨우다가 그만두면 다시 잠을 잔다. 지금 오의 세속에서는 잠을 즐기는 사람을 가리켜 '락수'라 이른다.

考工記 貉踰汶則死 此地氣然也. 劉楨詩義問 狐之類貉貒貍也. 埤雅 貛貉同穴 而異處 貛之出入 以貉爲導. 詩曰 一之日于貉 取彼狐狸 言往祭表貉 因取狐狸之皮爲裘. 故傳云 于貉謂取狐狸皮也. 周官所謂 祭表貉卽此. 愚按 埤雅云 貉似貍 字林云 貈似狐 朱傳云 貉狐貍也. 蓋其形似狐貍 非卽訓狐貍也. 生山野間 頭銳鼻尖. 毛黃褐色 其皮溫厚 可爲裘. 故孔子 狐貉之厚以居. 穴處晝伏夜出捕食. 性嗜睡人或畜之 以竹叩醒已而復寐. 今吳俗稱人嗜睡者謂之貉睡.

109 『논어(論語)』「향당(鄕黨)」.

狐(여우) : 『시경(詩經)』「빈풍(豳風)」〈칠월(七月)〉[110]

『설문』에서 말하였다. '호(여우)'는 세 개의 덕이 있으니 그 색이 중화하고, 작은 놈을 앞세우고 큰 놈이 뒤따라가며, 죽을 때에는 자신이 살던 굴 쪽으로 머리를 향한다.

역도원[111]이 『수경주』에서 말하였다. '호'의 성질은 의심이 많기 때문에 속담에도 '호의'라는 말이 있다.

『북정기』에서 말하였다. 황하의 얼음은 두께가 몇 장이나 된다. 얼음이 처음 얼면 수레와 말을 지나가게 하기 전에 모름지기 '호'를 먼저 지나가게 한다. 이것들은 소리를 잘 들으니, 물소리를 듣고 소리가 나지 않으면 지나간다.

『비아』에서 말하였다. '호'는 요사스럽고 음란한 동물이다. 또 악함을 풍자하였으니, "숫여우가 짝을 구하며 천천히 걸어가도다"[112]라 한 것이 이것이다. 또 "여우가 짝을 구하며 천천히 걸어가니, 저 기수의 돌다리에 있도다"[113]라 하였다. '호'는 산에 있어야 하는데 지금 기수의 돌다리에 있으니 그 떳떳한 자리를 잃었다는 말이다.

나는 이렇게 생각한다. '호'는 홀로 산다. 의심을 잘하여 무리지어 살지 않기 때문에 글자도 '고'자를 좇았다. 강동에는 '호'가 없고, 북쪽 지방에서 나타난다. 가죽은 갖옷을 만들 수 있으며 털은 짙은 황색으로 붉은색에 가깝

---

110 앞장 '격(鵙)' 참조.

111 ?~527. 자(字)는 선장(善長). 후위(後魏) 때 범양(范陽) 사람으로 저서에 『수경주(水經注)』 40권이 있다.

112 『시경(詩經)』「제풍(齊風)」〈남산(南山)〉.

113 『시경(詩經)』「위풍(衛風)」〈유호(有狐)〉.

기 때문에 〈북풍〉[114]에서 "붉다고 보면 모두 여우로다"라 하였고 또 청백색이 있기 때문에 「옥조」[115]에서 "임금이 '호'의 하얀 갖옷을 입을 때에"와 "군자는 '호'의 푸른색 갖옷에"라 하였으니 이것이다. 낮에 숨고 밤에 나오며, 소리는 갓난아이와 같다. 어떤 사람은 옛날 음탕한 부인의 이름이 자였는데 변신을 잘하여 사람을 미혹시킬 수 있었으니 스스로를 아자라 불렀다고 하였다.[116] 그 꼬리가 길고 크니, 『주역』에서 "그 꼬리를 물에 적셔본다"라 하였고 세속에서는 "'호'가 황하를 건너고자하니 어떤 것도 꼬리만한 것이 없다"라 하였다.

說文 狐有三德 其色中和 小前大後 死則首邱. 酈道元水經注 狐性多疑 故俗有狐疑之說. 北征記 河冰厚數丈. 冰始合車馬未過須狐先行. 此物善聽 聽水無聲乃過. 埤雅 狐之爲物妖淫. 又以刺惡 所謂雄狐綏綏 是也. 又曰 有狐綏綏 在彼淇梁. 言狐在山今在淇梁 則失其常居矣. 愚按 狐孤也. 善疑則不可合類 故字从孤. 江東無狐 狐出北方. 皮可爲裘 毛色深黃近赤 故北風云 莫赤匪狐 又有青白色 故玉藻 君衣狐白裘 君子狐青裘 是也. 晝伏夜出 聲如嬰兒. 或云先古淫婦名紫者所化 故能媚人 而其聲自呼阿紫. 其尾長大 易曰 濡其尾 里語云 狐欲渡河 無如尾何.

114 『시경(詩經)』 「패풍(佩風)」의 장명.
115 『예기(禮記)』의 편명.
116 『명산기(名山記)』.

貍(살쾡이) : 『시경(詩經)』「빈풍(豳風)」〈칠월(七月)〉[117]

『이아』에서 말하였다. '리(살쾡이)'·'호(여우)'·'단(오소리)'·'학(오소리)'의 발은 '번'이고, 그 자취는 '유'이다.

곽박이 주에서 말하였다. 모두 발바닥이 있는데, '유'는 발가락 끝이 닿았던 곳이다.

『비아』에서 말하였다. '리'는 먹잇감을 기다릴 때에 몸을 낮추고 엎드려서 먹잇감을 엿본다. '추(추호)'[118]와 비슷하지만 작고, 얼룩무늬가 있으나 '단'이나 '락(오소리)'과는 다르다.

『좌전』에서 말하였다. 정공 9년에 제의 대부 동곽[119]이 '리' 갖옷을 입었다고 기록하였다.

복건[120]이 주[121]에서 말하였다. '리제'는 '리' 갖옷이다.

나는 이렇게 생각한다. 『본초』에 "'리'는 '호(범)'와 비슷하지만, 꼬리에 흑과 백의 무늬가 사이사이 있어서 '구절리'라 부르며, 가죽은 갖옷을 만들 수 있다"라 하였고, 『송사』에 안륙주[122]에서 '야묘(살쾡이)'와 '화묘'를 바쳤다고 했는데 바로 이 두 종이다.

爾雅 貍狐貒貈其足蹯其跡厹. 郭璞註 皆有掌蹯 厹指頭處. 埤雅 貍之伺物 卑身而伏 以

---

117 앞장 '격(鶪)' 참조. 살쾡이가 나오는 4장은 10월이 되면 추위가 찾아오니 살쾡이를 사냥하여 그 가죽으로 공자(公子)가 입을 갖옷을 만든다는 내용이다.

118 살쾡이와 비슷한 맹수의 이름이다.

119 제(齊) 환공(桓公)의 후손.

120 자(字)는 자신(子愼)이고 명(名)은 중(重) 또는 지(祗)이다. 동한(東漢)의 영양(滎陽) 사람으로, 『춘추좌씨전(春秋左氏傳)』을 풀이하였다.

121 『모시정의(毛詩正義)』의 주(註).

122 지금의 호북성(湖北省) 안륙현(安陸縣).

候敖者. 似貙而小 文采斑然 異於貒貉. 左傳 定九年 齊大夫東郭書衣貍製. 服虔註 貍製貍裘也. 愚按 本草 貍似虎 而尾有黑白文相間者名九節貍 皮可製裘 宋史 安陸州貢野貓花貓 即此二種也.

熏鼠(작은 쥐의 일종)[123] : 『시경(詩經)』「빈풍(豳風)」〈칠월(七月)〉[124]

「하소정」에서 말하였다. '혜(생쥐)'는 '유(족제비)'이니, 곧 굴을 뚫는다.

『박물지』에서 말하였다. '혜'는 '서' 중에 가장 작은 것이니, 어떤 사람들은 '이서(날다람쥐)'라고 부른다.

나는 이렇게 생각한다. '훈서'는 '서'의 작은 것이 틀림없는데, 단지 땅에 굴을 뚫을 수만 있고 나무에 오르지는 못한다. "틈을 모두 막고 쥐구멍에 연기를 피우도다"[125]라 한 것은 구멍을 모두 막고 연기를 피워 '서'를 그 굴에서 나오게 한다는 말인데 그것이 굴 속에 살기 때문이다. 지금 오에서는 '지서'라 부른다.

夏小正 鼷鼬則穴. 博物志 鼷鼠之最小者 或謂之耳鼠. 愚按 熏鼠是鼠之小者 但能穴地不能緣木. 穹窒熏鼠 言穹塞其室之孔穴 熏鼠令出其窟 以其穴處故也. 今吳中呼爲地鼠.

---

123 『시경(詩經)』「빈풍(豳風)」〈칠월(七月)〉에서 '훈서(熏鼠)'는 불로 쥐구멍을 그슬려 쥐를 잡는다는 뜻으로 썼는데 여기에서는 '훈서'를 작은 쥐의 일종으로 생각하여 썼다.

124 앞장 '격(鵙)' 참조. '훈서'가 나오는 5장은 10월에 추위가 오고 있으므로 쥐구멍을 불로 그슬려 쥐를 잡고, 창문을 새로 고쳐서 집을 살기 좋게 만들었으니 처자식에게 집에 들어와 살라는 내용으로 주(周)의 창업을 빗대어 노래하고 있다.

125 『시경(詩經)』「빈풍(豳風)」〈칠월(七月)〉.

兕(외뿔소) : 『시경(詩經)』 「소아(小雅)」 〈길일(吉日)〉[126]

『이아』에서 말하였다. '시(외뿔소)'는 '우(소)'와 비슷하다.

곽박이 주에서 말하였다. 외뿔은 푸른색이고 무게는 천근이다.

형병이 소에서 말하였다. 『설문』에 "'시'는 '야우(들소)'와 같고, 털은 푸르며, 그 가죽은 굳고 두터워서 갑옷을 만들 수 있다"라 하였고, 『교주기』[127]에 "'시'는 아홉 가지 덕[128]을 나타내고, 외뿔이 있는데 뿔의 길이는 세 자 남짓이며, 모양은 '마(말)' 채찍 자루와 같다"라 하였다.

『아익』에서 말하였다. 『이아』에 "'시'는 '우'와 비슷하고, '서(무소)'는 '시(豕, 돼지)'와 비슷하다"라 하였다. 곽씨는 '서'가 '수우(물소)'와 비슷하고, '시(豕)' 머리를 했으니 곧 '서' 또한 '우'와 '시'와 더불어 비슷한 것으로 불렀다. 다만 머리가 '시(豕)'와 같을 따름이다. '시'는 푸른색이고, '서'는 검은색이며, '시'는 뿔이 하나이고, '서'는 뿔이 두 개이니 이로써 다르게 여긴다. 다만 옛날에는 '시'라고 많이 말하였고, 지금은 '서'라고 많이 말한다. 북쪽 사람들은 '시'라고 많이 말하고, 남쪽 사람들은 '서'라고 많이 말한다.

『비아』에서 말하였다. "저 작은 암돼지를 쏘아 맞히고, 이 큰 외뿔소를 잡도다"[129]라 한 것은 작은 것도 맞히고 큰 것도 제압할 수 있다는 말이다.

126 선왕(宣王)의 사냥을 찬미한 시이다.

127 교주는 중국의 주(州) 이름으로 한(漢) 대와 삼국시대 촉(蜀)에 두어 다스렸던 지역이다. 한(漢) 대에는 광서성(廣西省) 창오현(蒼梧縣)에 두었고, 촉(蜀) 대에는 운남성(雲南省) 곡정현(曲靖縣)의 서쪽에 두었다. 『교주기(交州記)』는 그 지역의 지리서인 듯한데 정확히 어느 시기의 교주 관련 지리서인지 알 수 없다.

128 사람이 반드시 행해야할 아홉 종류의 덕으로 관이율(寬而栗), 유이립(柔而立), 원이공(愿而恭), 난이경(亂而敬), 요이의(擾而毅), 직이온(直而溫), 간이렴(簡而廉), 강이색(剛而塞), 강이의(彊而義)이다. 『서경』 「고요모(皐陶謨)」에 보인다.

나는 이렇게 생각한다. 뿔은 잘 들이받기 때문에 앞선 임금들이 벌칙용 술잔을 만드는데 '시'의 뿔을 가지고 그것을 만들었으니 『시경』에 "외뿔소의 잔이 굽어 있도다"라 한 것이 이것이다.

爾雅 兕似牛. 郭璞註 一角青色重千斤. 邢昺疏 說文云 兕如野牛青毛 其皮堅厚可制鎧 交州記曰 兕出九德 有一角角長三尺餘 形如馬鞭柄. 雅翼 爾雅 兕似牛犀似豕. 郭氏稱 犀似水牛 而豕首然則犀亦似牛與兕同. 但首如豕耳. 兕青而 犀黑 兕一角而 犀二角 以此爲異. 但古多言兕 今多言犀. 北人多言兕 南人多言犀. 埤雅 發彼小豝 殪此大兕 言能中微而制大也. 愚按 角善抵觸 故先王制罰爵以兕角爲之 詩 兕觥其絿 是也.

129 『시경(詩經)』「소아(小雅)」〈길일(吉日)〉.

熊(곰) : 『시경(詩經)』「소아(小雅)」〈사간(斯干)〉[130]

『설문』에서 말하였다. '웅(곰)'은 '시(돼지)'와 비슷하며 산에 살고 겨울잠을 잔다.
『시의소』에서 말하였다. '웅'은 높은 나무에 잘 기어오른다. 사람을 보면 거꾸로 땅에 몸을 던지듯이 내려온다. 겨울에 굴에 들어가 겨울잠을 자고, 봄이 시작되면 나온다.
단성식이 『유양잡조』에서 말하였다. '웅'의 쓸개는 봄에는 머리에 있고, 여름에는 배에 있으며, 가을에는 왼쪽 다리에 있고, 겨울에는 오른쪽 다리에 있다.
『비아』에서 말하였다. 가슴에는 옥과 같은 하얀 지방이 있는데 맛이 매우 좋다. 세속에서는 '웅백'이라고 부른다. 나무를 들고 기운 쓰기를 좋아하는데 이를 웅경이라고 한다. 『장자』에 "'웅'처럼 매달리고 새처럼 목을 길게 늘인다"[131]라 한 것이 이것이다. 겨울잠을 잘 때에는 먹지 않고, 배가 고프면 곧 자신의 발바닥을 핥기 때문에 그 좋은 맛은 발바닥에 있다.
나는 이렇게 생각한다. 모습은 '시'와 비슷하나 검은색이며, 발모양이 사람과 같다. 산속에서 수십 리를 다니는데, 모두 몸을 숨기는 곳이 있다.

說文 熊似豕山居冬蟄. 詩義疏 熊攀援上高樹. 見人則顚倒投地而下. 冬入穴蟄 始春而出. 段成式酉陽雜俎 熊膽春在首 夏在腹 秋在左足 冬在右足. 埤雅 當心有白脂如玉 味甚美. 俗呼熊白. 好擧木而引氣 謂之熊經. 莊子所謂 熊經鳥伸 是也. 冬蟄不食 飢則自舐其掌 故其美在掌. 愚按 形似豕黑色人足. 於山中行數十里 悉有跧伏之所.

---

130 선왕(宣王)이 궁실(宮室)을 이룬 것을 읊은 시로, '웅'이 나오는 6, 7장은 군주의 꿈에 상서로움이 보이길 축원하는 송도(頌禱)의 내용이다.
131 『장자(莊子)』「외편(外篇)」〈각의(刻意)〉.

羆(큰 곰) : 『시경(詩經)』「소아(小雅)」〈사간(斯干)〉[132]

『산해경』에서 말하였다. 파총산[133]에는 '비(큰 곰)'라는 짐승이 많다.

『이아』에서 말하였다. '비'는 '웅(곰)'과 같고 황백색 무늬가 있다.

곽박이 주에서 말하였다. '웅'과 비슷한데 머리가 길고 다리가 길다. 사납고 흉악하며 힘이 세서 나무를 뽑을 수 있다. 관서에서는 '가웅'이라고 부른다.

육기가 『모시초목조수충어소』에서 말하였다. 누런 '비'가 있고, 붉은 '비'가 있는데, '웅'보다는 크다.

『아익』에서 말하였다. 어떤 사냥꾼은 "'비'는 '웅'의 암컷이고, 짐승 중에 가장 힘세고 사납다"라 하였고, 유종원은 "'록(사슴)'은 '추(추호)'[134]를 무서워하고, '추'는 '호(호랑이)'를 무서워하며, '호'는 '비'를 무서워한다"라 하였다.

『본초』에서 말하였다. '웅'·'비'·'퇴(작은 곰)'는 한 종류이다. '시(돼지)'같고 검은색인 것은 '웅'이고, 크고 누런색인 것은 '비'이며, 작고 황적색인 것은 '퇴'이다. 〈한혁〉[135]에 "붉은 표범과 누런 곰이로다"라 한 것이 이것이다.

나는 이렇게 생각한다. '웅'과 '비'는 모두 굳세고 용맹스러운 동물이고, 양(陽)에 속한다. 그러므로 『서경』에서 두 마음을 갖지 않는 신하를 비유하였고,[136] 『시경』에서는 남자의 상서로움으로 삼았다.[137] 『주례』에서 "혈씨[138]

132 앞장 '웅(熊)' 참조.
133 지금의 무도군(武都郡) 저도현(氐道縣) 남쪽의 감숙성(甘肅省)에 있는 산 이름이다.
134 추호는 모양이 범과 비슷하며 크기가 개만한 맹수로 예전에는 전쟁에 사용하였다고 한다.
135 『시경(詩經)』「대아(大雅)」의 장명.
136 『서경(書經)』「상서(尙書)」.
137 『시경(詩經)』「소아(小雅)」〈사간(斯干)〉.
138 벼슬이름.

가 겨울잠을 자는 짐승을 맨손으로 잡아 각각 동물들을 불에 굽고, 때에 맞춰 가죽을 바쳤다"라 하였다. 겨울잠을 자는 짐승은 '웅'과 '비'의 무리가 이것이니, 가죽은 갖옷을 만들 수 있다. 〈대동〉[139]에서 "뱃사공의 자식들은 '웅'과 '비'로 갖옷을 입노라"라고 하였다.

山海經 嶓冢之山其獸多羆. 爾雅 羆如熊黃白文. 郭璞註 似熊而長頭高脚. 猛憨多力能拔樹木. 關西呼曰貑熊. 陸璣疏 有黃羆有赤羆 大於熊. 雅翼 獵者云 羆熊之牝者力尤猛 柳宗元稱 鹿畏貙 貙畏虎 虎畏羆. 本草 熊羆魋一類也. 如豕黑色者熊也 大而黃色者羆 小而色黃赤者魋也. 韓奕 赤豹黃熊 是也. 愚按 熊羆皆壯毅之物屬陽 故書以喩不二心之臣 詩以爲男子之祥也. 周禮 穴氏掌功蟄獸各以其物火之 以時獻其皮革. 蟄獸熊羆之屬 是也 皮可爲裘. 大東云 舟人之子 熊羆是裘.

139 『시경(詩經)』「소아(小雅)」의 장명.

豺(승냥이) : 『시경(詩經)』「소아(小雅)」〈항백(巷伯)〉[140]

『이아』에서 말하였다. '시(승냥이)'는 '구(개)'의 발을 하고 있다.

곽박이 주에서 말하였다. 다리가 '구'와 비슷하다.

『설문』에서 말하였다. '시'는 '랑(이리)'의 무리이고 '구'의 울음소리를 낸다.

형병이 소에서 말하였다. 탐욕스럽고 잔인한 짐승이다. 『좌전』에서 "서쪽 오랑캐와 북쪽 오랑캐는 '시(승냥이)'나 '랑(이리)'과 같으니 만족할 줄을 모른다"[141]라 하였다.

『아익』에서 말하였다. '시'의 어금니는 송곳과 같으며, 앞발은 낮고 뒷발은 높다. 세상에 전하기를 '구'가 '시'의 외삼촌뻘이 되는데, '구'를 보면 번번이 무릎을 꿇는 것은 또한 서로 간의 법도일 뿐이다.

『비아』에서 말하였다. '구'와 비슷하며 꼬리가 길다. 뺨은 희며, 앞은 높고 뒤는 넓으며, 그 색은 황색이다. 계추(季秋)[142]에 짐승을 취하여 주위에 베푸는데 가장 먼저 잡은 것으로 제사를 지내니, 세속에서는 '시'가 제사에 쓰이는 짐승이라 하였다. 따라서 앞서 왕과 제후가 사냥을 했는데, 『예기』에 "'시'를 희생 제물로 쓴 뒤에 사냥을 하였다"라 한 것이 이것이다. 『시경』에 "저 참소하는 자를 승냥이나 호랑이에게 던져 주리라"[143]고 하였는데, '시'와 '호'는 죽이는 성질을 가지고 있으니, 오늘날 먹지 않는 것은 곧 지극히 꺼려하기 때문이다.

---

140 사인(寺人)이 참언(讒言)에 폐해를 입었기 때문에 유왕(幽王)을 풍자하여 지은 시이다. '시'가 나오는 6장은 모든 사물이 참소하는 사람을 미워하므로 하늘에 던져주어 그 죄를 제재하게 한다는 내용이다.

141 『춘추좌씨전(春秋左氏傳)』「민공원년(閔公元年)」.

142 음력 9월.

143 『시경(詩經)』「소아(小雅)」〈항백(巷伯)〉.

爾雅 豺狗足. 郭璞註 脚似狗. 說文 豺狼屬狗聲. 邢昺疏 貪殘之獸. 左傳云 戎狄豺狼 不可厭也. 雅翼 豺牙如錐 足前矮後高. 世傳狗爲豺之舅 見狗輒跪 亦相制耳. 埤雅 似狗而長尾. 白頰高前廣後其色黃. 季秋取獸四面陳之以祀其先 世謂之豺祭獸. 故先王候之以田 禮記 所謂豺祭獸然後田獵 是也. 詩曰 取彼譖人 投畀豺虎 豺虎以殺爲性 今日不食 則惡之至也.

猱(원숭이) : 『시경(詩經)』 「소아(小雅)」 〈각궁(角弓)〉[144]

『모전』에서 말하였다. '노(원숭이)'는 '원(원숭이)'의 무리이다.

『정전』에서 말하였다. '노'의 성질은 나무에 잘 오른다.

『정의』에서 말하였다. '노'는 '원'과 같은 무리이지만 '원'은 아니다. 육기는 "'노'는 '미후'[145]이니 초의 사람들은 '목후(원숭이)'라 부르고, 늙은 것을 '확(큰원숭이)'이라 하며, 팔이 긴 것을 '원(猨)'이라 하는데 허리가 흰 '원(猨)'을 '참호'라 한다"고 하였다. '참호'는 '미후'보다 빠르지만 '노'와 '원(猨)'은 크게는 그 종류가 같다.

『비아』에서 말하였다. '융(원숭이)'은 날렵하고 재빠르며, 나무에 잘 오르고, 크거나 작거나 '원'의 따위이다. 꼬리가 길고 금색으로 되어 있는 것을 지금 세속에서는 '금선융'이라 부른다. 깊은 산속 냇가나 골짜기에 사는데 사람이 독화살을 쏘아서 그 꼬리를 얻으니 덮는 이불과 안장 덮개, 방석을 만든다. '융'은 그 꼬리를 매우 아끼는데, 독화살을 맞으면 스스로 그 꼬리를 물어서 잘라내어 던지고, 깊이 근심하기를 싫어한다. '융'은 다른 이름으로 '노'이다. 『시경』에서 "원숭이에게 나무 오르기를 가르치지 말라"[146]고 하였다. 안씨는 그 털이 부드럽고 길어서 깔개를 만들 수 있다고 생각했으니,

---

144 빈(豳)왕이 구족(九族)을 친히 하지 않고 참소와 아첨을 좋아하여 골육(骨肉)끼리 서로 원망하였기 때문에 부형(父兄)들이 이를 풍자하여 지은 시이다. '노'가 나오는 6장은 왕이 아첨하는 사람을 좋아하여 곁에 두는 것을 원숭이에게 나무 오르는 법을 가르치는 것에 비유하였다.

145 회갈색의 털이 나고 얼굴은 붉은 원숭이이다.

146 『시경(詩經)』 「소아(小雅)」 〈각궁(角弓)〉.

글자를 만들 때에 '유(柔)'자를 따른 것은 이 때문이다.
나는 이렇게 생각한다. 『본초』에서 "'노'는 곧 '융'인데 꼬리가 길고, '원'과 '미후'는 서로 비슷하나 '원'은 팔이 길다"고 하였다.

毛傳 猱猿屬. 鄭箋 猱之性善登木. 正義曰 猱則猿之輩屬非猿也. 陸璣云 猱獼猴也 楚人謂之沐猴 老者爲玃 長臂者爲猨 猨之白腰者爲獑胡. 獑胡猨駿捷於獼猴然 則猱猨其類大同. 埤雅 狨輕捷善緣木 大小類猿. 長尾尾作金色 今俗謂之金線狨. 生川峽深山中 人以藥矢射之 取其尾爲臥褥鞍被坐毯. 狨甚愛其尾 中矢毒卽自齧斷其尾以擲之 惡其爲深患也. 狨一名猱. 詩 無教猱升木. 顔氏 以爲其毛柔長可藉 制字从柔以此故也. 愚按本草 猱卽狨長尾 猿與獼猴相似 而猿臂長.

豕(돼지) : 『시경(詩經)』「소아(小雅)」〈점점지석(漸漸之石)〉[147]

『이아』에서 말하였다. '시(돼지)'의 새끼는 '저(돼지)'이다.

곽박이 주에서 말하였다. 지금 또한 '체(돼지)'라고 하며, 강동에서는 '희(돼지)'라고 부르는데 모두 두루 쓰이는 이름이다.

『방언』에서 말하였다. '저'는 연[148]과 조선에서 '가(수퇘지)'라 이르고, 관동과 관서에서 '체'라 이르는데 어떤 사람은 '시'라 이르며, 남초[149]에서는 '희'라 이른다. 그 새끼는 '돈(돼지)'이라 이르는데, 어떤 사람은 '혜'[150]라 이르고, 오와 양 사이에서는 '저자'라 이른다.

「곡례」[151]에서 말하였다. '시'는 '강렵'[152]이라 하고, '돈'은 '돌비'[153]라 한다.

『회남자』에서 말하였다. '시'는 네 달이면 태어난다.

나는 이렇게 생각한다. '시'는 물의 가축이기 때문에 『주역』에 "'감(坎)'[154]은 '시'이다"[155]라고 하였다. 『한시설』[156]에 "'견(개)'은 눈을 좋아하고, '마(말)'는 바람을 좋아하며, '시'는 비를 좋아한다"라 한 것은 하늘에서 장차 오랫동안 비가 내리려고 하면 '시'가 물살을 건너가기 때문이니, 그러므로 "발굽이 흰 돼지가 있으니 그 무리가 물결을 건너도다"[157]라 한 것이다. 『이

---

147 오랑캐가 배반하고 형(荊)과 서(舒) 두 나라가 조회를 오지 않자 빈왕(豳王)이 마침내 동쪽 지방을 정벌하게 하니, 오랜 부역으로 고통 받은 제후국들이 빈왕을 풍자하여 지은 시이다.

148 북연(北燕). 주대(周代)의 제후국이다.

149 춘추 때 초(楚) 남쪽 지방이다.

150 석 달 난 돼지.

151 『예기(禮記)』의 편명.

152 제사에 쓰는 돼지.

153 제사에 쓰는 돼지.

154 주역 팔괘의 하나(☵)로 물을 상징한다.

155 『주역(周易)』「설괘전(說卦傳)」.

156 한영(韓嬰)이 지은 책으로 모두 41권으로 되어 있다.

아』에 "네 발굽이 모두 흰 것은 '혜'이다. 또 '시'의 암컷은 '파(암돼지)'라 하고, 세 쌍둥이로 태어난 '시'는 '종(돼지)'이다"라 하였으니 『시경』에 "한 번 쏘아 다섯 암돼지를 잡도다", "한 번 쏘아 다섯 돼지를 잡도다"[158]라 한 것이 이것이다. 십이지에 있는데 해(亥, 열두째 지지)에 속하니 해자는 '시'의 모양을 본뜬 것이다. 그러므로 자하[159]가 진으로 가는 길에 위를 지나는데, 역사책을 읽고 있던 한 사람이 "진의 군사가 삼시에 강을 건넜구나"라고 하자 자하가 "틀렸다. 기해[160]가 옳다"라고 한 것이다.[161]

爾雅 豕子豬. 郭璞註 今亦曰彘 江東呼豨 皆通名. 方言 豬燕朝鮮謂之豭 關東西謂之彘 或謂之豕 南楚謂之豨. 其子謂之豚 或謂貕 吳揚之間謂之豬子. 曲禮 豕曰剛鬣 豚曰腯肥. 淮南子 豕四月而生. 愚按 豕水畜也 故易曰 坎爲豕. 韓詩說云 犬喜雪 馬喜風 豕喜雨 故天將久雨 則豕進涉水波 故曰 有豕白蹢 烝涉波矣. 爾雅云 四蹢皆白豥 又豕牝曰豝 豕生三爲豵 詩 壹發五豝 壹發五豵 是也. 在辰屬亥 亥字象豕之形. 故子夏之晉 過衛 有讀史者曰 晉師三豕渡河 子夏曰 非也 是己亥也.

---

157 『시경(詩經)』「소아(小雅)」〈점점지석(漸漸之石)〉.

158 『시경(詩經)』「소남(召南)」〈추우(騶虞)〉.

159 B.C.507~B.C.400. 춘추(春秋) 때 위(衛)의 사람. 성(姓)은 복(卜), 이름은 상(商). 자하(子夏)는 자(字). 공자의 문인으로 문학에 뛰어나 위(魏) 문공(文公)의 스승이 되었다.

160 육십갑자(六十甲子)의 서른여섯 번째 날.

161 『여씨춘추(呂氏春秋)』「찰전(察傳)」. '해시지와(亥豕之訛)'의 유래이다. '삼시(三豕)'와 '기해(己亥)'의 글자 모양이 비슷하여 혼동하기 쉽다는 뜻이다.

貓(고양이) : 『시경(詩經)』「대아(大雅)」〈한혁(韓奕)〉[162]

『모전』에서 말하였다. '묘(고양이)'는 '호(호랑이)'와 비슷하며, 털이 짧다.

『비아』에서 말하였다. '서(쥐)'는 곡식의 싹을 잘 해치는데, '묘'가 '서'를 잡을 수 있기 때문에 '묘(貓)'라는 글자는 '묘(苗)'자를 좇았다. 『시경』에 "고양이가 있고 호랑이가 있다"[163]라 하였는데, '묘'는 '서'를 사냥해서 잡아먹고, '호'는 '체(돼지)'를 사냥해서 잡아먹기 때문에 『시경』에서 한을 기려 노래한 것이다. 『기』에 "'묘'를 맞이함은 '서'를 사냥하여 잡아먹게 하기 위한 것이고, '호'를 맞이함은 '체'를 사냥하여 잡아먹게 하기 위한 것이다"[164]라고 하였다. 예부터 전해오기를 코끝이 항상 차갑다가 오직 하지(夏至) 하루만 따뜻해지는데 대개 음(陰)의 따위가 그러하기 때문에 그 응함이 이와 같다.

나는 이렇게 생각한다. 황색, 백색, 흑색, 얼룩 등 여러 색이 있다. '리(살쾡이)'의 몸에 '호'의 얼굴이며 털은 부드럽고 이빨은 날카롭다. 그 눈동자는 때에 따라 정해지는데, 자시·오시·묘시·유시에는 실선과 같고, 인시·신시·사시·해시에는 보름달과 같으며, 진시·술시·축시·미시에는 '조(대추)'씨와 같다. 두 달 동안 잉태하여 새끼를 낳는다.

毛傳 貓似虎淺毛者也. 埤雅 鼠善害苗 而貓能捕鼠 故貓字从苗. 詩 有貓有虎 貓食田鼠 虎食田彘 故詩以譽韓樂. 而記曰 迎貓爲其食田鼠也 迎虎爲其食田彘也. 舊傳 鼻端常冷 惟夏至一日暖 蓋陰類也 故其應如此. 愚按 有黃白黑駁數色. 貍身虎面 柔毛利齒. 其睛可定時 子午卯酉如一綫 寅申巳亥如滿月 辰戌丑未如棗核. 孕兩月而生子.

---

162 윤길보(尹吉甫)가 선왕(宣王)을 찬미한 시이다. '묘'가 나오는 5장은 한(韓)에 시집온 한길(韓姞)이 고양이도 호랑이도 있는 좋은 거처에서 살게 됨을 기뻐한 것이다.

163 『시경(詩經)』「대아(大雅)」〈한혁(韓奕)〉.

164 『예기(禮記)』〈교특생(郊特生)〉.

貔(호랑이와 비슷한 맹수) : 『시경(詩經)』 「대아(大雅)」 〈한혁(韓奕)〉[165]

『이아』에서 말하였다. '비'[166]는 '백호(흰 여우)'이고, 그 새끼는 '혹'이다.
곽박이 주에서 말하였다. 다른 이름으로는 '집이'라고 하며 '호(호랑이)'나 '표(표범)'의 무리이다.
육기가 『모시초목조수충어소』에서 말하였다. '호'와 비슷한데, 어떤 사람은 '웅(곰)'과 비슷하다고 말한다. 다른 이름으로는 '집이' · '백호'라고 하며, 요동 지역 사람들은 '백비'라고 부른다.
『설문』에서 말하였다. '표'의 무리이며, 맥나라에서 나왔다.
『광아』에서 말하였다. '비'는 '이묘(살쾡이)'이다.
『서전』에서 말하였다. '호'와 같고 '비'와 같다.[167] '비'는 '호'의 무리이다.[168]
나는 이렇게 생각한다. 사나운 짐승이기 때문에 전쟁에 사용하는 수레의 깃발에 '비'나 '휴'[169]를 그려서 위엄과 용맹을 나타내고, 깃발을 걸어서 뭇 사람들로 하여금 경계하고 방비함을 알게 하였다. 「곡례」[170]에 "앞에 사나운 짐승이 있으면 곧 '비'와 '휴'의 기를 걸었다"라 한 것이 이것이다.

爾雅 貔白狐 其子豰. 郭璞註 一名執夷 虎豹之屬. 陸璣疏 似虎 或曰似熊. 一名執夷 一名白狐 遼東人謂之白羆. 說文 豹屬出貉國. 廣雅 貔貍貓也. 書傳 如虎如貔. 貔虎屬也.

---

165 앞장 '한혁(韓奕)' 참조. '비'가 나오는 6장은 한(韓)이 처음 봉해질 때 왕이 명하여 한후(韓侯)를 위하여 성(城)을 쌓게 하고 추(追)와 맥(貊)을 내려주어 패자(霸者)가 되게 한 뒤, '비'나 '휴'의 가죽을 바치게 하였다는 것이다.

166 호랑이와 비슷한 맹수.

167 『서경(書經)』 「주서(周書)」 〈목서(牧誓)〉.

168 이 부분은 『서경집주(書經集註)』의 주자주(朱子註)에 해당하는 내용이다.

169 전설 속에 나오는 짐승.

170 『예기(禮記)』의 편명.

愚按 猛獸也 故兵車旌畫貔貅 形象威猛 載旌使衆知警備. 曲禮云 前有摯獸 則載貔貅 是已.

豹(표범) : 『시경(詩經)』「대아(大雅)」〈한혁(韓奕)〉[171]

굴평[172]이 〈산귀〉[173]편에서 말하였다. 붉은 표범을 타고 얼룩무늬 살쾡이를 좇도다.

육기가 『모시초목조수충어소』에서 말하였다. 털이 붉고 검은 무늬가 있으니 '적표'라 한다.

『열자』에서 말하였다. '정(표범)'은 '마(말)'를 낳는다.

『비아』에서 말하였다. '표(표범)'는 다른 이름으로 '정'이다. 옛 시에 "굶주린 이리는 먹어도 부족하고, 굶주린 표범은 먹어도 남김이 있도다"라 하였으니 '랑'은 탐하고, '표'는 청렴하다는 말이다. 일정한 양을 정하고 먹기 때문에 글자는 '작(勺)'[174]을 따른다.

나는 이렇게 생각한다. 『시경』에는 '적표'가 있고, 『산해경』에는 유도산[175]에 '현표'가 있다고 하였으며, 『이아』에는 '백표'가 있고, 『동명기』[176]에는 '청표'가 있다. 『본초』에 "무늬가 동전과 같은 것을 '금전표'라 이름하였고, '애(쑥)'의 잎과 같은 것을 '애엽표'라 이름하였다"고 하였다. 또 서역에는 '금선표'가 있으니, 이는 모두 털색을 구별하여 다르게 이름한 것이다. '표'는 본성이 포악하여 속담에 "'표'가 뛰는 것이 우레와 같다"고 하였다. 그 본

---

171 앞장 '한혁(韓奕)' 참조.

172 굴원(屈原)의 이름. 전국(戰國)시대 초(楚) 사람으로 별호(別號)는 영균(靈均)이다. 학식이 뛰어나 초 회왕(懷王)의 좌도(左徒)의 중책을 맡았으나, 정적(政敵)들의 참소를 당하여 궁정에서 쫓겨나 〈이소(離騷)〉를 지었다. 양왕(襄王)때 다시 참소를 당해 강남으로 쫓겨나 〈어부사(漁父辭)〉를 지었다.

173 『초사(楚辭)』〈구가(九歌)〉의 하나.

174 양을 재는 단위로 1홉(合)의 10분의 1이다.

175 요(堯)임금 때 북방(北方)의 땅으로 지금의 유주(幽州)이다.

176 후한(後漢) 곽헌(郭憲)이 찬(撰)했다. 다른 이름으로 『한무동명기(漢武洞冥記)』라하고, 『별국동명기(別國洞冥記)』라고도 한다.

성이 털을 아끼므로 『열녀전』에 "남산에 '표'가 있는데, 안개비가 7일 동안 내리자 내려가지도 먹지도 않았으니, 그 털을 윤내어 고운 빛을 내고자 함이다"라 한 것이 이것이다. 옛 말에 "'표'는 죽어서 가죽을 남기고, 사람은 죽어서 이름을 남긴다"고 하였다.

屈平山鬼篇 乘赤豹兮從文貍. 陸璣疏 毛赤而文黑 謂之赤豹. 列子 程生馬. 埤雅 豹一名程. 古詩曰 餓狼食不足 飢豹食有餘 言狼貪豹廉. 有所程度而食 故其字从勺. 愚按 詩有赤豹 山海經幽都之山有玄豹 爾雅有白豹 洞冥記有青豹. 本草云 文如錢者名金錢豹 如艾葉者名艾葉豹. 又西域有金線豹 此皆別毛色異其名也. 豹性暴 諺云 豹跳如雷. 其性愛毛 列女傳云 南山有豹 霧雨七日不下食 欲澤其衣毛而成文采 是也. 故語云 豹死留皮人死留名.

象(코끼리) : 『시경(詩經)』「노송(魯頌)」〈반수(泮水)〉[177]

『설문』에서 말하였다. '상(코끼리)'은 코와 이빨이 길고, 남월[178]에 있는 큰 짐승이며, 세 살이 되면 새끼를 하나 낳는다.

『영표녹이』[179]에서 말하였다. '상' 고기는 스무 가지가 있다. 쓸개는 간에 붙어있지 않은데, 달에 따라 여러 부분에 옮겨가며 붙어있다. 초와 월 사이에는 '상'이 모두 청흑색인데, 오직 서쪽 지방에 불림[180]과 대식[181]에만 흰색 '상'이 많다. 운남[182]의 재력 있는 가문에서 '상'을 많이 기르는데, 중국의 '우(소)'나 '마(말)'처럼 무거운 것을 지게 하여 먼 곳까지 이르기도 한다.

심회원이 『남월지』에서 말하였다. '상'은 이빨 길이가 한 장 남짓이고, 그 이빨이 빠지면 깊이 숨겨두는데, 나무를 깎아서 그것 대신 얻을 수 있다. 이뿐 아니라 흙으로 만들어 얻을 수도 있다.

『비아』에서 말하였다. 음식을 먹을 때에는 모두 코를 써서 얻는다. 대개 그 이빨은 꽃모양으로 나고, 반드시 우레 소리를 따른다. 그러므로 옛날에는 그것으로써 그릇을 꾸몄다. 『좌전』에 "'상'은 이빨이 있어 그 몸을 불살라서 예물로 바친다"[183]고 하였다.

---

177 희공(僖公)이 반궁(泮宮)을 잘 수리하였음을 칭송한 시로, 이때 오랑캐들이 바친 보물 중 하나가 상아(象牙)이다.

178 지금의 광동(廣東)・광서(廣西) 지역.

179 당(唐) 유순(劉恂)이 지은 책이다.

180 유럽인이나 유럽을 지칭함.

181 아라비아를 가리킴.

182 운령(雲嶺) 남쪽에 있는 성(省) 이름이다.

183 『춘추좌씨전』「양공(襄公) 24년」.

說文 象長鼻牙 南越之大獸 三歲一乳. 嶺表錄異 象肉有二十種. 象膽不附肝 隨月轉在諸肉. 楚越之間 象皆靑黑 惟西方弗林大食多白象. 雲南豪族多畜象 負重致遠 若中國之牛馬. 沈懷遠南越志 象牙長丈餘 脫其牙 則深藏之 削木代之可得. 不爾窮其土得乃已. 埤雅 其所食物 皆以其鼻取之. 蓋其牙生花 必因雷聲. 故古者以爲器飾. 左傳云 象有齒以焚其身賄也.

蟲

螽斯(여치) : 『시경(詩經)』「주남(周南)」〈종사(螽斯)〉[1]

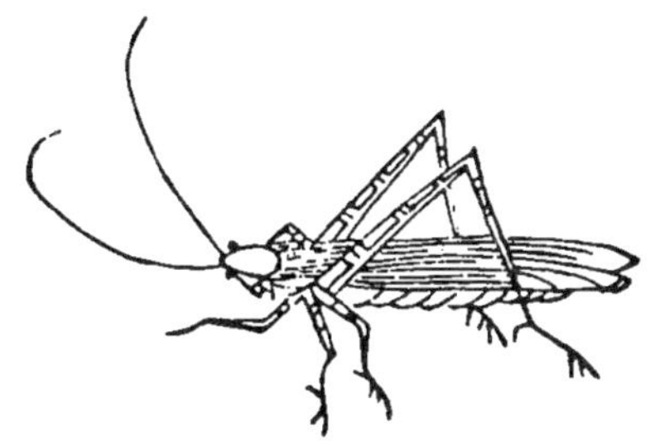

『이아』「석충」에서 말하였다. '사종(여치)'은 '송서(베짱이)'이다.

곽박이 주에서 말하였다. '송종'이니 세속에서는 '용서(메뚜기)'라 부른다.

『공양전』에서 말하였다. '종(메뚜기)'을 어떻게 기록하는가? '재(재앙)'라 적는다.

양웅이 『방언』에서 말하였다. '용서'를 '송서'라 하였다.

채옹[2]이 『월령장구』에서 말하였다. 그 무리는 흙 속에 알을 까는데 그 알을 깊이 묻는다. 강동에서는 '책맹(벼메뚜기)'이라 하니 밭이나 '치(어린 벼)'에 해롭다.

육기가 『모시초목조수충어소』에서 말하였다. 유주 사람들은 '용기'라 하니 곧 '용서'로 '황(누리)'의 따위이다. 길고 푸르고, 뿔과 다리가 길며, 다리로 우는 것이다. 어떤 사람은 '황'과 비슷하나 작고, 검은 얼룩이 있으며, 다리는 '대모(바다거북)'와 비슷하다고 하였다. 또 5월 중에 두 다리를 가지고 비벼서 소리를 내는데 몇 십 걸음에서도 들리는 것이 이것이다.

정초가 말하였다. '송서'는 곧 크고 푸른 '책맹'과 한 종류이니, 다리는 길고 울음소리가 매우 높고 크다.

정강성이 『전』에서 말하였다. 모든 사물에는 음양과 정욕이라는 것이 있어서 투기하지 않음이 없는데 오직 '송서'만이 그렇지 않을 뿐이다. 각각 기운

---

1 후비(后妃)가 자손이 많음을 노래한 시이니, 여치와 같이 투기하지 않으면 곧 자손이 많다는 것이다.

2 132~192. 자(字)는 백개(伯喈)이며, 후한(後漢) 진류(陳留)사람으로 박학하여 글을 잘 지었다. 서화(書畵)에 뛰어났고, 음률에도 밝아 거문고를 잘 탔다고 한다. 시부(詩賦)를 잘 하였으며, 저서로 『독단(獨斷)』이 있다. 후대 사람들이 그의 글들을 모아서 『채중랑집(蔡中郎集)』을 엮었다.

을 받아 새끼를 낳을 수 있기 때문에 화기애애하게 모여드는 것처럼 무리가 아주 많다. 후비의 덕도 이와 같을 수 있으니 곧 마땅히 그러한 것이다.

채원도가 『명물해』에서 말하였다. '종사(여치)'는 벌레 가운데 투기하지 않고, 한 어미에 새끼가 백이기 때문에 『시경』에서 자손이 아주 많다는 설명으로 삼았다. "5월에 여치가 다리를 움직이도다"[3]라는 것은 다리에 살이 올라 그것을 빠르게 흔들어 움직인다는 말이다. 『이아』에서 "'종'은 무리를 이루어 난다"고 하였는데, 대개 이 때에 다리에 살이 올라서 그것을 빠르게 흔들어 움직이니 바야흐로 봄이 되면 대체로 약해진다. 글자는 '동(冬)'을 좇으니 겨울을 마침이다. 겨울이 다하여 마쳤기 때문에 '종(螽)'이라 하였다.

나는 이렇게 생각한다. '종사'는 '황'의 무리이니 큰 것과 작은 것이 서로 같지 않다. '도(벼)'를 심은 논 가운데에 많이 있다. 다만 새끼를 낳는 수에는 분명한 근거가 있지 않다. 소씨는 한번에 81마리의 새끼를 낳는다고 하였고, 육씨는 한번에 100마리의 새끼를 낳는다고 하였으며, 주자는 한번에 99마리의 새끼를 낳는다고 하였는데 그 설명이 서로 같지 않다. 서에서도 다만 "투기하지 않는다"라 하였을 뿐 자식을 낳는 수는 또한 분명히 말하지 않았다. 대체로 『시경』에서 문왕을 노래하여 기리기를 "백 명의 아들이로다"[4]라 하여 '종사'를 가지고 후비가 투기하지 않았음을 비유하였다. 그렇기 때문에 육씨와 주자의 『전』에서 이렇게 설명한 것일까? 또 『정의』[5]에서 "이는 '종사'를 말하는데, 〈칠월〉에서는 '사종(누리)'이라 하였다. 글이 비록 앞뒤가 바뀌었지만 그 실제는 하나이다"라 하였다. 다시 그림으로 설명하지 않으니 아래가 모두 이와 같다.

爾雅釋蟲 蜇螽蜙蝑. 郭璞註 蜙蜙也 俗呼蝽蝫. 公羊傳 螽何以書 記災也. 楊雄方言 春黍

---

3 『시경(詩經)』「빈풍(豳風)」〈칠월(七月)〉.

4 『시경(詩經)』「대아(大雅)」〈사제(思齊)〉.

5 『오경정의(五經正義)』.

謂之蚻蝑. 蔡邕月令章句 其類乳于土中深埋其卵. 江東謂之蚱蜢害田稺. 陸璣草木蟲魚疏 幽州人謂之春箕 卽春黍蝗類也. 長而靑長角長股股鳴者也. 或謂似蝗而 小斑黑其股似瑇瑁. 又五月中以兩股相切作聲 聞數十步是也. 鄭樵曰 蜙蝑卽一種 大靑蚱蜢股長而鳴甚響. 鄭康成箋 凡物有陰陽情慾者無不妒忌 維蜙蝑不耳. 各得受氣而生子 故能詵詵然衆多. 后妃之德能如是 則宜然. 蔡元度名物解 螽斯虫之不妒忌 而一母百子 故詩以爲子孫衆多之說. 五月斯螽動股 言股成而奮迅之也. 爾雅 螽醜奮 蓋于是時股成 而奮迅之方春尙弱也. 字從冬 冬終也. 至冬而終 故謂螽也. 愚按 螽斯蝗屬大小不同. 稻田中多有之. 但生子之數未有明據. 蘇氏云 一生八十一子 陸氏云 一生百子 朱子云 一生九十九子 其說不同. 序但言 不妒忌 生子之數亦未明言. 大約詩詠文王 維百斯男 而螽斯以況后妃不妒忌. 故陸氏朱傳爲是說與. 又正義云 此言螽斯 七月言斯螽 文雖顚倒其實一也. 不復圖說 下凡倣此.

草蟲(베짱이) : 『시경(詩經)』「소남(召南)」〈초충(草蟲)〉[6]

『이아』에서 말하였다. '초충(베짱이)'은 '부번(메뚜기)'[7]이다. 곽박이 주에서 말하였다. '상양'이다.

육기가 『시소』에서 말하였다. 작든 크든 길든 짧든 '황(누리)'과 같다. 소리가 기이하고, 푸른색이며, '모초(띠풀)' 가운데에 있기를 좋아한다.

육전이 『비아』에서 말하였다. 한편으로 이르기를 '구인(지렁이)'이라 하니 곧 '부번'이며, 또한 무리로 응한다. '초충'은 불어오는 바람에 울고, '부번'은 불어가는 바람에 운다.

라원이 『이아익』에서 말하였다. 『시경』의 '초충'은 설명이 복잡하다. 조사해보니 장형[8]은 "'토선(지렁이)'이 울면 곧 '부종(누리의 애벌레)'이 뛴다"라 하였는데, 이는 곧 '인(지렁이)'이 '초충'이 된다는 것이다.

나는 이렇게 생각한다. '초충'에 대한 여러 대가의 설명이 뒤섞여 어지러운데, 오직 육씨가 『모시초목조수충어소』에서 '황'과 비슷하다고 한 것만이 옳다. 다만 재앙이 되는 벌레가 아니어서 '황'이라 말할 수 없을 뿐이다. 만약 『비아』와 『아익』에서 아울러 가리킨 '구인'이라 한다면 특별히 『이아』에서 풀이한 여러 종 외에는 알 수 없다. '인'에 대한 풀이는 "'근(지렁이)'은 '인'이니 '견잠'이다"이니, 곧 '초충'을 밝힌 것이라 할 수 없을 듯하다. 엄찬의 『시집』[9]에서 또 '종사(여치)'·'초충'·'부종'을 가지고 하나라고 하였

---

6 대부(大夫)의 아내가 예(禮)로써 스스로 대비할 수 있었음을 읊은 시이다.

7 『이아(爾雅)』「석충(釋蟲)」에 의하면, '부번'은 다른 이름으로 '초종(草螽)' 또는 '상양(常羊)'이라 하였는데, 이는 모두 '메뚜기' 등속을 의미한다.

8 78~139. 자(字)는 평자(平子). 후한(後漢)의 남양(南陽) 사람으로 오경(五經), 천문(天文), 역산(曆算)에 능통하였다. 『혼천의(渾天儀)』와 『후풍지동의(候風地動儀)』를 만들었고 작품으로는 『서경부(西京賦)』가 있다.

는데 이는 조사함이 더욱 자세하지 못하다.

爾雅 草蟲負蠜. 郭璞註 常羊也. 陸璣詩疏 小大長短如蝗. 奇音靑色好在茅草中. 陸佃埤雅 一云蚿蚓卽負蠜 亦以類應. 草蟲鳴於上風 負蠜鳴於下風. 羅願爾雅翼 詩草蟲說多端. 案張衡云 土螾鳴則阜螽跳 是則蚓爲草蟲也. 愚按 諸家說草蟲紛紛 惟陸疏似蝗者爲是. 但非灾蟲不可謂蝗耳. 若埤雅雅翼僉指爲蚿蚓 殊不知爾雅釋諸螽外. 其釋蚓曰螼蚓蜸蠶 則不得爲草蟲明矣. 嚴粲詩緝又以螽斯草蟲阜螽爲一 是尤考之未精也.

阜螽(누리의 애벌레) : 『시경(詩經)』「소남(召南)」〈초충(草蟲)〉[10]

『이아』에서 말하였다. '부종(누리의 애벌레)'은 '번(메뚜기)'이다.

이순이 주에서 말하였다. '황(누리)'의 새끼이다.

육기가 『모시초목조수충어소』에서 말하였다. 지금 사람들은 '황'의 새끼가 '종(메뚜기)'의 새끼라고 한다. 연주[11] 사람들은 '특(누리)'이라 한다.

허신이 『설문』에서 말하였다. '황'은 '종'이다.

채옹이 말하였다. '종'은 '황'이다.

정현이 『전』에서 말하였다. '초충(베짱이)'이 울면 '부종'은 뛰면서 그것을 좇는데, 다른 종류이면서 같은 부류이니 마치 남녀가 좋은 때에 예로써 서로 구하며 부르는 것과 같다.

『비아』에서 말하였다. '부종'은 지금 '보종'이라 하니 또한 뛰고 난다. 날지만 멀리 갈 수는 없으며 푸른색이다. '초충'이 울면 '부종'은 뛰면서 그것을 좇는다. 그러므로 '부종'을 '번'이라 말하고, '초충'을 '부번(메뚜기)'이라 한다.

진장기[12]가 『본초습유』[13]에서 말하였다. '부종'은 '황'과 비슷하다. 동쪽 사람들[14]은 '책맹(벼메뚜기)'이라 부른다.

『육서정와』[15]에서 말하였다. '책맹'은 풀 위의 벌레이다.

---

10 앞장 '초충(草蟲)' 참조.

11 구주(九州)의 하나로 지금의 하북성(河北省) 및 산동성(山東省) 일부 지역이다.

12 당(唐)의 은(鄞) 사람으로 의술(醫術)에 정통했고, 벼슬은 삼원현위(三原縣尉)를 지냈다. 저서에 『본초습유(本草拾遺)』가 있다.

13 진장기(陳藏器)가 『신수본초(新修本草)』의 오류를 바로 잡음과 동시에 광물류 110종을 추가하여 편찬한 것이다.

14 동쪽 제후국 사람을 지칭하는 말로, 섬서성(陝西省) 동쪽 사람의 범칭이다.

15 원(元) 대 주백기(周伯琦)가 찬(撰)했다. 『설문』에 영향을 받아 소전(小篆)체의 제자(制字) 원리와 뜻과 주(注)를 정리했다. 전 5권.

나는 이렇게 생각한다. 이씨, 육씨, 허씨, 채씨가 아울러 '황'이라 하였는데 '황'은 재앙이 되는 벌레로 일년 사계절 늘 있는 것은 아니다. 무릇 경전에 "'종'은 '황'이다"라 한 것이니, 『공양전』에서 "'황'은 무엇이라 기록하는가? 재앙이라 적는다"고 한 것이 이것이다. '황'과 비슷하지만 재앙이 되지 않는 것도 모두 '종'이라는 이름을 얻었으니 마치 『이아』에서 "'부종'·'사종(여치)'·'계종(방아깨비)'·'토종(송장메뚜기)'이 이것이다"라고 한 것과 같다. 남쪽 지방에는 '종'의 종류가 매우 많은데 크면서 푸른색인 것은 '당랑(사마귀)'이고, '당랑'보다 작으면서 소리를 내는 것은 '마알'[16]·'방적'[17]과 같은 것이니 모두 이러한 것이다. 『전』에서 "'부종'은 뛰면서 그것을 좇는다"고 하였는데 곧 뛰어올라 멈춰서 소리 내지는 못하니 이는 '책맹'이라고 의심하지 않음이 분명하다.

爾雅 阜螽蠜. 李巡注 蝗子也. 陸璣疏 今人謂蝗子爲螽子. 兗州人謂之螣. 許愼說文 蝗螽也. 蔡邕曰 螽蝗也. 鄭箋 草蟲鳴阜螽躍而從之 異種同類猶男女嘉時以禮相求呼. 埤雅 阜螽今謂之蚱蜢亦跳亦飛. 飛不能遠靑色. 草蟲鳴阜螽躍而從之. 故阜螽曰蠜 草蟲謂負蠜. 陳藏器本草拾遺 阜螽似蝗. 東人呼爲蚱蜢. 六書正譌 蚱蜢草上蟲也. 愚按 李氏陸氏許氏蔡氏僉指爲蝗然蝗 是灾虫非歲時恒有. 凡經傳 直稱螽蝗也 如公羊傳 螽何以書記災 是也. 似蝗不爲灾皆得螽名 如爾雅所云 阜螽蜇螽蟿螽土螽 是也. 南方螽類甚多 大而靑色者螳螂 小于螳螂而 作聲者如馬軋紡績 皆是. 箋云 阜螽躍而從之 則止于跳躍 而不作聲 明是蚱蜢無疑也.

---

16 사전(辭典)류에서 '마알(馬軋)'은 찾아볼 수 없고, 다만 '누리'나 '황충(蝗蟲)'을 의미하는 '마찰(馬札)'은 찾아볼 수 있다. 따라서 '알(軋)'은 '찰(札)'의 오기(誤記)이거나 예전에는 발음이 비슷했던 까닭에 혼용했을 가능성이 있다.

17 『사원(辭源)』의 '방적'항목에 "古代紡多指紡絲"라 하여 '방적'과 함께 섬유를 자아서 실을 뽑는 행위나 그 실을 의미하는 어휘인 '방사'가 동일한 의미로 쓰였음을 확인할 수 있다. 따라서 이는 '방적'과 '방사'를 혼용했던 데에서 유래된 명칭인 듯하지만 사전류에 '방적'과 곤충이 관련된 풀이는 없다. 다만 '방직랑(紡織娘)'이란 어휘만이 '베짱이'를 의미한다.

螬蠐(나무굼벵이) : 『시경(詩經)』 「위풍(衛風)」 〈석인(碩人)〉[18]

『이아』에서 말하였다. '추제(나무굼벵이)'는 '갈(나무좀)'이다.

곽박이 주에서 말하였다. 나무 속에 있다.

양웅이 『방언』에서 말하였다. '자조(풍뎅이 애벌레)'를 '비(풍뎅이 애벌레)'라 한다. 함곡관으로부터 동쪽에서는 '추자'라 이르고, 어떤 사람은 '권촉(풍뎅이 애벌레)'이라 이르며, 어떤 사람은 '휜곡(풍뎅이 애벌레)'이라 이른다. 양주[19]와 익주[20] 사이에서는 '격(풍뎅이 애벌레)'이라 이르고, 어떤 사람은 '갈'이라 이르며, 어떤 사람은 '질격(그리마)'이라 이른다. 진(秦)과 진(晉) 사이에서는 '두(좀)'라 이르고, 어떤 사람은 '천루(땅강아지)'라 이른다. 여러 곳에서 다르게 말하지만 같은 것이다.

공영달이 『정의』에서 말하였다. 손염이 "관동에서는 '추제'라 이르고, 양주와 익주 사이에서는 '갈'이라 이른다"라 하였는데, 나무 속에 있으며 하얗고 길기 때문에 목을 비유한다.

『당본초』[21] 주에서 말하였다. 이 벌레는 썩은 '류(버들)' 속에 있고, 속과 겉이 매우 하얗다.

도은거가 『본초주』에서 말하였다. 큰 것은 엄지발가락만하고 등으로 가는데, 도리어 발 달린 것보다 빠르다.

『비아』에서 말하였다. '추제'는 다른 이름으로 '길굴(나무좀)'인데, '길굴(佶屈)'은 굽은 모양이니 그 글자 형태를 쓴 것이다. 『시경』에 "목은 나무굼벵

---

18 위(衛) 장공(莊公)에게 시집 온 장강(莊姜)이 첩의 교만으로 인해 자식을 낳지 못하자 위의 백성들이 이를 안타깝게 여겨서 장강의 아름다운 용모를 나무굼벵이 · 매미 · 나방 등에 비유한 시이다.

19 옛 지명으로 지금의 섬서성(陝西省) 지역이다.

20 옛 지명으로 지금의 사천성(四川省) 지역이다.

21 당(唐) 고종(高宗) 현경(顯慶) 연간(656~661)에 왕명으로 소공(蘇恭) 등이 『신농초본경(神農草本經)』을 고쳐 만든 책이다. 약(藥) 114종을 보탰으며, 『신수본초(新修本草)』라 한다. 중국 최초의 약전(藥典)이자 세계 최초의 약전이다.

이와 같도다"[22]라 하였는데, 대개 '추제'의 몸이 살지고 깨끗하며 또 하얗기 때문에 『시경』에서 장강[23]의 목을 비유한 것이다. 『칠변』[24]에 "'추제'의 목은 아름답고 부드러운 모양이니 마땅히 돌아보게 한다"라 한 것이 이것이다. 이는 곧 나무 속의 '두충(좀)'이니 또한 '상두(뽕나무벌레)'라 부른다.

『명물해』에서 말하였다. '추제'는 '상충(마디충)'이다. '상(뽕나무)'은 껍질이 부드럽고 수액이 하얀데, '추제'는 '상'의 수액을 먹기 때문에 색이 하얗고 몸이 부드럽다.

나는 이렇게 생각한다. 「석충」[25]에 "'추제'는 '갈'이다"라 하였고, 또 "'갈'은 '상두'이다"라 하였으니, '추제'와 '갈'과 '상두'는 곧 한가지이다. 어떤 것은 '류' 속에 있고, 어떤 것은 '상' 속에 있기 때문에 곽씨와 공씨가 다만 "나무 속에 있다"고 말하였을 뿐이다.

爾雅 蝤蠐蝎. 郭璞註 在木中. 揚雄方言 蠀螬謂之蟦 自關而東謂之蝤蠀 或謂之蝵蠾 或謂之蝖螜. 梁益之間謂蛒 或謂蝎 或謂蛭蛒. 秦晉之間謂蠹 或謂天螻. 四方異語而通者也. 孔穎達正義 孫炎曰 關東謂之蝤蠐 梁益之間謂之蝎 以在木中白而長 故以比頸也. 唐本草注 此蟲在腐柳樹中 內外潔白. 陶隱居本草注 大者如足大指 以背行 乃駛于脚. 埤雅 蝤蠐一名蛣蝠 佶屈曲貌以形擧也. 詩曰 領如蝤蠐 蓋蝤蠐之體有豊潔且白者 故詩以況莊姜之領. 七辯曰 蝤蠐之領 阿那宜顧 是也. 此卽木中蠹蟲 亦曰桑蠹. 名物解 蝤蠐桑蟲也. 桑質柔腴白 蝤蠐食桑之腴 故色白而體柔. 愚按 釋蟲 蝤蠐蝎 又云 蝎桑䗂[26] 則蝤蠐也蝎也桑蠹也 其卽一物也. 或在柳中 或在桑中 故郭氏孔氏止言在木中耳.

---

22 『시경(詩經)』「위풍(衛風)」〈석인(碩人)〉.

23 춘추(春秋) 때 제(齊) 태자(太子) 득신(得臣)의 누이동생이다.

24 후한(後漢) 때 장형(張衡)이 지은 책이다.

25 『이아(爾雅)』의 편명.

26 『이아(爾雅)』「석충(釋蟲)」에는 '蠹'로 적혀 있어 이에 따라 해석하였다.

螓(매미의 일종) : 『시경(詩經)』「위풍(衛風)」〈석인(碩人)〉[27]

『모전』에서 말하였다. ‘진(매미의 일종)’의 머리는 이마가 넓고 네모졌다.

『이아』에서 말하였다. ‘찰(작은 매미)’은 ‘청청(작은 매미의 일종)’이다.

곽박이 주에서 말하였다. ‘선(매미)’과 같으나 작다. 『방언』에 “무늬가 있는 것을 ‘진’이라고 한다”라 하였고, 「하소정」에 “‘명찰’은 ‘호현(매미)’이다”라 하였다.

형병이 소에서 말하였다. ‘찰’은 다른 이름으로 ‘청청’이다. ‘선’과 같으나 작고 무늬가 있는 것이다. 「하소정」〈4월〉에 “‘찰’이 운다. ‘찰’이라는 것은 ‘호현’이다”라 하였다.[28]

『비아』에서 말하였다. ‘선’과 비슷하나 작고 녹색이다. 북쪽 사람들은 ‘진’이라고 부르니, 곧 『시경』에 이른바 ‘매미 머리’라고 한 것이다.

나는 이렇게 생각한다. 『몽계필담』에 “‘초료(매미의 한 가지)’의 작은 것으로 녹색인 것을 ‘진’이라고 부른다”라고 하였다. 대개 ‘진’의 이마는 넓고 네모졌기 때문에 장강의 머리에 견준 것이다.

毛傳 螓首顙廣而方. 爾雅 蚻蜻蜻. 郭璞註 如蟬而小. 方言云 有文者謂之螓 夏小正云 鳴蚻虎懸. 邢昺疏 蚻一名蜻蜻. 如蟬而小有文者也. 夏小正云者在四月 彼云鳴蚻 蚻者虎懸也. 埤雅 似蟬而小綠色. 北人謂之螓 卽詩所謂螓首也. 愚按 夢溪筆談云 蟭蟟之小 而綠色者謂螓. 蓋此螓額廣而方 故以比莊姜之首.

---

27 앞장 ‘추제(蝤蠐)’ 참조.

28 「하소정」〈4월〉에는 “鳴札 札者 寧縣也”로 되어 있으나 여기에서는 『모시명물도설』 원문에 따라 해석하였다.

蛾(누에나방) : 『시경(詩經)』 「위풍(衛風)」 〈석인(碩人)〉[29]

『이아』에서 말하였다. '아(누에나방)'는 '라'이다.
곽박이 주에서 말하였다. '잠아(누에나방)'이다.
형병이 소에서 말하였다. 이것은 '잠용(누에의 번데기)'이 변한 것이다.
장화가 『박물지』에서 말하였다. '상(뽕잎)'을 먹고 사는 것이니 실을 뽑아내고 '아'가 된다.[30] '아'의 무리는 먼저 새끼를 배고, 나중에 짝짓기를 한다. 대개 '용(누에번데기)'은 '잠(누에)'이 변한 것이고, '아'는 '용'이 변한 것이다.
『비아』에서 말하였다. '견(고치)'이 '아'를 낳고, '아'가 알을 낳는데, 『순자』에 "'용'으로써 어미를 삼고, '아'로써 아비를 삼는다"[31]는 말이 이것이다. '용'은 다른 이름으로 '회(번데기)'라 하고, '아'는 다른 이름으로 '라'라고 한다. 손염이 『이아정의』에서 '회'는 수컷이고 '용'은 암컷이며 '라'는 수컷이고 '아'는 암컷이라고 하였다. '아'는 노란 '접(나비)'과 비슷하나 작으며, 그 눈썹의 굴곡은 그린 것 같기 때문에 『시경』에서는 이로써 장강의 아름다움을 비유하였으니, 〈석인〉에서는 "매미머리에 누에나방 눈썹이로다"라 하였다.

爾雅 蛾羅. 郭璞註 蠶蛾. 邢昺疏 此卽蠶蛹所變者也. 張華博物志 食桑者有緖而蛾. 蛾類者先孕而後交. 蓋蛹者蠶之所化 蛾者蛹之所化. 埤雅 繭生蛾 蛾生卵 荀子曰 蛹以爲母 蛾以爲父 是也. 蛹一名螝 蛾一名羅. 孫炎爾雅正義 以爲螝卽是雄 蛹卽是雌 羅卽是雄 蛾卽是雌. 蛾似黃蝶而小 其眉句曲如畫 故詩以譬莊姜 碩人曰 螓首蛾眉.

---

29 앞장 '추제(蝤蠐)' 참조.
30 『박물지』 〈복식(服食)〉.
31 『순자(荀子)』 〈부(賦)〉.

蒼蠅(금파리) : 『시경(詩經)』「제풍(齊風)」〈계명(雞鳴)〉[32]

『이아』에서 말하였다. '승(파리)'은 '추선'[33]이다.

형병이 소에서 말하였다. '청승(쉬파리)'의 무리이니, 날개를 잘 떨어 스스로 난다.

『방언』에서 말하였다. '승'은 제나라 동쪽에서 '양'이라 한다.

『한자』[34]에서 말하였다. 짐승의 뼈를 가지고 '의(개미)'를 모니 '의'가 더욱 많아지고, 물고기를 가지고 '승'을 모니 '승'이 더욱 많아진다.

장창[35]이 글에서 말하였다. '창승(금파리)'은 날아도 열 걸음을 넘지 못하지만, '기기(철총이 · 천리마)'의 털에 붙으면 곧 천리까지 이른다.

『비아』에서 말하였다. '승'은 그 앞다리를 엇걸기 좋아하여 묶여있는 모양을 하고 있기 때문에 '승(繩)'이라는 글자는 '승(蠅)'을 살펴 따랐다. '준(準)'은 '준(隼)'에서 나왔고 '승(繩)'은 '승(蠅)'에서 나왔으니 그 뜻이 하나이다. 또한 그 뒷발도 엇걸기를 좋아하며 날개를 잘 떨어 스스로 난다. 단씨[36]가 이르길 "'창승'의 소리는 웅장하고 '청승'의 소리는 맑고 우렁차니, 그 소리는 날개에서 나온다"고 하였다. '창승'은 소리가 꽤 어지럽기 때문에 이르기를 "닭이 운 것이 아니고 '창승'의 소리이다"라고 하였다.

『명물해』에서 말하였다. 1장은 귀로 듣고 의심하여 일어난다는 말이고, 2장의 "달에서 나오는 빛"이라는 것은 눈으로 보고 비슷하면 일어난다는 말이다. '창승'의 큰 것은 살색이 매우 푸르고 지금 세속에서 '마승'이라 이른

---

32 어진 후비(后妃)를 생각한 것으로 애공이 여색에 빠지고 태만하니 어진 후비가 밤낮으로 경계하여 이루어준 도를 읊은 시이다.

33 '승'의 다른 이름이다.

34 『한비자(韓非子)』의 옛 명칭.

35 자(字)는 자고(子高). 한(漢)의 하동(河東) 평양(平陽) 사람으로 직언을 잘하고 상벌을 엄격히 하였다. 선제(宣帝) 때 경조윤(京兆尹) · 기주자사(冀州刺史) 등을 역임하였다.

36 당(唐) 단성식(段成式).

다. 전하여 말하기를 물이 얼면 '승'이 다한다고 하였으니, 대개 '승'은 냄새 나는 것을 좇고 따뜻함을 좋아하며 서늘함을 싫어하기 때문에 물이 언 때를 만나면 문득 날개를 돌려 멀리 물러난다. 이른바 "여름 벌레에게 얼음에 대해 말해도 별수 없다"[37]고 하였다.

나는 이렇게 생각한다. '창승'은 소리가 어지러우니 '승'의 큰 것이다. 『유종』[38]에 "'승'은 재에서 산다. '승'이 물에 빠져 죽은 것을 재 한 가운데에 두고 기다리면 잠시 뒤에 살아난다"라 한 것과 『회남자』에 "썩은 재에서 '승'이 산다"고 한 것이 이것이다. '창승'은 '청승'에 비하여 작다는 말이 있는데, 육농사[39]가 '마승'이라 가리킨 것은 옳지 않다. 대개 '승'이 작다면 소리도 반드시 작을 것이니, 어찌 소리가 꽤 어지럽겠는가. 결단코 '마승'으로 구분함이 마땅하다.

爾雅 蠅醜扇. 邢昺疏 青蠅之類 好搖翅自扇. 方言 蠅東齊謂之羊. 韓子 以骨去蟻 蟻愈多 以魚驅蠅蠅愈至. 張敞書曰 蒼蠅之飛 不過十步 託于騏驥之髮 則致千里. 埤雅 蠅好交其前足 有絞繩之象 故繩之爲字从蠅省. 準生于隼 繩生于蠅 其義一也. 亦好交其後足搖翅自扇. 段氏云 蒼蠅聲雄壯 青蠅聲淸聒 其聲在翼. 蒼蠅善亂聲 故曰 匪雞則鳴 蒼蠅之聲也. 名物解 一章言耳聞疑而起也 二章月出之光言目見似而起也. 蒼蠅其大者肌色正蒼 今俗謂之痲蠅. 傳曰 以冰致蠅 葢蠅逐臭者喜暖惡寒 故遇冰輒側翅遠引. 所謂夏虫不可以語冰者也. 愚按 蒼蠅亂聲是蠅之大者. 類從曰 蠅生于灰 蠅墮水死置灰中須臾卽活 淮南子 以爲爛灰生蠅 是也. 有說蒼蠅比青蠅爲小 而以陸農師指爲痲蠅爲非是. 葢蠅旣小則聲必小 何以爲善亂聲耶. 斷以痲蠅爲允.

---

37 『장자(莊子)』「추수(秋水)」.

38 여러 선비로 하여금 경전을 모아 편찬하게 하여 종류에 따라 서로 엮었다. 모두 천여편으로 부르기를 '황람(皇覽)'이라 하였다.

39 『비아(埤雅)』의 작자인 육전(陸佃)을 가리킨다.

蟋蟀(귀뚜라미) : 『시경(詩經)』「당풍(唐風)」〈실솔(蟋蟀)〉[40]

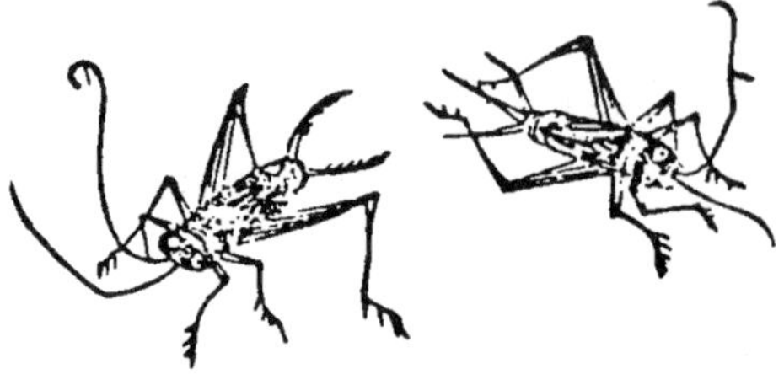

「월령」에서 말하였다. 계하(季夏)에 '실솔(귀뚜라미)'이 담벼락에 산다.

『주서』에서 말하였다. 소서(小暑)[41]에 따뜻한 바람이 불어오고, 또 5일쯤에는 '실솔'이 담벼락에 산다.

『이아』에서 말하였다. '실솔'은 '공(귀뚜라미)'이다.

곽박이 주에서 말하였다. 지금의 '촉직(귀뚜라미)'[42]이니, 또한 '청렬'이라고 이름한다.

최표가 『고금주』에서 말하였다. '실솔'은 다른 이름으로 '음공(귀뚜라미)'인데, 가을에 추워지기 시작하면 곧 운다. 또 제남[43]에서는 '라부(귀뚜라미)'라 부른다고 하였다.

육기가 『모시초목조수충어소』에서 말하였다. '실솔'은 '황(누리)'과 비슷하나 작고, 검은색인데 옻칠을 한 것 같은 광택이 있으며, 더듬이와 날개가 있다. 다른 이름으로 '공'·'청렬(귀뚜라미)'이고, 초 사람들은 '왕손'이라 부르며, 유주 사람들은 '촉직(趨織)'이라고 부른다. 속담에 "'촉직'이 울면 게으른 며느리가 놀란다"는 것이 이것이다.

『비아』에서 말하였다. 음(陰)과 양(陽)은 만물을 좇아 출입하는데, '실솔'에 이르면 만물을 거느림이 끝나게 되니, '실솔'은 음(陰)과 양(陽)의 거느림을 끝나게 할 수 있는 것이다. 『시경』에서 "귀뚜라미가 집에 있으니 드디어 해

---

40 진(晉) 희공(僖公)을 풍자한 시이다. 희공이 너무 검소하여 예법에 맞지 못하자 이 시를 지어 때에 이르면 예법에 맞게 스스로 즐거워해야 한다고 한 것이다.

41 24절기의 하나로 하지(夏至)와 대서(大暑) 사이에 들며 양력으로 7월 7·8일 경이다.

42 날이 추워지니 빨리 베를 짜라고 재촉한다는 뜻으로 가을에 우는 귀뚜라미의 별명이다.

43 중국 산동성(山東省)의 성도(省都)로 춘추전국시대에 제(齊) 서부의 도시로 성장하였고, 한(漢) 때에 도시 북쪽에 제수(濟水)가 흐르기 때문에 제남이라고 이름하였다.

가 저물었구나"[44]라 하였으니 집에 있는 것은 시기는 9월이고, 9월은 건술(建戌)이다. 옛 글에 화천(禾千)은 년(年)이고, 보술(步戌)은 세(歲)라고 하였다. 그러므로 '술'이 걸어서 다시 '술'에 이르기 때문에 '세'라고 한다. 또 "9월에 귀뚜라미가 상 아래로 들어오네"[45]라 하였으니, '실솔'은 미물임에도 불구하고 때에 따름을 안다는 말인데, 사람도 이와 같지 않겠는가.

나는 이렇게 생각한다. '실솔'은 여름에 태어나서 가을에 울기 시작하여 추워지면 점점 사람 사는 곳에 가까워진다. 돌 위나 벽돌 아래에서 울기를 좋아하며, 싸워서 이기기를 매우 좋아한다. 꼬리가 두 개이고 싸우는 것이 수컷이며, 꼬리가 세 개이고 싸우지 않는 것이 암컷이다. 또 어떤 종류는 날기도 하는데 비교적 크다.

月令 季夏蟋蟀居壁. 周書 小暑之日溫風至 又五日蟋蟀居壁. 爾雅 蟋蟀蛬. 郭璞註 今促織也 亦名青蛚. 崔豹古今註 蟋蟀一名吟蛩 秋初得寒則鳴. 一云濟南呼爲懶婦. 陸璣疏 蟋蟀似蝗而小 正黑有光澤如漆 有角翅. 一名蛬 一名蜻蛚 楚人謂之王孫 幽州人謂之趨織. 里語云 趨織鳴懶婦驚 是也. 埤雅 陰陽率萬物以出入 至于悉蟹帥之爲悉 蟋蟹能帥陰陽之悉者也. 詩曰 蟋蟀在堂 歲聿其莫 在堂九月之時也 九月建戌. 於文 禾千爲年 步戌爲歲 故步戌至戌謂之歲也. 曰 九月蟋蟀 入我牀下 言蟋蟀微物猶知隨時 可以人而不如乎. 愚按 蟋蟀夏生秋始鳴寒則漸近人. 好吟于土石磚甓之下 尤好鬬勝. 雙尾者鬬雄也 三尾者不鬬雌也. 又一種飛者較大.

---

44 『시경(詩經)』「당풍(唐風)」〈실솔(蟋蟀)〉.
45 『시경(詩經)』「빈풍(豳風)」〈칠월(七月)〉.

蜉蝣(하루살이) : 『시경(詩經)』 「조풍(曹風)」 〈부유(蜉蝣)〉[46]

『이아』에서 말하였다. '부유(하루살이)'는 '거략(하루살이)'이다.
손염이 주에서 말하였다. 「하소정」에 "'부유'는 '거략'이니, 아침에 태어나서 저녁에 죽는다"라 하였다.
사인이 말하였다. 남양[47]의 동쪽에서는 '부유'라 부르고, 양과 송 사이에서는 '거략'이라 부른다.
곽박이 주에서 말하였다. '길강(말똥구리)'과 비슷한데 몸이 좁고 길며, 더듬이가 있고 황흑색이다. 더러운 흙 속에서 무더기로 태어나는데 아침에 태어나서 저녁에 죽는다. '저(돼지)'가 그것 먹기를 좋아한다.
『모전』에서 말하였다. 아침에 태어나서 밤에 죽는데도, 오히려 깃과 날개로 스스로를 꾸민다.
육기가 『모시초목조수충어소』에 말하였다. '갑충(딱정벌레)'과 비슷한데, 더듬이가 있고 크기는 손가락과 같으며 길이는 서너 치이다. 껍질 아래에 날개가 있어 날 수 있으며, 여름철에 날이 흐리고 비가 올 때 땅 속에서 나온다.
『명물해』에서 말하였다. '부유'는 가벼우니, 아침에 태어나서 밤에 죽기 때문에 '거략'이라 이른다. 여름철에 음양의 기운이 낮고 습한 곳에서 태어나 떠돌아다니는 것이기 때문에 사물이라 하기에 충분하지 못할 만큼 작다. 조 임금이 두터운 덕이 없고, 그 작은 몸을 좇음이 이와 같으니 그 심함을 풍자했을 것이다.
『비아』에서 말하였다. 당은 검소하고 부지런하며, 조는 사치스럽고 구차하기 때문에 『시경』에서 하나는 '실솔(귀뚜라미)'로, 하나는 '부유'로 풍자한

46 소공(昭公)이 법을 스스로 지키지 않고, 사치를 부리며, '부유'와 같은 소인(小人)에게 벼슬을 주는 것을 풍자한 시이다.
47 옛 지명으로 지금의 하남성(河南省) 남양현(南陽縣)이다.

것이다. 또 수풀이 우거진 곳에서 무더기로 태어나서 그 속에 사는데, 아침에 태어나서 밤에 죽으며, 떠돌아다닌다는 뜻이 있다.

爾雅 蜉蝣渠畧. 孫炎注 夏小正 蜉蝣渠畧也 朝生 而暮死. 舍人曰 南陽以東曰 蜉蝣 梁宋之間曰 渠畧. 郭璞註 似蛣蜣 身狹而長 有角黃黑色. 叢生糞土中 朝生暮死. 豬好啖之. 毛傳 朝生夕死 猶有羽翼以自修餙. 陸璣疏 似甲虫 有角 大如指 長三四寸. 甲下有翅能飛 夏月陰雨時地中出. 名物解 蜉蝣輕也 朝生暮死 故謂之渠畧. 生于夏月陰陽氣之卑濕 而浮游者 故其爲物不實而小. 曹君無篤厚之德 而從其小體若此 刺其甚矣. 埤雅 唐儉以勤 曹奢而苟 故詩 一以蟋蟀 一以蜉蝣 刺之. 又云 叢生鬱棲中 朝生夕殞 有浮游之義.

蠶(누에) : 『시경(詩經)』 「빈풍(豳風)」 〈칠월(七月)〉[48]

『이아』에서 말하였다. '상(누에)'은 '상견(누에)'이다. '수유(멧누에)'는 '저견'·'극견'·'란견'이다. '항(야생누에)'은 '소견'이다. 형병이 소에서 말하였다. 이는 모두 '잠(누에)'의 따위로 고치를 만드는 것이다. 먹는 잎에 따라서 그 이름이 다르다. '상(뽕나무)' 잎을 먹고 고치를 만드는 것을 '상'이라 하는데, 곧 지금의 '잠'이다. '저(가죽나무)'와 '극(대추나무)'과 '란(모감주나무)'의 잎을 먹는 것을 '수유'라고 한다. '소(산쑥)'의 잎을 먹고 고치를 만드는 것을 '항'이라 한다.

『회남자』에서 말하였다. 황제의 정실 서릉씨가 누에치기를 처음 시작했다. 「월령」에서 말하였다. 계춘(季春)[49]에 천자가 국의(鞠衣)[50]를 선대왕에게 바친다. 야우[51]에게 명하여 '상'과 '자(산뽕나무)'를 베지 말도록 하고, 곡(曲)·치(植)·거광(籧筐)[52]을 갖추게 하였다. 후비가 재계하고 동쪽으로 나아가 친히 누에를 치고, 부녀자들이 용모 가꾸는 것을 금하고 바느질 같은 부녀자의 일을 살펴서 누에치는 일을 권장하였다. 누에치는 일이 이미 이루어지면 고치를 나누어 실을 뽑게 하고, 그 결실을 받아서 교묘의 옷을 만드는데 사용했다. 맹하(孟夏)[53]에 누에치는 일이 끝나면 후비는 고치를 바쳤다. 이에 누에고치 세금을 '상(뽕잎)'으로 거두었는데 신분과 나이에 상관없이 균등하게 거두어 교묘의 옷을 공급하였다.[54]

---

48 앞장 '격(鶪)' 참조. '잠'이 나오는 3장은 7월이 지나고 장차 추워짐에 다음 누에치는 일을 대비하는 내용으로, 그 일이 수고롭지만 아끼지 아니하여 윗사람을 받들어야 함을 말하고 있다.

49 음력 3월.

50 왕후(王后) 육복(六服)의 하나로 빛깔이 뽕나무 햇잎과 비슷하므로 황상복(黃桑服)이라고도 한다.

51 들과 산림을 관장하는 관리.

52 '곡'은 잠박으로 갈대나 대를 엮어 만든 누에 기르는 채반이고, '치'는 잠박을 얹는 시렁을 받치는 기둥이며, '거광'은 양잠에 쓰이는 나무 그릇으로 모두 누에를 기르는 제구이다.

53 음력 4월.

정자가 말하였다. 잠월(蠶月)[55]은 '잠'이 자라는 달이다. 그 해의 기운이 성하고 쇠하는 것을 헤아려 어느 달이라고 지정할 수는 없다.
유근[56]이 말하였다. 비록 어느 달이라고 지정할 수 없지만, 이미 큰 '상'을 가지에서 취하고 다시 "저 여린 뽕의 잎만 취하노라"[57]라고 한다면, 마땅히 건진(建辰)[58]의 달로 '잠'이 성하는 시기이다. 선대 유학자들이 이 시에서 홀로 3월이 빠진 것을 의심하였는데, 대개 이미 잠월의 사이에 준비함일 것이다.
나는 이렇게 생각한다. '잠'은 건조한 것을 좋아하고 습한 것을 싫어한다. 먹기는 하나 마시지는 않는다. 세 번 자고 세 번 깨어나는데 27일 된 것을 '노'라고 한다.[59] 알로부터 나온 것은 '묘(개미누에)'[60]인데 '묘'로부터 탈피하면 '잠'이 된다. '잠'은 고치가 되고, '견'은 번데기가 되며, '통'은 '아(누에나방)'가 되고, '아'는 알을 낳는다. 옛 말에 "옛날 후비가 선잠[61]에게 제사를 지냈다"고 하는데, 선잠은 천사[62]다. 『한구의』[63]에 "지금 누에의 신은 완유부인·우씨공주로 모두 두 신이다"라고 하였다.

爾雅 蟓桑繭. 雔由樗繭棘繭欒繭. 蚢蕭繭. 邢昺疏 此皆蠶類作繭者. 因所食葉 而異其名也. 食桑葉作繭者名蟓 卽今蠶也. 食樗葉棘葉欒葉者名雔由. 食蕭葉作繭者名蚢也. 淮南子 黃帝元妃西陵氏始蠶. 月令 季春天子乃薦鞠衣于先帝. 命野虞毋伐桑柘 具曲植籧

54 『예기(禮記)』「월령(月令)」〈계춘(季春)〉.
55 음력 3월.
56 원(元) 사람으로 『시전통석(詩傳通釋)』을 저술하였다.
57 『시경(詩經)』「빈풍(豳風)」〈칠월(七月)〉.
58 음력 3월.
59 27일 된 누에는 '잠노(蠶老)'라고 하는데 여기에서의 '노'도 '잠노'를 칭하는 것 같다.
60 누에의 알에서 부화된 직후의 유충을 말한다. 의잠(蟻蠶)이라고도 한다. 검은 빛을 띠며, 짧은 털로 덮여서 마치 검은 개미와 같이 보이기 때문에 이렇게 부른다.
61 누에치기를 시작한 신.
62 다른 이름으로 방성(房星)이라고 한다. 이십팔수의 넷째 별자리에 있는 별들로 말을 수호신으로 불리기도 한다.
63 후한(後漢) 위굉(衛宏)이 지었다는 역사서이다.

筐. 后妃齊戒親東鄉躬桑 禁婦女毋觀省婦 使以勸蠶事. 蠶事既登 分繭稱絲 受功以供郊廟之服. 孟夏蠶事畢 后妃獻繭. 乃收繭稅 以桑爲均貴賤長幼如一 以給郊廟之服. 程子曰 蠶月蠶長之月也. 計歲氣之早晩 不可指定幾月也. 劉瑾曰 雖不可指定幾月 然既條取大桑 復猗彼女桑 當在建辰之月蠶盛之時. 先儒疑此詩獨缺三月 蓋已具于蠶月之間矣. 愚按 蠶喜燥惡濕. 食而不飮. 三眠三起 二十七日而老. 自卵出而爲蚥 自蚥蛻而爲蠶. 蠶而繭 繭而蛹 蛹而蛾 蛾而卵. 舊說 古者后妃享先蠶 先蠶天駟也. 漢舊儀曰 今蠶神曰 苑窳婦人寓氏公主凡二神焉.

蜩(매미) : 『시경(詩經)』「빈풍(豳風)」〈칠월(七月)〉[64]

『모전』에서 말하였다. '조(매미)'는 '당(몸집이 작은 매미)'이다.
공영달이 소에서 말하였다. 「석충」에 "'조'는 '낭조(매미)'이고 '당조'[65]이다"라 하였다. 사인이 "모두 '선(매미)'이다"라 하였다. 『방언』에 "초에서는 '선'을 '조'라 하고, 송과 위에서는 '당조'라 이르며, 진과 정에서는 '낭조'라 하고, 진(秦)과 진(晉)에서는 '선'이라 부른다"라 하였으니, '조'와 '선'은 같은 것이니 지방에 따라 이름이 다를 뿐이다. 또 「석충」에 "'현(나비의 애벌레)'은 '한선(쓰르라미)'이다"라 하였고, 곽박이 말하기를 "'한장(쓰르라미)'이다. '선'과 비슷하지만 작고 청적색이다"라고 하였다. 「월령」에서 "'한선'이 운다"[66]라고 인용하였는데, 이것은 '조'가 우는 것과는 다른 것이다. 「하소정」에 "5월에 '당조'가 울고, 7월에 '한선'이 운다"라 하였으니 이들이 다르다는 것이다.
왕충이 『논형』에서 말하였다. '선'은 태어나서 거듭 자라는데 등을 열고 나온다.
도은거가 말하였다. '선'의 종류가 매우 많다. "매미가 혜혜[67]하고 울도다"[68]라 한 것은 모양이 크고 검으며 5월에 울고, 4・5월에 울며 작고 자청색인 것은 '혜고(매미)'이고, 9・10월에 울며 쓸쓸하고 급히 우는 것은 '한장'이며, 7・8월에 울고 청색인 것은 '초료(매미)'이고, 2월 중에 다시 우는 것은 '녕모'라 하는데 '한장'과 비슷하나 작다.
『명물해』에서 말하였다. '조'에 무늬가 있는 것을 어떤 사람은 '청'이라 하

---

64 앞장 '격(鶪)' 참조. 매미가 나오는 4장은 5월과 8월을 지나 10월에 이르면 대한(大寒)을 맞이하기 때문에 가죽을 취하여 갖옷을 만드는 내용으로, 잡은 것 중에 작은 것은 자신이 소유하고 큰 것은 윗사람에게 바쳐야 함을 말한다.
65 몸은 청록색이고 몸집이 작은 매미이다.
66 『예기(禮記)』「월령(月令)」.
67 벌레가 우는 소리.
68 『시경(詩經)』「소아(小雅)」〈소변(小弁)〉.

고, '당'에는 무늬가 없는 것을 어떤 사람은 '이'라고 한다. 『시경』에서 "매미와 같고 작은 매미와 같도다"[69]라 하였는데, '조'는 크고 '당'은 작은 것이다. '조'는 떠드는 것이 이치에 벗어난다는 말이고, '당'은 오랑캐가 학문이 없다는 말이다.

毛傳 蜩螗也. 孔疏 釋虫云 蜩蜋蜩螗蜩. 舍人云 皆蟬. 方言曰 楚謂蟬爲蜩 宋衛謂之螗蜩 陳鄭謂之蜋蜩 秦晉謂之蟬 是蜩蟬一物 方俗異名耳. 釋蟲又曰 蜆寒蟬. 郭璞曰 寒螿也 似蟬 而小青赤. 引月令 寒蟬鳴 與此鳴蜩不同者. 夏小正云 五月螗蜩鳴 七月寒蟬鳴 是其異也. 王充論衡 蟬生于復育 開背而出. 陶隱居曰 蟬類甚多. 鳴蜩嘒嘒者 形大而黑 五月便鳴 四五月鳴 而小紫青色者 蟪蛄也 九十月鳴 聲凄急者 寒螿也 七八月鳴 而色青者 蛁蟟 二月中便鳴者 蟀母 似寒螿而小. 名物解 蜩有文 或謂之蜻 螗無文 或謂之夷. 詩如蜩如螗 蜩大而螗小. 蜩言其譁而無理 螗言其夷而無文.

69 『시경(詩經)』「대아(大雅)」〈탕(湯)〉.

莎雞(베짱이) : 『시경(詩經)』「빈풍(豳風)」〈칠월(七月)」[70]

『이아』에서 말하였다. '한(베짱이)'은 '천계'이다.
번광이 주에서 말하였다. 작은 벌레로 몸은 검고, 머리는 붉다.
이순이 주에서 말하였다. 다른 이름으로 '산계'이다.
곽박이 주에서 말하였다. 다른 이름으로 '사계(베짱이)' · '저계'[71]이다.
육기가 『모시초목조수충어소』에서 말하였다. '사계'는 '황(누리)'과 같으나 얼룩무늬이다. 털날개가 여러 겹이고 그 날개는 순적색이다. 6월 중에 날면서 날개를 떨어 운다. 삭삭[72]하는 어지러운 소리를 내고, 유주 사람들은 이르기를 '포착'이라 한다.
『고금주』에서 말하였다. '사계'는 다르게 말하여 '방위'라 하니, 그 우는 소리가 마치 비단 짜는 것과 같다는 말이다.
『아익』에서 말하였다. 머리는 작고 날개는 크며, 청색과 갈색 두 종류가 있는데, 다른 이름으로 '낙위(베짱이)'라 한다. 지금 사람들이 '낙사랑(베짱이)'이라 하는데, 베틀소리와 비슷하여 '부공'[73]을 재촉할 수 있다. 다른 이름으로 '마절'이라한다.
『비아』에서 말하였다. 때에 맞춰 울기 때문에 '계(닭)'의 칭호가 있다. 세속에서 '낙위'라 하고, 수컷은 불어오는 바람에 울고, 암컷은 불어가는 바람에 우니, 바람에 따라 달라진다고 하였다.
나는 이렇게 생각한다. 『본초』에 "'저(가죽나무)' 위에 있고, 머리와 날개가 붉은 것을 사람들이 '홍낭자'라 부른다"고 하였으니, '사계'는 아니다. '사계'는 '황'과 비슷하며 털날개가 여러 겹 겹쳐있고, 멈추면 날개를 떨어 마치

70 앞장 '격(鵙)' 참조.
71 가죽나무에 살며 날개에 채색무늬가 있는 벌레 이름이다.
72 안심이 되지 않는 모양이나 불안한 모양 혹은 두려워하는 모양이다.
73 사덕(四德)의 하나로 부녀자가 하는 일을 말한다.

베 짜는 것과 같은 소리를 내는데, 지금 오 사람들은 '방적랑(메뚜기)'이라 부른다. 주자가 『전』에 "'사종(베짱이)'·'사계'·'실솔'은 한 무리이니, 때를 따라 변화하여 그 이름을 다르게 한다"[74]고 했지만, 한 무리는 아니다. 5월부터 다리를 부벼 울며, 6월에는 날개를 떨어 울고, 8·9월 사이에 이르면 항상 소리를 내는데, 반드시 때에 따라 빠르게 변화하는 것은 아니다. 정현이 『전』에 "이 세 가지 무리가 이와 같으면, 반드시 장차 추워지게 된다"고 하였으니, 곧 "이 세 가지가 이와 같다는 말은 반드시 장차 추워진다는 것이다"라 하였으니, 곧 이 세 가지에 대해 '사종'은 설명이 「주남」〈종사〉[75]에 보이고, '실솔'은 「당풍」에 보인다.

爾雅 翰天雞. 樊光注 小蟲黑身赤頭. 李巡注 一名酸雞. 郭璞注 一名莎雞 一名樗雞. 陸璣疏 莎雞如蝗而斑色. 毛翅數重其翅正赤. 六月中飛而振羽. 索索作聲 幽州人謂之蒲錯. 古今注 莎雞一曰紡緯 謂其鳴聲如紡績也. 雅翼 頭小而羽大 有靑褐兩種 一名絡緯. 今人謂之絡絲娘 似機杼聲 可以趣婦功. 一名馬蠜. 埤雅 其鳴以時 故有雞之號. 俗云 絡緯 雄鳴于上風 雌鳴于下風 而風化. 愚按 本草 在樗木上 頭翅赤者人呼紅娘子 非莎雞也. 莎雞似蝗 毛翅數重 止而振羽 而作聲有如紡緯 今吳人呼爲紡績娘. 朱傳謂 斯螽莎雞蟋蟀一物 隨時變化 而異其名 然非一物也. 自五月動股 六月振羽 至八九月間尙有聲 未必隨時速化. 鄭箋云 言此三物如此 著將寒有漸 則明是三物無疑矣 斯螽說見周南 螽斯蟋蟀見唐風.

---

74 『시경(詩經)』「빈풍(豳風)」〈칠월(七月)〉.
75 『시경(詩經)』「주남(周南)」〈종사(螽斯)〉.

蠋(뽕나무벌레) : 『시경(詩經)』「빈풍(豳風)」〈동산(東山)〉[76]

『모전』에서 말하였다. '연연'[77]은 '촉(뽕나무벌레)'의 모양이다. '상충(마디충)'이다.

『정의』에서 말하였다. 「석충」에서 "'액(나방애벌레)'은 '오촉'이다"라 했고, 번광은 이 시를 인용하였다. 곽박은 "큰 벌레는 손가락만하고 '잠(누에)'과 비슷하다"고 하였고, 『한자』에서 "벌레는 '촉'과 비슷하다"고 하였으니, '상(뽕)'밭에 있어서 이것을 '상충'으로 알았다는 말이다.

형병이 소에서 말하였다. 모양이 '잠'과 같고 크기는 손가락만하다. 「대아」〈한혁〉에서 "가죽 고삐와 쇠 멍에(厄)로다"라 하였고, 모씨 또한 "'액(厄)'은 '오촉'이니 크기가 손가락만하고 '잠'과 비슷하다"고 하였다.

『한비자』에서 말하였다. '선(지렁이)'은 '사(뱀)'와 비슷하고, '잠'은 '촉'과 비슷하다. 사람이 '사'를 보면 매우 놀라고, '촉'을 보면 털이 곤두선다. 그러나 부인들이 '잠'을 줍고 어부들은 '선'을 집는데, 이로움이 있다면 추악한 것이라도 잊게 되어 모두 맹분[78]과 하육[79] 같은 사람이 된다.

『비아』에서 말하였다. '촉'은 실로 스스로를 감싸고, 또 오랫동안 '상'밭에 있는데 오직 홀로 있을 뿐이어서 스스로 만들고 온전하다는 것이다. 그러므로 『시경』에서 이를 의탁하여 비유하였다. 서에서 "1장은 온전함을 말한 것이다"라 하였다.

毛傳 蜎蜎蠋貌. 桑蟲也. 正義曰 釋蟲云 蚅烏蠋 樊光引此詩. 郭璞曰 大蟲如指似蠶 韓子

---

76 앞장 '관(鸛)' 참조.

77 벌레가 꿈틀거리며 기어가는 모양이다.

78 전국(戰國) 때 제(齊)의 역사(力士).

79 주(周) 때 위(衛)의 용사(勇士)이다. 힘이 세어 1000균(鈞)이나 되는 무거운 것을 들어올릴 수 있었다고 한다.

云蝨似蠋 言在桑野知是桑蝨. 邢昺疏 形如蠶 大如指. 大雅韓奕云 鞗革金厄 毛亦云 厄烏蠋 大如指似蠶. 韓非子 蟺似蛇 蠶似蠋. 人見蛇則驚駭 見蠋則毛起. 然婦人拾蠶 漁者握蟺 利之所在 則忘其所惡 皆爲賁育. 埤雅 蠋以絲自裹 又久在桑野 惟獨而已 然其自營也完矣. 故詩以此託況. 序曰 一章言其完也.

伊威(쥐며느리) : 『시경(詩經)』「빈풍(豳風)」〈동산(東山)〉[80]

『이아』에서 말하였다. '이위(쥐며느리)'는 '위서(쥐며느리)'이고, '번(쥐며느리)'은 '서부(쥐며느리)'이다.
곽박이 주에서 말하였다. 항아리 밑의 벌레이다.
『설문』에서 말하였다. '서부(쥐며느리)'이다.
육기가 『모시초목조수충어소』에서 말하였다. 담장 아래나 항아리 밑의 흙 속에서 사는데 '백어(좀)'와 비슷하다.
『비아』에서 말하였다. 그것을 먹으면 사람들이 매우 음란해지기 때문에 '서부'라 이름하였고, 또 '서고(쥐며느리)'라 이름하였다. 축축한 곳에서 생겨나 자라기 때문에 지금 세속에서는 '습생(쥐며느리)'이라 부른다.
나는 이렇게 생각한다. 이 벌레는 축축한 곳에서 태어나는데 다리가 많고, 큰 것의 길이는 반 치 남짓이며, 회색이다. 등에 가로로 주름이 있어서 오그라들었다가 펴지며, 항상 '지서(쥐)'의 등에 달라붙어 있기 때문에 이름에 '부' 자와 '고' 자가 있다. 집에 사람이 없어 청소하지 않으면 많이 있다.

爾雅 伊威委黍蟠鼠婦. 郭璞注 瓮器底蟲. 說文 鼠蟠也. 陸璣疏 在壁根下甕器底土中生似白魚. 埤雅 食之令人善淫 故名鼠婦 又名鼠姑. 因濕化生 今俗謂之濕生. 愚按 此蟲濕生多足 大者長半寸餘 灰色. 背有橫紋蹙起 常惹着地鼠背 故有婦姑諸名. 室無人埽多有之.

80 앞장 '관(觀)' 참조. '이위'가 나오는 2장에서는 황폐해진 집을 쥐며느리가 있는 방으로 비유하여 군사들이 집을 그리워하는 마음을 노래하였다.

蠨蛸(갈거미) : 『시경(詩經)』「빈풍(豳風)」〈동산(東山)〉[81]

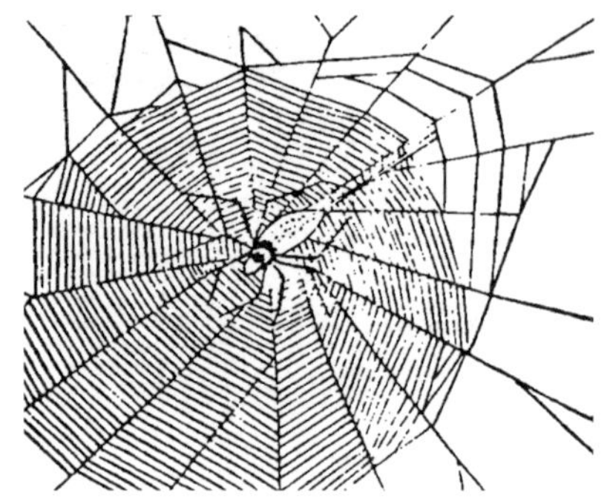

『이아』에서 말하였다. '소소(갈거미)'는 '장기'이다.

곽박이 주에서 말하였다. 작은 '지주(거미)'인데, 다리가 긴 것이다. 세속에서는 '희자'라고 부른다.

육기가 『모시초목조수충어소』에서 말하였다. 형주와 하내 사람들은 '희모'라고 부른다. 이 벌레가 와서 사람의 옷에 붙으면 마땅히 친한 손님이 오기 때문에 기쁨이 있다. 또한 '지주'와 같이 거미줄을 치고 산다.

『고금주』에서 말하였다. 몸은 작고 다리는 길기 때문에 '장기'라고 한다.

나는 이렇게 생각한다. 왕안석[82]이 『자설』에서 "한 쪽에 거미줄을 치고 먹잇감이 닿게 되면 그것을 죽이니, 죽이는 방법을 아는 것이다. 그러므로 '지주'라 부른다"고 하였다. '소소'는 또한 '지주'의 따위이다. 집에 사람이 없어 청소하지 않으면 출입문에 거미줄을 친다.

爾雅 蠨蛸長踦. 郭璞注 小鼅鼄長脚者. 俗呼爲喜子. 陸璣疏 荊州河內人謂之喜母. 此蟲來着人衣 當有親客至有喜也. 亦如鼅鼄爲網居之. 古今注 身小足長 故謂長踦. 愚按 王安石字說云 設一面之網物觸 而後誅之 知乎誅義者. 故曰蜘蛛. 而蠨蛸亦蜘蛛類. 室無人埽結網當戶.

---

81 앞장 '관(鸛)'참조. '소소'가 나오는 2장은 황폐해진 집을 거미줄 친 집으로 비유하였다.

82 1021~1086. 자는 개보(介甫), 호는 반산(半山). 북송(北宋)의 정치가・학자로서 강서성(江西省) 임천(臨川)사람이다. 당송팔대가(唐宋八大家)의 한 사람이다. 정치적으로 혁신파의 영도자로서 인종(仁宗) 때 만언서(萬言書)를 올려 변법(變法)을 주장하고 신종(神宗) 때 신법(新法)을 시행하여 광범위한 개혁을 시도하였다. 저서에 『주관신의(周官新議)』・『임천집(臨川集)』 등이 있다.

宵行(개똥벌레의 유충) : 『시경(詩經)』 「빈풍(豳風)」 〈동산(東山)〉[83]

『모전』에서 말하였다. '습요(도깨비불)'는 '린(반딧불)'이니, '린'은 '형화(반딧불)'이다.
『정의』에서 말하였다. '형화'라는 벌레는 날면서 빛이 있는 모양이다.
주자가 『집전』에서 말하였다. '소행'은 벌레 이름이다. '잠(누에)'과 비슷하고 밤에 다니며 '형(개똥벌레)'과 같이 목구멍 아래에 불빛이 있다.
나는 이렇게 생각한다. 『모전』에서 '형화'는 '린'이라고 하였는데, 공씨는 이미 그것이 아니라고 분명히 하였다. 다만 『본초』에 의거하자면 "다른 이름으로 '습요'라 한다"고 하였는데 '습요'를 벌레로 여긴 듯하다. 복씨는 "'습요'가 벌레라는 것은 아래 장[84]에 '빛나는 그 깃이로다.'라 한 것과 서로 맞지 않으니, '소행'을 벌레 이름으로 보는 것이 당연하다"라 하였으니 이 설명이 가장 낫다. 공씨는 "'습요'는 날면서 빛이 있는 모양이다"라 하여 '형화'를 '습요'로 볼 수 없다고 하였다. 또 『본초』에서 "'형'에는 세 종류가 있으니, 밤에 날아다니며 배 아래에서 빛이 나고 「월령」에서 이른바 '썩은 풀이 변하여 '형'이 된다'고 한 것과, 길이는 '저(구더기)'나 '촉(뽕나무벌레)' 만하고 꼬리 뒷부분에서 빛이 나며 날개가 없어서 날지 못해 '소행'이라 하고 세속에서 '형저'[85]라고 하며 「명당」·「월령」[86]에서 이른바 '썩은 풀이 변하여 '촉'이 된다'라 한 것, 또 다른 종류인 '수형(개똥벌레)'으로 물속에 살고 당의 이자경이 〈화형부〉에서 '저것은 어찌 풀이 변해서 된 것이고, 이것은 어찌 샘에 사는 것인가.'라 한 것이다"라 하였다. 곧 '소행'은 벌레 이름이고, '습

83 앞장 '관(鸛)' 참조. '소행'이 나오는 2장은 동쪽으로 정벌하러 갔다가 돌아올 때 아직 집에 당도하지 못함을 그리워 한 것이다.
84 『시경(詩經)』 「빈풍(豳風)」 〈동산(東山)〉 3장.
85 개똥벌레의 다른 이름으로, 토형(土螢), 저형(蛆螢)이라고도 한다.
86 『예기(禮記)』 「월령(月令)」 〈계하(季夏)〉.

요'는 그 빛으로 안 것이다. 여러 설이 분분한데 주자의 『전』을 따르는 것이 마땅하다.

毛傳 熠燿燐也 燐螢火也. 正義曰 螢火之蟲飛 而有光之貌. 朱子集傳 宵行蟲名. 如蠶夜行 喉下有光如螢. 愚按 毛傳 螢火爲燐 孔氏旣辨其非. 但據本草 一名熠燿 似以熠燿爲虫矣. 濮氏一之云 熠燿爲虫與下章熠燿其羽相戾 當知宵行乃蟲名 此說長也. 孔氏云熠燿飛 而有光之貌 僉不以螢火爲熠燿. 又本草 螢有三種 宵飛腹下光者 月令 所謂腐草化爲螢 是也 長如蛆蠋 尾後有光 無翼不飛者 卽宵行也 俗名螢蛆 明堂月令 所謂腐草化爲蠋 是也 又一種水螢居水中 唐李子卿火螢賦 彼何爲而化草 此何爲而居泉 是也. 則知宵行虫名 熠燿其光也. 諸說紛紛 當以朱傳爲允.

蜴(도마뱀) : 『시경(詩經)』 「소아(小雅)」 〈정월(正月)〉[87]

『이아』에서 말하였다. '영원'[88]은 '석척(도마뱀)'이고, '석척'은 '언정'[89]이며, '언정'은 '수궁'[90]이다.
손염이 주에서 말하였다. 네 개의 이름으로 구별하였다.
『설문』에서 말하였다. 벽에 있는 것은 '언정'이라 하고, 풀에 있는 것은 '석척'이라 한다.
『정의』에서 말하였다. 육기가 『모시초목조수충어소』에서 "'훼척'[91]은 다른 이름으로 '영원'이니 '척(도마뱀)'이다. 어떤 사람은 '사의'[92]라고 했는데, '석척'과 같이 청록색이다. 크기는 손가락만하고 모양이 추하다"라 했으니, 육씨의 뜻과 같이 '석척'은 '원(영원)'과 더불어 모양이 서로 같은데, 물과 육지에서 이름이 다를 뿐이다.
도은거가 말하였다. 그 무리는 네 가지 종류이다. 모양이 크고 순황색인 것은 '사의'라 한다. 다음으로 '사의'와 비슷하나 모양이 작고, 꼬리가 길며, 사람을 보아도 움직이지 않는 것은 '용자(도마뱀)'라 이름 한다. 다음으로 모양이 작고, 꼬리가 다섯 가지 색이며, 푸른색이 사랑스러운 것은 '철척'이라 이름 하는데 사람을 쏘지는 않는다. 나머지 한 종류는 푸른 울타리를 좋아하여 '언정'이라 이름하는데 모양이 작고 검으며, 사람이 쏘이면 반드시 죽

87 대부(大夫)가 유왕(幽王)을 풍자한 시로, '척(蜴)'이 나오는 6장은 혼란한 세상에 사람들을 해치는 것을 '척'이 독(毒)을 쏘는 것에 빗댄 것이다.
88 도룡뇽과의 도마뱀과 비슷하게 생긴 양서동물.
89 수궁(守宮). 도마뱀붙이과의 파충류. 벽이나 천정에 붙어서 곤충을 잡아먹고 산다. 벽호(壁虎).
90 도마뱀과 비슷하게 생긴 동물이다. 이를 빻아 여자의 몸에 발라놓으면 부정(不貞)을 막을 수 있다고 하였다. 갈호(蝎虎).
91 독사와 도마뱀을 나타내며 남에게 해를 끼치는 사람을 비유하기도 한다.
92 '영원'의 다른 이름. 사사(蛇師).

는다고 하나 일찍이 사람이 맞은 적은 없다.

〈동방삭전〉[93]에서 말하였다. 사수궁 부분에서 "'룡(용)' 같지만 뿔이 없고 '사(뱀)' 같지만 발이 있다. 느릿느릿하고 끊임없이 벽에 잘 붙어 다니니 만약 '수궁'이 아니면 곧 '석척'이다"라 하였다.

나는 이렇게 생각한다. 여러 설명에 풀과 못 가운데 있는 것을 '영원'·'석척'이라 하였고, 벽 틈에 있는 것은 '언정'·'수궁'이라 하였다. 『비아』에서 "열두 번 시간이 바뀔 때마다 색이 변하기 때문에 '역'이라 이른다. '석척'은 꼬리가 몸통과 연결되어 있어, 마치 '사(뱀)'에 다리를 붙인 것과 같으며 풀과 못 사이에서 생활한다. '수궁'은 네 개의 다리에 꼬리가 있으며 벽 틈에 엎드려 있기 때문에 '언정'이라 이름한다"고 하였다. 『박물지』에 "그릇에서 그것을 길러, 주사[94]를 먹이면, 몸이 모두 붉어지는데, 일만 번을 공이로 쳐서 처녀의 몸에 점을 찍으면 죽을 때까지 지워지지 않지만, 성관계를 하면 없어지기 때문에 또 '수궁'이라는 이름이 있게 되었다"고 하였다. 『정전』에 "'훼척'의 성질은 사람을 보면 도망가는 것이다"고 하였다. '척'은 '영원'의 무리인데 '언정'과 '수궁'은 아니다. 따라서 '척'을 설명하면서 그것을 겸하였다.

爾雅 蠑螈蜥蜴 蜥蜴蝘蜓 蝘蜓守宮也. 孫炎注 別四名也. 說文 在壁曰 蝘蜓 在草曰 蜥蜴. 正義曰 陸璣疏云 虺蜴一名蠑螈蜴也. 或謂之蛇醫 如蜥蜴青綠色. 大如指形狀可惡 如陸意蜥蜴與螈形狀相類 水陸異名耳. 陶隱居曰 其類四種. 大形純黃色爲虵醫. 次似蛇醫小形長尾見人不動 名龍子. 次有小形五色尾青碧可愛 名蜇蜴不螫人. 一種喜綠籬壁名蝘蜓形小而黑 乃言螫人必死 而未嘗中人. 東方朔傳 射守宮曰 以爲龍又無角 謂爲虵又有足. 跂跂脉脉善緣壁 若非守宮卽蜇蜴. 愚按 諸說 在草澤中者曰 蠑螈蜥蜴 在壁間者曰 蝘蜓守宮. 埤雅云 易十二時變色 故曰 易也. 蜇蜴尾通于身如虵 而加足居草澤

93 『한서(漢書)』.

94 짙은 홍색의 광택이 나는 육방정계(六方晶系)의 광물이며 염료와 약재로 쓰인다.

間. 守宮四足有尾偃伏壁間 故名蝘蜓. 博物志云 以器養之食以朱砂體盡赤 擣萬杵以點女人支體終身不滅 偶則落 故又有守宮之名. 箋云 虺蜴之性見人則走. 蜴是蠑螈之顭非蝘蜓守宮也. 因說蜴 而兼及之焉.

螟蛉(명충나방의 애벌레) : 『시경(詩經)』 「소아(小雅)」 〈소완(小宛)〉[95]

『이아』에서 말하였다. '명령(명충나방의 애벌레)'은 '상충(마디충)'이다.
곽박이 주에서 말하였다. 세속에서는 '상만(뽕나무벌레)'이라 부르고, 또한 '융녀'라 한다.
육기가 『모시초목조수충어소』에서 말하였다. '상(뽕잎)' 위에 있는 작고 푸른 벌레다. '보굴(자벌레)'과 비슷한데, 색이 푸르고 가늘며 작다. 간혹 무성한 잡초 위에도 있다.
『명물해』에서 말하였다. '명령'은 절기를 느껴서 변화하는 벌레이다. 그러나 변할 때는 반드시 비슷한 종류로 변하기 때문에 오직 '상만'만이 그것을 취하여 자기 새끼로 삼을 수 있는 것이다.

爾雅 螟蛉桑蟲. 郭璞注 俗謂之桑蟃 亦曰戎女. 陸璣疏 桑上小青蟲也. 似步屈 其色青而細小. 或在草萊上. 名物解 螟蛉蟲之感氣而化者也. 然所化必以類 故惟桑蟃爲能取之以爲己子.

95 앞장 '상호(桑扈)' 참조.

蜾蠃(나나니벌) : 『시경(詩經)』 「소아(小雅)」 〈소완(小宛)〉[96]

『이아』에서 말하였다. '과라(나나니벌)'는 '포로(나나니벌)'이다.
곽박이 주에서 말하였다. 곧 가는 허리의 벌레이니, 세속에서는 '열옹(나나니벌)'이라 부른다.
『설문』에서 말하였다. 가는 허리의 '토봉(땅벌)'[97]이니, 선천적으로 허리가 가늘고 모두 수컷이며 새끼가 없다.
양웅이 『법언』에서 말하였다. '명령(명충나방의 애벌레)'의 새끼가 죽으면서 '과라(나나니벌)'를 만나면 기원하여 말하길 "나와 같아라. 나와 같아라"고 하니 오래되면 닮게 되는 것이다.
육기가 『모시초목조수충어소』에서 말하였다. '봉(벌)'과 비슷하나 허리가 가늘다. '상충(마디충)'을 취해 나무의 빈 곳에 업어다 두는데, 7일이면 변하여 그 새끼가 된다.
도은거가 말하였다. '봉'의 한 종류이니, 검은색이며 허리가 가늘다. 진흙을 물어다가 사람이 사는 집과 집기 곁에 집을 짓는데, 나란히 늘어선 대나무통과 같다. 태어난 새끼는 좁쌀 크기만 한데, 풀 위의 푸른 '지주(거미)'를 사로잡아 벌집 속을 채우고 곧 입구를 막아서 그 새끼가 컸을 때를 대비하여 양식으로 삼는다. 어떤 종류는 갈대와 대나무 통 속에 들어가는 것으로 또한 풀 위의 푸른 벌레를 취하는데, 다른 이름으로 '과라'이다. 자기 새끼로 바꾸기 위해 가르치고 기원한다는 말과 같은데 이는 잘못된 것이다.
나는 이렇게 생각한다. 여러 설명들이 같지 않으니, 어떤 사람은 양식으로 하기 위해 벌레를 잡는다고 하였고, 어떤 사람은 자기 새끼로 만들기 위해 기원한다고 하였는데, 대개 만물이 바뀌는 것은 헤아릴 수 없다. '책선(말매

96 앞장 '상호(桑扈)' 참조.
97 『설문해자(說文解字)』 원문에는 '主'가 '土'로 되어 있어 이에 따라 해석하였다.

미)'은 '전환(말똥구리)'에서 생겨나고, '의어(반대좀)'는 '과자(오이씨)'에서 생겨나니, 곧 '상충'이 바뀌어 '봉'이 되는 것도 이와 다르지 않다. 송제구는 "'열옹'이 '명령'의 새끼를 업고 간다. 마음을 전하고, 정기를 주고받으면, 그 기운이 섞이고, 정신이 조화를 이루니, 사물의 크고 작음에 따라 그 참됨을 얻은 것이다. 꿈틀거리는 것들은 정해진 정기가 없고, 만물은 정해진 모양이 없다"라 하였으니, 이 말은 그것을 깨달은 듯하다.

爾雅 蜾蠃蒲盧. 郭璞注 卽細腰蟊也 俗呼爲蠮螉. 說文 細腰主蠭也 天地之性小腰 純雄無子. 楊雄法言 螟蛉之子殪 而逢果蠃 祝之曰 類我類我 久則肖之矣. 陸璣疏 似蜂而小腰. 取桑蟊 員之于木空中 七日而化爲其子. 陶隱居曰 一種蜂黑色腰細. 銜泥于人室及器物邊作房 如併竹管者. 生子如粟米大 捕取草上青蜘蛛滿中仍塞口 以擬其子大爲糧. 一種入蘆竹管中者 亦取草上青虫 一名蜾蠃. 若言敎祝變爲己子 斯爲謬矣. 愚按 諸說不同 或謂 捕蟊爲粮 或云 祝爲己子 葢物類變化不可度. 蚱蟬生于轉丸 衣魚生于瓜子 則桑虫之化爲蜂不足異也. 宋齊邱謂 蠮螉之蟊 負螟蛉之子. 傳其情交其精 混其氣和其神 隨物大小皆得其眞. 蠢物無定精 萬物無定形 斯言得之矣.

蜮(물여우) : 『시경(詩經)』「소아(小雅)」〈하인사(何人斯)〉[98]

『공양전』에서 말하였다. '역(물여우)'은 어떻게 기록하는가. '이(괴이함)'라고 적는다.

장읍이 『광아』에서 말하였다. '사공(물여우)'은 '단호(물여우)'이니 '역'이다.

『박물지』에서 말하였다. 강남에 '사공'이 있는데, 갑충의 따위이다. 한두 치이고, 입 가운데 쇠뇌와 같은 것이 있어 사람의 그림자에 기를 쏜다. 기록에 따르면, 맞은 자리에 부스럼이 생기는데 낫지 않는다고 하니 곧 '단역'이다.

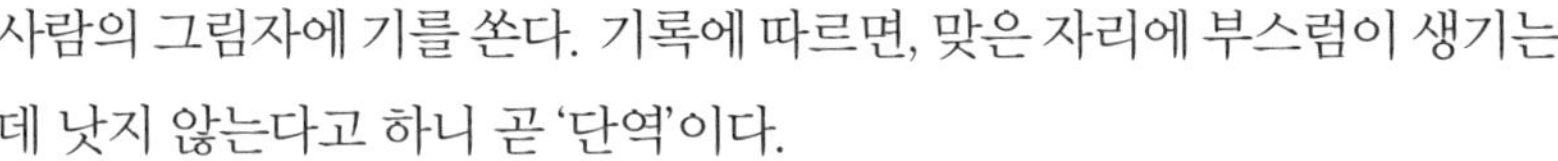

『유양잡조』에서 말하였다. '포창(물여우)'이라고 한다.

육기가 『모시초목조수충어소』에서 말하였다. 다른 이름으로 '사영(물여우)'인데, 양자강과 회수에 모두 있다. 사람이 언덕 위에 있으면, 그림자가 물속에 비치는데, 사람의 그림자를 쏘면 곧 그 사람이 죽기 때문에 '사영'이라고 부른다. 남쪽 지방 사람들은 장차 물에 들어갈 때 먼저 물속에 기와나 돌을 던져 물을 흩트린 뒤에 들어간다. 어떤 사람이 말하길 모래를 머금어 사람 피부에 쏘는데, 옴과 같은 부스럼이 생긴다고 하였다.

『정의』에서 말하였다. 『홍범오행전』[99]에서 "남월에서 나는데, 남월 부인들이 매우 음란한 까닭에 그 땅에 '역'이 많다. 음란한 여자의 미혹하고 어지러운 기운이 만들어낸 것이다"라 하였다.

『비아』에서 말하였다. 세속에서 '수노'라고 부르는데, '아(거위)'가 그것을 먹는다. 『금경』에서 이른바 "'아'가 날면, '역'이 물속으로 숨는다"라고 한

98 소공(蘇公)이 폭공(暴公)을 풍자한 시이다. 왕의 신하가 되어 자신을 음해하는 폭공을 물여우에 비유하였다.

99 전한(前漢)의 유학자인 유향(劉向)이 저술한 것으로 『상서(尙書)』「홍범(洪範)」편을 해설한 책이다.

것이다.

나는 이렇게 생각한다. 앞은 넓지만 뒤는 좁고, '선(매미)' 모양과 매우 비슷하기 때문에 『포박자』에서도 "모양이 우는 '조(말매미)'와 같다"고 하였다. 배는 부드럽고 등은 딱딱하여 '별(자라)'과 같기 때문에 육기는 "모양이 '별'과 같다"고 했다. 주둥이 끝에는 손톱과 같은 뾰족한 뿔이 있고, '해(게)'와 같이 여섯 개의 다리가 있다. 육덕명은 다리가 셋이라고 했지만 아니다. 『주례』에서 "호탁씨는 물벌레를 몰아내는 일을 맡았는데, 흙으로 만든 항아리를 두드리거나 금석(禁石)을 던져서 물벌레를 몰아냈다"고 하였으니, 곧 이것이 '역'이다.

公羊傳 蜮何以書. 記異也. 張揖廣雅 射工短狐蜮也. 博物志 江南有射工 甲蟲類也. 一二寸口中有弩形氣射人影. 隨所著 處發瘡不治 卽短蜮也. 酉陽雜俎 謂之抱搶. 陸璣疏 一名射影 江淮水皆有之. 人在岸上影見水中 投人影則殺之 故曰射影. 南人將入水先以瓦石投水中 令水濁然後入. 或曰 含沙射人皮肌 其瘡如疥. 正義曰 洪範五行傳云 生于南越 南越婦人多淫 故其地多蜮. 淫女惑亂之氣所生也. 埤雅 俗呼水弩 鵝能食之. 禽經 所謂鵝飛 則蜮沈. 愚按 前闊後狹 頗如蟬狀 故抱朴子 言狀如鳴蜩也. 腹軟背硬有如鼈 故陸璣 言形如鼈也. 喙頭有尖肉如爪 有六足如蟹足. 陸德明 言三足 非也. 周禮 壺涿氏掌除水蟲 以抱土之鼓驅之 以禁石投之 卽此蜮也.

螟(마디충) : 『시경(詩經)』「소아(小雅)」〈대전(大田)〉[100]

『이아』에서 말하였다. 싹의 속을 파먹는 것이 '명(마디충)'이다. 이순이 주에서 말하였다. 간교하고 은밀하므로 알아채기 어렵다는 말이다.

육기가 『모시초목조수충어소』에서 말하였다. '명'은 '자방(이화명충)'과 비슷하지만 머리가 붉진 않다.

「월령」에서 말하였다. 중춘(仲春)에 하령을 행하면, '명'이 해를 입힌다.

『회남자』에서 말하였다. 법이 잘 행해지지 않으면, 곧 '명'이 많아진다.

『경방역전』[101]에서 말하였다. 나쁜 것을 덮으면 재앙이 생기고, 벌레가 속을 먹는다.

『여씨춘추』에서 말하였다. '황(누리)'과 '명'을 농부가 발견하면 그것을 죽이는데, 농작물들을 해치기 때문이다.[102]

『아익』에서 말하였다. '명'은 발이 없는 작고 푸른 벌레이다. 먼저 그 잎을 먹고 또 실로 여러 잎을 휘감아 싸서 이삭을 자라지 못하게 한다. 강동에서는 '황충(거머리)'이라 한다. 공장[103]이 〈요충부〉에서 "여기 꾸물거리는 벌레가 있으니, 마디충과 같도다"라고 했는데, 이 '명'이 발 없는 벌레이다.

나는 이렇게 생각한다. 지금 오중에서는 '망충(거미)'이라고 부르는데, 실로 벼 이삭을 감아 자라지 못하게 한다. 모습은 풀 위에 작고 푸른 벌레와 같다.

---

100 유왕(幽王)을 풍자한 시이다. '명(螟)'이 나오는 2장은 농부가 공전(公田)에 복(福)이 깃들기를 염원한 것이다. 그러나 이것은 인력(人力)으로 할 수 없기에 전조(田祖)에게 네 가지 벌레를 제거해 주기를 원하는 것이다. 이삭을 해치는 네 가지 벌레는 속을 파먹는 '명(螟)'과 잎을 갉아 먹는 '등(螣)', 뿌리를 먹는 '모(蟊)', 마디를 먹는 '적(賊)'이 있다.

101 한(漢) 돈구(頓丘) 사람인 경방(京房)이 지은 저서이다. 경방은 역학에 능통하여 금문역학(今文易學)인 경씨학(京氏學)을 창시하였고, 자연계의 재변(災變)을 조정의 정사에 부회하여 설명하는 천인감응설(天人感應說)을 주장하였다.

102 『여씨춘추(呂氏春秋)』「불굴(不屈)」.

103 한(漢) 무제(武帝) 때의 사람.

爾雅 食苗心螟. 李巡注 言其姦冥冥難知也. 陸璣疏 螟似虸蚄 而頭不赤. 月令 仲春行夏令 蟊螟爲害. 淮南子 枉法令 則多蟊螟. 京房易傳 蔽惡生孽 蟲食心. 呂氏春秋 蝗螟農夫得而殺之 爲其害稼也. 雅翼 螟無足小青蟲. 既食其葉 又以絲纏裹衆葉 使穗不得展. 江東謂之蟥蟲. 孔臧 蓼蟲賦曰 爰有蠕蟲 厥虫如螟 是螟爲無足蟲. 愚按 今吳中呼爲網蟲以其絲纏禾穗不得長達. 形如草上小靑蟲.

螣(누리) : 『시경(詩經)』「소아(小雅)」〈대전(大田)〉[104]

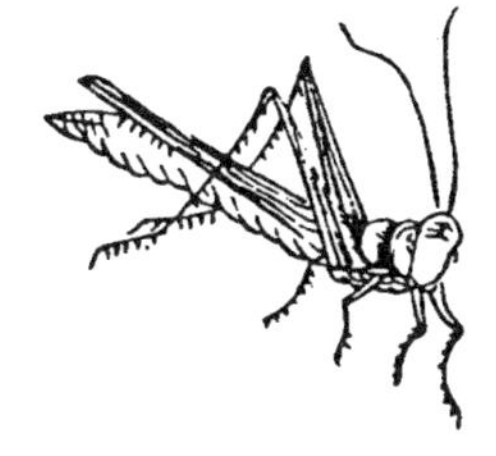

『이아』에서 말하였다. 잎을 먹는 것이 '특(蟘, 명특)'이다.
이순이 주에서 말하였다. 빌리는 것을 꺼려하지 않기 때문에 '특(蟘)'이라 한다는 말이다.
「월령」에서 말하였다. 맹하(孟夏)에 춘령을 행하면 '황충(누리)'이 재앙이 된다. 중하(仲夏)에 춘령을 행하면 온갖 해충이 때때로 일어난다.
육기가 『모시초목조수충어소』에서 말하였다. '특(누리)'은 '황(누리)'이다.
『역전』[105]에서 말하였다. 덕이 한결 같지 못하면 이를 번거롭다고 하니, 벌레가 잎을 먹는다.
채씨인 백개[106]가 말하였다. 재앙이 닥치면 물에서 생겨나서 수백 내지 수십 리에 퍼진다. 하루아침에 땅을 덮어 곡식을 먹는데, 이삭을 다 먹으면 다시 이동한다. 이것을 물고기의 새끼가 물속에서 변한 것이라고 하였다.
나는 이렇게 생각한다. 세속에서 '황'은 땅 속에 새끼를 낳고, 봄여름에 이르러 땅으로 나오는데, 만약 겨울에 눈이 내려 차가운 기운이 엄습하면, 깊숙이 땅으로 들어가 봄여름이 되어도 나오지 않는다고 하였다. 하루 눈이 내리면 세 자만큼 땅으로 들어가고 사흘 눈이 내리면 아홉 자만큼 땅으로 들어가는데, 이른바 사흘 동안 내리는 눈은 풍년의 조짐이라는 것이다.

爾雅 食葉蟘. 李巡注 言假貸無厭 故曰 蟘也. 月令 孟夏行春令 則蝗蟲爲灾. 仲夏行春令 百螣時起. 陸璣疏 螣蝗也. 易傳 德無常玆謂煩 蟲食葉. 蔡氏伯喈曰 當爲灾 則生水處 澤中數百 或數十里. 一朝蔽地 而食禾粟 苗盡復移. 云 是魚子水中化之. 愚按 俗云 蝗産子

104 앞장 '명(螟)' 참조.
105 『경방역전』.
106 채옹(蔡邕)의 자(字)이다.

于地中 至春夏而出地 若冬有雪寒氣逼之 深入於地春夏不能出矣. 一雪入地三尺 三雪入地九尺 所謂三白爲豐年之兆.

蟊(해충) : 『시경(詩經)』「소아(小雅)」〈대전(大田)〉[107]

『이아』에서 말하였다. 뿌리를 먹는 것이 '모(해충)'이다.
이순이 주에서 말하였다. 세금은 수많은 백성들의 재물을 취하는 것이기 때문에 '모'라고 했다는 말이다.
『역전』에서 말하였다. 신하가 녹봉에 편안해하면 이를 일러 탐욕스럽다 하니, 그것은 벌레가 뿌리를 먹는 것과 같은 재앙이다.
육기가 『모시초목조수충어소』에서 말하였다. 어떤 설명에 "'모'는 '루고(하늘밥도둑)'이니, 싹과 뿌리를 먹어 사람에게 근심이 된다"고 하였다.

爾雅 食根蟊. 李巡注言 其稅取萬民財貨 故云蟊也. 易傳 臣安祿玆謂貪 厥灾蟲食根. 陸璣疏 或說云 蟊螻蛄也 食苗根爲人患.

---

107 앞장 '명(螟)' 참조.

賊(마디충) : 『시경(詩經)』「소아(小雅)」〈대전(大田)〉[108]

『이아』에서 말하였다. 마디를 먹는 것은 '적(마디충)'이다.
이순이 주에서 말하였다. 욕심이 많은 '랑(이리)'을 말하기 때문에 '적'이라 한다.

육기가 『모시초목조수충어소』에서 말하였다. '적'은 '도(복숭아)'와 '리(오얏)' 속의 '두충(좀)'과 비슷하나 몸이 길고 가늘 뿐이다.

『역전』에서 말하였다. 봄 농사와 함께 싸우게 되는데, 이에 때를 가리지 않고 벌레가 마디를 먹는다.

나는 이렇게 생각한다. 지금 오중에서 '주충(나무좀)'이라고 부르는 것이 이것이다. 여러 나무에는 '두(좀)'가 있고, 여러 과일에는 '조(풍뎅이의 유충)'가 있으며, 여러 콩에는 '방(마디충)'이 있다. '맥(보리)'이 썩으면 '아(누에나방)'가 날고, 풀이 썩으면 '형(개똥벌레)'으로 변하니, 모든 벌레는 사물을 썩게 하는 것이다. '명(마디충)'·'특(누리)'·'모(해충)'·'적'을 「석충」에서 벌레가 '화(벼)'를 먹는 부분에 따라 이름을 나누어 구분한 것이다. 그러나 이순과 손염 및 『경방역전』은 모두 나쁜 정치로 인한 일을 근거로 삼았다. 『정의』에서는 "비록 먹는 부분으로 이름을 삼았더라도, 그 부분의 이름은 정치 때문에 빚어진 일을 따른 것이니, 이치가 모두 통한다. 옛 말에 네 가지는 한 종류의 벌레라 하였는데, 구적간궤[109]를 말한 것과 같으니 안이나 밖으로 말할 뿐이다. 그러므로 건위문학[110]은 이 네 가지 벌레를 모두 '황(누리)'이라 하였으나, 실제로는 같지 않기 때문에 구별하여 풀이한 것이다"라고 하였으니

---

108 앞장 '명(螟)' 참조.

109 백성을 해치거나 물건을 강탈하고 법을 어기며 난을 일으킨다.

110 동방삭(東方朔)과 더불어 동시대의 익살스러운 사람인 곽사인을 가리킨다. 한(漢) 무제(武帝) 때 건위군(犍爲郡) 폐읍(敝邑)사람이며 서한(西漢) 때 학자이다. 일찍이 건위군의 문학졸사(文學卒史, 문서를 담당하는 관리)를 맡았으며, 『이아』에 최초로 주를 달았다.

즉, 공씨의 말은 틀림없이 확실한 근거가 있다. 하물며 『이아』에서 나누어 풀이한 것은 이 네 가지가 분명하다. 생김새로도 각각 구분하는데 옛 학설 중에 특별히 살펴본 것이 있지만 자세하지 않다.

爾雅 食節賊. 李巡註言 貪狼 故曰 賊也. 陸璣疏 賊似桃李中蠹虫 身長而細耳. 易傳 與東作爭 玆謂不時蟲食節. 愚按 今吳中呼爲蛀蟲 是也. 諸木有蠹 諸果有螬 諸菽有蚄. 麥朽蛾飛 草腐螢化 皆蟲之敗物者. 螟螣蟊賊釋蟲分別蟲啖禾所在之名. 而李巡孫炎及京房易傳竝因惡政所致. 正義 所謂雖食所在爲名 而所在之名緣政所致 理爲兼通也. 舊說四者一種蟲也 如言寇賊姦宄 內外言之耳. 故犍爲文學曰 此四種蟲皆蝗也 實不同 故分別釋之 則孔氏之說必有確據. 況爾雅分釋明是四種. 形狀各別 舊說特攷之未精也.

靑蠅(쉬파리) : 『시경(詩經)』 「소아(小雅)」 〈청승(靑蠅)〉[111]

정현이 『전』에서 말하였다. '승(파리)'이라는 벌레는 흰 것을 검게, 검은 것을 희게 더럽히기에 아첨하는 사람이 착했다가 악했다가 어지럽게 변하는 것을 비유하였다.
『논형』에서 말하였다. '청승(쉬파리)'이 더럽히는 것은 항상 흰 명주이다.[112]
『비아』에서 말하였다. '청승'의 머리는 불과 같이 붉고, 등은 마치 금을 짊어진 것 같다.
단성식이 말하였다. 배설물은 사물을 상하게 할 수 있으니 옥 또한 면할 수 없다. 이른바 '승'의 배설물이 옥에 점을 찍는다는 것이다.
나는 이렇게 생각한다. '창승(금파리)'은 소리를 어지럽히고, '청승'은 색을 어지럽힌다. 허겸이 "소리는 앵앵거리고, 성질은 흑백을 변하게 한다"라고 하였다. 모습은 '마승'과 비슷하나 작고, 등에는 마치 금과 같은 점 한 개가 있으며, 구더기로부터 벌레로 변한다. 배설물은 사물을 상하게 할 수 있으며, 또 '저(구더기)'를 자라게 한다. 살펴보면 재에서 생겨나는 '승'과는 다른 것인 듯하다. 자세한 것은 '창승'의 설명에 있다.

鄭箋 蠅之爲蟲汚白使黑汚黑使白 喩佞人變亂善惡. 論衡 靑蠅所汚常在練素. 埤雅 靑蠅首赤如火 背若負金. 段成式曰 糞能敗物玉亦不免. 所謂蠅矢點玉. 愚按 蒼蠅亂聲 靑蠅亂色. 許謙云 營營其聲 變黑白其性. 形似痲蠅而小 背有一點若金 自蛆蟲所變. 糞能敗物 糞又生蛆. 視爛灰生蠅者異矣. 互詳蒼蠅說中.

111 대부(大夫)가 참언(讒言) 듣기를 좋아하는 유왕(幽王)에게 참언을 듣지 말라고 경계하는 내용으로 참언을 '청승'의 나는 소리에 비유한 시이다.
112 "맑음은 티끌을 받고 흰 것은 때를 취하게 되니 '청승'이 더럽히는 것은 항상 흰 명주이다(淸受塵白取垢靑蠅所汚常在練素)." 『논형(論衡)』 「누해(累害)」.

蠆(전갈) :『시경(詩經)』「소아(小雅)」〈도인사(都人士)〉[113]

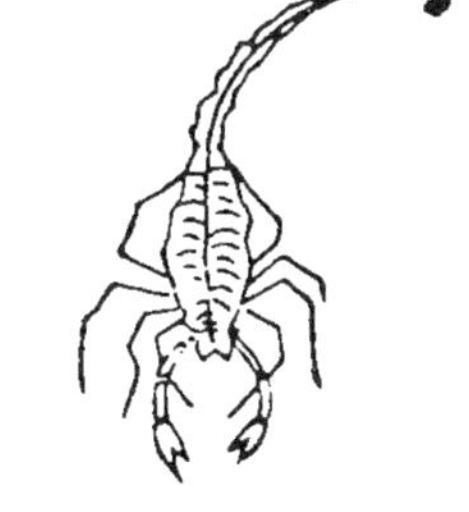

『좌전』에서 말하였다. '봉(벌)'과 '채(전갈)'는 독이 있다.

정현이 『전』에서 말하였다. '채'는 쏘는 벌레이다. 꼬리 끝을 세운 것은 부인들이 머리카락을 구부려 위로 만 것과 비슷하다.

『효경위』[114]에서 말하였다. '봉'과 '채'는 침을 드리우는데 그 독이 끝에 있다.

「위지」〈화타전〉에서 말하였다. 팽성의 부인[115]들이 밤에 변소에 가면 '채'가 그 손을 쏘는데, 이럴 경우 화타[116]는 그 손을 따뜻한 물속에 담그라고 하였다.

『광아』에서 말하였다. '두백(전갈)'은 '갈(전갈)'이다.

육기가 『모시초목조수충어소』에서 말하였다. 다른 이름으로 '두백'이고, 유주 사람들은 '갈'이라 부른다.

『설문』에서 말하였다. '갈'과 '채'는 꼬리 달린 벌레이다. 꼬리가 긴 것은 '채'이고, 꼬리가 짧은 것은 '갈'이다.

『아익』에서 말하였다. '채'는 모양을 본뜬 글자인데, 꼬리를 끌어서 쏘는 모양을 본뜬 것이다. '석척(도마뱀)'이 이것을 먹는다.

左傳 蠭蠆有毒. 鄭箋 蠆螫蟲也. 尾末揵然似婦人髮末曲上卷然. 孝經緯 蜂蠆垂芒爲其毒在後. 魏志華佗傳 彭城夫人夜之厠蠆螫其手 佗令溫湯漬其中. 廣雅 杜白蠍也. 陸璣

---

113 주(周) 백성들이 다스리는 자의 의복이 일정치 않음을 풍자한 시이다. 4장은'채'의 꼬리 끝이 위로 올라간 것처럼 군자(君子)의 여인 머리카락이 위로 올라가 있음을 비유한 것이다.

114 7경의 위서(緯書)인 칠경위(七經緯) 가운데 하나.

115 부인(夫人)은 제후(諸侯)의 처나, 한(漢) 때 열후(列侯)의 처를 지칭하는 단어이다.

116 생몰년 미상. 후한(後漢) 말기의 의원이다. 『후한서(後漢書)』에 의하면, 장생술(養生術)에 밝았다. 약제(藥劑)의 조제・침질과 뜸질에 두루 통했으며 외과 수술에 마취약을 썼다 한다.

疏 一名杜伯 幽州人謂之蠆. 說文 蠍蠆尾蟲也 長尾爲蠆 短尾爲蠍. 雅翼 蠆字象形 葢象其螫曳尾之形. 蜥蜴能食之.

蜂(벌) : 『시경(詩經)』「주송(周頌)」〈소비(小毖)〉[117]

『이아』에서 말하였다. '토봉(땅벌)'과 '목봉'이 있다.

곽박이 주에서 말하였다. 지금 강동에 큰 '봉(蠭, 벌)'은 땅속에서 벌집을 지으니, '토봉'이라 한다. 그 새끼를 먹는 것은 '마봉(말벌)'이라 한다. '토봉'과 비슷하지만 작고 나무 위에 벌집을 짓는 것을 강동에는 '목봉'이라 부르는데, 또 그 새끼를 먹는다.

『비아』에서 말하였다. '봉(벌)'은 조수에 응하는 것처럼 두 번 나아가고, 그 우두머리가 있는 곳은 많은 '봉'이 지키듯이 돌면서 에워싸고 있으니, 임금과 신하 사이의 의로움이 있다. 그 독은 꼬리에 있고 끝을 드리운 것이 마치 칼끝과 같기 때문에 '봉'이라 한다. 『방언』에서 "크고 꿀이 있는 것을 '호봉'이라 한다"고 하였으니, 지금의 '흑봉'이다. '황봉'[118] 또한 한 종류지만 꿀이 없고 가늘며 길다. 그 벌집은 지붕에 엮으니 옻칠하여 꼭지(매달려있는 곳)를 단단하게 한다.

『아익』에서 말하였다. 허리가 가는 '봉'은 벌집을 지을 때 작은 나무와 처마 아래에 지으며 벌집을 이어 붙이는 곳은 반드시 옻칠을 한다. 큰 나무 위에 있는 것은 '봉'과 벌집이 모두 크니 '노봉방'[119]이라 한다. '밀봉(꿀벌)'은 '봉'과 비슷하지만 작고 사람이 거두어 기른다. 하루에 두 차례 나가 모여서 우니 '량아'라 부른다. 꽃술 위의 가루를 캐어 두 넓적다리에 놓으니, 혹 얻은 것이 없으면, 길에서 자고 벌집으로 돌아가지 않는다.

『명물해』에서 말하였다. 『화서』에서 "'봉'은 임금과 신하가 있고, 그 독이 꼬리에 있다"라는 것과 『전』에서 "'봉'과 '채(전갈)'는 침을 드리운다"라는 것

117 앞장 '도충(挑蟲)' 참조. '봉(蜂)'을 부리다가 쏘임을 당한 것을 비유하여 작은 일에 삼가면 큰 화를 방비할 수 있음을 말하는 내용이다.

118 벌의 일종으로 말벌이나 참벌을 가리킨다.

119 벌집(蜂巢).

이 이것이다.
범처의가 『시보전』에서 말하였다. '봉'이 사람을 쏘면 반드시 행운이 오기 때문에 '행석'이라 한다.
나는 이렇게 생각한다. 『예림벌산』[120]에서 "'내가 '봉'을 부리지 않았다.'라 하였으니 '병'의 음은 '팽'이며 옛 음은 '병'이다. 『모전』에서는 '철예(摩曳)'[121]라 하였으니 '철'의 음은 '시'이다. 손염은 철예(掣曳)로 썼으니 서로 악을 견제한다는 말이다. 『설문』에 "'병'은 부림이다'라 하였는데 곧 '병(甹)' '병(甹)'이라 읽고 쓰니 또한 옳은 듯하다"고 하였다. '봉'의 무리는 매우 많은데, 그 중 한 종류인 '황봉'이 가장 쉽게 사람을 쏘기 때문에 그 하나를 예로 들면 대개 모두를 열거할 수 있다.

爾雅 土蠭木蠭. 郭璞注 今江東大蠭在地中作房者爲土蠭. 啖其子卽馬蠭 似土蠭而小在樹上作房 江東亦呼爲木蠭 又食其子. 埤雅 蜂有兩衙應潮 其主之所在衆蜂爲之旋繞如衛 有君臣之義. 其毒在尾垂穎如鋒 故謂之蜂. 方言曰 大而蜜謂之壺蜂 卽今黑蜂. 黃蜂亦其一種 無蜜纖長. 其窠仰綴于屋 御漆以固其蔕. 雅翼 細腰蜂作房在小樹及簷下 房綴着處必以漆. 其在大木上者蜂與房皆大 謂之露蜂房. 蜜蜂似蜂而小 人收而養之. 一日兩出聚鳴 號爲兩衙. 採花鬚上粉置兩髀 或採無所得 經宿不歸房中. 名物解化書曰 蜂有君臣 其毒在尾 傳曰 蜂蠆垂芒 是也. 范處義詩補傳 蜂螫人必幸 故曰幸螫. 愚按 秇林伐山云 莫予荓蜂 荓音烹舊音甹. 毛傳 以爲摩曳 摩音翅. 孫炎作掣曳 謂相掣曳之于惡. 說文 甹使也 則甹讀作甹 疑亦可也. 蜂類甚多 一種黃蜂最易螫人 則擧其一可以例凡.

---

120 명(明) 양선(楊愼)의 저서.
121 끌어당김. 인신하여 견제함을 뜻한다.

魚

魴(방어) : 『시경(詩經)』「주남(周南)」〈여분(汝墳)〉[1]

『이아』「석어」에서 말하였다. '방(방어)'은 '비'이다.
곽박이 주에서 말하였다. 지금 강동에서는 '방어'를 '편'이라 부르고, 다른 이름으로 '비'라 한다.
육기가 『모시초목조수충어소』에서 말하였다. '방'은 지금 이수[2] · 낙수[3] · 제수[4] · 영수[5]의 '방어'이다. 넓고 얇으며 살졌는데 힘이 적고, 비늘이 가늘며 물고기 중 맛이 좋다. 어양[6] · 천주[7]와 요동[8] · 양수의 '방'이 살지고 두터워서 더욱 맛이 좋다. 그러므로 그 고장의 말에 "양수의 '방'을 양식 삼아 삶을 이룬다"고 하였다.
라원이 『이아익』에서 말하였다. 머리는 짧고, 등은 높으며, 배는 넓다. 청백색이고, 맛이 좋은데 한수[9]에 있는 것은 더욱 맛이 좋다고 하였다.
육전이 『비아』에서 말하였다. 그 넓고 모졌으며, 그 두텁고 납작하기 때문에 다른 말로 '방어'라 하니 '방'은 모남(方)이요, 다른 말로 '편'이라 하니 '편'은 납작함(編)이다. "방어의 꼬리가 붉도다"[10]란 군자가 왕의 일에 힘써 피

---

1 문왕의 덕과 교화가 행해짐을 읊은 시이다.
2 하남성(河南省) 노씨현(盧氏縣) 웅이산(熊耳山)에서 낙양(洛陽) · 낙수(洛水)로 흘러드는 강이다.
3 섬서성(陝西省)에서 발원하여 황하(黃河)로 흘러드는 강이다. 낙하(洛河). 이수와 아울러 이낙으로 불린다.
4 하남성에서 발원하여 바다로 흘러드는 강이다.
5 하남성 등봉현(登封縣)에서 발원하여 회수(淮水)로 흘러드는 강이다. 원문에는 '이삭 영(穎)'으로 되어 있는데, 이는 '강 이름 영(潁)'의 오기인 듯하여 바로잡는다.
6 진(秦) 때 설치한 군(郡)으로 지금의 하북성(河北省) 북경시(北京市)와 동북쪽의 각 현(縣)을 포함한다.
7 한(漢) 때 설치한 천주현(泉州縣)으로 어양군에 속했다. 지금의 천진(天津) 무청현(武清縣) 동남쪽을 가리킨다.
8 요하(遼河)의 동쪽 지역이며 지금의 요녕성(遼寧筬) 동부와 남부를 지칭한다.
9 양자강(揚子江)의 가장 큰 지류이다. 수원(水源)은 섬서성의 파총산(嶓冢山)이다. 한강(漢江).
10 『시경(詩經)』「소남(召南)」〈여분(汝墳)〉.

곤함이니 『양생경』에 “물고기가 힘들면 곧 꼬리가 붉어지고, 사람이 힘들면 곧 머리털이 센다”고 하였다.

공영달이 『정의』에서 말하였다. ‘방어’의 꼬리는 붉지 않다. 그러므로 힘들어야만 곧 꼬리가 붉어짐을 알 수 있다.

여씨남전[11]이 말하였다. ‘리(잉어)’의 꼬리는 붉고, ‘방’의 꼬리는 희니 붉어지면 곧 수고로움이 심한 것인 듯하다.

채원도가 『명물해』에서 말하였다. ‘방’은 힘이 적어서 쉽게 피곤한 것이다. 힘들면 곧 꼬리가 붉어지니 힘이 적은 성질 때문에 또 수고로운 것이다. 그 피곤함이 더욱 심해지기 쉽기 때문에 〈여분〉에서 상의 시달려 지친 나머지 백성을 비유했다고 하였다.

나는 이렇게 생각한다. ‘방어’는 머무는 곳이 있으며, 배 안에 비계가 있어 맛이 가장 기름지다. 지금 오중에서는 ‘편어’라 부른다.

爾雅釋魚 魴鯠. 郭璞註 今江東呼魴魚爲鯿 一名魾. 陸璣草木蟲魚疏 魴今伊洛濟潁魴魚也. 廣而薄肥 而少力細鱗魚之美者. 漁陽泉州及遼東梁水魴肥厚尤美 故鄕語云 居就糧梁水魴. 羅願爾雅翼 縮頭穹脊博腹. 青白而味美 漢中者尤美. 陸佃埤雅 其廣方其厚褊 故一曰 魴魚 魴方也. 一曰 鯿魚 鯿褊也. 魴魚頳尾譬君子勞於王事 養生經曰 魚勞則尾赤 人勞則髮白. 孔穎達正義 魴魚之尾不赤 故知勞則尾赤. 呂氏藍田曰 鯉尾赤 魴尾 白赤則勞甚矣. 蔡元度名物解 魴寡力 而易困者也. 勞則尾赤 以寡力之性 而又勞矣. 其困尤甚易 故汝墳 喩商餘憔悴之民. 愚按 魴魚所處有之 腹內有肪味最腴. 今吳中呼爲鯿魚.

---

11 송(宋)의 여태방(呂太防).

鱣(철갑상어) : 『시경(詩經)』「위풍(衛風)」〈석인(碩人)〉[12]

육기가 『시소』에서 말하였다. '전(철갑상어)'과 '유(다랑어)'는 강과 바다에서 나온다. 3월 중에 황하의 하구에서 위로 올라온다. '전'은 모양이 '룡(용)'과 비슷하고, 머리가 뾰족하며, 입이 턱 아래 있고, 등 위와 배 아래에 모두 껍질이 있으며, 너비는 네다섯 자이다. 지금 맹진[13] 동쪽 석적[14] 위에서 낚시로 잡을 수 있는데 큰 것은 약 천근 남짓이다.

곽박이 주에서 말하였다. '전'은 큰 물고기로 '심(큰다랑어)'과 비슷하나 코가 짧고, 입이 턱 아래에 있다. 몸은 비스듬하게 다니고, 껍질에 비늘이 없다. 살이 노란데 큰 것은 길이가 두세 장이 된다. 지금 강동에서는 '황어(철갑상어)'라고 부른다.

『비아』에서 말하였다. '전어(철갑상어)'의 연골을 세속에서는 '옥판'이라고 한다.

『회남자』에서 말하였다. '제호(사다새)'는 몇 말의 물을 마셔도 만족하지 못하고, '전'과 '유'는 조금의 이슬이라도 입으로 들어가면 죽는다.

역도원이 『수경주』에서 말하였다. '전'·'유'·'리(잉어)'는 공[15]의 굴에서 나와 석 달이 되면 용문[16]에 오르려고 하는데, 오르게 되면 '룡'이 되고 그렇지

---

12 앞장 '추제(蝤蠐)' 참조.

13 하남성(河南省)에 있는 지명이다. 주(周) 무왕(武王)이 주(紂)를 칠 때 제후와 회맹(會盟)을 하였다고 전해지는 곳으로서, 이후 역대의 회맹지가 되었다.

14 모래와 돌이 많은 곳을 가리킨다.

15 하남성(河南省)의 현(縣) 이름.

16 산서성(山西省) 하진현(河津縣) 서북과 섬서성(陝西省) 한성시(韓城市) 동북에 있는 땅 이름

못하면 점액[17]하여 돌아온다.

『안씨가훈』에서 말하였다. '전어'는 순수한 잿빛이고 무늬가 없다.

나는 이렇게 생각한다. 『모전』에서 "'전'은 '리'이다"라고 하였다. 사인은 "'리'는 다른 이름으로 '전'이라 한다"라 하였지만, 곽씨는 "'리'는 지금의 '적리어'이다"라 하였고, "'전'은 곧 큰 물고기이다"라 하였으니, 각각 다른 종류의 물고기를 가리키는 것이 분명하다. 또 〈잠〉[18]이라는 시에서 "철갑상어가 있고 다랑어가 있으며, 피라미와 황상어와 메기와 잉어가 있도다"라 하였는데, 이미 '전'을 말하고도 또 '리'를 말한 것은 곧 '전'과 '리'가 다른 물고기임을 확실히 증명하는 것이다. '전'은 헤엄을 잘 치지 못하고, '상(코끼리)'과 같이 머뭇거림이 있으며, 등과 배에 껍질이 있고, 고기는 노란색이다. 안씨가 잿빛이라고 한 것은 껍질의 색을 말한 것이다. 지금 오중에서는 '착갑'이라 부른다.

陸璣詩疏 鱣鮪出江海. 三月中從河下頭來上. 鱣形似龍銳頭口在頷下 背上腹下皆有甲 縱廣四五尺. 今于盟津東石磧上釣取之 大者千餘斤. 郭璞註 鱣大魚似鱏而短鼻 口在頷下. 體有邪行甲 無鱗. 肉黃大者長二三丈. 今江東呼爲黃魚. 埤雅 鱣魚輭骨俗謂之玉板. 淮南子 鵜鶘飮水數斗而不足 鱣鮪入口若露而死. 酈道元水經注 鱣鮪鯉出鞏穴三月 則上度龍門 得度爲龍矣 否則點額而還. 顔氏家訓 鱣魚純灰色無文. 愚按 毛傳 鱣鯉也. 舍人曰 鯉一名鱣 而郭氏云 鯉今赤鯉魚 鱣乃大魚 明是各爲一魚. 且潛詩云 有鱣有鮪鰷鱨鰋鯉 旣言鱣又言鯉 則鱣鯉異魚有明徵矣. 鱣不善游 有邅如之象 背腹有甲肉黃色. 顔氏云灰色就皮言也. 今吳中呼爲着甲.

이다. 황하(黃河)가 이곳에 이르면 양쪽 언덕의 깎아지른 듯한 절벽이 대문처럼 맞서 있으므로 이른다.

17 벼슬길에서 뜻을 이루지 못하거나 과거에 응시했다가 낙제하는 것을 말한다. 잉어가 용문을 통과하면 용이 되지만 통과하지 못하면 머리만 다치고 되돌아간다는 데서 온 말이다.

18 『시경(詩經)』「주송(周頌)」.

鮪(다랑어) : 『시경(詩經)』 「위풍(衛風)」 〈석인(碩人)〉[19]

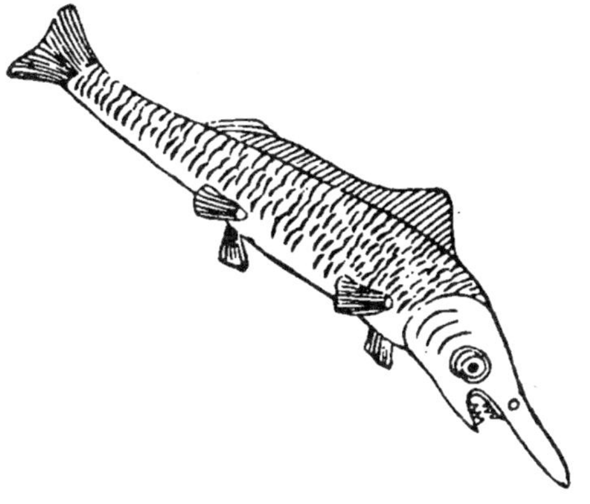

『모전』에서 말하였다. '유(다랑어)'는 '락(다랑어)'이다.
『이아』에서 말하였다. '락'은 '숙유(다랑어)'이다.
곽박이 주에서 말하였다. '유'는 '전(철갑상어)'과 같은 종류인데 큰 것의 이름은 '왕유(큰 상어)'이고, 작은 것의 이름은 '숙유'이다.
육기가 『모시초목조수충어소』에서 말하였다. '유'의 모양은 '전'과 비슷하나 청흑색이고, 머리는 작고 뾰족하여 철로 만든 투구와 비슷하며, 입은 또한 턱 밑에 있다. 큰 것은 일고여덟 자에 이르고, 고기 색은 희며, 맛은 '전'만 못하다. 지금 동래[20]와 요동[21] 사람들은 '위어(다랑어)'라고 하는데, 어떤 사람들은 '중명(다랑어)'이라고도 한다. '중명'이란 것은 낙랑[22]의 벼슬인데 바다 속에 빠져죽어 이 물고기로 변한 것이다. 또 하남성 공현 동북쪽 낭떠러지의 두 산 중턱에 굴이 있다. 옛말에 이 굴은 강과 호수와 통하는데, '유'가 이 굴을 따라와서 북쪽 황하로 들어가 서쪽의 용문에 올라 칠저[23]로 들어간다고 하였다. 그러므로 장형이 〈부〉에서 "'왕유'가 산굴에 살고 있다"라 하였다. 산에 있는 굴을 '수(岫)'

---

19 앞장 '추제(蝤蠐)' 참조.
20 옛날 산동(山東) 지역에 있던 등주(登州)와 내주(萊州)의 땅으로, 지금의 산동성(山東省) 액현(掖縣)이다.
21 요하(遼河)의 동쪽 지역이며 지금의 요녕성(遼寧省) 동부와 남부를 가리킨다.
22 한(漢) 무제(武帝)가 위씨조선(衛氏朝鮮)을 치고 그 지방에 설치한 사군(四郡)의 하나이다. 지금의 평양 부근으로, 고구려 미천왕(美川王) 때 고구려에 귀속되었다.
23 칠수(漆水)와 저수(沮水)를 합하여 가리키는 말로 지금의 위하(渭河)이다.

라고 하니, 이 굴을 말하는 것이다.

『비아』에서 말하였다. '유'는 코가 길고, 몸에 비늘이 없으며, 산굴에 산다. 봄에 이르면 나오기 시작하여 해를 향해 떠오르니, 북쪽으로 황하로 들어가 서쪽의 용문에 올라 칠저로 들어가는데 해를 보면 눈앞이 아물아물해진다. 그러므로 시인이 칠저와 황하를 이 물고기가 다니는 길이라고 말하였다. 『예기』에 "'룡(용)'을 가축으로 삼았기 때문에 물고기와 '유'가 흩어지지 않는다"[24]라 하였다.

나는 이렇게 생각한다. 「하소정」에서 "2월에 '유'로 제사를 지낸다"라 하였고, 「월령」에서 "계춘(季春)[25]에 '유'를 바친다"라 하였으며, 「천관」[26] 〈어인〉에서는 "봄에 '왕유'를 바친다"라 하였다. 대개 산굴에 살고 봄에 나오니 물고기 가운데 가장 먼저 나온다. "펄떡거린다"[27]라고 말한 것은 육농사가 "'전'과 '유'는 튼튼한 물고기이기 때문에 그 뛰어오름이 발발해서 그물에 걸려들지 않는다"라 한 것과 같다.

毛傳 鮪鮥. 爾雅 鮥鮛鮪. 郭璞註 鮪鱣屬 大者名王鮪 小者名鮛鮪. 陸璣疏 鮪形似鱣而靑黑 頭小而尖似鐵兜鍪 口亦在頷下. 大者止七八尺 肉色白 味不如鱣. 今東萊遼東人謂之尉魚 或謂之仲明. 仲明者樂浪尉也 溺死海中化爲此魚. 又河南鞏縣東北崖二山腹有穴. 舊說 此穴與江湖通 鮪從此穴而來 北入河西上龍門入漆沮. 故張衡賦云 王鮪岫居. 山穴爲岫謂此穴也. 埤雅 鮪長鼻 體無鱗甲 岫居. 至春始出而浮陽 北入河西上龍門入漆沮 見日而目眩. 故詩人 言漆沮及河通道此魚. 禮曰 龍以爲畜 故魚鮪不淰. 愚按 夏小正二月祭鮪 月令 季春薦鮪 天官𩟹人 春獻王鮪. 蓋岫居春出 魚之先至也. 曰發發者 如陸農師云 鱣鮪健魚 故其跳躍發發然不麗于罛.

---

24 『예기(禮記)』「예운(禮運)」 제9장.

25 음력 3월.

26 『주례(周禮)』의 편명.

27 『시경(詩經)』「위풍(衛風)」〈석인(碩人)〉.

鰥(자가사리) : 『시경(詩經)』「제풍(齊風)」〈폐구(敝笱)〉[28]

『모전』에서 말하였다. '환(자가사리)'은 큰 물고기이다.

『공총자』[29]「항지」편에서 말하였다. 위 사람이 황하에 낚시를 드리워 '환어'를 낚았는데 그 크기가 수레를 가득 채울 정도였다. 자사가 "어떻게 그것을 낚았습니까?"라고 묻자 대답하길 "내가 '방(방어)' 한 마리를 미끼로 낚시를 드리우자 '환'이 지나치며 보지도 않았습니다. 다시 '돈(돼지)' 반 마리로 하자 '환'이 삼켰습니다"라고 하였다.

유희가 『석명』에서 말하였다. '환'은 '곤(昆)'인데 '곤'은 밝음이다. 근심하고 근심하여 잠들지 못해 눈이 항상 환환[30]하였다. 그래서 그 글자는 '어(魚)'자를 좇았다. 물고기는 항상 눈을 감지 않기 때문이다.

『백호통』[31]에서 말하였다. '환'은 환환이니 친한 바가 없는 것이다.

정강성이 『전』에서 말하였다. '환'은 물고기 새끼이다.

『정의』에서 말하였다. "'환'은 물고기 새끼이다"는 『석어』의 문장이다. 이순이 "모든 물고기 새끼를 '곤(鯤)'이라고 한다. '곤(鯤)'과 '환'은 다른 글자이나 옛날에는 통용했다"라 하였는데 어떤 사람은 정씨가 책에서 '곤(鯤)'이

---

28 노(魯) 환공이 어머니 문강(文姜)을 제어하지 못함을 해진 통발이 큰 물고기를 제어할 수 없음으로 비유한 시이다.

29 전한(前漢) 때 공자의 9대손 공부가 편찬한 책으로 공자 이하 자사(子思)・자고(子高)・자순(子順) 등 일족의 언행을 모아 엮었다.

30 근심으로 잠들지 못한 모양.

31 후한(後漢)의 반고(班固)가 지은 책으로 『백호통의(白虎通義)』라고도 한다. 장제(章帝)가 여러 유학자들을 백호관에 모아 오경(五經)의 이동(異同)을 강론한 것을 기록했다. 전 4권.

라고 썼다고 하였다. 「노어」[32]에서 리혁이 "물고기는 새끼와 알을 잡지 말아야 하고, 새는 새끼와 알을 길러야 사물이 불어난다"고 하였으니 이 또한 '곤(鯤)'을 물고기 새끼로 본 것이다. 모씨는 '곤(鯤)'을 큰 물고기로 보았고, 정씨는 '곤(鯤)'을 물고기 새끼로 보았으니 시[33]에서 '방'과 더불어 서로 짝하여 나온 것이다. '방'은 물고기로 중간 크기이기 때문에 크다고도 할 수 있고 또 작다고도 할 수 있다. 『전』에서는 한결같이 '환'을 큰 물고기라 했으니 곧 강한 통발이라 하더라도 제어할 수 없는데 해지고 망가진 것으로는 당할 수 없음을 비유한 것이다. 작은 물고기는 쉽게 제어할 수 있다고 함은 문강을 쉽게 제어한다는 말이다.

나는 이렇게 생각한다. '환'은 다만 '방'과 '서(연어)'의 따위로 반드시 수레에 가득 찰 정도로 크다는 것은 아니다. 만약 정씨가 "물고기 새끼이다"라 했다면 아직 자라지 않은 물고기이니 어찌 통발로 제어한다고 할 수 있었겠는가. 왕숙[34]이 "노 환공이 문강을 제어할 수 없는 상황이 마치 해진 통발로 큰 물고기를 제어할 수 없는 것 같다"라 하였다.

毛傳 鰥大魚. 孔叢子抗志篇 衛人釣于河得鰥魚焉 其大盈車. 子思問曰 如何得之 對曰 吾下釣垂一魴之餌 鰥過而不視. 又以豚之半 鰥則呑矣. 劉熙釋名 鰥昆也昆明也. 愁悒不寐目恒鰥鰥然. 故其字从魚. 魚目恒不閉者也. 白虎通 鰥之言鰥鰥 無所親也. 鄭康成箋 鰥魚子. 正義 鰥魚子釋魚文. 李巡曰 凡魚之子總名鯤也. 鯤鰥字異 古字通用 或鄭本作鯤也. 魯語 里革曰 魚禁鯤鮞 鳥翼鷇卵 蕃庶物也. 是亦以鯤爲魚子. 毛以鯤爲大魚 鄭以鯤爲魚子 而與魴相配. 則魴之爲魚中魚也 故可以爲大亦可爲小. 箋以一鰥若大魚 則

32 『국어(國語)』의 편명.

33 "그 물고기는 방어와 자가사리로다(其魚魴鰥)." 『시경(詩經)』 「제풍(齊風)」 〈폐구(敝笱)〉.

34 195~256. 자(字)는 자옹(子雍). 삼국시대 위(魏)의 정책가 · 학자로 동해군(東海君)에서 출생했다. 자주 정견을 상주(上奏)하여 정사에 관여하였고, 시중(侍中) · 태상(太常) · 중령군(中領軍)을 지냈다. 진(晉)의 사마소(司馬昭)는 그의 사위이다. 『주역(周易)』, 『모시(毛詩)』, 『삼례(三禮)』, 『춘추삼전(春秋三傳)』, 『국어(國語)』등의 주석서를 지었고, 그 무렵의 뛰어난 유학자 정현(鄭玄)과 그의 제자 손염(孫炎)의 학설에 반대하여 자기가 의작(擬作)한 『공자가어(孔子家語)』를 인용하여 논박한 것을 모아 『성증론(聖證論)』 12권을 지었다.

强笱亦不能制 不當以敝敗爲喩. 言小魚易制 喩文姜易制. 愚按 鰥特魴鱮之類 不必大如盈車. 若鄭云魚子 則尙未成魚 何可制以笱耶. 王肅云 魯桓不能制文姜 猶敝笱不能制大魚.

鱮(연어) : 『시경(詩經)』「제풍(齊風)」〈폐구(敝笱)〉[35]

정현이 『모시정전』에서 말하였다. '서(연어)'는 '방(방어)'과 비슷하나 비늘이 연하다.

육기가 『모시초목조수충어소』에서 말하였다. '서'는 '방'과 비슷하나 두껍고 머리가 크다. 물고기 중에 맛없는 것이기 때문에 속담에 "그물로 '서'를 잡아도 먹은 것만 못하다"라 하였다. 그 머리가 더욱 크고 살진 것을 서주 사람들은 '연(연어)'이나 '용(전어)'이라 부르며, 유주 사람들은 '효후'라 부르고, 어떤 사람들은 '호용'이라 한다.

『비아』에서 말하였다. '서'는 흰색이어서 북쪽 땅에서는 모두 '백서'라 부른다. 〈서정부〉[36]에서 "화려한 '방'은 뛰고, 소박한 '서'는 등지느러미를 움직인다"라 하였다. 성질이 또한 무리지어 다니기 때문에 그 글자는 '여(與)'자를 좇아 만들었다. 물을 떠나면 곧 죽는 약한 물고기이다. 지금 오와 월에서는 '용'이나 '연어'라 부른다. 『육도』에서 "낚싯줄에 미끼를 거듭 드리우면, 곧 '가어'[37]가 그것을 먹고, 낚싯줄에 풀 미끼를 드리우면 '용어'가 그것을 먹는다"라 하였다. '용'은 따르는 물고기이기 때문에 '용(庸)'이라는 글자를 좇았다.

나는 이렇게 생각한다. '서'는 무리지어 다니는 것을 좋아하고 서로 헤엄치기 때문에 '여(與)'라 하며, 서로 이어 다녀서 '련(連)'이라 하고, 지금 오중에서는 '백련'이라 한다. 이 물고기는 맛이 없다. 『이아익』에 "물고기가 비록

---

35 앞장 '환(鰥)' 참조.

36 진(晋) 문인(文人) 반악(潘岳)의 작이다. 사람과 자연을 다스리는 내용을 논한 부(賦)이다.

37 "'가어(嘉魚)'는 잉어의 바탕에 붕어의 살로 오수(汚水) 남쪽의 병혈(丙穴)에서 나온다(嘉魚鯉質 鱒鯽肌 出於汚南之丙穴)." 『시경집전(詩經集傳)』「소아(小雅)」〈남유가어(南有嘉魚)〉.

같은 종류라도 그 맛은 같지 않다. ‘환(산천어)’은 풀을 먹고, ‘준(송어)’은 ‘라(소라)’와 ‘방(방합)’을 먹는데, ‘서’는 곧 ‘환’의 배설물을 먹으니 마땅히 그 맛은 좋지 않다”라 하였다.

鄭箋 鱮似魴而弱鱗. 陸璣疏 鱮似魴厚而頭大. 魚之不美者 故里語曰 網魚得鱮不如啗茹. 其頭尤大而肥者 徐州人謂之鰱 或謂之鱅 幽州人謂之鴞鷂 或謂之胡鱅. 埤雅 鱮色白北土皆呼白鱮. 西征賦云 華魴躍鱗 素鱮揚鬐. 性亦旅行 故其制字从與. 失水則死弱魚也. 今吳越呼爲鱅鰱魚. 六韜曰 緡隆餌重 則嘉魚食之 緡調餌芳 則庸魚食之. 鱅庸魚也 故其字从庸. 愚按 鱮好旅行 相與游曰與 相連屬曰連 今吳中呼爲白鰱. 魚味不美. 雅翼云 魚雖同類所食不同. 鯇食草 鱒食螺蚌 鱮乃食鯇矢 宜其味之不美也.

鯉(잉어) : 『시경(詩經)』「진풍(陳風)」〈형문(衡門)〉[38]

『신농서』에서 말하였다. '리(잉어)'는 물고기의 최고 우두머리이다.

『양어경』[39]에서 말하였다. '리'를 기르는 것은 '리'가 서로 잡아먹지 않고 쉽게 자라며 또 귀하기 때문이다.

도은거가 『본초주』에서 말하였다. '리'는 모든 물고기의 우두머리로, 모양이 사랑스러우며, 또 신기한 변화를 할 수 있고, 강과 호수를 나는 듯이 뛰어 넘는다.

『비아』에서 말하였다. 지금의 붉은 '리'이니 다른 이름으로 '전리(철갑상어)'이고, 등 가운데로는 비늘이 한 줄로 되어 있다. 모든 비늘 위에 작은 흑점 무늬가 있고, 크거나 작거나 모두 36개의 비늘이 있으며, 물고기의 귀한 것이다. 그러므로 「석어」[40]에서 '리'를 맨 앞 편으로 삼았다. 또 세속에서는 "낙수의 '리'와 이수의 '방(방어)'은 '우(소)'와 '양'보다 귀하다"라고 하였다. 낙수는 물길 도는 곳이 깊어 '리'가 살기에 적합하고 이수는 맑고 얕아 '방'이 살기에 적합하다는 말이다.

『명물해』에서 말하였다. '리'는 얻기 쉬운 물고기이며, 달고 독이 없어서 사람이 기를 수 있기 때문에 '리(里)'자를 따랐다. 〈형문〉[41]에 '방'이 먼저 나오고 '리'가 뒤에 나오는데, 지극히 맛있는 것을 앞세웠다. 〈어리〉[42]에서는

---

38 희공(僖公)을 타이른 내용의 시로, 근후(謹厚)하기만 하고 뜻을 세움이 없는 군주를 형문(衡門)에 비유한 것이다.

39 주(周) 도주공(陶朱公)이 지은 책이다. 사어(飼魚) 등 양식에 관한 내용을 체계적으로 설명하고 있다.

40 『이아(爾雅)』의 편명.

41 『시경(詩經)』「진풍(陳風)」의 장명.

온갖 사물을 많이 말하고 있기 때문에 많이 얻을 수 있는 것부터 말하면, 먼저 '상(황상어)'과 '사(모래무지)'이고, 다음은 '방'과 '리'이다. 〈잠〉[43]에서는 넉넉한 잔치에 올리는 물건을 말하니, 큰 것부터 말하면 먼저 '전(철갑상어)'과 '유(다랑어)'이고, 다음은 '조(피라미)'와 '상'이며, '언(메기)'과 '리'이다. 가장 큰 것은 '전'이고 가장 작은 것은 '리'이니, 이는 〈잠〉에 많은 물고기가 나온 것이다.

나는 이렇게 생각한다. '전'이 가장 크다는 것은 믿겠는데, '리'가 가장 작다는 것은 믿지 못하겠다. 대개 '리'의 큰 것은 '전'과 '유'에 뒤쳐지지 않으니, '리'가 용문을 지나면 '룡(용)'으로 변한다. '조'와 '상' 같은 종류는 물고기의 작은 것이다.

神農書 鯉最爲魚之主. 養魚經 所以養鯉者鯉不相食易長又貴. 陶隱居本草注 鯉爲諸魚之長 形既可愛 又能神變 飛越江湖. 埤雅 今之赬鯉也 一名鱣鯉 脊中鱗一道. 每鱗上有小黑點文 大小皆三十六鱗 魚之貴者. 故釋魚 以鯉冠篇. 又里語 洛鯉伊魴貴於牛羊. 言洛以渾深宜鯉 伊以淸淺宜魴. 名物解 鯉易得之魚 甘而無毒足以養人 故字从里. 衡門先魴後鯉 先其至美者. 魚麗 言萬物盛多 故自其多得言之 先鱨鯊次魴鯉. 潛 言備饗獻之物 自其大者言之 先鱣鮪次鰷鱨次鰋鯉. 大而至於鱣 小而至於鯉 此潛之所以多魚也. 愚按 大至于鱣信矣 小至于鯉非也. 葢鯉之大不亞鱣鮪 鯉過龍門便化爲龍. 若鰷鱨魚之小者.

42 『시경(詩經)』「소아(小雅)」의 장명.
43 『시경(詩經)』「주송(周頌)」의 장명.

鱒(송어) :『시경(詩經)』「빈풍(豳風)」〈구역(九罭)〉[44]

『이아』에서 말하였다. '필(송어)'은 '준(송어)'이다. 곽박이 주에서 말하였다. '환(산천어)' 새끼는 눈이 붉다.

육기가 『모시초목조수충어소』에서 말하였다. '환'과 비슷하나 '환'보다는 비늘이 가늘고, 눈이 붉다고 한 것이 이것이다. 손염이 주에서 말하였다. '준'은 홀로 다니기를 좋아하는데, 존귀하고 믿음직스럽기 때문에 '존(尊)'자와 '필(必)'자를 따랐다.

『이아익』에서 말하였다. '준어'는 눈 속에 붉은색 한 줄이 가로로 눈동자를 관통하고, 맛있는 물고기이며, 지금 세속에서는 '적안'이라 부른다. '라(소라)'와 '방(방합)'을 먹고, 대부분 홀로 다니는데 두세 마리가 함께 다니는 것도 있다. 매우 잡기 어렵고, 그물을 보면 번번이 피해간다.

『비아』에서 말하였다. '준어'는 둥글고, '방어'는 모졌다. 군자는 안을 둥글게 함으로써 도를 행하고, 밖을 반듯하게 함으로써 의를 행하니 주공이 덕을 갖추었다는 것이다.

『명물해』에서 말하였다. '준'은 '필'이다. 사람이 '방'을 잡는 방법이라면 반드시 그것을 잡을 수 있으나 법도로써 하지 않으면 곧 얻을 수 없다. 그러므로 반드시 매우 세밀한 방법을 써야하니 구역[45]이 이것이다.

爾雅 鮅鱒. 郭璞註 鯶子赤眼. 陸璣疏 似鯶而鱗細于鯶赤眼 是也. 孫炎註 鱒好獨行 尊而必者 故从尊从必. 爾雅翼 鱒魚目中赤色一道橫貫瞳 魚之美者 今俗謂之赤眼. 食螺蚌多獨行 亦有兩三頭同行者. 極難取見網輒避. 埤雅 鱒魚圓魴魚方. 君子道以圓內義以

44 주공(周公)을 찬미한 시로 주(周) 대부(大夫)가 조정에서 알아주지 않음을 풍자한 것이다.

45 작은 물고기를 잡는 눈이 촘촘하고 아홉 주머니가 달린 그물이다. '준'이 나오는『시경(詩經)』「빈풍(豳風)」편의 장명이기도 하다.

方外 而周公之德具焉. 名物解 鱒魾也. 人能以魴節 而必取之也 不以法度 則不足以得之. 故必以緩細之數 九罭是也.

鱨(황상어) : 『시경(詩經)』「소아(小雅)」〈어리(魚麗)〉[46]

『모전』에서 말하였다. '상(황상어)'은 날아오르는 것이다.

육기가 『모시초목조수충어소』에서 말하였다. '상'은 다른 이름으로 '황협어(자가사리)'이다. '연(제비)'과 비슷한 머리를 가진 물고기로, 몸은 두꺼우면서 길고 크다. 아가미 뼈는 순전히 노랗고, 물고기 중에서 크고 힘이 있으며, 날 수 있는 것이다. 서주[47] 사람들은 '양'이라고 한다. '황협'은 두루 쓰는 말이다.

육덕명이 『음의』에서 말하였다. 강동에서는 '황상어(자가사리)'라고 부르는데, 꼬리는 약간 노랗고, 큰 것의 길이는 일고여덟 치쯤이다.

『비아』에서 말하였다. 지금의 '황상어'가 이것이니, 잘 뜨는 성질이고, 높이 뛰어오르기를 잘하기 때문에 한편으로 '양'이라고 한다. 옛 말에 물고기 쓸개는 봄과 여름에는 아래쪽에 가까이 위치하고, 가을과 겨울에는 위쪽에 가까이 위치한다고 하였다.

『명물해』에서 말하였다. '상'과 '사(모래무지)'는 원래부터 맛있지만 많이 잡을 수 없는데, 맛있음은 말할 나위도 없기 때문에 많은 것을 귀하게 여겼다. "맛이 있고도 많구나"[48]라 함은 맛있고 또 많다는 말이다. '방(방어)'과 '례(가물치)'는 원래부터 많지만 음(陰)의 만물 중에 오로지 모질고 사나운 기운이 있어 곧 맛있지 않은데, 많음은 말할 나위도 없기 때문에 맛있는 것을 귀하게 여겼다. "많이 있고도 맛있구나"[49]라 함은 많고 또 맛있다는 말이다. '언(메기)'과 '리(잉어)'[50]는 원래부터 많고 또 맛있는데, 잡기 쉽고 먹기에 맛이

---

46 만물이 매우 많아 예(禮)를 갖추어 천지(天地)의 신령(神靈)들에게 고(告)할 수 있음을 찬미한 시이다.

47 구주(九州)의 하나로, 지금의 산동성(山東省) 동남쪽에서 강소성(江蘇省)・안휘성(安徽省)의 북부에 걸친 지역이다.

48 『시경(詩經)』「소아(小雅)」〈어리(魚麗)〉.

49 『시경(詩經)』「소아(小雅)」〈어리(魚麗)〉.

좋아 맛있음과 많음 모두 말할 나위도 없으니, 제철에 취한 것을 귀하게 여겼는데, "맛이 있고도 있구나"[51]라고 하니, 대개 제철에 부족함이 없다는 것을 '유(有)'로 여기었다.

나는 이렇게 생각한다. '상'은 아가미 아래에 가로놓인 뼈가 두 개 있고, 수염은 두 개이며, 위장이 있다. 무리지어 헤엄치면서 알알[52]과 같은 소리를 내기 때문에 다른 이름으로 '앙알(자가사리)'이라고 한다. 잘 죽지 않는 성질이며, 지금 오중에서는 '강시어'라고 부른다.

毛傳 鱨揚也. 陸璣疏 鱨一名黃頰魚. 似燕頭魚 身形厚而長大. 頰骨正黃魚之大 而有力解飛者. 徐州人謂之揚. 黃頰 通語也. 陸德明音義 江東呼黃鱨魚 尾微黃大者尺七八寸許. 埤雅 今黃鱨魚 是也 性浮而善飛躍 故一曰 揚也. 舊說魚膽春夏近下 秋冬近上. 名物解 鱨鯊固美矣 而不可多得 故美不足言 而以多爲貴. 曰 旨且多 言旨而又多也. 魴鱧固多矣 而陰物有一暴戾之氣 則不美矣 故多不足言 而以美爲貴. 曰 多且旨 言多而又旨也. 鰋鱧固多矣而又美 取之易食之甘旨也 多也皆不足言 而以時取爲貴 曰 旨且有 蓋不時不足以爲有也. 愚按 鱨腮下有二橫骨兩鬚有胃. 群游作聲如軋軋 故一名鉠䰳. 性最難死 今吳中呼爲剛腮魚.

50 원문에는 '례(鱧)'로 쓰여 있지만, 『시경(詩經)』「소아(小雅)」〈어리(魚麗)〉에 '상(鱨)'과 '사(鯊)', '방(魴)'과 '례(鱧)', '언(鰋)'과 '리(鯉)'가 짝을 이루고 있기 때문에 이에 따라 '리'로 해석하였다.

51 『시경(詩經)』「소아(小雅)」〈어리(魚麗)〉.

52 수레가 움직일 때, 노를 저을 때, 베를 짤 때 나는 소리이다.

鯊(모래무지) : 『시경(詩經)』 「소아(小雅)」 〈어리(魚麗)〉[53]

『이아』에서 말하였다. '사(모래무지)'는 '타(모래무지)'이다.

곽박이 주에서 말하였다. 지금 모래를 부는 작은 물고기이다. 몸은 둥글고 점무늬가 있다.

육기가 『모시초목조수충어소』에서 말하였다. 물고기가 갸름하며 작다. 항상 입을 벌려 모래를 불기 때문에 '취사'라 이름한다.

곽의공이 『광지』에서 말하였다. '취사'는 크기가 손가락만 하며 모래 속으로 다닌다.

진안이 『해물이명기』에서 말하였다. '사'는 '즉(붕어)'과 비슷하나 갸름하고 작다.

『아익』에서 말하였다. '사'는 단지 모래를 불기만 하는 것은 아니며 또 가는 모래를 먹는 것도 아니다. 그 맛은 매우 좋고, 큰 것은 두 근에 지나지 않지만, 작은 것의 아름다움만 못하다. 지금 사람들이 '중순'이라 부른다. 입술은 두툼하기가 매우 심한데 '와(개구리)'·'민(맹꽁이)'과 같기 때문에 이름한 것이다. 지금 강동의 작은 시내에 있는데 매번 봄이 되면 극심히 많아지고, 토박이들은 그것을 진미로 여긴다. 여름이면 물을 따라 내려오니 이 뒤에는 날이 가물 것이다. 대략 정월에 먼저 도달하고 다음에 '리(잉어)'가 오며 그 다음에는 '궐(쏘가리)'이 온다. '도(복숭아나무)'의 꽃이 물 위에 떨어지면 '궐'이 살지니 곧 3월일 것이다.

『비아』에서 말하였다. '사'의 성질은 잘 가라앉으니 항상 모래 속으로 다니며 또 모래 속에서 새끼를 기른다. '상(황상어)'·'방(방어)'·'리'의 성질은 떠오르는 것이고, '사'·'례(가물치)'·'언(메기)'의 성질은 가라앉는 것이다.

---

53 앞장 '상(鱨)' 참조.

나는 이렇게 생각한다. 어떤 사람이 나에게 "옛 말에 '사'는 두 종류라 했습니다. 바다 속 '사'는 다른 이름으로 '호두'이니, 모양은 크고, '별(자라)'의 발과 같으며 껍질은 도검의 칼집을 만들 수 있습니다. 〈어리〉에 나오는 '사'는 지금 남방의 시냇물에 있고 모래를 부는 작은 물고기이니 이름은 같지만 다른 것입니까?"라고 물었다. 나는 "그렇습니다. 〈어리〉의 '사'는 '사(沙)'와 '어(魚)'를 좇았습니다. 줄무늬가 있고 바다 속에 사는 것의 바른 이름은 '사어(상어)'입니다"라고 대답하였다.

爾雅 鯊鮀. 郭璞註 今吹沙小魚. 體圓而有點文. 陸璣疏 魚狹而小. 常張口吹沙 故名吹沙. 郭義恭廣志 吹沙大如指沙中行. 晉安海物異名記 鯊似鯽而狹小. 雅翼 鯊非特吹沙亦止食細沙. 味甚美大者不過二斤 然不若小者之佳. 今人呼爲重脣. 脣厚特甚 有若鼁黽故名. 今江東小谿中 每春極多 土人珍之. 夏則隨水下 是後罕矣. 大約正月先至 次則鯉至 次則鱖至. 桃花水至而鱖肥 則三月矣. 埤雅 鯊性善沈 常沙中行 亦于沙中乳子. 鱛魴鯉性浮 鯊鱧鰋性沈. 愚按 或問於余 舊說鯊有二種 海中鯊一名虎頭 形大鼈足 皮可爲刀劍鞘 魚麗之鯊 乃南方溪水中 吹沙小魚 同名異物乎. 曰 然魚麗之鯊 从沙从魚 連文海中直名沙魚也.

鱧(가물치) : 『시경(詩經)』「소아(小雅)」〈어리(魚麗)〉[54]

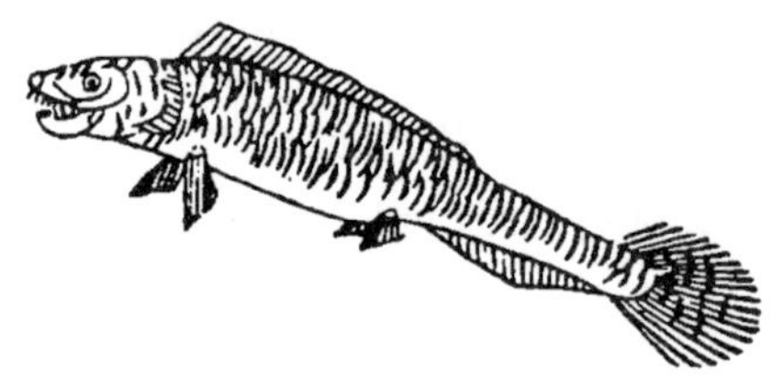

『모전』에서 말하였다. '례(가물치)'는 '동(가물치)'이다.

『이아』에서 말하였다. '례'이다.

곽박이 주에서 말하였다. '동'이다.

『비아』에서 말하였다. 지금의 '현례'가 이것이다. 여러 물고기 가운데 유독 '례'의 쓸개가 달아 먹을 수 있다. 혀가 있고, 비늘이 가늘며, 꽃무늬가 있어서 다른 이름으로 '문어'[55]라 한다. '사(뱀)'와 기가 통하고, 그 머리에는 별 모양이 있으며, 밤에는 곧 북쪽으로 향하기 때문에 대개 북쪽 방위에 속하는 물고기이다. 옛 말에 '례'는 '려(가오리)'와 '사'와 같이 변하는데, 잘 죽지 않는 것은 '사'와 같은 성질에서 연유한 것이라고 하였다. 어떤 사람은 '견(가물치)'이라 하는데, 『이아』에서 "'견'이 큰 것은 '동'이요, 작은 것은 '탈(가물치)'이다"라 하였다.

『정의』에서 말하였다. 사인은 "'례'의 이름은 '환(산천어)'이다"라 하였고, 곽박은 "'례'는 '동'이다"라 하였다. 여러 책들을 두루 살펴보면 어떤 것은 "'례'는 '종(가물치)'이다"라 하였고, 어떤 것은 "'례'는 '환'이다"라 하였으며, 또 다른 곳에는 "'례'는 '화(민어)'이다"라 하였다. 정본에는 "'례'는 '동'이다"라 하였으니 '동'과 '종'은 음이 같다.

나는 이렇게 생각한다. '리(잉어)'·'전(전어)'·'언(메기)'·'점(점어)'·'례'·'환' 이 여섯 가지 물고기가 있는데 사인은 '리'의 이름은 '전', '례'의 이름은 '환'이라 하고, 손염은 '언'을 '점'으로 삼았으니 곧 이 여섯은 세 가지의 물고기를 말한다. 오직 곽박이 주에서 『이아』의 여섯 물고기를 다르게 삼은 것

54 앞장 '상(鱨)' 참조.

55 '리(잉어)'의 다른 이름이다. 또는 알록달록하고 아름다운 물고기를 지칭한다.

은 당연한 것이다. 대개 '전'은 '리'가 아니라는 설명은 '전'의 주에 보인다. '례'는 '동'인데, 큰 것은 '견'이고, 작은 것은 '탈'이니, 곧 오중에서는 '흑어'라고 부른다. 만약 '환'과 같은 물고기라면 오중에서는 '혼어'라 부를 것이다. '혼'과 '환'은 음이 '혼(混)'으로 같으니, '례'는 '환'이 아님이 명백하다. '언'과 '점'은 아래 장에 자세하다.

毛傳 鱧鮦也. 爾雅 鱧. 郭璞註 鮦也. 埤雅 今玄鱧是也. 諸魚中惟鱧魚膽甘可食. 有舌鱗細有花文 一名文魚. 與蛇通氣 其首戴星 夜則北嚮 蓋北方之魚也. 舊說 鱧是公蠣蛇所化 至難死猶有虵性故. 或謂之鰹也 爾雅曰 鰹大鮦小者鮵. 正義曰 舍人云 鱧名鯇 郭璞云 鱧鮦. 徧檢諸本 或作鱧鱓 或作鱧鯇 或有本作鱧鰈者. 定本鱧鮦 鮦與鱓音同. 愚按 鯉鱣鰋鮎鱧鯇六魚 舍人以鯉名鱣鱧名鯇 孫炎以鰋爲鮎 則是統六者爲三魚. 惟郭註爾雅別爲六魚當矣. 蓋鱣之非鯉說見鱣註. 鱧鮦也 大者鰹小者鮵 卽吳中呼爲黑魚也. 若鯇又是一魚 吳中呼爲鯶魚. 鯶與鯇同音混 明是鱧之非鯇也. 鰋鮎詳下.

鰋(메기) : 『시경(詩經)』 「소아(小雅)」 〈어리(魚麗)〉[56]

『모전』에서 말하였다. '언(메기)'은 '점(메기)'이다.
『이아』에서 말하였다. '언'이다.
손염이 주에서 말하였다. '언'은 다른 이름으로 '점'이다.
곽박이 주에서 말하였다. '언'이며, 지금 '언'은 이마가 흰 물고기이다. '점'의 다른 이름은 '제(메기)'이며 강동에서는 '점'을 '제(鮧, 메기)'라고 부른다.
장읍이 『광아』에서 말하였다. '제'는 '점'이다.
『비아』에서 말하였다. 지금 '언'은 이마가 흰 물고기로 다른 이름은 '점'이다. '언어(메기)'는 누워있으며 '리어(잉어)'는 구부리고 있다. '례어(가물치)'는 둥글고 '방어'는 모졌다. 〈어리〉의 시에 "황상어와 모래무지로다", "방어와 가물치로다", "메기와 잉어로다"라 나온다. 대개 '상'과 '사'는 긴 물고기이고, '방'과 '례'는 각각 둥글고 모진 물고기를 말하며, '언'과 '리'는 각각 누워있고 구부리고 있는 물고기를 말하는 것으로 또 온갖 종류가 많음을 드러내고 있다.
나는 이렇게 생각한다. 「석어」[57]에서 '언'과 '점'을 함께 들었고, 곽씨[58]는 나누어서 해석하였는데, 형병은 "눈으로 확인하여 말한 것이다"라 하였으니 근거 없이 말한 것은 아니다. 여러 대가들은 모두 '점'을 '언'이라 생각하였는데, 답습한 지 이미 오래이므로 잘못을 그대로 따른 것이다. 옛 말에 '언어'는 몸이 둥글고 흰 이마에 배가 평평히 땅에 붙어있기 때문에 이름을 '언'이라 하였고, 소송[59]은 『도경』[60]에서 "등이 푸르고 입이 작아서 '점'이라

56 앞장 '상(鱨)' 참조.
57 『이아(爾雅)』의 편명.
58 곽박(郭璞).

부른다"라 하였다. 이것들에 따르면 두 물고기임이 명확한데 연관 없이 억지로 붙여 놓았다. 하물며 『이아』에서 "'리'·'전'·'언'·'점'·'례'·'환'"이라 하여 여섯 물고기인데, '리'가 '전'이 되지 못한다면 '언'도 '점'이 되지 못하고 '예'도 '환'이 되지 못한다는 것을 알 수 있다.

毛傳 鰋鮎也. 爾雅 鰋. 孫炎註 鰋一名鮎. 郭璞註 鰋今鰋額白魚. 鮎別名鯷 江東呼鮎爲鮧. 張揖廣雅 鯷鮎也. 埤雅 今鰋額白魚也 一名鮎. 鰋魚偃鯉魚俯. 鱧魚圓魴魚方. 魚麗之詩曰 鱨鯊 魴鱧 鰋鯉. 蓋鱨魦長魚也 魴鱧則言其魚一圓一方 鰋鯉則言其魚一偃一俯又以著萬物衆多也. 愚按 釋魚 鰋鮎並擧 郭氏分釋之 而邢昺謂 其目驗言之也 不爲無據. 諸家皆以鮎爲鰋 相沿旣久 並蹈此誤. 舊說 鰋魚身圓白額腹平著地 故名鰋. 蘇頌圖經云 背靑口小名鮎. 据此 明是兩物 無緣强合 況爾雅 鯉鱣鰋鮎鱧鯇六魚 鯉之不爲鱣則知鰋之不爲鮎 鱧之不爲鯇矣.

---

59 1020~1101. 자(字)는 자용(子容). 복건성(福建省) 천주(泉州) 출신으로 의학자이다. 송(宋) 인종(仁宗) 때 왕명으로 동물, 식물, 광물의 산지와 약물의 산출지 등을 조사하였다. 태상박사(太常博士)가 되어 본초서를 모아 『도경본초(圖經本草)』 21권을 지었다.

60 송(宋)의 의학자 소송이 1062년에 지은 본초서인 『도경본초』로 『본초도경』이라고도 한다.

嘉魚(곤들매기) : 『시경(詩經)』「소아(小雅)」〈남유가어(南有嘉魚)〉[61]

좌사[62]가 〈촉도부〉에서 말하였다. '가어(곤들매기)'는 병혈[63]에서 나온다.

이선이 주에서 말하였다. 물고기가 병일(丙日)에 굴에서 나온다.

『수경주』에서 말하였다. 포수는 또 동남쪽에 병수의 입구가 있는데, 물 위로 병혈이 이어져 있고, 그 굴에서 '가어'가 나온다. 보통 3월에 나와서 10월에 들어간다. 굴 입구의 넓이는 대여섯 자이고, 평지로부터 거리가 일고여덟 자가 된다. 물고기가 굴로부터 아래로 물에 들어간다. 굴의 입구가 남쪽[64]을 향하기 때문에 병혈이라 부른다.

임예가 『익주기』에서 말하였다. '준(송어)'과 비슷하며, 촉에서는 '졸어'라 부른다. 촉의 마을과 산 곳곳에 살고 있는데, 돌의 구멍을 따라 나온다.

『운남기』에서 말하였다. 아주의 병혈에서 '가어'가 나온다.

『우형지』에서 말하였다. '가어'는 오화산 아래 병혈에서 나오는데, 작은 '시어(준치)'와 같고 기름이 많다. 촉의 병혈에서도 또한 나온다.

『비아』에서 말하였다. '리(잉어)'의 바탕에 '준'의 비늘인데, 살코기가 매우 맛있다. 유천[65]을 먹고 병혈에서 나온다. 앞선 유학자들은 병혈이 한중 면남현 북쪽에 있다고 하였다. 두 개의 종유동굴이 있고, 보통 3월에 잡는다. 굴의 입구가 남쪽을 향하기 때문에 '병'이라 부른다.

---

61 태평한 시대의 군자(君子)가 지성(至誠)으로 현자와 더불어 함께함을 즐거워한 시이다.

62 자는 태충(太沖)이며, 진(晉)의 임치(臨淄) 사람이다. 용모가 추하고 말을 더듬었으나 박학하고 문장에 능하였다. 10년 걸려 완성한 〈삼도부(三都賦)〉는 베끼는 이가 많아 낙양(洛陽)의 종이 값이 올랐다고 한다. 후인이 집록(輯錄)한 『좌태충집(左太沖集)』이 있다.

63 대병산(大丙山)에 있는 '가어'가 나오는 곳의 굴 이름이다. 섬서성(陝西省) 약양현(略陽縣) 동남쪽과 면현(沔縣)의 경계 지점에 있다.

64 병(丙)의 방위는 남쪽이다.

65 종유석 위의 물방울이다.

주자가 『집전』에서 말하였다. 면남의 병혈에서 나온다.
나는 이렇게 생각한다. '가어'는 한 곳에서만 나는 것이 아닌데, 모두 병혈에서 나온다고 하였다. 이선은 병일에 나왔다고 하여 병혈이라 하였다. 그러나 물고기가 드나드는 것은 오직 절기에 따를 뿐이지 날을 따른다 함은 듣지 못했다. 어떤 사람은 물고기의 꼬리를 '병'이라 하여 병혈이라 썼으니, 곧 특별히 '가어'만 그렇다는 것은 아니다. 역씨[66]와 육씨[67]는 굴 입구의 방향이 병(남쪽)이어서 병혈이라 했으니 이치에 가장 가깝다. "남쪽에 곤들매기가 있도다"[68]에서 남쪽이라는 것은 양자강과 한수 사이이니, 곧 지금의 섬서와 한중 면현 북쪽 두 곳이다. 3월과 8월에 잡힌다.

左思蜀都賦 嘉魚出于丙穴. 李善註 魚以丙日出穴. 水經注 褒水又東南得丙水口 水上承丙穴 穴出嘉魚. 常以三月出十月入. 穴口廣五六尺 去平地七八尺. 泉縣注 魚自穴下透入水. 穴口向丙 故曰丙穴. 任豫益州記 似鱒蜀中謂之拙魚. 蜀郡山處處有之 從石孔出. 雲南記 雅州丙穴出嘉魚. 虞衡志 嘉魚出梧火山下丙穴 如小鰣魚多脂. 蜀中丙穴亦出. 埤雅 鯉質鱒鱗 肌肉甚美. 食乳泉出於丙穴. 先儒言 丙穴在漢中沔南縣北. 有乳穴二 常以三月取之. 穴口向丙 故曰丙也. 朱子集傳 出於沔南之丙穴. 愚按 嘉魚産不一處 皆云出于丙穴. 李善以丙日出爲丙穴. 然魚之出久[69]止有時候不聞以日也. 或以魚尾謂丙作丙穴 則不特嘉魚爲然. 酈氏陸氏以穴口向丙謂丙穴 近似有理. 曰 南有嘉魚 謂之南者 則在江漢之間 卽今陝西漢中沔縣北有二所. 三八月取之.

66 『수경주(水經注)』의 저자 역도원(酈道元)이다.
67 『비아(埤雅)』의 저자 육전(陸佃)이다.
68 『시경(詩經)』「소아(小雅)」〈남유가어(南有嘉魚)〉.
69 원문에는 '久'자로 되어 있으나 문맥상 '入'자의 오기로 보여 해석은 '入'으로 하였다.

鼈(자라) : 『시경(詩經)』「소아(小雅)」〈유월(六月)〉[70]

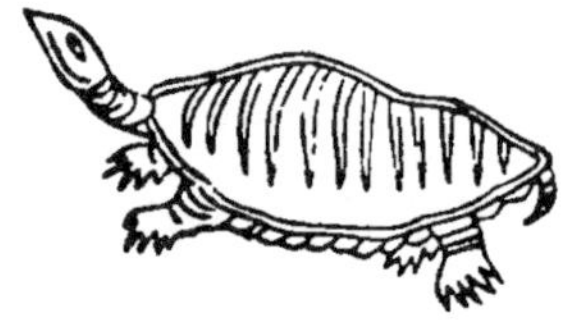

『주례』에서 말하였다. '별인'은 갑각류를 취하는 일을 맡았는데, 봄에는 '별(자라)'과 '신(대합)'을 바치고 가을에는 '귀(거북)'와 물고기를 바친다.

『예기』에서 말하였다. 물에 큰비가 내리면 물고기와 '별'을 바치지 않는다.

『이아』에서 말하였다. 발이 셋인 '별'은 '내(자라)'이고, 발이 셋인 '귀(거북)'는 '분(세발거북)'이다.

『회남자』에서 말하였다. '별'은 귀가 없고, 눈도 언뜻 볼 수 없으니 밝은 곳에서나 자세히 본다.

장화가 『박물지』에서 말하였다. 구멍이 아홉인 것은 새끼로 태어나고, 구멍이 여덟인 것은 알로 태어난다.[71] '귀'·'별'·'원(큰 자라)' 이 모든 종류는 모두 알로 태어나는데, 그림자에 숨긴다.

『아익』에서 말하였다. 『역』에서 "'리' 괘로는 '별'·'해(게)'·'귀'를 삼는다"고 하였으니, 그 뼈가 바깥에 있고 살이 안에 있는 것이다. 『고공기』에서는 곧 뼈가 바깥에 있는 것은 '귀'의 따위이고, 뼈가 안에 있는 것은 '별'의 따위이니 '별'의 바깥에는 살의 가장자리가 있는데 비해 '귀'는 안이 뼈로 되어 있을 뿐이다.

『비아』에서 말하였다. '별'은 눈으로 듣고, 큰 등골뼈가 갈비뼈에 이어진 갑충[72]이다. 물에서 살지만 뭍에서 태어난다. 『시경』에서 "구운 자라와 신선한 물고기로다"[73]라 하였는데 신선한 물고기는 회친 것이다. 또 "자라를

---

70 선왕(宣王)이 북쪽을 정벌(征伐)한 것을 읊은 시이다.

71 구멍이 아홉인 것은 귀·눈·코·입 일곱 구멍 이외에 요도와 항문이 각각이고, 구멍이 여덟인 것은 요도와 항문이 하나이다.

72 갑각(甲殼)이 있는 파충류이다.

굽고 잉어를 회쳤도다"[74]라 하였는데 익힌 것으로는 곧 구운 '별'이 있고, 비린 것으로는 곧 회친 '리'가 있다는 말이다.

나는 이렇게 생각한다. 『이아소』[75]에 "물고기로 물에 사는 벌레이다. '귀'·'사(뱀)'·'패(조개)'·'별'의 종류로 모두 비늘과 딱지가 있으나 또한 물고기의 종류이니, 「석어」 편에 모아 두었다"라 하였다. 나도 이 뜻을 따라 또한 물고기 종류에 붙였다.

周禮 鼈人掌取互物 春獻鼈蜃秋獻龜魚. 禮記 水潦降不獻魚鼈. 爾雅 鼈三足能 龜三足賁. 淮南子 鼈無耳 而目不可以瞥 精於明也. 張華博物志 九竅者胎生 八竅者卵生. 龜鼈黿此諸類皆卵生而影伏. 雅翼 易 離爲鼈爲蟹爲龜 以其骨在外肉在內也. 至考工記 則以外骨爲龜屬 內骨爲鼈屬 以鼈外有肉緣 比龜爲內骨耳. 埤雅 鼈以眼聽 穹脊連脅甲蟲也. 水居陸生. 詩曰 炰鼈鮮魚 鮮魚中膾者也. 又曰 炰鼈膾鯉 言熟則有炰鼈 腥則有膾鯉也. 愚按 爾雅疏云 魚水蟲也. 至龜蛇貝鼈之類 以其皆有鱗甲亦魚之類 總以釋魚名篇. 余宗此旨亦附於魚類.

73 『시경(詩經)』「대아(大雅)」〈한혁(韓奕)〉.

74 『시경(詩經)』「소아(小雅)」〈유월(六月)〉.

75 송(宋)의 형병(邢昺)이 왕명에 따라 곽박(郭璞)의 『이아주』를 기본으로 지은 10권의 책이름이다.

虺(살무사) : 『시경(詩經)』 「소아(小雅)」 〈사간(斯干)〉[76]

『이아』에서 말하였다. '복(살무사)'은 '훼(살무사)'이니 너비는 세 치이고, 머리는 엄지손가락만하다.
사인이 말하였다. '복'은 다른 이름으로 '훼'이다. 양자강과 회수 남쪽에서는 '복'이라 하고, 양자강과 회수 북쪽에서는 '훼'라 한다.
손염이 주에서 말하였다. 독이 강한 송곳니가 있다.
곽박이 주에서 말하였다. 이것은 자연히 '사(뱀)'의 한 종류인데, '복'·'훼'라 부른다.
도은거가 말하였다. '복'은 짧고 넓적한 모양이다.
진장기가 『본초습유』에서 말하였다. '복'에 발을 대면 발이 잘리고, 손을 대면 손이 잘린다. 나무를 깨물면 곧 나무가 죽는다.
촉에서 펴낸 『도경』에서 말하였다. '복'·'사'는 황흑색이고, 털은 누렇고, 머리는 뾰족하다.
『비아』에서 말하였다. '훼'의 모습은 '사'와 비슷하나 작다. 명문[77]에 "'훼'는 꺾이지 않는데 '사'는 어떠합니까?"라 하였으니 이러한 까닭이다. 〈정월〉 시에 "지금 이 사람 애처로우니 어찌 뱀·도마뱀과 같이 되었는가"[78]라 하였는데, '훼'는 다른 이름으로 '복'이다. '사'는 독이 더 강한 것인데, 일설에서는 "'복'은 '훼'와 다르다"라 하였다. '훼'는 흙색과 같으며 머물러 사는 곳이 있다. '복'·'훼'는 코가 위로 뒤집어졌고, 비단을 바느질한 듯한 무늬가 있다. 여러 '사'들 가운데 오직 이것만이 새끼를 낳는데, 갑자기 어미의 배

---

76 앞장 '웅(熊)' 참조. 꿈에 상서(祥瑞)의 조짐이 있기를 바란 내용이다.
77 자신을 경계하기 위해서나 죽은 사람의 공덕을 기리기 위해 금석이나 기물에 새기는 글이다. 여기에서는 누구의 어떤 명문을 인용했는지는 알 수 없다.
78 『시경(詩經)』 「소아(小雅)」 〈정월(正月)〉.

를 가르고 나온다. 또 흙과 같은 색을 하고 있다.

일재[79]가 『시보전』에서 말하였다. '훼' · '사'는 굴에 산다. 또 부드럽고 약하며, 엎드려 숨어 지내기 때문에 "딸을 낳을 징조로다"[80]라고 한 것이다.

爾雅 蝮虺博三寸 首大如擘. 舍人曰 蝮一名虺. 江淮以南曰蝮 江淮以北曰虺. 孫炎注 有牙最毒. 郭璞註 此自一種蛇 名爲蝮虺. 陶隱居曰 蝮形短而扁. 陳藏器本草拾遺 蝮著足斷足 著手斷手. 嚙樹則樹死. 蜀本圖經 蝮蛇黃黑色 黃頷尖日.[81] 埤雅 虺狀似蛇而小. 銘曰 爲虺弗推[82]爲蛇奈何 以此故也. 正月詩云 哀今之人胡爲虺蜴 虺一名蝮. 蛇之尤毒烈者 一曰 蝮與虺異. 虺如土色 所在有之. 蝮蛇鼻反其上有針錦文. 衆蛇之中此獨胎產 生輒坼副母腹. 亦有與地同色者. 逸齋詩補傳 虺蛇在穴. 且柔弱隱伏 故爲女子之祥.

---

79 범처의(范處義).

80 『시경(詩經)』「소아(小雅)」〈사간(斯干)〉.

81 원문에는 '일(日)'로 되어 있으나 내용상 '두(頭)'가 옳은 것 같아 해석은 '두'로 하였다.

82 중국 고사(古事)인 '위훼불최(爲虺弗摧)'로, 摧의 오자임이 분명하여 이에 따라 해석하였다. '위훼불최'는 오자서(伍子胥)가 오(吳) 왕에게 한 말로, 약한 적이라도 제거하지 않으면 반드시 후환(後患)이 따른다는 뜻이다.

蛇(뱀) : 『시경(詩經)』「소아(小雅)」〈사간(斯干)〉[83]

『이아』에서 말하였다. '등(등사)'은 '등사'[84]이다. '망(이무기)'은 '왕사(왕뱀)'이다.
『주역』에서 말하였다. '룡(용)'과 '사(뱀)'는 겨울잠으로 몸을 보존한다.
『좌전』에서 말하였다. 깊은 산과 큰 못에서 실제로 '룡'과 '사'가 산다.
『아익』에서 말하였다. '사'는 풀에 살고, 항상 굶는데, 먹어서 조금 배부르면 갑자기 허물을 벗는다. 겨울에는 흙을 머금고 들어가 겨울잠을 자고, 봄이면 나와서 토해 내는데, 그것을 사황[85]이라고 한다.
『비아』에서 말하였다. 물고기의 무리는 연이어 다니고, '사'의 무리는 구불거리며 다닌다. 『시경』에서 "의젓하도다"[86]라고 하였는데, 대개 여기에서 취하였다. 옛 말에 '사'는 오를 때 항상 임지[87]를 향한다고 하였는데, 임은 북쪽이다. '사'는 눈으로 듣는다.

爾雅 螣螣蛇. 蟒王蛇. 周易 龍虵之蟄以存身也. 左傳 深山大澤實生龍虵. 雅翼 虵草居常飢 得食稍飽輒蜕殼. 冬含土入蟄 及春出蟄吐之 謂之虵黃. 埤雅 魚屬連行 蛇屬紆行. 詩曰 委蛇 蓋取諸此. 舊說 蛇盤常向壬地 壬北方也. 蛇以眼聽.

83 앞장 '웅(熊)' 참조.
84 전설상의 날 수 있는 뱀이다.
85 뱀의 체내에 생기는 결석이다.
86 "물러 나와서 먹기를 공소(公所)로부터 하니 의젓하고 의젓하도다.(退食自公 委蛇委蛇)" 「소남(召南)」〈고양(羔羊)〉. 여기에서 '蛇'는 '뱀'의 뜻이 아닌 '의젓하다, 느긋하다'의 뜻으로 쓰였다. 이때의 음은 '이'이다.
87 아홉째 천간은 방위로 북쪽을 가리킨다.

龜(거북) : 『시경(詩經)』「소아(小雅)」〈소민(小旻)〉[88]

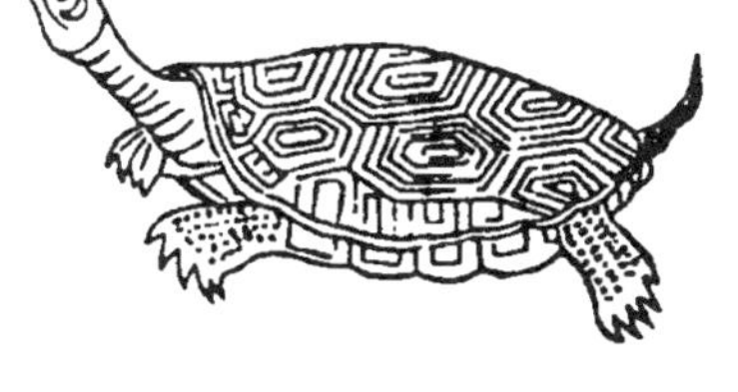

『대대례』에서 말하였다. 갑충 360종 가운데 '귀(거북)'가 우두머리이다.

「월령」에서 말하였다. 계동(季冬)에는 태사로 하여금 귀책[89]의 갈라진 무늬를 보게 하였다.

『이아』에서 말하였다. 첫째를 '신귀',[90] 둘째를 '영귀',[91] 셋째를 '섭귀',[92] 넷째를 '보귀',[93] 다섯째를 '문귀',[94] 여섯째를 '서귀',[95] 일곱째를 '산귀', 여덟째를 '택귀', 아홉째를 '수귀', 열째를 '화귀'라 한다.

『일례』[96]에서 말하였다. 천자는 '귀'의 길이가 한 자 두 치이고, 제후는 여덟 치며, 대부는 여섯 치이고, 선비와 백성은 네 치이다.

『구경』[97]에서 말하였다. 1,200세 된 것으로는 온 세상의 끝과 시작을 점칠 수 있다. 또 껍질이 누렇고, 다리가 붉으며, 눈이 하얗고, 꼬리가 푸르며, 배

---

88 대부(大夫)가 유왕(幽王)을 풍자한 시이다.

89 점치는데 쓰는 귀갑(龜甲)과 시초(蓍草).

90 영검한 거북, 점치는 데에 쓰는 거북으로 거북 중에 가장 신명(神明)한 것이다.

91 큰 거북인 휴(蠵)의 다른 이름, 또는 점을 치는 데 사용하는 큰 거북의 범칭이다. 부릉군(涪陵郡)에서 큰 거북이가 나는데, 껍질로 점을 칠 수 있으며, 가장자리와 가운데의 무늬는 대모(瑇瑁)와 비슷하고, 민간에서는 영귀(靈龜)라 부르는데, 곧 지금의 자휴귀(觜蠵龜)이다. 일명 영휴(靈蠵)라 하는데 소리를 잘 낸다.

92 작은 거북이이다. 배딱지는 구불구불하고, 스스로를 늘리거나 움츠릴 수 있으며, 뱀을 잘 먹고 강동에서는 능귀(陵龜)라 부른다.

93 고대에 길흉을 점치는 데 쓰던 거북이다.

94 껍질에 무늬가 있는 것이다. 『하도(河圖)』에 "영귀가 글을 짓고 있는데 붉은 등딱지에 푸른 무늬가 있다"고 하였다.

95 시귀(蓍龜). 항상 시초(蓍草)의 떨기 밑에 잠복해 있는 것으로서, 『사기(史記)』「귀책전(龜策傳)」에 보인다.

96 『의례(儀禮)』 17편과 함께 '고문예경(古文禮敬)'이라 하며 모두 39편이 있다.

97 모두 한권으로, 진(晉) 사소(史蘇)가 찬(撰)했으며, 나경해초(羅經解抄)라고도 한다. 나침반의 지침(指針)에 대하여 설명한 책으로 연대는 미상이다. 복희씨하도(伏羲氏河圖)의 8괘(八卦)로 선천(先天)의 체(體)를 삼고, 문왕낙서(文王洛書)의 간지(干支)로 후천(後天)의 용(用)을 베풀어 천상지하(天上地下)의 24방위를 가리키는 지반정침(地盤正針)을 해설했다.

가 검은 것은 오행의 순수함을 받은 것이다.

『비아』에서 말하였다. '귀'는 오래 산다. 밖은 뼈이고 안은 육질인데, 창자가 머리 쪽에 있으며 어깨가 넓다. 수컷이 없어 '사(뱀)'와 함께 짝을 짓기 때문에 '귀'와 '사'가 합쳐진 것을 '현무'[98]라 한다. 『주역』에 "천하의 길흉을 정함으로써 천하의 단단[99]함을 이룬 것[100]이 '시귀'[101]보다 큰 것이 없다"[102]고 하였다. 대개 '시(시초)'도 오래 살고 '귀'도 오래 살기 때문에 옛날에는 '귀'와 '시'로 점을 쳤다. 「옥조」[103]에 "점치는 사람은 '귀'를 바로 하고, 사관은 묵을 바로 하며, 군자는 그 몸가짐을 바로 한다"고 하였다. '묵'은 먹으로 '귀'의 무늬를 그려 길함[104]의 여부를 점치는 것이다. 「낙고」[105]에 "내가 간수[106] 동쪽과 전수[107] 서쪽에 대해서 점을 쳤더니 오직 낙읍이 길하다"[108]고 하였고, 『전』[109]에 "점은 반드시 먼저 먹으로 '귀'의 무늬를 그린 뒤에 그것을 태워 조짐이 순하면 그어놓은 금을 따라 갈라진다"고 하였다. 그러므로 〈복사〉[110]에 "불을 태워 '귀'의 무늬가 만들어지니, 그어놓은 금에 이르

98 북방의 신. 수신(水神). 형상은 거북과 뱀이 하나로 된 모양. 또는 거북의 모양이다.

99 앞으로 나아가는 모양이다.

100 미미(亹亹). 열심히 노력하는 모양, 진행하는 모양, 물이 흐르는 모양, 시문이나 담론이 사람을 감동시켜 지칠 줄 모르게 함, 아름답고 훌륭한 모양이다.

101 점칠 때에 쓰는 점대와 귀갑(龜甲), 또는 덕망이 높은 사람이다.

102 "물을 갖추어 쓰임에 이르고 기를 세우고 이루어 천하를 이롭게 한 것이 성인보다 큰 것이 없다. 잡한 것을 탐색하고 은밀한 것을 찾아서 깊은 것을 끌어내고 먼 곳에 이르러 천하의 길흉을 정함으로써 천하를 이룬 것이 시초와 거북보다 큰 것이 없다(備物致用 立成器 以爲天下利 莫大乎聖人 探賾索隱 鉤深致遠 以定天下之吉凶 成天下之亹亹者 莫大乎蓍龜)." 『주역(周易)』「계사전(繫辭傳)」상(上) 11장.

103 『예기(禮記)』의 편명.

104 식묵(食墨). 거북점에 쓰는 용어. 거북 등껍데기의 금이 먹으로 미리 그어놓은 금을 따라서 갈라지는 것으로 이러한 현상이 보이면 길한 징조라고 생각했다.

105 『상서(尙書)』의 편명.

106 하남성(河南省)에서 발원하여 낙수(洛水)와 합쳐져 황하(黃河)로 흘러드는 강이다.

107 하남성(河南省)에서 발원하여 낙수(洛水)로 흘러드는 강이다.

108 주(周) 성왕(成王)이 낙읍으로 천도하기 위하여 주공(周公)에게 명하여 동도(東都)를 만들도록 하였다. 이에 주공이 낙읍을 완성한 다음 낙고(洛誥)를 지어 바쳤는데, 여기에 위의 문장이 전한다.

109 위공(僞孔)의 저서이다.

110 『주례(周禮)』「춘관(春官)」.

렸다"고 한 것이다.

『보전』에 "나는 '귀'에 신물이 나니 나에게 알리지 말라"고 한 것은 점치는 것을 이미 여러 번하여 욕이 되었으니, 또한 길흉을 꾀하는 것을 다시 알리지 말라는 것이다.

大戴禮 甲蟲三百六十 而龜爲之長. 月令 季冬命太史釁龜策. 爾雅 一曰 神龜 二曰 靈龜 三曰 攝龜 四曰 寶龜 五曰 文龜 六曰 筮龜 七曰 山龜 八曰 澤龜 九曰 水龜 十曰 火龜. 逸禮 天子 龜尺二寸 諸侯八寸 大夫六寸 士民四寸. 龜經 一千二百歲可卜天地之終始. 又云 甲黃足赤眼白尾靑腹黑者 禀受五行之粹也. 埤雅 龜舊也. 外骨內肉 腸屬于首廣肩. 無雄與蛇爲匹 故龜與虵合 謂之玄武. 易曰 定天下之吉凶 成天下之亹亹者 莫大乎著龜. 蓋著老龜舊 故古以龜卜著筮. 玉藻云 卜人定龜 史定墨 君定體. 墨謂以墨畫龜 占其食否. 洛誥 所謂我卜澗水東瀍水西 惟洛食. 傳曰 卜必先墨畫龜然後 灼之兆順食墨. 故卜師云 揚火以作龜 致其墨也. 補傳曰 我龜旣厭不我告猶 言卜筮旣數而瀆 亦不復告以所謀之吉凶.

貝(조개) : 『시경(詩經)』「소아(小雅)」〈항백(巷伯)〉[111]

『서경』「우공」에서 말하였다. 양주에서는 대광주리를 '패(조개)' 모양으로 짠다.

『이아』에서 말하였다. '패'는 뭍에 사는 것이 '표(뭍조개)'이고, 물에 있는 것이 '함(물조개)'이다. 큰 것은 '항(큰조개)'이고, 작은 것은 '적(작은조개)'이다. 검은 '패'는 '이패'[112]이다. '여지'는 황백색 무늬가 있고, '여천'은 백황색 무늬가 있다. '파(조개)'는 넓적하고 볼록하며, '균(큰조개)'은 크고 얇으며, '책(작은조개)'은 작고 길쭉하다.

사인이 말하였다. '패'는 물 속 벌레이다.

이순이 주에서 말하였다. '여지'는 껍질이 노란 바탕에 흰 무늬가 있는 '패'이고, '여천'은 껍데기가 흰 바탕에 노란 무늬가 있는 '패'이다.

형병이 소에서 말하였다. 옛날에는 '패'를 돈으로 썼다. 주에 '천'이라는 '패'가 있었는데, 진에 이르러 '천'을 돈으로 쓰는 것을 폐지시켰다. 뭍에 있는 것은 '표'이고, 물에 있는 것은 '함'이며, 지극히 큰 것은 '항'이고, 지극히 작은 것은 '적'이라 이름한다. 검은색 '패'는 '이'이고, 노란 바탕에 흰 무늬가 있는 것은 '여지'이며, 흰 바탕에 노란 무늬가 있는 것은 '여천'이라 이름한다. 가운데가 넓고 두 개의 머리가 뾰족한 것은 '파'이고, 크고 더러우면서 얇은 것은 '균'이며, 작고 좁으면서 긴 것은 '책'이라 이름한다.

『상패경』에서 말하였다. 한 자 남짓하고 붉은 번개와 검은 구름 같은 것을 '자패'라 부르고, 흰 바탕에 홍흑색인 것을 '주패(진주조개)'라 부르며, 푸른 바탕에 녹색 무늬인 것을 '수패'라 부르고, 검은 무늬에 노란색 줄이 있는 것을 '하패'라 부른다.

---

111 앞장 '시(豺)' 참조.

112 껍질이 검은 조개이다.

『비아』에서 말하였다. 짐승이 둘인 것은 '우'라 하고, '패'가 둘인 것은 '붕'이라 한다. 『시경』에 "나에게 백붕을 주셨구나"[113]라고 하였는데 돈을 많이 주었다는 말이다. 또 "알록달록한 무늬로다. 조개무늬 비단을 이루도다"[114]라 하였는데 비단의 무늬가 '패'와 같은 것을 '패금'이라 부른다. 참소를 하는 사람이 환관에 대한 작은 미움으로 인해 죄를 짓게 되었는데, 마치 알록달록한 모습으로 무늬를 이루는 것과 같다는 말이니, 곧 '패금(조개무늬 비단)'을 만들었다는 것이다. '패' 속의 살은 '과두(올챙이)'와 같고, 머리와 꼬리가 있으며, 등을 사용하기 때문에 '패'라고 부른다.

書禹貢 揚州厥篚織貝. 爾雅 貝居陸贆 在水者蜬. 大者魧 小者鰿. 玄貝貽貝. 餘貾黃白文 餘泉白黃文. 蚆博而頯 蜠大而險蟦 小而椭. 舍人曰 貝水中蟲也. 李巡注 餘貾貝甲黃爲質白爲文彩 餘泉貝甲白爲質黃爲文彩. 邢昺疏 古者貨貝. 周有泉貝 至秦廢貝行泉. 在陸名贆 在水名蜬 至大名魧 至小名鰿. 黑色之貝名貽 黃質白文名餘貾 白質黃文名餘泉. 中央廣兩頭鋭名蚆 大而汚薄名蜠 小而狹長名蟦. 相貝經 盈尺如赤電黑雲謂紫貝 素質紅黑謂珠貝 靑地綠文謂綬貝 黑文黃畫謂霞貝. 埤雅 獸二爲友 貝二爲朋. 詩曰 錫我百朋 言錫貝之多也. 又曰 萋兮斐兮 成是貝錦 錦文如貝 謂之貝錦. 言讒人因寺人之近嫌 而成其罪 猶是因萋斐之形 而文致之 則成是貝錦也. 貝中肉如科斗 而有首尾 以其背用 故謂之貝.

113 『시경(詩經)』「소아(小雅)」〈청청자아(菁菁者莪)〉.
114 『시경(詩經)』「소아(小雅)」〈항백(巷伯)〉.

鼉(악어의 일종) : 『시경(詩經)』 「대아(大雅)」 〈영대(靈臺)〉[115]

「월령」에서 말하였다. 계하(季夏)에 어부에게 '교(상어)'를 죽이고 '타(악어)'를 잡으라고 명한다.
주에서 말하였다. 가죽은 북을 메울 수 있다.
육기가 『모시초목조수충어소』에서 말하였다. '타'의 모양은 물의 '석척(도마뱀)'과 비슷하고, 발은 넷이며, 길이는 한 장 남짓이다. 알에서 태어나는데, 크기는 '아(거위)'의 알만 하고, 껍데기는 갑옷과 같으며, 가죽은 단단하여 북을 메울 수 있다.
진안이 『해물기』에서 말하였다. '타'는 밤에 우는데, '부고'[116]와 같다.
『본초도경』[117]에서 말하였다. 길이가 한 장인 것은 숨을 쉬어 안개가 끼고 비가 내리게 할 수 있다. 힘이 세서 강기슭에서 공격하여 빠뜨릴 수 있다. 잠을 즐기는 성질인데, 단지 눈만 감고 있을 뿐이다. 소리는 매우 두려워할 만하다. 사람이 굴에서 그것을 파낼 때 백 사람이 파면 모름지기 백 사람이 끌어야 하고, 한 사람이 파면 모름지기 한 사람이 끌어야하니 그렇지 않으면 끝내 나오지 않는다.
『비아』에서 말하였다. '돈(새끼 돼지)'은 장차 바람이 불려고 하면 뛰고, '타'는 장차 비가 오려고 하면 운다. 『시경』에서 "'타고'[118]를 둥둥 울리도다"[119]

115 문왕(文王)이 천명(天命)을 받아 신령스러운 덕이 있어 새와 짐승, 곤충에게까지 미치는 것을 백성들이 즐거워한 시이다.
116 악기로 쓰는 북의 일종 또는 진중에서 치거나 비상시에 치는 북이다.
117 당(唐) 소송(蘇頌)이 지었다.
118 악어의 가죽으로 메운 북이다.
119 『시경(詩經)』 「대아(大雅)」 〈영대(靈臺)〉.

라 하였는데 옛 선비들이 가죽을 가지고 북을 메웠으므로 '타고'라 한 것이다. 대개 '타고'는 특별히 가죽에서 취한 것만은 아니다. 또한 그 북소리는 연기가 자욱하게 피어오르는 듯하니 '타'의 울음소리와 비슷하다. 또 밤에 울기를 잘하는데 자주 밤 시각을 알리는 북에 응하므로 또 '타경'[120]이라고 한다.

나는 이렇게 생각한다. 「하소정」에 "'타'를 벗겨 북으로 삼았다"라 말한 것은 가죽을 취하여 메운 북이 많다고 한 것이다. 범일재[121]는 "음악을 시작하자 '타'가 울었다"라 하였는데, 원후세의 "호파[122]가 비파를 타니 흘러가던 물고기도 나와서 듣고, 백아[123]가 거문고를 타니 육마[124]도 머리를 들고 먹이를 먹는다"로 증명된다. 또 시인이 두 부분[125]에서 종을 쳤다고 말한 것은 북을 치라는 말에 응하지 않은 것이니, 가죽으로 메운 북은 아니다. 그 논의는 쓸데없이 헛된 공론이라 할 만하다. 그러나 '호(범)'가 활집이 되고, '사(모래무지)'가 칼집이 되면 '타'는 어찌 북을 메울 수 없겠는가? 북을 치라는 말에 다시 응하지 않은 것은 경전으로써 경전을 풀이함을 시험해 본 것이니, 〈나〉[126]의 두 부분에서 작은 북과 큰 북이라 한 것과 또 북을 연주한다고 한 것, 또 큰 종과 북이라 한 것과 같다. 대개 옛 사람은 바탕과 내용에 대한 말을 세워 다시 겹치는 것을 의심하지 않았다.

月令 季夏之月命漁師伐蛟取鼉. 註 皮可冒鼓. 陸璣疏 鼉形似水蜥蜴 四足長丈餘. 生卵大如鵝卵 甲如鎧甲 皮堅可冒鼓. 晉安海物記 鼉宵鳴如桴鼓 本草圖經 長一丈者 能吐氣

---

120 시간을 알리는 북소리이다. '타룡(鼉龍)'이 밤에 시간을 알리는 북소리에 호응하여 운다는 데서 이른 것이다.

121 범처의(范處義).

122 춘추(春秋) 때 초(楚)의 사람으로 거문고의 명수(名手)였다.

123 춘추(春秋) 때 거문고를 잘 타던 사람이다. 그가 거문고를 연주하면 친구 종자기(鍾子期)는 백아의 뜻이 어디에 있는지 알았다고 한다.

124 천자의 수레를 끄는 여섯 마리 말이다.

125 『시경(詩經)』「대아(大雅)」〈영대(靈臺)〉의 3장과 4장이다.

126 『시경(詩經)』「상송(商頌)」의 장명.

成霧致雨. 力猛能攻陷江岸. 性嗜睡但目閉. 聲甚可畏. 人于穴掘之 百人掘須百人牽 一人掘須一人牽 不然終不可出. 埤雅 狏將風則踴 鼉將雨則鳴. 詩曰 鼉鼓逢逢 先儒以爲取皮冒鼓 故曰鼉鼓. 蓋鼉鼓非特有取于皮. 亦其鼓聲逢逢然 象鼉之鳴也. 又善夜鳴其數應更 故又謂之鼉更. 愚按 夏小正云 剝鼉以爲鼓 說者謂取皮冒鼓多矣. 范逸齋謂 樂作而鼉鳴 椺後世瓠巴鼓瑟流魚出聽 伯牙鼓琴六馬仰秣 爲證. 且以詩人兩言鼓鐘 不應復言鼓 而以皮冒鼓爲非. 其論可謂鑿空. 然虎爲鞹 鯊爲鞘 則鼉何不可冒鼓. 至不應復言鼓者 試以經解經 如那詩兩言鞉鼓 又言奏鼓 又言庸鼓. 蓋古人立言質實不嫌複也.

鰷(피라미) : 『시경(詩經)』 「주송(周頌)」 〈잠(潛)〉[127]

『이아』에서 말하였다. '수(버들치)'는 검은 '자(피라미)'이다. 곽박이 주에서 말하였다. 곧 '백조'이다. 강동에서 '추(미꾸라지)'라 부른 것이다.

『비아』에서 말하였다. 물고기 모양은 갸름하고 긴데, 마치 나뭇가지와 비슷하기 때문에 '조(피라미)'라고 부른다. 지금 양자강과 회수 사이에서 '찬어'라 부른다. 떠오르는 성질이 있고, '상(동자개)'과 비슷하나 희다. 대개 '상(鱨, 황상어)'은 '상(嘗)'자를 따르며, '찬'은 '손'이라 하는데 그 뜻은 하나다.

『아익』에서 말하였다. 가늘고 길며 희기 때문에 '백조(白鰷)'라 한다. 또 '백조(白鯈)'가 물 위에서 놀기를 좋아하기 때문에 『장자』에서 "'조어(피라미)'가 조용히 논다"[128]라 하여 물고기의 즐거움으로 삼았다.

나는 이렇게 생각한다. 『본초』에서 "강과 호수 속에 살고 길이는 몇 치이다. 모양은 갸름하나 납작하고, 버드나무 잎과 같이 생겼으며, 비늘은 가늘지만 가지런하다. 깨끗한 것을 좋아하며, 무리지어 놀기를 좋아한다. 다른 이름으로 '백조'·'찬어'라 한다"고 하였다. '찬(鰵)'의 음은 '찬(餐)'이다. 지금 오중에서는 '찬조어'라고 부른다.

爾雅 鮂黑鰦. 郭璞註 卽白鯈. 江東呼爲鮂者. 埤雅 魚形狹而長 若條然故曰鰷也. 今江淮之間 謂之鰵魚. 性浮 似鱨而白. 蓋鱨从嘗 鰵謂之飧 其義一也. 雅翼 纖長而白故曰白鰷. 又謂白鯈好游水上 故莊子稱 鯈魚出游從容 以爲魚樂. 愚按 本草 生江湖中長數寸 形狹而扁 狀如柳葉 鱗細而整 潔白可愛 好羣游 一名白鯈一名鰵魚. 鰵音餐. 今吳中呼爲鰵鰷魚.

127 12월에 물고기를 올려 제사를 지내고 봄에는 상어를 올려 제사를 지냄을 노래한 시이다.
128 『장자(莊子)』 「추수(秋水)」.

草上

荇(노랑어리연꽃) : 『시경(詩經)』「주남(周南)」〈관저(關雎)〉[1]

『이아』「석초」에서 말하였다. '행(莕, 노랑어리연꽃)'은 '접여'이고 그 잎은 '부(껍질)'이다. 곽박이 주에서 말하였다. 물속에서 떨기로 난다. 잎은 둥글고 줄기 끝에 있으며, 길거나 짧음은 물의 깊거나 얕음에 따른다. 강동에서는 그것을 먹는다. 또한 '행(莕)'이라고 부른다.

육기가 『모시초목조수충어소』에서 말하였다. '접여'는 흰 줄기에 잎은 자주색이고, 반듯하게 둥글며, 지름은 한 치 남짓이다. 물 위에 떠있고 뿌리는 물밑에 있으며 물의 깊거나 얕음에 따라 등급이 있다. 큰 것은 비녀다리와 같은데 위는 푸르고 아래는 희다. 그 흰 줄기를 가지고 쓴 술에 그것을 담갔다가 죽을 끓여 먹는다. 살지고 아름다운 것은 안주로 삼을 만하다.

소공[2]이 『당본초』에서 말하였다. '부규(순채)'는 곧 '행채(마름나물)'인데 물속에 산다.

라원이 『이아익』에서 말하였다. '행채'는 지금 비탈진 못에 많이 있다. 갓 돋아난 새싹은 점점 펴지는데 비록 둥글지만 끝이 길어서 '순'의 끝이 둥근 것과는 다르다. 물을 따라 평평하게 떠 있고, 꽃은 물에서 피는데 누런색이며 여섯 개가 나온다. 지금 완만한 언덕과 못의 사이라면 널리 백 이랑이라도 덮는다. 해가 떠서 그것을 비추면 마치 금과 같아 세속에서 '금련자'라 이름한다.

---

1 앞장 '저구(雎鳩)' 참조.

2 생몰년 미상. 당(唐)대 사람으로 도홍경(陶弘景)이 저술한 『신농초본경(神農草本經)』의 약(藥) 365종에 114종을 더하였다.

엄찬이 『시집』에서 말하였다. '참치'를 풀이하면 가지런하지 않음이다. 지금 지주 사람들은 '행'을 일컬어 '행공수'라 하는데 대개 가는 '행'은 어지럽게 생겨나는 것이 수염과 같아서인 듯하다.
나는 이렇게 생각한다. '행'은 '순채'와 비슷하지만 '순'은 아니다. 대개 '순채'를 '행'과 견준다면 잎이 둥글다. 『시경』에서 "잠깐 순채를 뜯도다"[3]라 하였으니 곧 '순'이다. 육덕명이 "'행'은 또한 '행(莕)'으로도 쓰니 '접여'이다"라 하였는데, 곧 '행'은 '행(莕)'과 같은 것이다. 세속에서는 '행사채'라 부른다. 허씨가 『설문』에서 '란(순채)'이라 하였고, 〈초사〉에서는 '병풍'[4]이라 하여 "자주색 줄기가 '병풍'의 녹색 물결무늬도다"라 하였으니 모두 이것을 가리킨다.

爾雅釋草 莕接余其葉苻. 郭璞註 叢生水中. 葉圓在莖端 長短隨水深淺. 江東食之. 亦呼莕. 陸璣草木蟲魚疏 接余白莖葉紫赤色 正圓 徑寸餘. 浮在水上 根在水底 與水深淺等. 大如釵股 上青下白. 鬻其白莖以苦酒浸之. 肥美可案酒. 蘇恭唐本草 鳧葵卽莕菜也 生水中. 羅願爾雅翼 荇菜今陂澤多有. 葉卷漸開 雖圓而稍羨 不若蓴之極圓也. 隨水平浮花則由水 黃色六出. 今宛陵陂湖中彌覆頃畝. 日出照之如金 俗名金蓮子. 嚴粲詩緝 參差訓不齊. 今池州人稱荇爲莕公鬚 蓋細荇亂生有若鬚然. 愚按 荇似蓴菜而非蓴. 蓋蓴菜比荇而葉圓. 詩 薄采其茆 卽蓴也. 陸氏德明云 荇亦作莕接余也 則荇與莕同. 俗呼爲荇絲菜. 許氏說文謂之䕡 楚辭謂之屛風云 紫莖屛風文綠波 皆指此也.

---

3 『시경(詩經)』「노송(魯頌)」〈반수(泮水)〉.
4 방풍나물의 묵은 뿌리이다.

葛(칡) : 『시경(詩經)』 「주남(周南)」 〈갈담(葛覃)〉[5]

『모전』에서 말하였다. '갈(칡)'은 고운 칡베와 거친 칡베를 만드는 것이니 여자가 하는 일 가운데 번거로운 두 가지이다. 「주관」[6] 〈장갈〉에서 말하였다. 고운 칡베와 거친 칡베의 재료를 산간 농지에서 때마다 거두어들인다. 모든 '갈'은 못가의 농지에서 초공의 재료로 거두어들이는 것이다.

「주서」[7]에서 말하였다. '갈'은, 소인은 그 잎으로 국을 끓이지만 군자는 그 재료로 고운 칡베와 거친 칡베를 만드는데 군자가 조정에서 입는 여름옷을 만든다.

『이아익』에서 말하였다. '갈'은 산과 못 사이에서 자라고 그 덩굴이 벋어 무성하게 되는 것이니 그 맨 위를 끌어당기면 뿌리에 이르는데 스무 걸음이나 된다. 또 다른 종류는 '녹곽'이니 그것은 덩굴로 벋어 자라고, 날로 먹으면 달고 연하다. 또한 쪄서 먹을 수 있는데 가루가 있다. 요즈음 먹는 '갈'은 고운 칡베와 거친 칡베를 만드는 것이 아니다.

나는 이렇게 생각한다. '갈' 뿌리는 겉은 희고 속은 자줏빛이다. 그 잎은 세 갈래로 뾰족하다. 그 꽃은 죽 연결된 꿰미처럼 이삭을 만드는데 홍자색이고, 그 씨앗의 색은 풀색이다. 그 껍질을 길쌈하여 베를 만든다. 『소이아』[8]에 "'갈'의 고운 것을 '치'라 하고 거친 것을 '격'이라 한다"고 하였다.

---

5 앞장 '황조(黃鳥)' 참조.

6 『서경(書經)』의 편명.

7 『서경(書經)』의 편명.

8 『한서예문지(漢書藝文志)』에 『소이아(小爾雅)』 한 편이 기재되어 있는데 편찬자의 성씨와 이름은 없다. 『수서경적지(隋書經籍志)』·『구당서경적지(舊唐書經籍志)』·『신당서예문지(新唐書藝文志)』에도 모두 『소이아』 한 권이 있다고 기록되어 있다. 강유위(康有爲)의 『신학위경고(新學僞經考)』·『한서예문지변위(漢書藝文志辨僞)』에서는 『소이아』를 유흠(劉歆)의 위작으로 보고 있다. 그의 주장대로라면 『소이아』는 『이아』보다는 늦지만 『설문해자』보다는 이른 시기에 지어진 자전적 성격의 책이며, 창작의도도 『이아』의 미비점을 보충하려던 것이었다.

毛傳 葛所以爲絺綌 女功之事煩二者. 周官掌葛 掌以時徵絺綌之材於山農. 凡葛征徵草貢之材於澤農. 周書 葛 小人得其葉以爲羹 君子得其材以爲絺綌 以爲君子朝廷夏服. 爾雅翼 葛生山澤間 其蔓延盛者 牽其首以至根 可二十步. 又一種鹿藿 其生蔓延 生食甜脆. 亦可蒸食 有粉. 今之食葛非爲絺綌者也. 愚按 葛根外白內紫. 其葉三尖. 其花纍纍成穗紅紫色 其子色綠. 績其皮以爲布. 小爾雅曰 葛之精者曰絺 粗者曰綌.

卷耳(도꼬마리) : 『시경(詩經)』「주남(周南)」〈권이(卷耳)〉[9]

『이아』에서 말하였다. '권이(도꼬마리)'는 '령이'이다.

곽박이 주에서 말하였다. 『광아』에서 '시이'라 한 것은 또한 '호시'라고 하는데 강동에서는 '상시'라 부른다. 어떤 사람은 '령이'라고 하는데 모양은 '서이(떡쑥)'와 비슷하고, 떨기로 나는 것이 쟁반과 같다.

육기가 『모시초목조수충어소』에서 말하였다. 잎은 청백색으로 '호유(고수풀)'와 비슷하고, 꽃은 희며, 줄기가 가늘고, 덩굴로 자란다. 삶아서 먹을 수 있지만 미끄럽고 맛이 덜하다. 4월 중에 씨앗이 생겨나는데 아녀자의 귀에 있는 구슬귀걸이와 같아서 어떤 사람은 그것을 '이당(귀걸이)'이라 하고, 유주 사람들은 그것을 '작이'라고 한다.

장화가 『박물지』에서 말하였다. 낙양[10] 안의 사람들이 '양'을 몰아 촉 땅으로 들어가는데 가시가 많은 '호시' 씨앗이 양털에 달라붙어 마침내 나라 가운데에 이르렀다. 그러므로 '양부래'라고 이름하였다.

『아익』에서 말하였다. 유주와 기주[11]에서는 '단채'라 부른다. 그 열매는 '서이'와 같고, 푸른색이며, 위에 가시가 많아서 사람의 저고리에 달라붙는데 다른 이름으로 '시'라 한다. 〈이소〉에서 소인을 비유할 때 이른바 "'자(납가새)'와 '록(조개풀)'과 '시'로 집이 가득찼다"고 한 것이 이것이다.

나는 이렇게 생각한다. 도은거가 '상사채'라 하였는데 대개 시로써 다른 사

---

9 앞장 '마(馬)' 참조.

10 하남성(河南省)의 수도(首都)이다. 낙수(洛水)의 북쪽에 위치하여 동주(東周)가 이 곳에 도읍을 정했었고, 그 후 후한(後漢)·서진(西晉)·후위(後魏)·수(隋)·오대(五代) 등도 이 곳을 수도로 하였다.

11 구주(九州)의 하나이다. 지금의 하북성(河北省)·산서성(山西省)의 대부분과 하남성(河南省)의 일부을 지칭한다.

람들이 〈권이〉를 읊는 것을 생각함으로 말미암았기 때문에 이 이름을 얻었다. 주자의 『집전』에 "『본초』에 의거하면 지금의 '창이'인데 세속에서 그 씨앗을 '창이자'라 부른다"고 하였다.

爾雅 卷耳苓耳. 郭璞註 廣雅枲耳亦云胡枲 江東呼常枲. 或曰苓耳 形如鼠耳 叢生如盤. 陸璣疏 葉靑白色似胡荽 白花 細莖 蔓生. 可煑爲茹 滑而少味. 四月中生子 如婦人耳中璫 或謂之耳璫 幽州人謂之爵耳. 張華博物志 洛中人驅羊入蜀 胡枲子多刺粘綴羊毛 遂至中國. 故名羊負來. 雅翼 幽冀謂之襢菜. 其實如鼠耳 而蒼色 上多刺着人衣 一名葹. 離騷以喩小人 所謂 薋菉葹以盈室 是也. 愚按 陶隱居謂常思菜 蓋以詩因懷人賦卷耳 故得此名. 朱子集傳云 据本草卽今蒼耳 俗呼其子爲蒼耳子.

藟(덩굴풀) : 『시경(詩經)』 「주남(周南)」 〈규목(樛木)〉[12]

장읍이 『광아』에서 말하였다. '류(덩굴풀)'는 '등(등나무)'이다.
곽박이 말하였다. 지금 강동에서는 '류(虆, 덩굴식물)'를 일컬어 '등'이라 하니 '갈(葛)'과 비슷하나 굵직하고 크다.
육기가 『모시초목조수충어소』에서 말하였다. 다른 이름으로 '거과(큰 외)'라 하니 '연욱'과 비슷하다. 또한 널리 퍼져 덩굴로 자라고, 잎은 '애(쑥)'와 비슷하며 흰색이다. 그 씨앗은 붉고 먹을 수 있지만 시어서 맛이 없다.
육덕명이 『석문』에서 말하였다. '류'는 본래 또한 '류(虆)'라고 쓰니 '갈'과 비슷한 풀이다.
공영이 『정의』에서 말하였다. '류'는 '갈'과 다르나 또한 '갈'의 따위이다.
소송이 『도경』에서 말하였다. 덩굴이 나무 위로 널리 퍼지고, 잎은 '포도'와 비슷하지만 작으며, 5월에 꽃이 피고 7월에 열매를 맺으며, 청흑색인데 약간 붉고, 겨울에만 오직 잎이 시드는데 곧 『시경』에서 말한 '류'이다. 이것은 '등'이니 크든 작든 이리저리 에두르며 구불구불하다. 또 '천세류'라 이름한다.
나는 이렇게 생각한다. 규목[13]은 아래로 늘어지므로 '갈'과 '류'가 붙어 살 수 있어서 후비의 덕이 아래에 미쳤기 때문에 여러 첩들이 붙어서 나아갔음을 비유하였다. 『좌전』에서 "'갈'과 '류'는 오히려 그 근본 되는 뿌리를 덮

---

12 후비(后妃)의 덕이 아래에 미쳐 질투하는 마음이 없었음을 노래한 시이다.
13 가지가 아래로 굽은 나무이다.

는다"고 하였다. 그 '등' 덩굴은 이리저리 에두르며 구불구불하기 때문에 '루(얽히다)'·'황(덮다)'·'영(두르다)'이라고 하니 모두 초목이 자라 우거진 모양을 말한다.

張揖廣雅 藟藤也. 郭璞曰 今江東呼虆爲藤 似葛而麄大. 陸璣疏 一名巨苽 似燕薁. 亦延蔓生葉 似艾白色. 其子赤可食酢而不美. 陸德明釋文 藟本亦作虆 似葛之草也. 孔穎達正義 藟與葛異 亦葛之類也. 蘇頌圖經 蔓延木上 葉如葡萄而小 五月開花七月結實 青黑微赤 冬惟凋葉 卽詩云藟也. 此藤大小盤薄. 又名千歲藟. 愚按 樛木下垂 故葛藟得以附而生 以况后妃下逮故 衆妾得以附而進. 左傳云 葛藟猶能庇其本根. 以其藤蔓盤薄故虆也荒也縈也 皆言茂盛之貌.

芣苢(질경이) : 『시경(詩經)』「주남(周南)」〈부이(芣苢)〉[14]

『이아』에서 말하였다. '부이(질경이)'는 '마석'이니, '마석'은 '차전'이다.

곽박이 주에서 말하였다. 지금의 '차전초'이니 잎이 크고, 이삭이 길며, 길가에 잘 난다. 강동에서는 '하마의'라 부른다.

육기가 『모시초목조수충어소』에서 말하였다. '마석'은 '우(소)' 발자국 가운데 나서 있기를 좋아하기 때문에 이르기를 '차전'·'당도'라 하고, 유주 사람들은 '우설초'라 한다. 삶아서 먹게 만들 수 있는데 많이 미끌미끌하고, 그 씨앗은 아녀자의 어려운 출산을 돕는다. 왕숙이 『주서』[15] 「왕회」편을 인용하여 "'부이'는 '리(오얏나무)'와 같으니 서융에게서 나왔다"고 하였다. 왕기[16]가 논박하여 "「왕회」편은 잡된 사물과 기이한 짐승을 기록한 것이다. 모든 사방 오랑캐와 먼 나라가 각각 땅에서 나는 진기한 물건을 보내주어 공물과 폐백으로 삼았으니 「주남」편에서 부인이 캐서 얻은 나물이 아니다. 이것은 '부이'이니 '마석'풀인 것이지 서융의 나무가 아니다"라고 하였다.

『도경』에서 말하였다. 봄에 처음 싹 잎이 생겨나서 땅에 퍼지니 마치 숟가락 모양과 같다. 여러 해 된 것은 길이가 한 자 남짓에 미치고, 마치 '서(쥐)'

14 후비(后妃)의 아름다움을 노래한 시이다. 천하가 화평하면 부인들이 자식이 있음을 즐거워한다는 내용이다.

15 진(晉) 무제(武帝)때 위(魏) 안리왕(安釐王)의 무덤 속에서 발견한 책이다. 『급총주서(汲冢周書)』.

16 삼국시대 위(魏)의 곡성(曲城) 사람. 자(字)는 백여(伯輿). 시호(諡號)는 경(景). 무구검(毋丘儉)의 난을 평정하였다. 벼슬은 진동장군(鎭東將軍), 도독양주제군사(都督揚州諸軍事)를 지냈다. 동평후(東平侯)에 봉해졌다.

꼬리와 같다. 꽃은 매우 가늘고, 푸른색인데 약간 붉다. 열매를 맺으면 마치 '정력(꽃다지)'과 같고, 검붉은 색이다. 지금 사람들은 5월에 싹을 캐고, 7・8월에 열매를 딴다고 하였다.

나는 이렇게 생각한다. 『한시설』에서 "'부이'는 나무이름이니 열매는 '리'와 비슷하다. 바로잡아 말하면 '차전'이고, 미심쩍게 말하면 '부이'이다"라 하였고, 또 "'부이'는 '택사(벗풀)'라 하니 냄새가 나쁜 나물이다. 내가 오히려 캐서 얻기를 그만두지 않는다는 것은 군자가 비록 나쁜 병이 있지만 내가 오히려 지켜서 떠나가지 않음을 흥함이다"라 하였다. '부이'를 가지고 나무라 함은 또한 「왕회」편에 설명한 바와 같으니 왕기의 논박을 면할 수 없을 듯하다. 곽박은 〈부이찬〉에서 "'차전'풀이니 '부이'라는 이름과 구별한다"고 하였다. 육덕명은 "그 씨앗은 아녀자가 아이를 낳는 어려움을 돕는다"고 하였다. 형병은 "약초이다"라 하였으니 지금 의원이 그것을 처방하여 많이 쓴다. 냄새가 나쁘다함은 듣지 못했는데 하물며 '택사'가 이것과 한 물건임을 분별하였으니 연고가 없는데도 강제로 합한 것이다. '서'에서 "후비의 아름다움이니 온화하고 평안하여 곧 부인이 자식이 있음을 즐거워함이다"라 한 것이다. 시인의 말하는 기세를 맛본다면 어찌 일찍이 군자의 나쁜 병을 풍자했겠는가? 곧 한씨의 설명이 옳지 않다.

爾雅 芣苢馬舃 馬舃車前. 郭璞註 今車前草 大葉 長穗 好生道邊. 江東呼爲蝦蟆衣. 陸璣疏 馬舃喜在牛跡中生 故云車前當道 幽州人謂之牛舌草. 可煑作茹大滑 其子治婦人難産. 王肅引周書王會云 芣苢如李 出于西戎. 王基駁云 王會所記雜物奇獸 皆四夷遠國各賫土地異物以爲貢贄 非周南婦人所得采 是芣苢爲馬舃之草 非西戎之木也. 圖經 春初生苗葉布地如匙面. 累年者長及尺餘 如鼠尾. 花甚細 青色微赤. 結實如葶藶 赤黑色. 今人五月採苗 七八月采實. 愚按 韓詩說云 芣苢木名實似李 直曰車前 瞿曰芣苢 又云芣苢澤寫也 臭惡之菜 我猶采取不已者 以興 君子雖有惡疾 我猶守而不離去也. 以芣苢爲木 亦如王會所說 不免王基之駁矣. 郭璞芣苢贊云 車前之草 別名芣苢. 陸德明云 其

子治婦人生難. 邢昺云 藥草也 今醫方劑多用之. 不聞臭惡 況澤瀉別是一物 無緣强合. 而序云 后妃之美也 和平則婦人樂有子矣. 味詩人語氣 何嘗刺君子之惡疾. 則 韓氏之說非是.

蔞(물쑥) : 『시경(詩經)』「주남(周南)」〈한광(漢廣)〉[17]

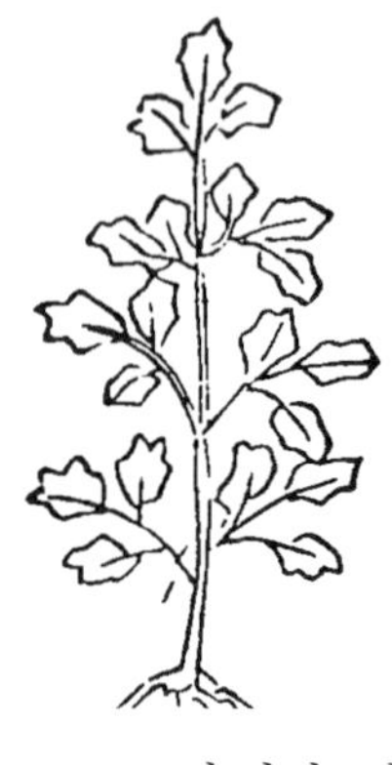

『모전』에서 말하였다. '루(물쑥)'는 풀 가운데 무성한 것이다.
「석초」에서 말하였다. '구(물쑥)'는 '상루'이다.
곽박이 주에서 말하였다. '상루'는 '루호'이다. 밭 아래에 나는데 처음 나온 것은 먹을 수 있다. 강동에서는 물고기를 삶을 때 쓴다.
육기가 『모시초목조수충어소』에서 말하였다. 그 잎은 '애(쑥)'와 비슷하고, 흰색이며, 길이는 몇 치이고, 높이는 한 장 남짓이다. 물가와 진펄 가운데 잘 난다. 정월에 뿌리와 새싹이 난다. 곁줄기는 오로지 흰색이고, 날로 먹는데 향기롭고 연하며 맛이 좋다. 그 잎은 또 쪄서 먹을 수 있다.

毛傳 蔞草中之翹翹然. 釋草 購商蔞. 郭璞註 商蔞蔞蒿也. 生下田 初生可啖. 江東用羹魚. 陸璣疏 其葉似艾 白色 長數寸 高丈餘. 好生水邊及澤中. 正月根芽生. 旁莖正白 生食之香而脆美. 其葉又可蒸爲茹.

17 덕이 널리 미침을 노래한 시이다. 문왕(文王)의 도가 남쪽 나라에 입혀져 아름다운 교화가 강한(江漢) 지역에 행해지니, 예(禮)를 범할 생각이 없어서 구하여도 얻을 수 없다는 내용이다.

蘩(다북떡쑥) : 『시경(詩經)』「소남(召南)」〈채번(采蘩)〉[18]

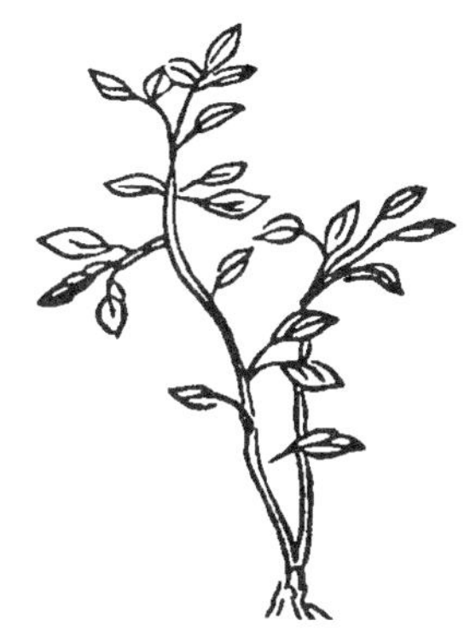

『모전』에서 말하였다. '번(다북떡쑥)'은 '파호(흰쑥)'이다.
『정의』에서 말하였다. 손염이 "'백호(흰쑥)'이다"라 하였으니 곧 '수채(미나리)'가 아니며, 여기에서 말한 늪이나 모래톱이라는 것은 이를테면 그 곁에서 그것을 캠이다. 아래에서 "시내 가운데에서 하도다"라 함은 또한 으슥한 곳 안을 이름이지 물 가운데는 아니다.
육기가 『모시초목조수충어소』에서 말하였다. 대체로 보아 '애(쑥)'는 흰색이니 '파호'라 한다. 지금 '백호'는 봄에 비로소 생겨나고, 가을이 되면 향기롭고 맛있어서 날로 먹을 수 있고, 또 쪄먹을 수 있다.
형병이 소에서 말하였다. 『본초』 주에 "이러한 '호(쑥)'의 잎은 '청호(제비쑥)'보다 거치니 처음 생겨나면서는 여러 '호'를 따르지만 시들게 되면 여러 '호'보다 희다"라 하였다. 또 "잎은 '애' 잎과 비슷하지만 위에 흰털이 있으며 거칠고 껄끄러워서 세속에서는 '봉호(쑥)'라 부른다. 김치를 만들 수 있다"라고 하였기 때문에 『시전』에서 "'번'과 '저' 올리기를 제사그릇으로써 한다"라고 하였다.
육전이 『비아』에서 말하였다. '호'는 푸르고 높이 자라지만 '번'은 희고 무성하다. 『시경』에 "흰 쑥 캐기를 많이도 하니"[19]라 하였는데, 지금 '잠(누에)'의 알을 덮는 데는 오히려 '백호'를 쓴다.

毛傳 蘩皤蒿也. 正義曰 孫炎曰 白蒿也 然則非水菜 此言沼沚者謂於其傍采之也. 下于

18 부인(夫人)이 직분을 잃지 않았음을 읊은 시이다.
19 『시경(詩經)』「빈풍(豳風)」〈칠월(七月)〉.

澗之中 亦謂於曲內 非水中也. 陸璣疏 凡艾白色 爲皤蒿. 今白蒿春始生 及秋香美可生食 又可蒸. 邢昺疏 本草註云 此蒿葉粗於青蒿 從初生至枯白於衆蒿. 又云 葉似艾葉 上有白毛粗澀 俗呼蓬蒿 可以爲葅 故詩箋云 以豆薦蘩葅. 陸佃埤雅 蒿靑而高 蘩白而繁. 詩 采蘩祁祁 今覆蠶種尙用白蒿.

蕨(고사리) : 『시경(詩經)』「소남(召南)」〈초충(草蟲)〉[20]

『이아』에서 말하였다. ‘궐(고사리)’은 ‘별(고사리)’이다. 곽박이 주에서 말하였다. 처음 나서 잎이 없으면 먹을 수 있다. 강서[21]에서는 ‘별’이라 한다.

육기가 『모시초목조수충어소』에서 말하였다. 산나물이다. 주와 진에서는 ‘궐’이라 하였고, 제와 노에서는 ‘별’이라 한다. 처음 나온 것은 ‘산(마늘)’과 비슷하며, 줄기는 검붉은 색이다. ‘규(아욱)’처럼 먹을 수 있다.

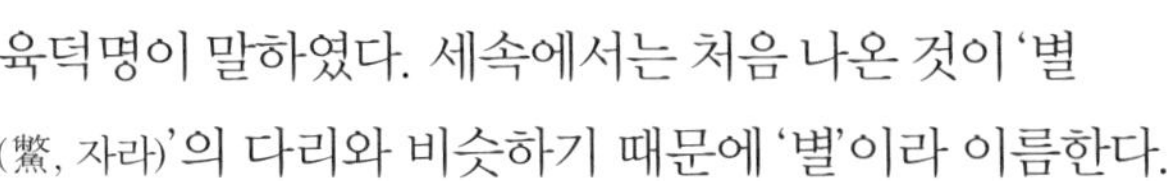

육덕명이 말하였다. 세속에서는 처음 나온 것이 ‘별(鱉, 자라)’의 다리와 비슷하기 때문에 ‘별’이라 이름한다.

『비아』에서 말하였다. 모양은 ‘대작(타조)’의 주먹발과 같고, 또 그 발이 넘어질 듯하기 때문에 ‘궐’이라 한다. 세속에서는 처음 나온 것이 또한 ‘별(鼈, 자라)’의 다리와 비슷하기 때문에 ‘별’이라 한다.

나는 이렇게 생각한다. 지금 오의 사람들은 ‘별각채’라 부른다.

爾雅 蕨虌. 郭璞註 初生無葉可食. 江西謂之虌. 陸璣疏 山菜也 周秦曰蕨 齊魯曰虌. 初生似蒜 莖紫黑色. 可食如葵. 陸德明曰 俗云 初生似鱉脚 故名虌. 埤雅 狀如大雀拳足 又如其足之蹷 故 謂之蕨. 俗云 初生亦類鼈脚 故曰虌也. 愚按 今吳人呼之爲鼈脚菜.

20 앞장 ‘초충(草蟲)’ 참조.

21 양자강 중류 남쪽 연안의 땅을 가리키며 다른 이름으로 강우(江右)라고도 하고, 양자강 중류에 있는 성(省)의 이름이다. 춘추(春秋) 때 오(吳) · 월(越) · 초(楚) 삼국의 경계지였다.

薇(들완두) : 『시경(詩經)』「소남(召南)」〈초충(草蟲)〉[22]

『모전』에서 말하였다. '미(들완두)'는 나물이다.

육기가 『모시초목조수충어소』에서 말하였다. 산나물이니 줄기와 잎은 모두 '소두(팥)'와 비슷하고 덩굴로 자란다. 그 맛 또한 '소두'와 같다. 콩잎은 국으로 만들 수 있고, 또한 날로 먹을 수 있다. 지금 관아의 동산에서 그것의 씨앗을 가지고 종묘의 제사에 바친다.

주자가 『집전』에서 말하였다. '미'는 '궐(고사리)'과 비슷한데 조금 크고, 까끄라기가 있으며 맛이 쓰고, 산골사람들은 그것을 먹으면서 '미궐'이라 한다.

『삼진기』[23]에서 말하였다. 백이와 숙제가 3년 동안 그것을 먹으니 얼굴빛이 변하지 않았다. 무왕이 그것을 경계하여 먹지 않고 죽었다.

호명중[24]이 말하였다. 시골사람들은 '미양'이라 한다. 아마도 『장자』에 "가시풀이여, 가시풀이여, 나의 다리를 찌르지 말라"[25]고 한 것이 곧 이것인 듯하다.

『아익』에서 말하였다. 문왕 때의 노래인 〈채미〉로 수자리 보냄을 노래하

---

22 앞장 '초충(草蟲)' 참조.

23 고대 지리서로 신(辛)씨가 지었다고 하나 이미 실전(失傳)되었다. 기록된 내용은 산천 · 도읍 · 궁실로 모두 진(秦)과 한(漢) 때의 지리와 고사인데 위(魏)와 진(晉)에는 미치지 않아서 아마도 한(漢) 사람의 작품인 듯하다. 『한서(漢書)』「예문지(藝文志)」와 『수서(隋書)』「경적지(經籍志)」에 따르면 도읍이 없어질 때는 기록이 있었다고 하는데 다만 육조(六朝) 이래의 지리서 종류들은 이를 많이 인용하였다고 한다. 지금은 청(淸)대 왕모(王謨)가 모은 본(本)이 전해진다.

24 1098~1156. 자(字)는 명중(明仲). 이름은 인(寅). 송(宋)의 숭안(崇安) 사람으로 호안국(胡安國) 아우의 아들이며 사람들이 치당선생(致堂先生)이라 일컬었다. 저서에는 『독사관견(讀史管見)』과 『비연집(斐然集)』이 있다.

25 『장자(莊子)』「내편(內篇)」〈인간세(人間世)〉.

였는데, 1장에서는 "땅에서 생겨 나왔다"라 하였고, 2장에서는 "처음 나와 부드럽다"고 하였으며, 3장에서는 "이미 다 자라서 쇠었다"[26]라 하였기 때문에 옛 선비들이 앞선 무리와 가운데 무리와 나중 무리를 보내는 것으로 여겼다. 첫 장에서는 곧 2월 중순에 그들을 보내고, 다음 장에서는 곧 3월 상순에 그들을 보내며, 3장에서는 곧 3월 중순에 그들을 보냈다.

나는 이렇게 생각한다. 「석초」[27]에 "'미'는 '수수'[28]이다"라고 하였다. 곽씨가 주에서 "물가에 자란다"고 하였다. 『본초』에 근거하면 '미'에는 두 종류가 있다. 평탄한 들판이나 하천과 계곡에서 자라는 것은 '백미'라 하고, 물가에서 자라는 것은 '미'라 한다. 『시경』에서 산에 올라 '미'를 캔다고 하였고, 산에 '궐'과 '미'가 있다고 하였으니 곧 이는 산나물이 분명하다. 『이아』에서 '수수'라고 한 것은 아니다. "들완두를 캐고 들완두를 캔다"[29]는 것은 옛 선비들이 모두 나물이라고 말한 것이나, 아울러 물이나 뭍에서 생겨나 자람을 말함인지도 분명치 않다. 그러나 〈채미〉의 시를 조사해보건대 "저 노거[30]는 무엇인가"라 말하였고, "융거[31]를 이미 멍에하니"라 말하였으니 마땅히 뭍의 길을 따라 캐서 먹는 것이지 '수수'라는 것은 아니다. 아울러 여기에 자세하니 다시 그림을 넣어 설명하지 않는다.

毛傳 薇菜也. 陸璣疏 山菜也 莖葉皆似小豆蔓生. 其味亦如小豆. 藿可作羹 亦可生食. 今官園種之以供宗廟祭祀. 朱子集傳 薇似蕨而差大 有芒而味苦 山間人食之 謂之迷蕨. 三秦記 夷齊食之三年顔色不變. 武王戒之 不食而死. 胡明仲曰 野人呼爲迷陽. 疑莊子所爲 迷陽迷陽無傷吾行 卽 此也. 雅翼 文王之時歌采薇以遣戍役 一章作止 二章柔止 三章剛止 故先儒以爲所遣有先中後輩. 首章則二月中旬遣之 次章則三月上旬遣之 三

---

26 『시경(詩經)』「소아(小雅)」〈채미(采薇)〉.
27 『이아(爾雅)』의 편명.
28 들완두의 다른 이름이다. 물가에 자라는 풀로 줄기와 잎을 물에 드리우는 것이다.
29 『시경(詩經)』「소아(小雅)」〈채미(采薇)〉.
30 임금이나 귀족이 타는 수레이다.
31 전쟁에 쓰는 수레. 인신하여 전쟁을 지칭한다.

章則三月中旬遣之. 愚按 釋草云 薇垂水. 郭註云 生於水邊. 據本草薇有二種. 生平原川谷者爲白薇 生水旁者爲薇. 詩 陟山采薇 山有蕨薇 則 明是山菜. 非爾雅所謂垂水者. 采薇采薇 先儒皆云菜也 並未明言水陸所産. 然按采薇之詩 曰彼路斯何 曰戎車旣駕 應從陸路采以爲食 亦非垂水者也. 並詳於此 不復圖說.

蘋(개구리밥) : 『시경(詩經)』「소남(召南)」〈채빈(采蘋)〉[32]

『이아』에서 말하였다. '평(萍, 개구리밥)'은 '평(苹, 개구리밥)'이니 그 큰 것이 '빈(개구리밥)'[33]이다.
곽박이 주에서 말하였다. 물 가운데 '부평(개구리밥)'이니 강동에서는 '표(개구리밥)'라 한다.
육기가 『모시초목조수충어소』에서 말하였다. 지금 물 위의 '부평'인데 그 거칠고 큰 것을 일러 '빈'이라 한다. 계춘(季春)[34]에 비로소 나는데 찌거나 나물죽으로 만들어 먹을 수 있다.
오보[35]가 『본초』에서 말하였다. 못에서 자라는데 잎은 둥글고, 줄기 하나에 잎이 하나이며, 뿌리는 물 밑으로 들어가고, 5월에 흰 꽃이 핀다.
도은거가 말하였다. 물 가운데 '대평'이니 5월에 피어 있는 꽃은 흰색이다. 도랑에서 자라는 '평'이 아니며, 초왕이 양자강을 건널 때 얻었던 것은 곧 이 열매이다.
소공이 말하였다. '평'에는 세 종류가 있으니 큰 것은 '빈'이고, 중간인 것은 '행채(노랑어리연꽃)'이며, 작은 것은 곧 물 위의 '부평'이다.

爾雅 萍苹 其大者蘋. 郭璞註 水中浮萍 江東謂之薸. 陸璣疏 今水上浮萍也 其粗大者謂之蘋. 季春始生 可糝蒸爲茹. 吳普本草 生池澤 葉圓 一莖一葉 根入水底 五月白花. 陶隱居曰 水中大萍 五月有花白色. 非溝渠所生之萍 乃楚王渡江所得 卽斯實也. 蘇恭曰 萍有三種 大者蘋 中者荇菜 小者卽水上浮萍也.

---

32 대부(大夫)의 아내가 법도를 잘 따랐음을 읊은 시이다.
33 다른 이름으로 사엽채(四葉菜)·개구리밥·대평(大萍)·전자초(田字草)라고도 한다.
34 늦봄. 봄의 마지막 달인 음력 3월을 가리킨다.
35 위(魏) 사람으로 화타(华陀)의 제자이다.

藻(말) : 『시경(詩經)』「소남(召南)」〈채빈(采蘋)〉[36]

『좌전』에서 말하였다. '빈(네가래)' · '번(다북떡쑥)' · '온조(붕어마름)'는 나물이다.[37]
두예가 주에서 말하였다. '온(온조)'은 모여 있다.
『모전』에서 말하였다. '조(말)'는 '취조'이다.
육기가 『모시초목조수충어소』에서 말하였다. '조'는 물풀이니 물 밑에서 자란다. 두 종류가 있는데 그 한 종류는 잎이 '계소(용뇌향소)'[38]와 같고, 줄기 크기는 젓가락과 같으며, 길이는 네다섯 자이다. 그 한 종류는 줄기 크기가 비녀다리와 같고, 잎은 '봉호(쑥)'와 같으며, '취조'라 한다. 두 종류 '조' 모두 먹을 수 있는데 '미(쌀)'나 '면(밀)' 가루와 쪄서 죽을 만들어 먹을 수 있다. 형양[39] 사람들은 흉년에 그것을 가지고 식량으로 삼는다.
『아익』에서 말하였다. '조'는 물을 가로질러 줄지어 늘어지니 마치 흐르는 물의 가운데에서 스스로 목욕함과 같다. 물결 따라 물에 떠서 출렁이는 줄기와 잎은 곧고 막힘없이 잘 통하며 자란다. 더욱 자라서 흥성하기 때문에 흐르는 물에서 '조'를 캔다고 하였다.
나는 이렇게 생각한다. 잎은 줄기에서 나오는데 한두 치이고, 짝으로 마주 보고 자라니 곧 곽박은 '마표'라 하였고, 육기가 "잎은 '계소'와 같다"고 한

---

36 앞장 '빈(蘋)' 참조.

37 「은공3년(隱公三年)」 4월.

38 '소(蘇)'는 꿀풀과의 일년초인 '자소(紫蘇)'로 '차조기'이다. '계임(桂荏)'이라고도 한다. '용뇌향(龍腦香)'은 용뇌향 과의 상록교목인 '용뇌수'에서 뽑아낸 무색투명한 유지(油脂)의 결정(結晶)으로 향료 및 약재로 쓰인다.

39 형주(荊州)와 양주(揚州). 이는 모두 고대 구주(九州)의 하나인데 형주는 호남성(湖南省)과 호북성의 땅이고, 양주는 지금의 강소(江蘇) · 안휘(安徽) · 강서(江西) · 절강(浙江) · 복건(福建)의 여러 성에 걸쳐 있던 주이다.

것이 이것이다. 잎은 가늘고, 마디 마디 서로 짝하여 나니 곧 『전』에 '취조'라 하고, "이에 말을 캐도다"라 한 것이 이것이다.

左傳 蘋蘩薀藻之菜. 杜預註 薀聚也. 毛傳 藻聚藻也. 陸璣疏 藻水草也 生水底. 有二種 其一種葉如雞蘇 莖大如箸 長四五尺. 其一種莖大如釵股 葉如蓬蒿 謂之聚藻. 二藻皆可食 米麪糝蒸爲茹. 荊揚人饑荒以當穀食. 雅翼 藻橫陳於水 如自澡濯若流水之中. 隨波衍漾莖葉條暢. 尤爲可喜 故采藻於行潦也. 愚按 葉生於莖 一二寸兩 兩對生卽 郭璞云馬藻 陸璣所謂葉如雞蘇者 是也. 葉細節 節相生 卽傳云聚藻 于以采藻 是也.

茅(띠) : 『시경(詩經)』 「소남(召南)」 〈야유사균(野有死麕)〉[40]

『주역』 「대과」에서 말하였다. 깔개에는 '백모(띠)'를 쓴다.

『모전』에서 말하였다. '모(띠)'는 맑고 깨끗함을 취한다.

육기가 『모시초목조수충어소』에서 말하였다. '모'의 흰 것은 옛날에 예물을 포장하여 제사를 갖추는 데 썼고, 술을 거르는 데 썼다.

『정의』에서 말하였다. 『전』에서 "너희가 바쳐야 할 포모[41]를 들이지 않고 종묘의 제사에 바치지 않았기에 술을 거를 수 없다"고 하였으니 제사에 바침으로써 그 맑고 깨끗함을 밝힌 것이다.

『비아』에서 말하였다. '모'의 줄기는 부드럽고 결이 곧으며 또 깨끗하고 희기 때문에 앞선 임금들이 그것을 깔개로 썼으며, 또한 술을 거르는 데 썼다.

『도경』에서 말하였다. 곳곳에 그것이 있다. 봄에 '모'가 나는데 땅에 넓게 퍼지면 마치 바늘과 같아서 세속에서 이르기를 '모침(띠 꽃)'이라 한다. 여름에 흰 꽃이 생겨나는데 그 뿌리는 깨끗하고 희다. 또 '간(사초)'[42]이 있으니 또한 '모'의 따위이다.

나는 이렇게 생각한다. 깨끗하고 흰 '띠'를 얻어서 그것을 싸고 묶음은 오히려 예라고 여길 수 있다. 또 '띠'가 처음 생겨난 것은 '제(띠의 싹)'라 하니 〈정녀〉[43]에서 "바깥 들로부터 띠의 싹을 주니"라고 한 것이 이것이다.

---

40 앞장 '균(麕)' 참조.

41 포모(苞茅). 띠풀의 묶음으로 제사 때 여기에 술을 따라 거른다.

42 사초(莎草)는 방동사니과에 속하는 골사초・두메사초・산사초・선사초 따위의 통칭으로 땅 속의 괴근(塊根)은 향부자(香附子)라 하여 약용을 한다.

易大過 藉用白茅. 毛傳 白茅取絜淸也. 陸璣疏 茅之白者 古用包裹禮物以充祭祀 縮酒[44]用之. 正義曰 傳曰 爾貢包茅不入 王祭不供 無以縮酒 以供祭祀 明其潔淸. 埤雅 茅體柔而理直 又潔白 故先王用之以藉 亦以縮酒. 圖經 處處有之. 春生茅 布地如針 俗謂之茅針. 夏生白華 其根潔白. 又有菅 亦茅類. 愚按 取潔白之茅 以包束之 猶可以爲禮. 又茅之始生者曰荑 靜女云 自牧歸荑 是也.

---

43 『시경(詩經)』「패풍(邶風)」의 장명.

44 제주(祭酒)를 푸른 띠로 받쳐 거르는 행위이다. 일설에는 강신(降神)할 때에 모사(茅沙)의 띠 묶음 위에 술을 따랐다고 한다. 강신은 제사 때 초헌(제사 때 첫 번으로 잔을 올림)하기 전에 향을 피우고 술을 잔에 따라 모사 위에 붓는 일이고, 모사는 제사 지낼 때 쓰는 그릇에 담은 모래와 거기에 꽂은 띠 묶음이다.

葭(어린갈대) : 『시경(詩經)』 「소남(召南)」 〈추우(騶虞)〉[45]

『이아』에서 말하였다. '가(어린갈대)'는 '화'이다. 곽박이 주에서 말하였다. 지금의 '로(갈대)'이다.

『모전』에서 말하였다. '위(갈대)'의 처음 나온 것을 '가'라 하고, 패지 않은 것을 '로'라 하며, 자란 것을 '위'라 한다.

정강성이 『전』에서 말하였다. '가'는 '로'의 처음 나온 것이라 기록한다.

소공이 『본초』[46]에서 말하였다. 뿌리는 낮고 습기가 많은 땅에 살고, 줄기와 잎은 '죽(대)'과 비슷하며, 꽃은 '봉농'이라 이름한다.

『도경』에서 말하였다. '가'는 곧 '로'이고, '위'는 곧 '로'의 자란 것이니, '담(어린물억새)'과 '완(어린물억새)'은 '위'와 비슷하지만 작다. 어떤 사람은 '적(藡, 물억새)'이라 하니 곧 '적(荻, 물억새)'이고, 가을에 이르면 단단하게 자라는데 '환(물억새)'이라 한다. '겸(어린갈대)'은 '환'과 비슷하지만 가늘고 길며, 높이가 몇 자나 된다.

나는 이렇게 생각한다. '가'의 따위는 하나가 아니고, 그 열매에 따라 세 종류이다. 속이 비었고 껍질이 얇으며 색이 흰 것은 '가'·'로'·'위'이니, 처음 나왔거나 패지 않았거나 자랐기 때문에 그 이름은 다르지만 한 가지이다. '위'와 비슷하지만 작고 속이 비었으며 껍질이 두껍고 색이 푸른 것은 '담'·'환'·'완'·'적(荻)'이니, 곡박(曲薄)[47]을 만들 수 있는 것으로 한 가지

---

45 앞장 '추우(騶虞)' 참조.

46 당(唐) 소공(蘇恭)의 『당본초(唐本草)』.

47 대오리나 갈대를 엮어 만든 잠박(蠶箔)으로 박곡(薄曲·薄苗·薄笛)이라고도 한다. '잠박'은 누에를 담아 기르는 데 쓰는 채반이다.

이다. '위'와 비슷하지만 가늘고 높이는 몇 자가 되며 속이 가득 찬 것은 '겸' 인데, 지금 그것은 '렴(꽃안핀물억새)'이나 '박'이라 쓰니 한 가지이다. 그 줄기는 모두 '죽'과 같고, 그 잎은 모두 '약(약죽)'과 같으며, 그 꽃은 모두 '초(갈꽃)'라 이름하는데 『본초』에 다른 이름으로 '봉농'이라 하니, 그 싹은 모두 '관(갈대 싹)'이라 이름한다. 곽씨는 "'순(죽순)'은 '관'이다"라 하였다. 『시경』 가운데 일컬은 것이 다섯 가지가 있으니 '가'와 '위'이고, '겸'이며, '담'과 '환'이다.[48] 읽는 사람이 분별하지 않는다면 잘못됨이 얼마나 괴이하겠는가.

爾雅 葭華. 郭璞註 卽今蘆也. 毛傳 葦之初生曰葭 未秀曰蘆 長成曰葦. 鄭康成箋 葭記蘆始出者. 蘇恭本草 根生下濕地 莖葉似竹 花名蓬蕽. 圖經 葭卽蘆 葦卽蘆之成者 菼薍似葦而小. 或謂之薕 卽荻也 至秋堅成謂萑. 蒹似萑而細長 高數尺. 愚按 葭類不一 其實三種. 中空 皮薄 色白者 葭也蘆也葦也 因其始生未秀長成 故異其名 一也. 似葦而小 中空 皮厚 色蒼者 菼也萑也薍也荻也 可爲曲薄者 一也. 似葦而細 高數尺 而中實者 蒹也 今以之作蒹箔 一也. 其莖皆如竹 其葉皆如箬 其華皆名艻 本草一名蓬蕽 其萌皆名虇. 郭氏云 笋爲虇. 詩中所稱有五 葭與葦也 蒹也 菼與萑也. 讀者不辨 何怪舛譌.

48 '가'는 『시경(詩經)』 「소남(召南)」 〈추우(騶虞)〉, '위'는 「빈풍(豳風)」 〈칠월(七月)〉, '겸'은 「진풍(秦風)」 〈겸가(蒹葭)〉, '담'은 「위풍(衛風)」 〈석인(碩人)〉, '환'은 「소아(小雅)」 〈소변(小弁)〉 참조.

蓬(쑥) : 『시경(詩經)』「소남(召南)」〈추우(騶虞)〉[49]

『모전』에서 말하였다. '봉(쑥)'은 풀이름이다.

『순자』「권학」편에서 말하였다. '봉'이 '마(삼)' 밭 속에서 자라면 붙들어주지 않아도 스스로 곧다.

허신이 『설문』에서 말하였다. '봉'은 '호(쑥)'이니 풀이 가지런하지 않은 것이다.

유향이 『설원』에서 말하였다. 가을 '봉'은 뿌리는 상했는데 가지와 잎만 아름다워서 가을 바람이 한번만 일어나도 뿌리가 뽑힐 것이다.[50]

『비아』에서 말하였다. 그 잎은 흩어져 자라고, 가지가 뿌리보다 크기 때문에 바람을 만나면 번번이 뽑혀서 돈다. 비록 굴러 옮겨 다님이 일정치 않더라도 종종 마주침이 있기 때문에 그 글자는 '봉(逢)'[51]을 좇는다.

나는 이렇게 생각한다. 『설문』에 "'봉'은 '호'이다"라 하였으니 대개 '봉'이라는 것은 '호'를 말함이지 무성함[52]과 같음은 아니다. 형씨[53]가 "'봉'은 '호'이니 '저(파초)'라고 여길 수 있다"라 한 것이다. 이 풀은 어지럽게 자라고, 바람을 만나면 곧 날아가기 때문에 "백(伯)이 동쪽으로 간 뒤로부터 머리가 바람에 날리는 '봉'과 같노라"[54]고 하였다. 어지러운 머리털이 마치 바람에 날리는 '봉'과 같다고 비유한 것이다. 「석초」에 "'조봉(시든 쑥)'은 '설(개먹다)'

---

49 앞장 '추우(騶虞)' 참조.

50 『설원(說苑)』 권10 「경신(敬愼)」편. 노(魯)의 마지막 임금 애공(哀公)이 나라를 버리고 제(齊)로 도망가서 제(齊) 경공(景公)의 물음에 한탄하며, 자신의 처지를 비유한 말이다.

51 '봉(逢)'은 '길을 가다가 우연히 만난다.'는 의미이다. 따라서 『비아(埤雅)』에 따르면 '봉(蓬)'의 의미는 '길을 가다가 우연히 만날 수 있는 풀'이라는 의미라고 하겠다.

52 이는 문맥상으로 볼 때, '蘩(다북떡쑥)'의 오기(誤記)인 듯하다.

53 형병(邢昺).

54 『시경(詩經)』「위풍(衛風)」〈백혜(伯兮)〉.

이고, '서봉(기장쑥)'은 '천(꼴)'이다"라 했으니 이는 '봉'의 종류를 구별했을 뿐이다.

毛傳 蓬草名也. 荀子勸學篇 蓬生麻中 不扶自直. 許愼說文 蓬蒿也 草之不理者也. 劉向說苑 秋蓬惡於根本而美於枝葉 秋風一起 根且拔矣. 埤雅 其葉散生 末大於本 故遇風輒拔而旋. 雖轉徙無常 其相遇往往而有 故其字从逢. 愚按 說文云 蓬蒿 蓋言蓬者蒿也 非如縏. 邢氏謂 蓬蒿可以爲殖者. 此草亂生 遇風則飛 故曰 自伯之東 首如飛蓬. 有髮亂如飛蓬之喩. 釋草云 齧彫蓬 薦黍蓬 此別蓬之種類耳.

匏(박) : 『시경(詩經)』「패풍(邶風)」〈포유고엽(匏有苦葉)〉[55]

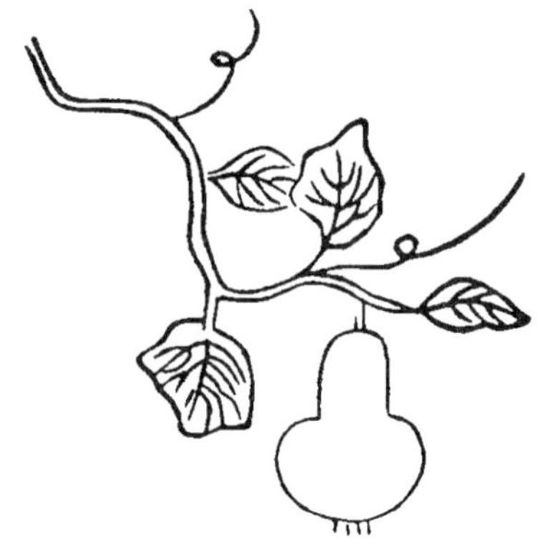

『외전』「노어」에서 말하였다. 숙향은 "쓴 잎은 사람에게 쓰이지 않고, 물 건너는데 이바지할 뿐이다"라고 하였다.

위소[56]가 주에서 말하였다. 사람에게 쓰이지 않는다는 것은 먹을 수 없다는 말이고, 물을 건너는데 이바지할 뿐이라는 것은 '포(박)'를 차고서 물을 건널 수 있다는 말이다.

『설문』에서 말하였다. '포'는 '호(호리병박)'이다.

최표가 『고금주』에서 말하였다. '포'는 '호'이고 '호로'는 '호' 가운데 자루가 없는 것이다. '호'는 자루가 있는 것이다.

『비아』에서 말하였다. 길면서 위가 가는 것을 '호'라 부르고, 목이 짧고 배가 큰 것을 '포'라 부른다. 『전』에서 "'포'는 '호'라고 한다"라 한 것은 잘못된 듯하다. 대개 '포'는 쓰고 '호'는 달다. 또 길고 짧음의 차이가 있으니 하나의 사물이라 할 수 없다. 공자께서 "내 어찌 '포과(박)'처럼 한곳에 매달린 채 먹기를 구하지 않을 수 있겠는가?"[57]라 말씀하신 것은 쓰기 때문이다.

『시집』에서 말하였다. '포'는 줄기가 서리를 맞으면 그 잎이 말라 떨어지는데, 그러한 뒤에 그것을 말려 허리에 차고 물을 건넌다. 『갈관자』에서 "물 가운데에서 배를 잃게 되면 바가지 하나가 천금과 같다"고 하였다.

나는 이렇게 생각한다. 『모전』에서 단지 잎이 써서 먹을 수 없다고 말하고

---

55 앞장 '치(雉)' 참조.

56 204~273. 삼국(三國) 때 오(吳)의 운양(雲陽) 사람으로 자(字)는 홍사(弘嗣)이다. 문장에 능하였으며 벼슬은 시중(侍中)을 지냈다. 저서에 『효경논어주(孝經論語注)』·『동기(洞記)』·『관직훈(官職訓)』·『변석명(辯釋名)』·『국어주(國語注)』가 있다.

57 『논어(論語)』「양화(陽貨)」. 주자의 주에 따르면 '박'은 한곳에 매달려 있어서 무엇을 마시고 먹을 수 없으나 사람은 그렇지 않다는 것을 말한 것이다.

'포'가 물 건너는 것에 이바지할 수 있다고 말하지 않은 것은 옷을 입거나 걷고 물을 건넌다는 것과 서로 부합하지 않을까 두려워한 까닭이니, 사실은 '포'를 차고 물을 건널 수 있었다. '포'와 '호'는 모양이 각각 같지 않으니 참으로 농사[58]가 말한 바와 같다. '포'의 쓰임은 다만 물을 건너는 것만이 아니라 옻칠을 하여서 악기를 만들 수 있는데, 『시경』에 "젓대를 불며 생황을 울리네"[59]라고 하였으니 여덟 음 가운데 있는 '포'가 이것이다. 또 술그릇을 만들 수 있는데 〈독공유〉[60]에서 "잔질을 함에 바가지를 쓰도다"라 하였으니 '포'로써 만든 잔이 이것이다. 아울러 '호'의 주에 자세하다.

外傳魯語 叔向曰 苦葉不材於人 供濟而已. 韋昭註 不材於人 言不可食 供濟而已 佩匏可以渡水也. 說文 匏瓠也. 崔豹古今注 匏瓠也 壺蘆瓠之無柄者. 瓠有柄者. 埤雅 長而瘦上曰瓠 短頸大腹曰匏. 傳云 匏謂之瓠 誤矣. 蓋匏苦瓠甘. 復有長短之殊 定非一物也. 子曰 吾豈匏瓜也哉 焉能繫而不食 以苦故也. 詩緝 匏經霜其葉枯落 然後乾之腰以渡水. 鶡冠子云 中流失船 一壺千金. 愚按 毛傳 止言葉苦不可食而不言匏可供濟者 恐與厲揭相戾故耳 實則佩匏可以渡也. 匏瓠形各不同 誠如農師所說. 匏之用不特渡水 漆之可爲樂器 詩 吹笙鼓簧 八音中有匏 是也. 可爲酒器 篤公劉云 酌之用匏 以匏爲爵 是也. 互詳瓠註.

---

58 육전(陸田).

59 『시경(詩經)』「소아(小雅)」〈녹명(鹿鳴)〉.

60 『시경(詩經)』「대아(大雅)」의 장명.

葑(순무) : 『시경(詩經)』「패풍(邶風)」〈곡풍(谷風)〉[61]

『모전』에서 말하였다. '봉(순무)'은 '수'이다. 『정의』에서 말하였다. 「석초」에 "'수'는 '봉종'이다"라 하였고, 손염은 "'수'는 다른 이름으로 '봉종'이다"라 하였다. 「방기」[62] 주에 "'봉'은 '만청(순무)'이니 진과 송 사이에서는 '봉'이라 한다"고 하였다. 육기가 "'봉'은 '무청(순무)'이고, 유주 사람들은 간혹 '개(겨자)'라 한다"고 하였다. 『방언』에서 "'풍(순무)'·'요'는 '무청'이다. 진과 초에서는 '봉'이라 하며, 제와 노에서는 '요'라 하고, 관서에서는 '무청'이라 하며, 조와 위 지역에서는 '대개'라 한다"고 하였다. '풍'은 '봉'과 더불어 글자는 비록 다르나 음은 실로 같으니 곧 '봉'·'수'·'무청'·'만청'·'봉종'·'요'·'개' 일곱 가지는 동일한 것이다.

『시집』에서 말하였다. 강남에는 '숭(배추)'이 있고, 강북에는 '만청'이 있는데 서로 비슷하나 다르다.

『비아』에서 말하였다. 굳세고 길며 잎이 파리하고 높은 것을 '숭'이라 하고, 잎이 성기고 두터우며 짧은 것을 '무청'이라 한다.

毛傳 葑須也. 正義曰 釋草云 須葑蓯 孫炎曰 須一名葑蓯. 坊記註云 葑蔓菁也 陳宋之間謂之葑. 陸璣云 葑蕪菁 幽州人或謂之芥. 方言云 蘴蕘蕪菁也 陳楚謂之葑 齊魯謂之蕘 關西謂之蕪菁 趙魏之部謂之大芥. 蘴與葑字雖異音實同 卽葑也須也蕪菁也蔓菁也葑

61 부부(夫婦) 간에 도리를 잃음을 풍자한 시이다. 위(衛) 사람들이 윗사람들의 나쁜 행위에 물들어 부부가 서로 헤어지는 등 나라의 풍속이 무너짐을 노래하였다.

62 『예기』의 편명.

菘也蕘也芥也七者 一物也. 詩緝 江南有菘 江北有蔓菁 相似而異. 埤雅 梗長葉瘦高者 爲菘 葉濶厚短者爲蕪菁.

菲(순무) : 『시경(詩經)』 「패풍(邶風)」 〈곡풍(谷風)〉[63]

『모전』에서 말하였다. '비(순무)'는 '물(순무)'이다. 정씨가 『전』에서 말하였다. 이것은 두 가지 채소인데, '만청(순무)'과 '복(무)' 따위이다. 모두 위와 아래를 먹을 수 있으나 그 뿌리는 때에 따라 맛이 있을 때와 맛이 없을 때가 있으니 그것을 캘 때에 뿌리가 맛이 없을 때라도 아울러 그 잎을 버릴 수 없다.

『정의』에서 말하였다. 「석초」에 "'비'는 '물'이다"라 하였고, 곽박이 "'토과(쥐참외)'이다"라 하였으며, 손염은 "'복'의 따위이다"라 하였다. 또 「석초」에 "'비'는 '식채'[64]이다"라 하였고, 곽박이 "'비'는 습지 아래에서 나고 '무청(순무)'과 비슷하지만 꽃이 자적색이고 먹을 수 있다"라 하였다. 육기는 "'비'는 '복'의 줄기와 비슷하지만 거칠고 잎이 두꺼우며, 긴 것은 털이 있다. 3월 중에 죽을 끓여서 먹을 수 있고, 부드럽고 맛있어서 국을 만들 수 있으니 유주 사람들은 '물'이라 한다. 『이아』에서 '식채'라 하였고 지금 하내 사람들은 '숙채'라 한다"라 하였다. 『이아』에서 '비물'과 '식채'를 다르게 해석했으니, 곽씨의 주에서 별도의 풀이라 한 것과 비슷하다. 육기의 말과 같다면 또한 동일한 것이다. 어떤 사람이 주에서 『이아』의 두 곳에서 이 시를 인용하였다고 했으니, 곧 '비'·'물'·'식채'·'토과'·'숙채' 다섯 가지는 하나의 종류로 그 모습은 '복'과 비슷하나 '복'은 아니기 때문에 '복'의 따위라 한 것이다.

---

63 앞장 '봉(葑)' 참조.

64 무와 비슷한 일년생 채소 이름이다.

毛傳 菲芴也. 鄭箋 此二菜者 蔓菁與葍之類也. 皆上下可食 然而其根有美時有惡時 采之者不可以根惡時并棄其葉. 正義曰 釋草云 菲芴也 郭璞曰 土瓜也 孫炎曰 葍類也. 釋草又云 菲葸菜 郭璞曰 菲草生下濕地 似蕪菁 華紫赤色 可食. 陸璣云 菲似葍莖麤葉厚而長有毛. 三月中蒸鬻爲茹 滑美可作羹 幽州人謂之芴 爾雅謂之葸菜 今河內人謂之宿菜. 爾雅菲芴與葸菜異釋 郭註似是別草. 如陸璣之言 又是一物. 某氏註 爾雅二處引此詩 卽菲也芴也葸菜也土瓜也宿菜也五者 一物也 其狀似葍而非葍 故云葍類也.

荼(씀바귀) : 『시경(詩經)』 「패풍(邶風)」 〈곡풍(谷風)〉[65]

『이아』에서 말하였다. '도(씀바귀)'는 '고채(씀바귀)'이다. 곽박이 주에서 말하였다. 『시경』에 "누가 씀바귀가 쓰다고 하는가"[66]라 하였으니, '고채'는 먹을 수 있다.

육기가 『모시초목조수충어소』에서 말하였다. '고채'는 산에 있는 밭이나 못 가운데에서 나는데, 서리를 맞으면 달고 연하여 맛이 좋으니, "소루쟁이와 씀바귀도 엿처럼 달도다"[67]라 한 것이다.

안지추[68]가 말하였다. 『역통괘험』에 "'고채'는 늦가을에 나서 겨울과 봄이 지나고 여름에 비로소 여무는데, 꽃은 노랗고 '국(국화)'과 비슷하다"라 하였다.

형병이 소에서 말하였다. 『본초』에 "다른 이름으로 '도초'·'선'·'유동'인데, 잎은 '고거'[69]와 비슷하지만 가늘고, 꺾으면 흰 즙이 나며, 먹을 수 있지만 쓰다"라 하였다.

『시집』에서 말하였다. 『경』에는 세 가지 '도'가 있는데, 첫째는 '고채'이고, 둘째는 '위엽'이며, 셋째는 '영도'이다. 이 시의 "누가 씀바귀가 쓰다고 하는가"[70]와 「당풍」 〈채령〉의 "씀바귀를 캐고 씀바귀를 캐도다"[71]와 〈면〉의 "소루쟁이와 씀바귀도 엿처럼 달도다"[72]의 나물은 모두 '고채'이다. 〈양사〉

---

65 앞장 '봉(葑)' 참조.

66 『시경(詩經)』 「패풍(邶風)」 〈곡풍(谷風)〉.

67 『시경(詩經)』 「대아(大雅)」 〈면(綿)〉.

68 자(字)는 개(介). 북제(北齊) 임기(臨沂) 사람이다. 대대로 주관(周官)과 좌씨학(左氏學)을 계승한 집안으로 어릴 때부터 가업을 이어 받아 박학다식(博學多識)하고 술을 매우 좋아했다. 저서에 『환원지(還寃志)』·『안씨가훈(顔氏家訓)』과 문집 30권이 있다.

69 시화과에 속하는 다년초.

70 『시경(詩經)』 「패풍(邶風)」 〈곡풍(谷風)〉.

71 『시경(詩經)』 「당풍(唐風)」 〈채령(采苓)〉.

의 "잡풀과 여뀌를 뽑아 버리도다"[73]의 나물은 '위엽'이다. 「정풍」〈출기동문〉의 "여자들은 띠꽃처럼 아름답도다"[74]는 '영도'이다. 〈치효〉의 "내 갈대를 집어 따도다"[75]와 『전』에 "'담(어린물억새)'은 '초(갈대이삭)'이다"라 한 것과 소에 "'완(어린억새)'은 이삭을 팬다"라 한 것도 또한 '영도'의 따위이다.
나는 이렇게 생각한다. '도'의 따위를 나누어 풀이한 것은 엄탄숙[76]의 구분이 자세하다. 『집전』에 "'도'는 '고채'로 '료'의 무리이니, 〈양사〉에 자세히 보인다"라 하였는데, 〈양사〉의 주를 살펴보면, "'도'는 뭍의 풀이다"라 하였으니, 곧 나물과 풀은 같지 않다. 주자의 본뜻은 본디 한 가지 것을 가리켜 정한 것이 아니다. "잡풀과 여뀌를 뽑아 버리도다"[77]의 '도'와 손염이 "잡초이니, '고채'가 아니다"라 한 것과 왕숙이 "뭍의 잡초이다"라 한 것은 '도고'의 '도'와 다른 것임이 분명하다.

爾雅 荼苦菜. 郭璞註 詩曰 誰謂荼苦 苦菜可食. 陸璣疏 苦菜生山田及澤中 得霜甜脆而美 所謂堇荼如飴. 顔之推曰 易通卦驗云 苦菜生於寒秋 更冬歷春 得夏乃成 花黃似菊. 邢昺疏 本草 一名荼草一名選一名游冬 葉似苦苣而細 斷之有白汁 堪食但苦耳. 詩緝 經有三荼 一曰苦菜 二曰委葉 三曰英荼. 此詩 誰謂荼苦 及唐采苓篇 采苦采苦 緜 堇荼如飴之菜 皆苦菜也. 良耜 以薅荼蓼之荼 委葉也. 鄭出其東門 有女如荼 英荼也. 鴟鴞 予所捋荼 傳云 茌苕 疏云 亂之秀穗 亦英荼之類. 愚按 分釋荼類 嚴坦叔辨之詳矣. 而集傳云 荼苦菜 蓼屬也 詳見良耜 按良耜 註云 荼陸草 則菜與草不同. 朱子本意原不定指一物. 以嫭荼蓼之荼 孫炎曰 穢草非苦菜也 王肅曰 陸穢 明是與荼苦之荼異也.

72 『시경(詩經)』「대아(大雅)」〈면(緜)〉.
73 『시경(詩經)』「주송(周頌)」〈양사(良耜)〉.
74 『시경(詩經)』「정풍(鄭風)」〈출기동문(出其東門)〉.
75 『시경(詩經)』「빈풍(豳風)」〈치효(鴟鴞)〉.
76 『시집(詩緝)』의 작자인 엄찬(嚴粲)이다.
77 『시경(詩經)』「주송(周頌)」〈양사(良耜)〉.

薺(냉이) : 『시경(詩經)』「소아(小雅)」〈곡풍(谷風)〉[78]

『이아』에서 말하였다. '차(냉이열매)'는 '제(냉이)'의 열매이다.

곽박이 주에서 말하였다. '제'의 열매는 맛이 달다.

형병이 소에서 말하였다. 『본초』에서 "'제'는 맛이 달다"라 하였으니, 사람들이 그 잎을 따서 김치와 국을 만들며 또한 즐겨 먹는다. 그 열매는 별도로 '차'라 불렀다.

『춘추번로』에서 말하였다. '제'는 겨울에 맛있다. 겨울에는 수(水)의 기운이 있어서 '제'가 단맛을 낸다. 수(水)의 기운을 타서 맛이 좋은 것은 단 것이 찬 것을 이기는 것이다.

도은거가 말하였다. '제'는 종류가 많은데, 이것은 지금 사람들이 먹을 수 있는 것이고, 잎으로는 김치와 국을 만드니 또한 즐겨 먹는다.

爾雅 蒫薺實. 郭璞註 薺子味甘. 邢昺疏 本草云 薺味甘 人取其葉作菹及羹亦佳. 其子別名蒫. 春秋繁露 薺以冬美. 冬水氣也 薺甘味也. 乘水氣而美者 甘勝寒也. 陶隱居曰 薺類多 此是今人可食者 葉作葅羹亦佳.

---

78 앞장 '봉(葑)' 참조.

苓(씀바귀) : 『시경(詩經)』 「패풍(邶風)」 〈간혜(簡兮)〉[79]

『모전』에서 말하였다. '령(씀바귀)'은 '대고'이다.

『정의』에서 말하였다. 「석초」에 "'령(감초)'은 '대고'이다"라 하였다. 손염은 "『본초』에서 '령'은 지금의 '감초'라고 한 것이 이것이다. 덩굴로 이어서 난다. 잎은 '하(연)'와 비슷하고 청황색이다. 그 줄기는 붉고, 마디가 있으며, 마디마다 가지가 서로 마주하고 있다. 어떤 사람은 '령'이 '지황'[80]과 비슷하다고 한다"고 하였다.

『도경』에서 말하였다. '감초'는 하서의 내와 골짜기에 있는 모래산과 상군에 있는데, 지금 협서와 하동 지역에 모두 있다. 봄에 푸른 싹이 나는데 높이가 한두 척이다. 잎은 '괴(홰나무)' 잎과 같고, 7월에 자주색 꽃을 피운다. 겨울에 열매를 맺는데 '필두(완두)'와 같은 열매를 만든다. 『시경』에 "씀바귀를 캐도다"와 "수산의 남쪽이니"라 했으니 수양산은 하동 포판현에 있고 지금 '감초'가 나는 곳과 서로 가깝다. 앞선 유학자들의 싹과 잎에 대한 설명과 함께 지금도 완전히 구별하고 있으니, 어찌 종류가 같지 않은 것이 있겠는가?

나는 이렇게 생각한다. 『이아』와 『모전』에서 모두 '대고'라고 했는데 맛이 쓴 것인지는 의심스럽기 때문에 심괄은 '대고'를 황약이라 하였다. 그러나 『본초』와 여러 설명들은 모두 '감초'라 가리켰고, 주자의 『집전』에서도 이를 따랐다. 대개 옛 사람들이 말을 반대로 한 것인데 "'령'은 '감초'이다"라 하고 나서 '대고'라 했으니, 마치 '근규'가 맛이 달지만 「석초」에서 곧 '고근'

79 어진 사람을 쓰지 않음을 풍자한 시이다.

80 약초의 한 가지로 뿌리의 상태에 따라 선지황(鮮地黃) · 건지황(乾地黃) · 숙지황(熟地黃) 등으로 분류하며, 해열(解熱) · 보음(補陰) · 보혈(補血) · 강장(强壯)에 좋다.

이라 부르는 것과 같다.

毛傳 苓大苦. 正義曰 釋草云 蘦大苦. 孫炎曰 本草云 蘦今甘草 是也 蔓延生 葉似荷青黃 其莖赤 有節 節有枝相當 或云蘦似地黃. 圖經 甘草河西川谷積沙山及上郡 今陝西河東州郡皆有之. 春生青苗 高一二尺. 葉如槐葉 七月開紫花. 冬結實 作角子如畢豆. 詩 采苓首陽 首陽山在河東蒲坂縣 今甘草所生處相近. 而先儒說苗葉與今全別 豈種類有不同者乎. 愚按 爾雅毛傳皆謂大苦 疑是味苦者 故沈括 以大苦爲黃藥. 然本草諸說並指甘草 朱子集傳亦從之. 葢古人語倒 蘦甘草 而云大苦 猶之堇葵味甘 而釋草乃謂之苦堇也.

茨(납가새) : 『시경(詩經)』「용풍(鄘風)」〈장유자(牆有茨)〉[81]

『이아』에서 말하였다. '자(납가새)'는 '질려(납가새)'이다.

곽박이 주에서 말하였다. 땅에 퍼져 덩굴로 자라고, 잎은 가늘며, 열매는 세모꼴 가시가 있어 사람을 찌른다.

『한시외전』에서 말하였다. 봄에 '질려'를 심으면 여름에는 그 잎을 딸 수가 없지만, 가을에 그 가시를 얻을 수 있다.

도은거가 말하였다. 길 위에 많이 살고, 잎이 땅에 넓게 퍼지며, 열매에 가시가 있는 것이 '릉(마름)'과 같지만 작다. 장안에 가장 많으며, 사람들이 다니면 나막신에 많이 붙는다. 지금 군대나 집에서 철을 주조하여 적의 길에 퍼뜨리는데, 그것을 '철질려'[82]라고 한다. 『역』에서 "'질려'에 의거하다"[83]라는 것은 흉한 해를 입는다는 말이다. 『시경』에서 "담장에 납가새가 있으니 쓸어버릴 수 없구나"라고 한 것은 가시에 찔리고 더러워지기 때문이다.

구종석이 『연의』에서 말하였다. '질려'는 두 가지 종류가 있다. 하나는 '두질려'인데 곧 지금 길옆에 퍼져서 나거나 혹은 담장 위에서 난다. 작고 황색 꽃이 피는데 가시가 맺혀 찌른다. 또 하나는 '백질려'인데 고을의 모래언덕이나 '마(말)'를 기르는 곳에서 나며, 황자색 꽃이고, 겹겹이 만들어진다. 열매가 맺힌 것이 '양'의 콩팥과 같으며 크기는 '서(기장)'의 낟알 같다.

나는 이렇게 생각한다. '자'는 담장에서 나니 쓸지 않는 것은 담장이 무너질

---

81 위(衛) 사람들이 윗사람을 풍자한 시이다. 공자(公子) 완(頑)이 군주의 어머니와 간통하여서 백성들이 이를 미워했지만 입에 올려 말할 수 없었기 때문이다.

82 수중이나 지면에 놓아 적의 침입을 막는 마름모꼴의 날카로운 쇠이다.

83 『주역(周易)』「택수곤괘(擇水困卦)」.

까 두려워하는 것이다. 또 『박아』[84]에서 "'자'는 쌓이는 것이요, 모이는 것이다"라 하였다. 『시경』에서 "증손의 농사는 납가새와 같고 수레의 끌채와 같도다"[85]라 한 것은 이것이 쌓이고 모이는 것을 뜻한다.

爾雅 茨蒺藜. 郭璞註 布地蔓生 細葉 子有三肉刺人. 韓詩外傳 春植蒺藜 夏不得采其葉 秋得其刺焉. 陶隱居曰 多生道上 葉布地 子有刺如菱而小. 長安最饒 人行多着木履. 今軍家鑄鐵作之 以布敵路 名鐵蒺藜. 易云 據于蒺藜 言其凶傷. 詩 牆有茨不可埽 以刺梗穢也. 冦宗奭衍義 蒺藜有二種. 一種杜蒺藜 卽今道旁布地而生 或生牆上. 開小黃花 結芒刺. 一種白蒺藜 出同州沙苑牧馬處 黃紫花 作莢. 結子如羊內腎 大如黍粒. 愚按 茨生於牆 不可埽者恐壞牆也. 又博雅云 茨 積也聚也. 詩 曾孫之稼如茨如梁 訓積聚也.

84 『광아(廣雅)』의 별칭이다. 위(魏)의 장읍(張揖)이 편찬한 자전(字典)이다.
85 『시경(詩經)』「소아(小雅)」〈보전(甫田)〉.

唐(새삼) : 『시경(詩經)』「용풍(鄘風)」〈상중(桑中)〉[86]

『모전』에서 말하였다. '당(새삼)'과 '몽(새삼)'은 나물의 이름이다.

『정의』에서 말하였다. 「석초」[87]에서 "'당'과 '몽'은 '여라(소나무겨우살이)'이고, '여라'는 '토사(새삼)'이다"라고 하였다. 사인이 "'당'과 '몽'의 이름은 '여라'이며, '여라'는 또 '토사'라 이름 한다"고 하였다. 손염은 "세 개의 이름으로 나눈다"고 하였으며, 곽박은 "네 개의 이름으로 나눈다"고 하였다. 곧 '당'과 '몽'은 아우르기도 하고 나누기도 하므로 세 종류와 네 종류의 차이가 생긴다. 『시경』에서는 바로 '당'이라고만 하였고, 『전』에서는 "'당'은 '몽'이다"라고 하였다.[88] 〈기변〉[89]장 『전』에서 "'여라'는 '토사'이다"라 한 것은 '송라'이니 곧 '송라'라 이름한 것이다. 「석초」에는 또 "'몽'은 '옥녀(새삼덩굴)'이다"라 하였고, 손염은 "'몽'은 '당'이니, 다른 이름으로 '토사'와 '옥녀'이다"라 하였다. 곧 '송라'와 '옥녀'로 통하니, 여섯 가지 이름이 있다.

『도경본초』에서 말하였다. '토사'에는 '여라'라는 이름이 없다. 오직 '송라'만 '여라'라고 이름 한다.

나는 이렇게 생각한다. '여라'와 '토사'는 두 사물임이 옳고, '당'은 '토사'이지만 '여라'가 아니다. 『비아』에서 "풀에 있어 '토사'가 되고, 나무에 있어 '여라'가 된다"고 하였으니, 두 종류는 각각 구별된다. 모두 「석초」의 잘못

---

86 음분(淫奔)을 풍자한 시이다. 위(衛)의 왕실이 음란하여 남녀가 서로 좇고, 세족과 벼슬에 있는 자들까지도 서로 처첩을 도둑질하여 아득한 곳을 기약하니, 정치가 산란하고 백성들이 유리됨을 그칠 수 없었다.

87 『이아(爾雅)』의 편명.

88 『시경(詩經)』「용풍(鄘風)」〈상중(桑中)〉.

89 『시경(詩經)』「소아(小雅)」 장명.

으로 인하여 한 사물로 삼은 연고이다. 또『고악부』[90]에 의거하면 "남산에는 멱멱한[91] '토사화', 북릉에는 청청한 '여라수'라. 꽃과 잎은 유래가 똑같지만, 지금 가지는 두 곳으로 나뉘는 구나"라고 하였으니, 대개 나무 위로 잇달아 덩굴져 있으므로 '여라수'라 한 것이다. 이백이 〈악부〉에서 "'토사'는 정이 없어 바람에 따라 뒤집히니, 누가 '여라'의 가지로 하여금 억지로 휘감겨오게 하였는가"라고 하였으니, 곧 두 종류임을 의심 없이 밝힌 것이다. '토사'는 잇달아 덩굴져 있고 나무 위로 펴져 있으므로 같은 뿌리에서 휘감겨온다는 설이 있다. 아울러 '여라'의 주에 상세하다.

毛傳 唐蒙菜名. 正義曰 釋草云 唐蒙女蘿 女蘿菟絲. 舍人曰 唐蒙名女蘿 女蘿又名菟絲. 孫炎曰 別三名 郭璞曰 別四名. 則唐與蒙或并或別 故三四異也. 以經直言唐 而傳言唐蒙也. 頍弁傳曰 女蘿菟絲 松蘿也 則又名松蘿矣. 釋草又云 蒙玉女 孫炎曰 蒙唐也 一名菟絲一名玉女. 則通松蘿玉女爲六名. 圖經本草 菟絲無女蘿之名. 惟松蘿一名女蘿. 愚按 女蘿菟絲是二物 唐乃菟絲非女蘿也. 埤雅云 在草爲菟絲 在木爲女蘿 二物殊別. 皆由釋草誤爲一物故也. 又据古樂府云 南山羃羃菟絲花 北陵青青女蘿樹 由來花葉同一心 今日枝條分兩處 蓋蔓延樹上 故曰女蘿樹也. 李白樂府云 菟絲故無情 隨風任顚倒 誰使女蘿枝 而來强縈抱 則明是二物無疑. 或菟絲蔓延 上施於木 故有同心縈抱之說. 互詳女蘿註.

90 총 10권. 좌극명(左克明)이 편찬한 것으로 중국 고대로부터 진(陳), 수(隋) 시대까지의 악부(樂府)를 수록한 책이다. 이 책은 후에 더욱 정리되어 명(明)의 매정조(梅鼎祚)가 52권의『고악원(古樂苑)』을 편찬하였다.

91 안개·연기 등이 자욱하게 낀 모양.

麥(보리) : 『시경(詩經)』「용풍(鄘風)」〈상중(桑中)〉[92]

「월령」에서 말하였다. 맹하(孟夏)에 '맥(보리)'이 익을 때가 된다.

채옹이 말하였다. 온갖 곡식이 각각 처음 나는 때를 봄이라 하고, 익는 때를 가을이라 하는데, '맥'은 초여름에 익기 때문에 '맥'에게는 4월이 가을이 된다.

『한무제기』에서 말하였다. 백성들에게 '숙맥'[93]을 심도록 권하였다.

안사고가 말하였다. 어떤 해 겨울에 그

것을 심으면 해가 지나고 익기 때문에 '숙맥'이라 부른다.

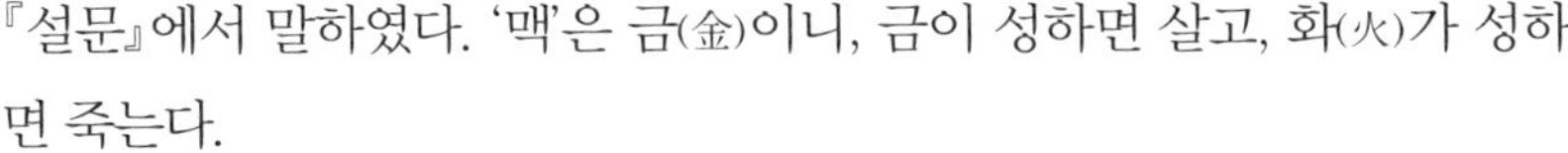
『설문』에서 말하였다. '맥'은 금(金)이니, 금이 성하면 살고, 화(火)가 성하면 죽는다.

『광아』에서 말하였다. '모(보리)'는 '대맥(보리)'이고, '래(밀)'는 '소맥(밀)'이다.

소공이 『본초』에서 말하였다. '모'는 '소맥'과 모양이 비슷하지만 커서 '대맥'이라 부른다.

『도경』에서 말하였다. '대맥'과 '소맥'은 가을에 씨를 뿌리고, 겨울에 자라며, 봄에 이삭이 패고, 여름에 열매를 맺는데, 사계절에 알맞게 어울리는 기운을 갖추었기 때문에 오곡 중에 으뜸으로 여긴다. 땅이 따뜻한 곳에서는 봄에 씨를 뿌려야 여름에 바로 거둘 수 있다.

나는 이렇게 생각한다. '래'와 '모'를 아우르는 이름이 '맥'이기 때문에 『설문』에서 "'래(來)'와 '모(牟)'는 '맥'이다"라 하였다. 본래 '래'와 '모'로 쓴 것을

92 앞장 '당(唐)' 참조.

93 가을 보리.

한편으로는 '래(麳)'나 '모(麰)'로도 쓰기 때문에 유향이 「주송」[94]을 인용하여 "나에게 '래모(보리)'를 먹였다"[95]고 한 것이다. 『아익』에서 "'대맥'은 마땅히 밥으로 만들고, 식초를 만들 수 있으며, 그 '얼(누룩)'로 엿을 만들 수 있다"라고 했기 때문에 「설명」[96]에서 "술과 단술을 만듦과 같다"라 한 것이다. 『이아』에서 "'국(누룩)'은 '얼'이다"라 하였고, 한 광무제가 풍이[97]에게 말하기를 "무루정의 '두(콩)'죽과 호타강[98]의 '맥'밥이다"라 하였다.

月令 孟夏麥秋至. 蔡邕曰 百穀各以初生爲春 熟爲秋 麥以初夏熟 故四月於麥爲秋. 漢武帝紀 勸民種宿麥. 顔師古曰 歲冬種之 經歲乃熟 故云宿麥. 說文 麥金也 金王而生 火王而死. 廣雅 麰大麥 麳小麥. 蘇恭本草 麰形似小麥而大 謂之大麥. 圖經 大小麥秋種冬長 春秀 夏實 具四時中和之氣 故爲五穀之長. 地暖處亦可春種 至夏便收. 愚按 麳麰統名曰麥 故說文云 來牟麥也. 本作來牟 一作麳麰 故劉向引周頌曰 飴我麳麰. 雅翼云 大麥宜爲飯 又可爲酢 其蘖可爲飴 故說命云 若作酒醴. 爾雅 麴蘖 漢光武謂馮異曰 蕪蔞亭豆粥 滹沱河麥飯.

94 『시경(詩經)』「주송(周頌)」〈사문(思文)〉.

95 『한서(漢書)』.

96 『상서(尙書)』의 편명.

97 한(漢) 말기 영천(穎川) 사람으로 자는 공손(公孫)이다. 편장군(偏將軍)이 되었으며 성품이 워낙 겸손하여 논공(論功)할 때에는 늘 큰 나무 아래로 피하였으므로 대수장군(大樹將軍)이라 불리었다.

98 산서성(山西省)의 태희산(泰戲山)에서 발원하여 하북평원(河北平原)으로 흘러드는 강이다.

蝱(패모) : 『시경(詩經)』「용풍(鄘風)」〈재치(載馳)〉[99]

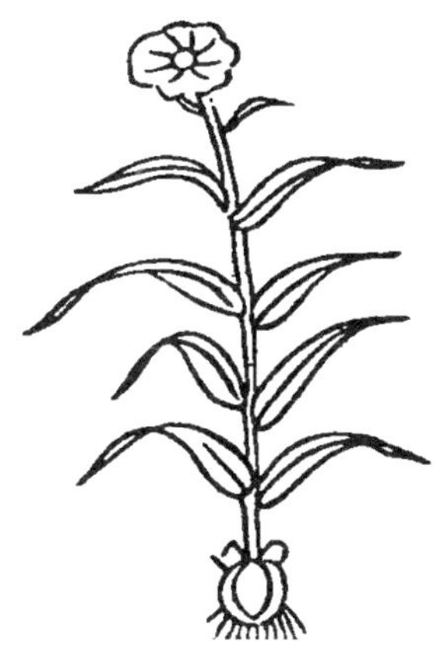

『모전』에서 말하였다. '맹(패모)'은 '패모(백합과의 다년초)'이다.

『이아』에서 말하였다. '맹(莔, 패모)'은 '패모'이다.

곽박이 주에서 말하였다. 뿌리는 작은 '패(조개)'와 같고, 둥글고 흰 꽃이며, 잎은 '구(부추)'와 비슷하다.

육기가 『모시초목조수충어소』에서 말하였다. '맹'은 지금 약초인 '패모'이다. 그 잎은 '괄루(하늘타리)'와 같지만 가늘고 작다. 열매는 뿌리 아래 있는데 '우(토란)'의 열매와 같고, 순백색이며, 사방이 이어져 묶여서 서로 붙어 있거나 나누어 풀려 있으니 이것이다.

형병이 소에서 말하였다. 길 가까이에 나는데 모양이 '패자'[100]를 모아 놓은 것과 비슷하기 때문에 '패모'라 이른다.

『도경』에서 말하였다. 2월에 싹이 나는데 줄기는 가늘고 푸른색이며, 잎은 싹을 따라 나온다. 7월에 꽃을 피우는데 짙은 녹색이며 모양은 '고자화(메꽃)'와 같다. 8월에 뿌리를 캐서 햇볕에 쬐어 말린다. 이는 몇 가지 종류가 있는데 육기가 설명한 것은 지금 길 가까이에 나는 것이고, 곽박이 설명한 것은 이 종류를 드물게 다시 본 것이다.

나는 이렇게 생각한다. '맹(莔)'은 '맹'이라고도 하는데 뿌리 모양이 '맹'과 같다. 길 가까이에 나는 것으로 곧 지금 의가의 처방 중에 '토패모'가 이것이니, 오직 냇가의 것이 좋다. 『시경』〈재치〉는 허 목공의 부인이 지은 것인데, 옛 허는 지금 하남에 붙어 있었으니 또한 가까운 땅에서 나는 것이다.

99 허(許) 목부인(穆夫人)이 종국(宗國)인 위(衛)의 멸망을 안타까워하며 읊은 시이다.
100 복족류에 속하는 조개의 일종이다.

『본초』에 "가슴속에 엉겨 맺힌 기운을 흩을 수 있다"고 하였으니, 대개 그 병을 고치려고 그것을 캔다.

毛傳 蝱貝母也. 爾雅 莔貝母. 郭璞註 根如小貝 員而白華 葉似韭. 陸璣疏 蝱今藥草貝母也. 其葉如栝樓而細小. 子在根下 如芋子 正白 四方連累相著有分解 是也. 邢昺疏 出近道 形似聚貝子 故云貝母也. 圖經 二月生苗 莖細靑色 葉隨苗出. 七月開花 碧綠色 形如鼓子花. 八月采根 曬乾. 此有數種 陸璣所說今近道出者 郭璞所說此種罕復見之. 愚按莔一作蝱 根狀如蝱也. 近道出者 卽今醫方土貝母 是也 惟川地者良. 詩載馳爲許穆夫人所作 古許國隸今河南 亦近地所出者. 本草云 能散心胷鬱結之氣 蓋采之欲療其疾也.

綠(댑싸리) : 『시경(詩經)』「위풍(衛風)」〈기오(淇奧)〉[101]

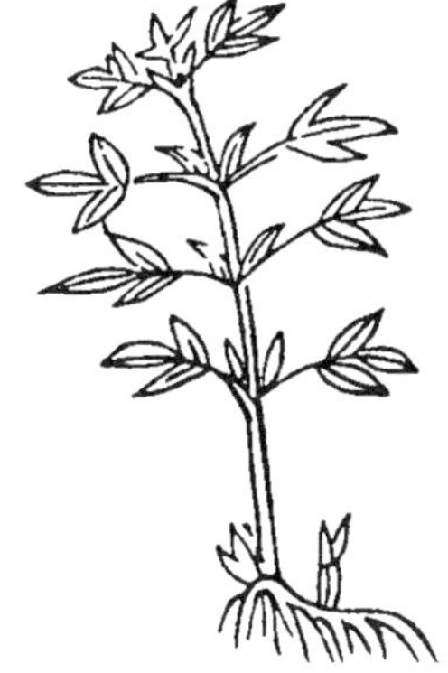

『모전』에서 말하였다. '록(댑싸리)'은 '왕추'이다.
『이아』에서 말하였다. '록(菉, 조개풀)'은 '왕추'이다.
곽박이 주에서 말하였다. '록욕'이니 지금은 '치각사'라고 부른다.
형병이 소에서 말하였다. 어떤 사람이 "'록욕(鹿蓐)'이다"라 하였으니, 「위풍」에서 "푸른 대나무가 아름답도다"[102]라 한 것이 이것이다.
『당본초』에서 말하였다. 잎은 '죽(대)'과 비슷하나 가늘고 얇으며, 줄기 또한 둥글고 작다. 평탄한 연못이나 시냇물 주변에서 난다. 다른 이름으로 '신초(조개풀)'이다.

毛傳 綠王芻也. 爾雅 菉王芻. 郭璞註 菉蓐也 今呼鴟脚莎. 邢昺疏 某氏曰 鹿蓐也 衛風 菉[103]竹猗猗 是也. 唐本草 葉似竹而細薄 莖亦圓小. 生平澤溪澗[104]之側. 一名藎草.

101 무공(武公)의 덕을 찬미한 시이다. 푸른 대나무가 처음 나와서 아름답고 성함으로써 학문이나 수행이 점점 나아짐을 말한 것이다.

102 『시경(詩經)』「위풍(衛風)」〈기오(淇奧)〉.

103 〈기오(淇奧)〉의 원문에는 '綠'자로 되어 있어 해석은 이를 따랐다.

104 원문에는 '㵎'으로 되어 있으나, 내용상 '澗'의 오기로 보아 이에 따라 해석하였다.

竹(대나무) : 『시경(詩經)』「위풍(衛風)」〈기오(淇奧)〉[105]

『모전』에서 말하였다. '죽(대나무)'은 '편죽'이다.
『이아』에서 말하였다. '죽'은 '편축(마디풀)'이다.
곽박이 주에서 말하였다. 작은 '려(명아주)'와 비슷하고 붉은 줄기에 마디가 있다. 길가에 잘 자라며 먹을 수 있고 벌레를 죽일 수 있다.
육덕명이 말하였다. '록(댑싸리)'은 '죽'과 아울러 같은 글자이다. 『이아』에는 '록'으로 썼고 음도 같다. 『한시』[106]에는 '죽'을 '독(편죽)'이라 썼으며 음은 '도'와 '옥'의 반절이니, "'독'은 '편축'이다"라 한 것이다. 『석경』[107]에도 같다.
『정의』에서 말하였다. 「석초」[108]에서 "'록'은 '왕추'이고 '죽'은 '편축'이다"라 하였다. 이순은 "한 사물에 두 가지 이름이 있다"고 하였다. 육기는 "'녹죽(푸른 대)'은 하나의 풀이름이니, 줄기와 잎이 '죽'과 비슷하고 청록색이며 높이가 몇 자이다. 지금 기수 가에 사는 것이 이것이다. 사람들이 이것을 '녹죽'이라 이른다"고 하였는데, 이 설명은 잘못되었다. 『시경』에 "하루종일 댑싸리를 캐었도다"[109]라 한 것은 곧 '록'과 '죽'이 다른 풀이기 때문에 『전』에서도 『이아』에 의지하여 '왕추'[110]로 여긴 것으로 '편죽'과는 다른 것이다.
나는 이렇게 생각한다. 『이아』와 『모전』에서 함께 "'록'은 '왕추'이고, '죽'은 '편축'이다"라 하였고, 『한시』에서는 "'록'과 '독'이 무성하도다" · "'독'은

105 앞장 '록(綠)' 참조.
106 한(漢) 초에 한영(韓嬰)이 전수(傳授)한 『시경(詩經)』이다.
107 한(漢) 때 석각(石刻)한 유가(儒家)의 경서(經書)이다.
108 『이아(爾雅)』의 편명.
109 『시경(詩經)』「소아(小雅)」〈채록(采綠)〉.
110 『시경(詩經)』「소아(小雅)」〈채록(采綠)〉 주자주(朱子註).

'편축'이다"라 썼으니, 또한 '록'과 '죽'을 두 가지로 나눈 것이다. 오직 주자가 『집전』에서 "'록'은 색이다. 기수 물가에는 '죽'이 많으니, 한 시대도 그러하였다. 이른바 기수 동산의 '죽'[111]이라는 것이 이것이다"[112]라 하였고, 『수경주』에서 "기수 물가에 '죽'이 없고 오직 '왕추'와 '편초'만 있다"고 하였으며, 또 류집중[113]이 "기수 물가에 이르면 지금 아름다운 '죽'이 많다"고 하였다. 지금 『모전』과 주자가 함께 아름답고 왕성하게 흥(興)을 일으켰으니, 두 가지의 설을 믿어 각각 저절로 통할 수 있다. 또 "하루종일 댑싸리를 캐었도다"와 『집전』에 "'록'은 '왕추'이다"라 한 것을 살펴보면, 곧 주자 또한 모씨의 설명을 버리지 않았다. 우선 『모전』을 좇아 두 가지 방법으로 나누었으니, 이에 주자의 『전』을 인용하여 아울러 참고하였다.

毛傳 竹篇竹也. 爾雅 竹篇蓄. 郭璞註 似小藜 赤莖節. 好生道旁 可食 可殺蟲. 陸德明曰 綠竹並如字. 爾雅作菉音同. 韓詩 竹作藩 音徒沃反 云藩篇筑也. 石經同. 正義曰 釋草云 菉王芻 竹篇蓄. 李巡曰 一物二名. 陸璣云 綠竹一草名 其莖葉似竹 靑綠色 高數尺 今淇隩傍生此 人謂此爲綠竹 此說非也. 詩有 終朝采綠 則綠與竹別草 故傳依爾雅以爲王芻與篇竹異也. 愚按 爾雅毛傳並謂 綠王芻 竹篇蓄 韓詩 作綠藩猗猗 藩篇筑也 亦分綠竹爲二. 惟朱子集傳云 綠色也 淇上多竹 漢世猶然 所謂淇園之竹 是也 而水經注云 淇川無竹 惟王芻篇草 劉執中又云 淇水之旁至今多美竹. 今毛傳朱子並以美盛起興 信二說各自可通. 及按 終朝采綠 集傳云 綠王芻 則朱子亦不廢毛氏之說. 姑從毛傳分列二圖 仍引朱傳而並參之.

---

111 『사기(史記)』「하거서(河渠書)」.
112 『시경(詩經)』「위풍(衛風)」〈기오(淇奧)〉 주자주(朱子註).
113 류이(劉彝). 자(字)가 집중(執中)이며, 송(宋) 복주(福州)사람이다.

瓠(호리병박) : 『시경(詩經)』「위풍(衛風)」〈석인(碩人)〉[114]

『한서』「식화지」에서 말하였다. 채소는 밭에 있으니, '과(오이)'와 '호(호리병박)'에는 열매가 있다.

『비아』에서 말하였다. '호'의 모습은 허리가 머리와 비슷하고, 꼬리가 허리와 비슷하며, 약간 뾰족하고, 녹색 덩굴로 자란다.

『아익』에서 말하였다. '호'는 '포(박)' 가운데서 단 것이다. 옛날에는 왕이 정치를 할 때 '과'와 '호' 열매를 밭 경계에 심게 하였다. 정월에는 씨를 뿌리고, 6월에는 기른다. 그 잎은 나물로 할 수 있는데, "나부끼는 호리병박 잎을 뜯어서 삶도다"[115]라고 한 것이 이것이다. '포'와 더불어 크고 작음, 길고 짧음, 달고 씀에 차이가 있다.

『이아』에서 말하였다. '호서'는 오이씨이다.

곽박이 주에서 말하였다. '호' 속의 씨이니, 『시경』에서 "치아가 오이씨와 같도다"[116]라 하였다.

형병이 소에서 말하였다. 사람의 예쁜 치아와 비슷하다. 지금 『시경』 문장에는 '서(犀)'로 쓰여 있다.

漢食貨志 菜茹有畦 瓜瓠果蓏. 埤雅 瓠狀腰類于首 尾類于腰 微銳 緣蔓而生. 雅翼 瓠匏之甘者. 古者王政 瓜瓠果蓏殖於彊[117]場. 正月可種 六月可畜. 其葉又可爲菜 所謂 幡幡瓠葉 采之烹之 是也. 與匏以大小 長短 甘苦 爲間. 爾雅 瓠棲瓣. 郭璞註 瓠中瓣也 詩云 齒如瓠棲. 邢昺疏 人之齒美者似之 今詩文作犀.

114 앞장 '추제(蝤蠐)' 참조.
115 『시경(詩經)』「소아(小雅)」〈호엽(瓠葉)〉.
116 『시경(詩經)』「위풍(衛風)」〈석인(碩人)〉.
117 의미상으로는 '疆'이 옳을 듯하여 이에 따라 해석하였다.

菼(어린물억새) : 『시경(詩經)』「왕풍(王風)」〈대거(大車)〉[118]

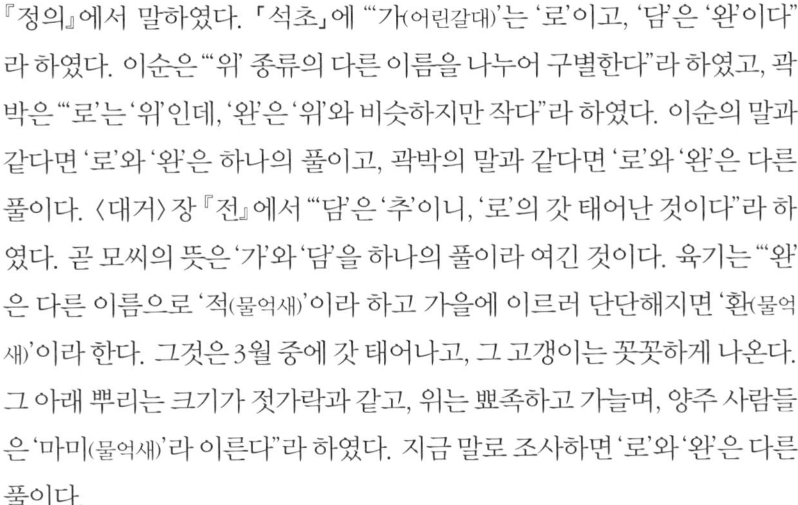

『이아』에서 말하였다. '담(어린물억새)'은 '완(어린억새)'이다.
곽박이 주에서 말하였다. '위(갈대)'와 비슷하지만 작고, 속이 차 있으며, 지금 강동에서는 '오구'라고 부른다.
『설문』에서 말하였다. '담'은 '환(물억새)'의 갓 태어난 것이다. 다른 이름으로 '완'·'추(익모초)'라 한다. '완'은 '담'이다.
「하소정」에서 말하였다. 이삭이 패지 않은 '위'를 '로(갈대)'라 하고, 이삭이 패지 않은 '환'을 '담'이라 한다.
『정의』에서 말하였다. 「석초」에 "'가(어린갈대)'는 '로'이고, '담'은 '완'이다"라 하였다. 이순은 "'위' 종류의 다른 이름을 나누어 구별한다"라 하였고, 곽박은 "'로'는 '위'인데, '완'은 '위'와 비슷하지만 작다"라 하였다. 이순의 말과 같다면 '로'와 '완'은 하나의 풀이고, 곽박의 말과 같다면 '로'와 '완'은 다른 풀이다. 〈대거〉장 『전』에서 "'담'은 '추'이니, '로'의 갓 태어난 것이다"라 하였다. 곧 모씨의 뜻은 '가'와 '담'을 하나의 풀이라 여긴 것이다. 육기는 "'완'은 다른 이름으로 '적(물억새)'이라 하고 가을에 이르러 단단해지면 '환(물억새)'이라 한다. 그것은 3월 중에 갓 태어나고, 그 고갱이는 꼿꼿하게 나온다. 그 아래 뿌리는 크기가 젓가락과 같고, 위는 뾰족하고 가늘며, 양주 사람들은 '마미(물억새)'라 이른다"라 하였다. 지금 말로 조사하면 '로'와 '완'은 다른 풀이다.
나는 이렇게 생각한다. '담'은 '위'의 따위이다. 그 갓 태어난 것을 '담'이라

118 주(周) 대부(大夫)를 풍자한 시이다.

하고, 다른 이름으로 '완'이라 하며, 또 '추(오추마)'라 한다. 그 자란 것을 '적'이라 하고 가을에 이르러 단단해진 것을 '환'이라 이른다. 구부릴 수 있고 얇은 것은 곧 속이 비었고 껍질이 두꺼우며 색이 푸른 것이다. 곽씨가 "속이 차 있다"라 한 것은 대개 껍질이 두꺼운 것이니, 그 속은 모두 차 있지 않은 것이다. '가'의 주에 서로 보인다. 〈대거〉장 『전』에서 "'담'은 '추'이다"라 하였고, 「석언」에 "'담'은 '추'이다"라 하였다. 곽씨가 "풀의 색이 '추'와 같아 청색과 흰색의 사이에 있다"라 한 것은 「석축」에 "푸른색과 흰색이 섞인 털"이라고 했기 때문이다. 글자는 마땅히 '마(馬)'와 '추(隹)'를 좇은 것이지만 『모전』에 '추'자는 근거가 없다.

爾雅 菼薍. 郭璞註 似葦而小 實中 今江東呼爲烏蓲. 說文 菼藋之初生. 一曰薍一曰騅. 薍菼也. 夏小正 葦未秀爲蘆 藋未秀爲菼. 正義曰 釋草云 葭蘆 菼薍. 李巡曰 分別葦類之異名 郭璞曰 蘆葦也 薍似葦而小. 如李巡云 蘆薍共爲一草 如郭云 則蘆薍別草. 大車傳曰 菼騅也 蘆之初生. 則毛意以葭菼爲一草也. 陸璣云 薍或謂之荻 至秋堅成則謂之萑 其初生三月中 其心挺出 其下本大如箸 上銳而細 揚州人謂之馬尾. 以今語驗之 則蘆薍別草也. 愚按 菼葦類也. 其初生曰菼 一名薍 又名騅. 其長成曰荻 至秋堅成謂萑. 可爲曲薄 卽中空 皮厚 色蒼者. 郭云 實中 蓋以皮厚 其中不皆實也. 互見葭註. 大車傳曰 菼騅也 釋言曰 菼騅也. 郭云 草色如騅 在靑白之間者 以釋畜蒼白雜毛故也. 字宜从馬从隹 毛傳騅字無據.

芄蘭(박주가리) : 『시경(詩經)』「위풍(衛風)」〈환란(芄蘭)〉[119]

『이아』에서 말하였다. '관(새박덩굴)'은 '환란(박주가리)'이다.
곽박이 주에서 말하였다. 덩굴로 자라며, 끊으면 흰 즙이 나오는데 먹을 수 있다.
육기가 『모시초목조수충어소』에서 말하였다. 다른 이름으로 '나마(박주가리)'이다. 유주 사람들은 '작표'라고 한다.
도은거가 말하였다. '나마'는 '등(등나무)'에서 생기기 시작하며, 그것을 따면 흰 유즙이 나온다. 인가에 그것을 많이 심고, 잎은 날로 먹을 수 있으며, 쪄서 먹을 수도 있다.
심괄이 말하였다. 가지에 꼬투리가 있는데, '환란'은 잎 사이에서 그 꼬투리가 나오며, 그것이 늘어지면 송곳 모양과 같다.
나는 이렇게 생각한다. 덩굴이 뻗어서 담을 타며 7~8월에 꽃이 핀다. 작지만 길고, 방울 같으며, 그 색은 자백색이다. 열매를 맺으면 씨앗이 하나이고, 하얀 융이 하나있다. 지금 오중에서는 '파파침선포'라고 부른다.

爾雅 雚芄蘭. 郭璞註 蔓生 斷之有白汁 可啖. 陸璣疏 一名蘿藦. 幽州人謂之雀瓢. 陶隱居曰 蘿藦作藤生 摘之有白乳汁. 人家多種之 葉可生啖 可蒸食之. 沈括曰 支莢也 芄蘭之莢支出於葉間 垂之如觿狀. 愚按 蔓延牆垣 七八月開花. 小而長 如鈴 其色紫白. 結實中一子 有白絨一條. 今吳中呼爲婆婆鍼綫包.

119 대부(大夫)가 혜공(惠公)의 교만하고 무례함을 풍자한 시이다.

諼草(원추리) : 『시경(詩經)』「위풍(衛風)」〈환란(芄蘭)〉[120]

『박물지』에서 말하였다. 『신농경』에서 "중약[121]은 본성을 기른다"고 하였으니, '합환'[122]은 원망을 없애고, '훤초(萱草)'[123]는 근심을 잊게 한다고 하였다.

이석[124]이 『속박물지』에서 말하였다. '훤초(諼草)'는 다른 이름으로 '녹총'[125]이다. 꽃의 이름은 '의남'[126]이니, 『풍토기』에서 "잉태한 여인은 그 꽃을 차야 아들을 난다"고 하였는데, 곧 손사막[127]이 '합환'을 '훤초'라 한 것은 잘못된 것이다. 동자[128]는 "사람들이 근심을 잊고자하여 '단극'을 선물한다"고 하였으니, 바로 '훤'을 가리킨다.

『설문』에서 말하였다. '훤(藼)'은 사람으로 하여금 근심을 잊게 하는 풀이며, '훤(蕿)'과 '훤(萱)'으로도 쓴다.

『도경』에서 말하였다. 5월에 꽃을 캐고 8월에 뿌리를 캐서 사용하니, 지금

---

120 앞장 '환란(芄蘭)' 참조.

121 『신농본초경』에서는 365가지 약물을 상약(上藥), 중약(中藥), 하약(下藥) 3가지로 구분하여 설명했다.

122 합환목(合歡木). 함수초과의 낙엽 활엽소교목. 나무는 세공재, 껍질은 약재로 쓴다. 자귀나무 또는 합혼목(合昏木)이라고도 한다.

123 원추리. 백합과의 다년초. 이 풀을 심으면 근심을 없앨 수 있다고 하여 망우초(忘憂草)라고도 한다.

124 송(宋) 귀주(貴州)사람으로 자(字)는 지기(知幾)이다. 저서에는 『방주역학(方舟易學)』, 『방주집(方舟集)』 등이 있다.

125 원추리와 비슷한 식물. 양만리(楊萬里)의 시(詩)에 "鹿葱解插纖長柄"이라는 구절이 보인다.

126 의남초(宜男草). 원추리의 다른 이름. 아이를 밴 여인이 원추리를 몸에 지니면 아들을 낳는다고 하여 생긴 이름이다.

127 당(唐) 화원(華原) 사람으로 저서에는 『천금방(千金要方)』, 『복록론(福祿論)』 등이 있다.

128 동중서(董仲舒).

사람들이 그 어린 싹과 '화부'[129]를 많이 캐며, '저'[130]라고도 쓴다.
왕응린이 『옥해』[131]에서 말하였다. "어찌하면 '훤초(萲草)'[132]를 얻겠는가"는 『이아음의』에 나온다.
나는 이렇게 생각한다. 5월에 줄기를 골라내면 꽃이 피기를 여섯 번 하여 사면에 드리우며, 아침에 피고 저녁 때 시든다. 꽃은 붉은색・자주색・노란색 세 가지 색이 있고, 삼각형 모양의 열매를 맺는다. 지금 사람들은 그 '화부'를 캐고 말려서 재화를 삼으니, '황화채'[133]라고 이름 한다.

博物志 神農經曰 中藥養性 謂合歡蠲忿 萱草忘憂. 李石續博物志 諼草一名鹿葱. 花名宜男 風土記 妊婦佩其花生男也 則孫思邈以合歡爲萱草者誤. 董子曰 欲忘人之憂 贈以丹棘 卽諼也. 說文 藼令人忘憂草也 又作蕿及萱. 圖經 五月採花 八月採根用 今人多採其嫩苗及花跗 作葅. 王應麟玉海 焉得萲草 出爾雅音義. 愚按 五月抽莖 開花六出四垂朝開暮蔫. 花有紅紫黃三色 結實三稜. 今人采其花跗令乾貨之 名黃花菜.

---

129 꽃 모양의 좌대(座臺).
130 파초(芭蕉). 파초과의 다년초.
131 송(宋) 왕응린(王應麟)의 저서. 이 책은 왕응린이 과거 응시 준비를 위해 여러 문헌에 나타난 기록과 문장을 종류별로 편집한 것이다.
132 원추리. 백합과의 다년초.
133 말린 훤초(萱草)의 꽃으로 만든 나물 이름이다. 맛은 약간 달고, 금침채(金針菜)라 이름 하기도 한다.

黍(기장) : 『시경(詩經)』「왕풍(王風)」〈서리(黍離)〉[134]

「곡례」에서 말하였다. '서(기장)'는 '향합'[135]이다.

주에서 말하였다. '서'는 익으면 차지게 되어서 흩어지지 않고, 그 기운이 또 향기롭기 때문에 이름한 것이다.

『설문』에서 말하였다. '화(벼)'의 따위로 차진 것이다. 대서(大暑)[136]에 씨를 뿌리기 때문에 '서'라 부른다. 공자께서는 "'서'는 술로 만들 수 있으니 '화'를 물에 넣은 것이다"라 하셨다.

『시집』에서 말하였다. '서'는 두 종류가 있는데, 차진 것은 '출(찰기장)'이며 술을 빚을 수 있고, 차지지 않는 것은 '서'이다. '도(벼)' 같은 것으로 '갱(메벼)'과 '나(찰벼)'가 있다.

범승지[137]가 『농서』에서 말하였다. '서'라는 것은 더위이다. 반드시 더위를 기다려서 씨를 뿌리는데, 여름에 20일을 보내면 이때에 비가 오고 땅이 굳어지니 '서'를 심을 수 있다.

『박물지』에서 말하였다. 흙에는 다섯 가지 마땅한 바가 있으니, 누렇거나 흰 땅에는 '화'를 심음이 마땅하고, 검은 언덕에는 '맥(보리)'과 '서'가 마땅하며, 푸르거나 붉은 땅에는 '숙(콩)'이나 '우(토란)'가 마땅하고, 낮고 물이 있는 땅에는 '도'가 마땅하다. 그 마땅함에 따르면 곧 백배의 이득을 얻게 된다.

『아익』에서 말하였다. '서'는 '직(메기장)'과 비슷하기 때문에 옛날 사람들은 '서'와 '직'을 아울러 말하였다. '적서'와 '백서'가 있고, 차진 것과 차지지 않

---

134 주(周) 대부(大夫)가 부역을 가서 옛 종묘(宗廟)와 궁실(宮室)을 지나가니 모두 기장밭이 되어 있었는데 주 왕실의 전복함을 민망히 여겨 차마 떠나지 못하여 지은 시이다.

135 종묘의 제사에 쓰는 기장이다.

136 24절기의 하나로 양력 7월 23일경이다.

137 한(漢) 때 사람. 범승(氾勝). 농사일에 밝아 성제(成帝) 때 의랑(議郞)을 역임하여 전삼보(田三輔)를 가르쳤으며, 『농서(農書)』 18편을 지었다.

은 것이 있다. 차진 것의 다른 이름은 '출'인데, 「월령」에서 "술을 만들 때에 대추[138]에게 명하여 '출'과 '도'를 반드시 갖추게 하였다"라 하였으니 대개 이 '출'·'도'·'나'로 술을 빚었다. 북쪽 사람들은 '출'을 '황미(찰기장)'라고 부르거나 또한 '황나(찰기장)'라고 부르는데, 술을 빚을 때 '나'와 '도'를 견주어 보면 조금 차이가 있을 뿐이다.

曲禮 黍曰薌合. 註 黍熟則黏聚不散 其氣又香 故名. 說文 禾屬而黏者也. 以大暑而種 故謂之黍. 孔子曰 黍可爲酒 禾入水也. 詩緝 黍有二種 黏者爲秫 可以釀酒 不黏者爲黍. 如稻之有秔糯也. 氾勝之農書 黍者暑也. 種必待暑 先夏至二十日 此時有雨强土可種黍. 博物志 五土所宜 黃白宜種禾 黑墳宜麥黍 蒼赤宜菽芋 下泉宜稻. 得其宜 則利百倍. 雅翼 黍似稷 故古人并言黍稷. 有赤黍白黍 其類有黏不黏. 黏者別名秫 月令 造酒命大酋秫稻必齊 蓋以此秫與稻之糯爲酒. 北人謂秫爲黃米 亦謂之黃糯 釀酒比糯稻差劣.

138 주관(酒官)의 수장.

稷(메기장) : 『시경(詩經)』「왕풍(王風)」〈서리(黍離)〉[139]

『이아』에서 말하였다. '자(기장)'는 '직(메기장)'이다. 형병이 소에서 말하였다. 『좌전』에 "'자'는 쓿지[140] 않고 먹는다"라 하였으니 '자'라는 것은 '직'이다. 「곡례」[141]에 "'직'은 '명자'[142]라 한다"고 한 것이 이 것이다. 곽박이 "지금 강동에서는 '속(조)'이라 부르니 '자'이다"라 하였으니, 그렇다면 '자'와 '직'과 '속'은 바로 한 가지이다. 『본초』에 '직'은 쌀의 낮은 등급에 있고, 따로 있는 '속'은 쌀의 중간 등급에 있는데, 또 두 가지가 비슷하기 때문에 옛 선비들이 몹시 의심하였다.

정초가 『통지』에서 말하였다. '직'의 싹과 이삭은 '로(갈대)'와 비슷하지만 낟알을 먹을 수 있다.

응소[143]가 『풍속통』에서 말하였다. '직'은 다섯 곡식 중 으뜸인데, 다섯 곡식들은 대부분 제사에 두루 쓸 수 없기 때문에 '직'을 세워 제사를 지낸다.

소공이 말하였다. 초 사람들은 '직'이라 이르고, 관중에서는 '미(기장)'라 이른다. 그 낟알을 '황미(찰기장)'라 부르고, 그 싹의 종류는 '서(기장)'이다.

『광아해』에서 말하였다. '서'와 같고 검은색이다.

『본초연의』에서 말하였다. 지금 '제미(찰기장)'라 이르는데 낟알 가운데 그것이 먼저 익기 때문에 제사에 올린다.

---

139 앞장 '서(黍)' 참조.

140 거친 쌀, 조, 수수 따위의 곡식을 찧어 속꺼풀을 벗기고 깨끗하게 하는 것을 말한다.

141 『예기』의 편명.

142 종묘 제사에 쓰는 깨끗한 기장이다.

143 자(字)는 중원(仲遠). 후한(後漢) 때 여남(汝南) 사람으로 박학다식하여 많은 책을 썼는데, 지금은 『한관의(漢官儀)』·『예의고사(禮儀故事)』·『풍속통(風俗通)』 등이 남아 있다.

나는 이렇게 생각한다. '자'·'직'·'미'·'제'라 한 것과 고유가 "기주에서는 '견(메기장)'이라 이른다"라 한 것이 모두 한 가지이다. 오직 곽박이 '속'이라 이른 것은 아마도 아닌 것 같다. 『본초』에 "'속'은 맛이 짜고, '직'은 맛이 달다"라 하였으니 열매가 같지 않다. 공씨가 소에 "'서'는 이삭이 늘어져 있는 모양을 말하고, '직'은 싹을 말하니 곧 '서'가 패고 '직'이 패지 않는 것은 6월이 때에 맞고, '직'의 이삭은 7월이 때에 맞으며, '직'의 열매는 8월이 때에 맞다"라 하였다.

爾雅 粢稷. 邢昺疏 左傳云 粢食不鑿 粢者稷也. 曲禮云 稷曰明粢 是也. 郭云 今江東呼粟爲粢 然則粢也稷也粟也 正是一物. 而本草稷米在下品 別有粟米在中品 又似二物 故先儒甚疑焉. 鄭樵通志 稷苗穗似蘆而米可食. 應劭風俗通 稷爲五穀之長 五穀衆多不可徧祭 故立稷而祭之. 蘇恭曰 楚人謂之稷 關中謂之穈. 呼其米爲黃米 其苗類黍. 廣雅解曰 如黍 黑色. 本草衍義 今謂之穄米 先諸米熟 故以供祭祀. 愚按 曰粢曰稷曰穈曰穄 高誘云 冀州謂之鑒 皆一物也. 惟郭云爲粟恐非. 本草 粟味鹹 稷味甘 實不同也. 孔疏曰 黍言離離 稷言苗 則是黍秀 稷未秀 六月時也 稷之穗 七月時也 稷之實 八月時也.

蓷(익모초) : 『시경(詩經)』 「왕풍(王風)」 〈중곡유퇴(中谷有蓷)〉[144]

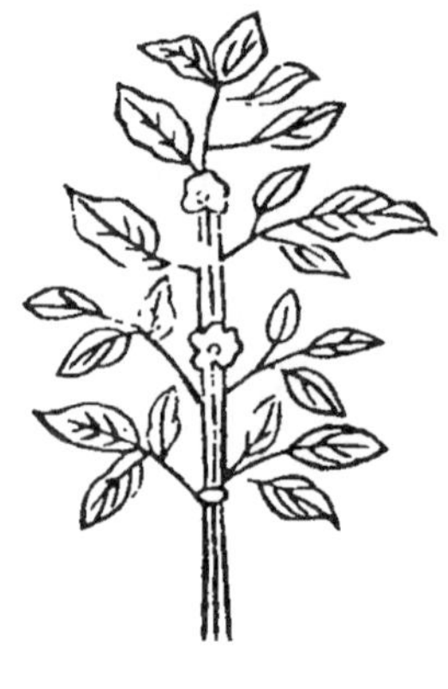

『이아』에서 말하였다. '추(익모초)'는 '퇴(익모초)'이다.

『광아』에서 말하였다. '익모'는 잎이 '임(들깨)'과 같고, 모난 줄기이며, 흰 꽃이 피는데 그 꽃은 마디 사이에서 생긴다.

곽박이 주에서 말하였다. 지금의 '충위(익모초)'이다.

이순이 주에서 말하였다. 냄새가 심하게 나는 풀이다.

육기가 『모시초목조수충어소』에서 말하였다. 옛날 설명과 위 박사 제음 주원명이 모두 '암려(맑은대쑥)'라고 이른 것이 이것이다. 『한시』와 『삼창설』은 모두 '익모'라고 하였기 때문에 증자도 '익모'를 보고 그렇게 생각했다. 『본초』를 살펴보면 "'충위'는 다른 이름으로 '익모'이다"라 하였기 때문에 류흠[145]은 "'퇴'는 냄새가 심하니 곧 '충위'이다"라 하였다.

허겸이 말하였다. 잎은 '임'과 비슷하다. '임'이라는 것은 '백소(들깨)'와 '자소'[146] 종류이다.

나는 이렇게 생각한다. 지금의 '익모초'는 붉은 꽃과 흰 꽃 두 종류가 있다. 붉은 꽃은 곧 『이아』에서 이른바 '퇴(蓷, 참소리쟁이)'라는 것이고, 흰 꽃은 곧 『이아』에서 이른바 '퇴'라는 것이다. 줄기와 잎이 서로 비슷하고, 시냇가 골짜기 사이에서 나니, 마땅히 낮고 습한 성질이 있기 때문에 정자는 "그늘지고 습한 곳에서 나며 그곳이 건조하면 마른다. 부부가 즐거워하는 해는

---

144 주(周)를 가엽게 여긴 시이다. 부부의 정이 점점 쇠퇴하고 야박해져서 흉년에 기근이 들자 가정을 서로 버린 것이다.

145 ?~23. 서한(西漢) 말년 고문경학파(古文經學派)의 창시자이다. 목록학가(目錄學家)이며 천문학자이다. 저서로는 『칠략(七略)』 등이 있다.

146 꿀풀과에 속하는 일년초이며, 한약재로 쓰인다.

서로 보호해 주지만 흉년에는 반드시 서로 버린다는 것을 흥(興)한 것이다"라 하였다.

爾雅 萑蓷. 廣雅 益母葉似荏 方莖 白華 華生節間. 郭璞註 今茺蔚也. 李巡註 臭穢草也. 陸璣疏 舊說及魏博士濟陰周元明皆云菴蕳 是也. 韓詩及三蒼說 悉云益母 故曾子見益母而感. 案本草 茺蔚一名益母 故劉歆曰 蓷臭穢 卽茺蔚也. 許謙曰 葉似荏. 荏者白蘇紫蘇類. 愚按 今益母草 有紅白花二種. 紅花者卽爾雅所謂藬也 白花者卽爾雅所謂蓷也. 莖葉相類 生川谷間 性宜卑濕 故程子曰 陰潤而生 暵其乾矣 興夫婦樂歲相保凶年必相棄.

蕭(산쑥) : 『시경(詩經)』「왕풍(王風)」 〈채갈(采葛)〉[147]

『이아』에서 말하였다. '소(산쑥)'는 '적(물억새)'이다.
육기가 『모시초목조수충어소』에서 말하였다. 지금 이른바 '적호'[148]라는 것이 이것이다. 어떤 사람은 '우미호'[149]라고도 하며 흰 '호(쑥)'와 비슷하다. 흰 잎에 거친 줄기가 무더기로 자라며 많은 것은 줄기가 수십 개이다. 초를 만들 수 있고 향기도 있기 때문에 제사를 지낼 때 기름을 태워 향을 낸다. 허신은 '애호(쑥)'라 하였는데 잘못이다. 「교특생」[150]에 "제사를 지낸 뒤에 '소'를 태워서 '형향'[151]에 섞는다"고 한 것이 이것이다.
『아익』에서 말하였다. 봄에 '소'가 나서 가을까지 석 달을 기다리면 비로소 여문다.

爾雅 蕭荻. 陸璣疏 今所謂荻蒿者 是也. 或曰牛尾蒿 似白蒿. 白葉莖麤科生 多者數十莖. 可作燭有香氣 故祭祀以脂爇之爲香. 許愼以爲艾蒿 非也. 郊特牲云 旣奠然後爇蕭合馨香 是也. 雅翼 蕭生於春待秋三月乃成.

147 참소(讒訴)하는 말을 두려워하여 지은 시이다.
148 '적(荻)'의 풀 줄기와 나무 줄기이다.
149 『우승상전(右丞相傳)』에서 "한조(漢祖)가 어릴 때 소를 치던 중, 들에서 아이들과 재미삼아 소를 죽여 그것을 삶아 먹었다. 소의 꼬리를 묻고 집에는 거짓으로 전하기를 소가 홀연 땅에 빠졌다고 하였다. 집 안 사람들이 함께 그것을 끌어내니, 그 가죽과 뼈가 더욱 땅속 깊이 들어갔는데, 이후 그곳에서 '호(蒿)'가 생겨났는데, 꼬리 모양으로 생겼다"고 한 데서 유래하였다.
150 『예기(禮記)』의 편명.
151 제물로 쓰는 서직(黍稷).

麻(삼) : 『시경(詩經)』「왕풍(王風)」〈구중유마(丘中有麻)〉[152]

『이아』에서 말하였다. '분(삼씨)'은 '시(수삼)'의 씨다. 또 "'시'는 '마(삼)'이다"라 하였고, "'자(자)'는 '마모(암삼)'이다"라 하였다.

형병이 소에서 말하였다. '시'는 '마'이다. '분'이라는 것은 곧 '마' 씨의 이름이다. 따라서 "'분'은 '시'의 씨다"라 하였다. '마'는 다른 이름으로 '시'라 하기 때문에 곽씨가 두 개의 이름으로 나뉜다고 하였다. '저(삼씨)'는 '마'의 씨가 있는 것으로, '부'라 하고 '마모'라 한다.

『아익』에서 말하였다. '마'의 종류는 모두 '마'라 하는데, 구분하여 말하면 씨가 있는 것을 '저'라 하고 씨가 없는 것을 '시'라 한다.

자하가 상복전에서 말하였다. "저질[153]이라는 것은 '마'에 '분(蕡)'이 있는 것이다. '모마'(대마의 수그루)는 '시마'이다. '분(蕡)'은 곧 씨다. '모'는 곧 씨가 없는 것의 이름이다. 그러나 또한 두루 '마시'로 이름 한다.

소송이 말하였다. 밭과 동산에 심는 것이다. 그 껍질을 가지고 베를 만든다. 나는 이렇게 생각한다. '마'는 이름이 하나가 아니다. 오보가 "'방경'으로 지금 오중에서는 '지마(참깨)'라고 부른다. 그 씨로 기름을 짤 수 있다"고 하였다. 맹선이 말하길 "'유마(참깨)'가 이것이다"라 하였다. 또 다른 이름으로 '호마(참깨와 검은깨 따위의 범칭)', '거승(검은 참깨)'이다. 도은거가 순전히 검은 것을 '거승'이라고 부르는데 '거'는 크다는 말이다. 본래 대원에서 나는 까닭에 '호마'라고도 부른다. 또 줄기의 방향으로 '거승'이라고 말하기도 한다. 둥근 것도 '호마'라고 한다. 소공이 "각지고 씨앗 모서리가 여덟 개인 것을 '거승'이라고 하고, 모서리가 네 개 인 것을 '호마'라고 한다"고 하였다. 씨앗이 검은 것이 좋은 것이니 아울러 취하면 모두 씨를 얻을 수 있다. 또

---

152 장왕(莊王)이 어질지 못해 현인(賢人)을 추방하자 사람들이 그 현인을 그리워해 쓴 시이다.
153 상복에 두르는 삼베로 만든 띠.

한 종류의 '마' 씨앗은 뿌리가 땅 속에 있다가 봄이 오면 스스로 나오는데 새 씨앗은 아니다. 의심컨대 곧 '모'라는 것일 것이다. 구종석이 "'여러 이야기가 뒤섞여 하나가 아니나 지금 사람들이 '지마(肢麻)'라고 말하는 것이 맞을 것이니 옳음이 다시 없을 것이다"라고 하였다.

爾雅 麖 枲實 又云 枲麻 又云 莩麻母 邢昺疏 枲麻也 麖者 卽麻子名也 故云 麖枲實也 麻一名枲故 郭云 別二名 苴 麻之盛子者 一名莩 一名麻母 雅翼 麻之属總名麻 別而言之則有實者 名苴 無實者名枲子 子夏 喪服傳曰 苴絰者 麻之有蕡者也 牡麻者 枲麻也 蕡卽實也 牡卽無實之名 然亦通名麻枲 蘇頌曰 田園所蒔 績其皮以爲布 愚按 麻不一名 吳普曰 方莖 今吳中呼爲芝麻 其實可爲油 孟詵云 油麻 是也 又一名胡麻 一名巨勝 陶隱居謂純黑者名巨勝 巨 大也 本生大苑 故名胡麻 又以莖方名巨勝 圓者名胡麻 蘇恭曰 角作八稜者爲巨勝 四稜者爲胡麻 幷取子黑者爲良 皆有實也 又一種實麻 宿根在地 至春自生不歲種也 疑卽所謂牧者歟 寇宗奭曰 諸說參差不一 止是今人謂肢麻 更無他義

艾(쑥) : 『시경(詩經)』「왕풍(王風)」〈채갈(采葛)〉[154]

『이아』에서 말하였다. '애(쑥)'는 '빙대(쑥)'이다.
곽박이 주에서 말하였다. 지금의 '애호(쑥)'이다.
『박물지』에서 말하였다. 얼음을 깎아 둥글게 만들어 태양을 향해 들고 '애'로 그 그림자를 받으면 곧 불을 얻을 수 있다. '애'를 '빙대'라고 부르는 것은 이 때문이다.
『비아』에서 말하였다. '애'자는 '예(乂)'자를 따르는데, 병을 치료할 수 있는 풀이다. 또 '구초(쑥)'라고 한다.
『도경』에서 말하였다. 곳곳에 있고, 초봄에 땅에 넓게 깔려 나며, 싹과 줄기가 '호(쑥)'와 비슷하고, 잎 뒤가 희다. 3월 3일과 5월 5일에 잎을 캐서 햇빛에 말려 오랫동안 널어놓은 것이 좋은데, 곧 『맹자』에 "3년 된 '애'"[155]라는 것이 이것이다.
나는 이렇게 생각한다. 지금 오 사람들이 '기애'라고 부르는 것은 기주에서 나는 것이 특히 좋기 때문이다.

爾雅 艾冰臺. 郭璞註 今艾蒿. 博物志 削冰令圓擧以向日 以艾承其影 則得火. 艾曰冰臺以此. 埤雅 艾字从乂 草之可乂病者. 一曰灸草. 圖經 處處有之 初春布地生 苗莖類蒿 葉背白. 三月三日五月五日 采葉暴乾陳久者良 卽孟子所謂三年之艾 是也. 愚按 今吳人呼爲蘄艾 以蘄州出者 尤勝故耳.

---

154 앞장 '소(蕭)' 참조.

155 "지금 왕노릇 하려는 자는 마치 7년 된 병에 3년 묵은 쑥을 구하는 것과 같다(今之欲王者 猶七年之病 求三年之艾也)." 『맹자(孟子)』「이루(離婁)」.

草中

荷(연) : 『시경(詩經)』 「정풍(鄭風)」 〈산유부소(山有扶蘇)〉[1]

『이아』 「석초」에서 말하였다. '하(연)'는 '부거(연꽃)'이다. 그 줄기는 '가(연줄기)'이고, 그 잎은 '하(蕸, 연잎)'이며, 그 뿌리는 '밀(연뿌리)'이다. 그 꽃은 '함담(연꽃)'이고, 그 열매는 '련(연꽃)'이며, 그 뿌리는 '우(연뿌리)'이다. 그 가운데는 '적(연밥)'이고, '적'의 가운데는 '의(연밥심)'이다.

이순이 주에서 말하였다. 모두 '련'·줄기·꽃·잎·열매의 이름을 나누어 구별하였다. '부거'는 그 총칭인데, 다른 이름으로 '부용'이라 하고 강동에서는 '하'·'함담'·'연화(연꽃)'라 부른다. '적'은 '련'의 열매이고, '의'는 가운데 밥심이다.

곽박이 주에서 말하였다. '밀'은 줄기 아래 흰 '약'[2]이 진흙 속에 있는 것이다. '련'은 '방(꽃송이)'이라 부른다.

최표가 『고금주』에서 말하였다. 꽃에는 붉은색, 흰색, 주홍색, 자주색, 푸른색, 노란색의 몇 가지 색이 있고, 주홍색과 흰색은 차이가 많이 나며, 큰 것은 잎이 백 개에 이른다.

육전이 『비아』에서 말하였다. '하'는 총칭이다. 그 '적'의 가운데에는 푸른색의 '의'가 있고, 모두 거꾸로 나서 양쪽으로 싹트니 하나는 '기하(마름잎과 연)'를 이루고, 하나는 '우하(연뿌리와 연)'를 이룬다. 또 생겨난 하나는 싹터서 꽃이 된다. '우하'는 물에서 난 '우'가 늘어진 것이다. '기하'는 '우'가 없고 말려있는 '하'인데, 꽃과 더불어 짝하여 나고, 물 위로 높이 솟아 나와 마치 우산 같

---

1 태자(太子)인 홀(忽)을 풍자한 시이다.

2 연의 줄기가 진흙 속에 들어있는 부분이다.

은데, 또한 어떤 사람은 '거하'라 이른다. '우하'는 하나의 뿌리이고 그 가지 곁으로 뻗은 것이 '우'인데, 마디로 나고, 하나의 잎에 하나의 꽃이 있다. 나는 이렇게 생각한다. 지금 오중에서 잎은 '하엽(연잎)'이라 부르고, 꽃은 '하화(연꽃)'라 부른다. 옛 말에 북쪽 지방에서 어떤 사람은 '우'를 '하'라 여겼고, 어떤 사람은 '련'을 '하'라 여겼다. 촉 사람들은 '우'를 '가'라 여겼고, 어떤 사람들은 그 모체를 꽃 이름으로 삼아 썼고, 어떤 사람은 뿌리와 씨앗을 모체와 잎의 이름으로 삼아 썼는데 이는 모두 옛 풍속에서 잘못 전해진 것이다. 〈택피〉[3] 시에 '하'·'간'·'함담'과, 정씨의 『전』에 "'간(난초)'은 마땅히 '련'이라 써야 한다"라 한 것은 위아래에서 모두 '포'와 '하'를 말한 것인데, 다른 풀에 의거해서 구별하면 마땅하지 않기 때문이다.[4] 『도설』에도 아울러 이 부분이 보이니 아래에 거듭하여 싣지 않았다.

爾雅釋草 荷芙蕖. 其莖茄 其葉蕸 其本蔤. 其華菡萏 其實蓮 其根藕. 其中的 的中薏. 李巡註 皆分別蓮莖華葉實之名. 芙蕖其總名也 別名芙蓉 江東呼荷菡萏蓮華也. 的蓮實也 薏中心也. 郭璞註 蔤莖下白蒻在泥中者. 蓮謂房也. 崔豹古今注 華有赤白紅紫青黃數色 紅白差多 大者至百葉. 陸佃埤雅 荷總名也. 其的中有青爲薏 皆倒生兩牙一成芰荷 一藕荷也. 又生一牙爲華. 藕荷帖水生藕者也. 芰荷無藕卷荷也 與華偶生 出水上亭亭如繖者 亦或謂之距荷. 藕荷一本其支旁行爲藕 節生一葉一華. 愚按 今吳中呼葉爲荷葉 華爲荷華. 而舊說北方或以藕爲荷 或以蓮爲荷. 蜀人以藕爲茄 或用其母爲華名 或用根子爲母葉號 此皆習俗傳訛也. 澤陂詩荷蕑菡萏 鄭箋 蕑當作蓮者 以上下皆言蒲荷 不宜別據他草故也. 圖說並見於此下不復載.

3 『시경(詩經)』「진풍(陳風)」의 장명.

4 『시경(詩經)』「진풍(陳風)」〈택피(澤陂)〉의 1장에 "有蒲與荷", 2장에 "有蒲與蕑", 3장에 "有蒲菡萏"가 있는데, 1장과 3장에서는 모두 '포(蒲)'와 '하(荷)', '포(蒲)'와 '함담(菡萏)'이 대구(對句)를 이루고 있으므로, 2장에도 '간(蕑)'이 아니라 '련(蓮)'을 써야 한다는 말이다.

龍(홍초) : 『시경(詩經)』 「정풍(鄭風)」 〈산유부소(山有扶蘇)〉[5]

『모전』에서 말하였다. '룡(홍초)'은 '홍초(紅草, 말여뀌)'이다.

정강성이 『전』에서 말하였다. '유룡(말여뀌)'은 제멋대로 자라는 것 같고, '홍초'는 가지와 잎이 축축한 곳을 따라 자란다.

『이아』에서 말하였다. '홍(털여뀌)'은 '롱고(털여뀌)'이다. 그 큰 것은 '규(홍초)'이다.

곽박이 주에서 말하였다. 세속에서는 '홍초'를 '롱고(蘢鼓)'라고 부르는데, 말이 바뀌었을 뿐이다.

육기가 『모시초목조수충어소』에서 말하였다. 다른 이름으로 '마료(개여뀌)'라고 하며, 잎이 크고 적백색이다. 강이나 못에 살며 높이는 한 장 남짓 된다.

도은거가 『본초』에서 말하였다. '마료'는 낮고 축축한 땅에 난다. 줄기에는 얼룩 무늬가 있고 잎이 크며 검은색 점이 있다. 가장 큰 것은 '홍초(葒草, 개여뀌)'라고 부른다.

나는 이렇게 생각한다. 도은거의 말에 의거하면 곧 '마료'는 '홍초(葒草)'의 한 종류이다. '마료'와 비슷하지만 크고, 낮고 축축한 땅에 많이 있는데 지금 오에서 '수홍초'[6]라고 부르는 것이 이것이다. 또 '룡' 풀은 '유'라 부르며, '송(소나무)'과 비슷한 것은 '교'라 부른다. 시인이 '교'를 취하여 '유'의 뜻으로 삼았으나, 풀과 나무 이름을 아우르지는 않았기 때문에 '유'를 버리고 다만 '룡'이라고 말한 것이다.

---

5 앞장 '하(荷)' 참조.

6 '마료'의 다른 이름이다. 일명 '대료(大蓼)'라고 한다.

毛傳 龍紅草也. 鄭康成箋 游龍猶放縱也 紅草放縱枝葉於隰中. 爾雅 紅蘢古. 其大者蘬. 郭璞註 俗呼紅草爲蘢鼓 語轉耳. 陸璣疏 一名馬蓼 葉大而赤白色. 生水澤中高丈餘. 陶隱居本草 馬蓼生下濕地. 莖班葉大有黑點. 最大者是葒草. 愚按 依陶說則馬蓼自是一種葒草. 似馬蓼而大 下濕地多有之 今吳中呼爲水葒草是也. 又龍草而曰游 猶松而曰橋. 詩人取橋游爲義 並非草木之名故去游止言龍.

茹藘(꼭두서니) : 『시경(詩經)』「정풍(鄭風)」〈동문지선(東門之墠)〉[7]

『이아』에서 말하였다. '여려(꼭두서니)'는 '모수(꼭두서니)'[8]이다.
이순이 주에서 말하였다. '모수'는 다름 이름으로 '천(茜, 꼭두서니)'이며, 진홍색으로 물들일 수 있다.
육기가 『모시초목조수충어소』에서 말하였다. 다른 이름으로 '지혈'이며, 제 사람들은 '천(茜)'이라 하고, 서주 사람들은 '우만'이라 한다.
장읍이 『광아』에서 말하였다. '지혈'과 '여려'는 '천(蒨, 꼭두서니)'이다.
촉본 『도경』에서 말하였다. 풀로 물을 들인다. 잎은 '조(대추나무)' 잎과 비슷하고 꼭대기는 뾰족하며 아래는 넓다. 줄기와 잎은 모두 껄끄럽고, 네다섯 개 잎이 마디사이에서 마주난다. 풀은 나무 위를 타고 덩굴지며 뿌리는 자적색이다. 지금 풍족히 갖추려면 8월에 뿌리를 채취해야한다.
나는 이렇게 생각한다. 풀이 무성한 것을 '천(蒨)'이라한다. 잇달아 갈라진 것을 '여'라 하며, 연이어 겹쳐진 것을 '려'라 하므로 '여려'라 이름 한다. '수(꼭두서니)'는 '인혈'이 변한 것이니, 곧 '초귀'를 '수'라 한 것이 이에서 비롯되었다. 동쪽 지방에도 있으나 그 수가 적음이 서쪽 지방에 많은 것만 못하니 곧 서쪽 지방의 풀을 '천(茜)'이라 한 것이 이에서 비롯되었다. 「지관」[9] 〈장염초〉에 "봄과 가을에 풀로 물들이는 식물을 거두어 관장하였다"고 하였으니, 바로 이 부류이다.

---

7 남녀 간에 음란함을 풍자한 시이다.
8 진한 홍색의 염료를 만들 수 있는 풀 이름이다.
9 『주례(周禮)』의 편명.

爾雅 茹藘茅蒐. 李巡註 茅蒐一名茜 可以染絳. 陸璣疏 一名地血 齊人謂之茜 徐州人謂之牛蔓. 張揖廣雅 地血茹藘蒨也. 蜀本圖經 染緋草. 葉似棗葉頭尖下濶. 莖葉俱澁 四五葉對生節間. 蔓延草木上 根紫赤色. 今所在有八月採根. 愚按 草之盛者爲蒨. 牽別爲茹連覆爲藘故名茹藘. 蒐乃人血所化 則草鬼爲蒐以此. 東方有而少 不如西方多 則西草爲茜以此. 地官掌染草 掌以春秋斂染草之物 正此類也.

荼(씀바귀) :『시경(詩經)』「정풍(鄭風)」〈출기동문(出其東門)〉[10]

『모전』에서 말하였다. '도(씀바귀)'는 '영도'이다.

『전』에서 말하였다. '도'는 '모(띠)'의 꽃인데, 가벼운 것이고, 날아다녀 일정하지 않다.

공영달이 『정의』에서 말하였다. 「석초」에서 "'도'는 '고채(씀바귀)'이다"라 하였고, 또 "'도'는 '위엽'이다"라 하였다. 「패풍」에서 "누가 씀바귀를 쓰다고 하였는가?"[11]라 했는데, 곧 '고채'이다. 「주송」에서 "씀바귀와 여뀌를 뽑도다"[12]라 하였으니, 곧 '위엽'이다. 「정풍」에 대해 「지관」[13] 〈장도〉 주와 「기석」[14] 주와 위의 『전』에서는 모두 "'도'는 '모'의 꽃이다"라 하였다. 그렇다면 이것은 "'도'와 같다"고 한 것인데 이는 '모'풀의 꽃에서 나온 이삭이니, 저 두 종류는 '도'가 아니다. 모씨가 "'도'는 '영도'이다"라 한 것과 〈유월〉에서 "흰 깃발이 선명하도다"[15]라고 한 것은 흰 모양을 말한다. '모'의 꽃과 그 이삭은 흰색이기 때문에 여자들의 상복 색이 모두 '도'와 같다고 말하는 것이다. 「오어」[16]에서 "오왕 부차[17]가 황지[18]에서 회합을 할 때, 진을 위협하기 위해 병사들을 진열시켰는데, 만 명으로 네모난 진을 만

---

10 공자(公子) 다섯이 서로 다투어 전쟁이 끊이지 않아 남녀가 서로를 버리니 사람들이 그 집안을 보전할 것을 생각하며 난리를 민망히 여긴 시이다.

11 『시경(詩經)』「패풍(邶風)」〈곡풍(谷風)〉.

12 『시경(詩經)』「주송(周頌)」〈양사(良耜)〉.

13 『주례(周禮)』의 편명.

14 『의례(儀禮)』의 편명.

15 『시경(詩經)』「소아(小雅)」〈유월(六月)〉.

16 『국어(國語)』의 편명.

17 ?~B.C.473. 춘추(春秋) 때 오(吳)의 왕으로 월(越)을 쳐서 그의 부왕(父王) 합려(闔閭)의 원수를 갚았으나, 후에 월왕(越王) 구천(句踐)에게 대패하여 자살하였다.

18 춘추(春秋) 때 위(衛)의 땅 이름으로 지금의 하남성(河南省) 봉구현(封丘縣) 서남쪽 지역이다.

들고 모두 흰 상[19]과 흰 기[20]와 흰 갑옷과 흰 깃이 달린 주살을 하고 있어서, 바라보니 마치 '도'와 같았다"고 설명하였다. 위소가 "'모'의 꽃"이라 한 것도 역시 흰 색이 마치 '도'와 같아서이니 전하는 뜻도 이와 같다.
응소가 말하였다. '도'는 야생 '간(사초)'으로 '백화'이다.
안사고가 말하였다. '간'은 '모'이다. 아름다운 색을 '모'와 '도'의 어린 것과 같다고 말한다.
이저가 말하였다. 『한서』「예악지」에 "얼굴이 '도'와 같다"고 하였다.

毛傳 荼英荼. 箋 荼茅秀 物之輕者 飛行無常. 孔穎達正義 釋草 有荼苦菜 又有荼委葉. 邶風 誰謂荼苦 卽苦菜也. 周頌 以薅荼蓼 卽委葉也. 鄭於地官掌荼注及旣夕注與此箋皆云荼茅秀. 然則此言如荼 乃是茅草秀出之穗 非彼二種荼也. 毛言 荼英荼者 六月云白旆央央 是白貌. 茅之秀者其穗色白 言女皆喪服色如荼然. 吳語說 吳王夫差於黃池之會 陳兵以脅晉 萬人爲方陣 皆白常白旂素甲白羽之矰 望之如荼. 韋昭云 茅秀亦以白色爲如荼 與此傳意同. 應劭曰 荼野菅 白華也. 顏師古曰 菅茅也. 言美色如茅荼之柔也. 李樗曰 漢禮樂志曰 顏如荼.

19 해・달 등이 그려진 천자의 기이다.
20 왕후(王侯)를 상징하는 기로 교룡(交龍)을 그려 넣었다.

蕑(난초) : 『시경(詩經)』 「정풍(鄭風)」 〈진유(溱洧)〉[21]

『모전』에서 말하였다. '간(난초)'은 '란(난초)'이다.

「하소정」에서 말하였다. 5월에 '란'을 모아 목욕을 한다.

육전이 말하였다. '난초'는 '란'이고 '란(蘭)'은 상서롭지 못함이다.

성홍이 『형주기』에서 말하였다. 도량현에 산이 있고, 산 아래 물이 있는데 맑고 깨끗하다. 그 속에 '난초(蘭草)'가 나는데 '도량향'이라 이름 하였다. 산으로 말미암아 이름을 삼았는데 그 사물이 벌레의 독을 없앨 수 있으니 상서롭지 못함을 없앤다.

『태평어람』에서 말하였다. 이처럼 성류[22]의 때에 합당하고자 많은 선비들이 함께 여자의 모습을 하고 함께 '간'을 손에 쥐고 푸닥거리를 하였다.

진장기가 『본초습유』에서 말하였다. '난초(蘭草)'는 결혼한 여자들이 기름과 섞어 머리에 바르기 때문에 '난택'[23]이라 한다.

나는 이렇게 생각한다. '간'은 「석초」에는 없고, 많은 사람들이 '난혜'의 '간'이라고 여긴 것이다. 그러나 '란'은 왕의 향기가 있어 사람들이 그것을 몸에 지니기 좋아하는데, 푸닥거리로 상서롭지 못함을 없애는 데 썼다는 것은 듣지 못하였다. 『본초』에 의거하면 "잎은 '택란'[24]과 비슷하지만 뾰족하고 갈라졌으며, 꽃은 가늘고, 이삭을 이루면 향기롭다. 이 풀은 나쁜 기운을 물리칠 수 있다"라 하였다. 곧 「내칙」에 "허리에 차는 수건과 '지(구리때)'와 '란'이다"라 한 것이 이것이다. 지금 오 세속에서는 잎을 따서 머리카락에

21 전쟁이 그치지 않아 남녀 간의 음란한 풍속이 유행하여 혼란해진 모습을 풍자한 시이다.
22 명망 있는 지위에 있는 사람이다.
23 난초를 담가 만든 머리털을 윤택하게 하는 향유의 이름이다.
24 국화과에 딸린 다년초이다.

두는데 끈적거리지 않게 할 수 있다. 이것은 「하소정」과 진장기의 말과 서로 들어맞으니 아마도 옳은 듯하다. 지금 세속에서는 '패란엽'이라 부른다.

毛傳 蕑蘭也. 夏小正 五月畜蘭爲沐浴也. 陸佃曰 闌草爲蘭闌不祥也. 盛弘之荊州記 都梁縣有山 山下有水清泚. 其中生蕑草 名都梁香. 因山爲號其物可殺蠱毒除不祥. 太平御覽 當此盛流之時衆士與女相與秉蕑而祓除. 陳藏器本草拾遺 蘭草 婦人和油澤頭 故曰蘭澤. 愚按 蕑釋草 無文 人多以蘭蕙之蘭當之. 然蘭爲王者香 人服媚之 不聞用以祓除不祥. 據本草云 葉似澤蘭而尖有岐 細華 成穗而香. 此草可辟惡氣. 卽內則佩帨茝蘭是也. 今吳俗采葉置髮 可令不膩. 是與夏小正陳藏器之言相符疑卽此也. 今俗呼爲佩蘭葉.

勺藥(작약) : 『시경(詩經)』「정풍(鄭風)」〈진유(溱洧)〉[25]

『한시외전』에서 말하였다. '작약'은 '이초(작약)'이다.

『광아』에서 말하였다. '련이'는 '작약'이다.

『고금주』에서 말하였다. 우형문이 "장차 이별을 할 때, 왜 '작약'을 주는 것입니까?"라고 물으니, "'작약'은 다른 말로 '가리(작약)'[26]이다. 따라서 장차 이별을 할 때 그것을 주는 것이다. 또 서로를 부를 때 '문무(당귀)'를 주는데, '문무'는 다른 이름으로 '당귀'[27]이다. 사람들이 근심을 잊고자 할 때 '단극(망우초)'[28]을 주는데, '단극'은 다른 이름으로 '망우초(원추리)'라고 한다. 다른 사람을 원망하는 마음을 제거하고자하면 '청당(자귀나무)'을 주는데, '청당'은 다른 이름으로 '합환수(자귀나무)'[29]라고 한다"라고 답하였다. 또 '작약'은 두 종류가 있는데, '초작약'과 '목작약'이 있다. '목작약'은 꽃이 크고 색이 더 짙으며, 세속에서는 '모단(모란)'이라 부르지만 잘못되었다.

『도경』에서 말하였다. 봄에 붉은 싹이 나고 떨기로 자라며, 줄기에 가지 두세 개가 나고 잎은 5개로, '모단'과 비슷하지만 좁고 길며 높이가 한두 자 정도 된다. 여름에 꽃이 피며 붉은색, 흰색, 자주색 등 여러 종류가 있고, 어린 것은 '모단'과 비슷하지만 작다. 가을에 뿌리를 캐보면, 뿌리 또한 붉은 것

---

25 앞장 '간(蕑)' 참조.

26 이별할 수 있다는 뜻, 다른 이름으로는 '작하리(作何離)'라고 한다.

27 마땅히 돌아온다는 뜻, 승검초의 뿌리이다. 보혈(補血)이나 활혈(活血)에 쓰이는 약재이다.

28 근심을 잊는다는 뜻, 다른 이름으로는 '훤초(萱草)'라 한다.

29 하나가 되어 기뻐한다는 뜻이 있다.

과 흰 것 두 가지 색이 있다.

韓詩外傳 勺藥離草也. 廣雅 攣夷芍藥也. 古今注 牛亨問曰 將離別 贈以芍藥者何. 答曰 芍藥一名可離. 故將別以贈之. 亦猶相招召贈之以文無 文無一名當歸也. 欲忘人之憂 則贈以丹棘 丹棘一名忘憂草. 欲蠲人之忿 則贈以青堂 青堂一名合歡樹. 又芍藥有二種 草勺藥木勺藥. 木者花大而色深 俗呼牡丹非也. 圖經 春生紅芽作叢 莖二三枝五葉 似牡丹而狹長高一二尺. 夏開花有紅白紫數種 子似牡丹而小. 秋時采根 根亦有赤白二色.

莠(강아지풀) : 『시경(詩經)』 「제풍(齊風)」 〈보전(甫田)〉[30]

「중훼지고」[31]에서 말하였다. 만약 '묘(벼싹)'에 '유(강아지풀)'가 있다면.

『외전』 「노어」에서 말하였다. '마희(말꼴)'는 '낭유'[32]에 지나지 않는다.

위소가 주에서 말하였다. '유' 풀은 '직(기장)'과 비슷하지만 열매가 없다.

『맹자』에서 말하였다. 공자께서 "'유'를 싫어한 것은 '묘'를 어지럽힐까 두려워해서이다"[33]라고 말씀하셨다.

조기[34]가 주에서 말하였다. '유'의 줄기에 나는 잎은 '묘'와 비슷하다.

나는 이렇게 생각한다. 빼어나지만 열매가 없는 것을 '유'라고 하기 때문에 글자가 '초(草)' 자와 '수(秀)' 자를 따른 것이다. 이삭이 길고 털이 많은데 그 모습이 '구(개)' 꼬리와 같다고 하여 지금 오중에서는 '구미초'라고 부른다. 일정한 장소를 차지하고 있으면 이삭이 열매를 맺지 못한다. 그리고 말에 실체가 없는 것을 또한 '유언'[35]이라 하였으므로 〈정월〉[36]에 "추한 말을 입으로만 하는구나"라고 한 것이다.

---

30 대부(大夫)가 양공(襄公)을 풍자한 시이다. 예의(禮義)가 없으면서 큰 공(功)을 구하고 덕(德)을 닦지 않으면서 제후(諸侯)들의 호응을 구하여 뜻만 크고 마음만 수고롭다는 것이다.

31 『상서(尙書)』의 편명.

32 농작물을 해치는 잡초의 범칭. 뭇사람을 해치는 사람을 비유한다.

33 『맹자(孟子)』 「진심(盡心)」.

34 ?~201. 후한(後漢)의 장릉(長陵)사람. 본명은 가(嘉), 자(字)는 대경(臺卿). 후에 이름을 기(岐), 자(字)를 빈경(邠卿)이라 고친다. 젊었을 때부터 경사(經史)에 밝았고 글씨를 잘 쓰는 등 재예(才藝)가 뛰어났다. 저서에 『맹자장구(孟子章句)』·『삼보결록(三輔決錄)』 등이 있다.

35 추악한 말. 헐뜯는 말.

36 『시경(詩經)』 「소아(小雅)」의 장명.

仲虺之誥 若苗之有莠. 外傳魯語 馬餼不過稂莠. 韋昭注 莠草似稷而無實. 孟子 孔子曰 惡莠恐其亂苗也. 趙岐註 莠之莖葉似苗. 愚按 秀而不實者曰莠 故字从草从秀. 穗長多毛 其形象狗尾 今吳中呼爲狗尾草. 所處有之穗不結實. 而言之不實者亦謂之莠言 故正月云 莠言自口.

莫(산모) : 『시경(詩經)』 「위풍(魏風)」 〈분저여(汾沮洳)〉[37]

『모전』에서 말하였다. '모(산모)'는 나물이다.
『정의』에서 말하였다. 육기가 『모시초목조수충어소』에서 "'모'는 줄기 크기가 젓가락만하고, 마디는 붉으며, 마디에는 잎이 하나 있는데 '류(버드나무)'의 잎과 비슷하나 두텁고 길며, 털과 가시가 있다. 지금 사람들은 고치를 켜서 실을 뽑는다. 그 맛은 시고 미끌미끌하다. 처음 난 것은 국으로 끓여 먹고 또 날로도 먹을 수 있다. 모든 지역에서 '산미'[38]라 부르고, 기주 사람들은 '건강'이라 부른다. 황하와 분수 사이에서는 '모'라고 부른다"라고 하였다.
『비아』에서 말하였다. 씨는 '저(닥나무)' 열매와 같지만 붉으니, 기주 사람들이 '건강'이라 부르는 것은 대개 이 때문이다. 지금 오와 월에서는 '무자'라고 부른다.

毛傳 莫菜也. 正義曰 陸璣疏云 莫莖大如箸 赤節 節一葉似柳葉厚而長 有毛刺. 今人繅以取繭緒. 其味酢而滑. 始生可爲羹 又可生食. 五方通謂之酸迷 冀州人謂之乾絳. 河汾之間謂之莫. 埤雅 子如楮實而紅 冀人謂之乾絳蓋以此也. 今吳越呼爲茂子.

---

37 군주가 검소하고 부지런하였으나 예(禮)에 맞지 못했음을 풍자한 시이다.
38 산장초(酸漿草), 꽈리, 가지과의 다년초이다.

藚(벗풀) : 『시경(詩經)』「魏風(위풍)」〈분저여(汾沮洳)〉[39]

『이아』에서 말하였다. '속(벗풀)'은 '우순'이다.

곽박이 주에서 말하였다. 『모시전』에 "'수석'이다"라 하였는데, '속단'같이 한 치마다 마디가 있고 그것을 뽑아도 다시 날 수 있다.

형병이 소에서 말하였다. 이순이 "다른 두 이름이 있다"라 하였는데, 육기는 지금의 '택석'으로 삼았고, 곽씨는 취하지 않았다.

나는 이렇게 생각한다. 곽박이 '속'이라 하지 않고 '택사(벗풀)'라 한 것은 「석초」에 또 "'유(벗풀)'는 '석(택사)'이다"라 하였기 때문이다. "'유'는 '석'이다"를 곽박은 "지금의 '택석'이다"라 하였고, 형씨는 『본초』에 기대어 '택사'라 썼다. 다른 이름으로 '수사'·'급사'·'망우'·'홍사'라 하는데 이는 모두 '택사'의 다른 이름이다. 많은 사람들이 『모전』에 '수석'의 이름이 있기 때문에 '택사'로 섞어 쓰는데 그 실제는 그렇지 않다.

爾雅 藚牛脣. 郭璞注 毛詩傳曰 水蕮也 如藚斷寸寸有節拔之可復. 邢昺疏 李巡曰 別二名 陸璣以爲今澤蕮也 郭氏所不取. 愚按 郭璞不取藚爲 澤瀉者以 釋草又云 蕍蕮故也. 蕍蕮 郭云今澤蕮也 邢氏依本草作澤瀉. 一名水瀉 一名及瀉 一名芒芋 一名鵠瀉 此皆澤瀉別名也. 人多以毛傳有水蕮之名 故混爲澤瀉 其實非也.

---

39 앞장 '모(莫)' 참조.

稻(벼) : 『시경(詩經)』「당풍(唐風)」〈보우(鴇羽)〉[40]

『이아』에서 말하였다. '도(稌, 벼)'는 '도'이다.
곽박이 주에서 말하였다. 지금 패국에서는 '도(稌)'라고 부른다.
형병이 소에서 말하였다. 「주송」에서 "풍년에는 기장도 많고 벼도 많도다"[41]라 하였고, 「내칙」에서 "'우(소)'에는 마땅히 '도(稌)'이다"[42]라 하였으며, 「빈풍」에서는 "10월에 벼를 거두는 구나"[43]라 한 것이 모두 같은 것이다. 패나라를 살펴보면 '도'를 '나(찰벼)'나 '갱(메벼)'이라 하는데, '도'에 속한다. 『자림』에서 "'나'는 차진 '도'이다"라 하고, "'갱'은 '도'가 차지지 않은 것이다"라 하였다. 『본초』에서 "'갱미(멥쌀)'와 '도미(멥쌀)' 두 가지이다"라고 하였다. '갱(秔)'과 '갱(粳)'은 옛날과 지금의 글자이다. 그러나 '갱'과 '나'는 아주 서로 비슷한데, 차지거나 차지지 않은 점이 다를 뿐이다. 『설문』에 의하면 "'도(稌)'는 '도'이다"라 한 것은 곧 '나'를 말한 것이다. 강동에서는 '나(稬)'라 불렀는데, '내(乃)'와 '란(亂)'의 반절이다.
채옹이 『월령장구』에서 말하였다. "10월에 벼를 거두는 구나"라 하였는데, 임금이 먼저 익은 것을 맛보았기 때문에 9월에 익은 것을 '반하도'[44]라 하였다.
안사고가 말하였다. 『본초』에서 '도미'라고 한 것은 지금의 '나미(찹쌀)'이다.

---

40 앞장 '보(鴇)' 참조.
41 『시경(詩經)』「주송(周頌)」〈풍년(豊年)〉.
42 『예기(禮記)』「내칙(內則)」.
43 『시경(詩經)』「빈풍(豳風)」〈칠월(七月)〉.
44 벼의 품종이다. 9월에 익는 벼로 '반하(半夏)'라고 부르기도 한다.

나는 이렇게 생각한다. '도'를 어떤 사람은 곡식들의 널리 통용되는 이름이라 이르고, 어떤 사람은 물을 대어 재배하는 것의 널리 불리는 이름이라 하는데, 대개 '갱(稉)'이나 '나' 두 종류가 있다. '나미'는 서리처럼 희고, 알갱이가 둥글고 차져서 술을 빚을 수 있는데, 「월령」에 "'출(찰기장)'과 '도'는 반드시 탁주로 만든다"라 한 것이 이것이다. '갱미'는 차지지 않으며, 밥을 해 먹는데 『논어』에서 "'도'를 먹는다"[45]라 한 것이 이것이다. 모두 '도'의 이름이라 할 수 있다. 대개 '도'는 '화(禾)'자를 부수로 삼는데, 종류로써 그 명칭을 통용한 것이다. '갱'과 '나'는 '미(米)'자를 부수로 삼는데, 색과 맛으로써 그 이름을 구별한 것이다.

爾雅 稌稻. 郭璞註 今沛國呼稌. 邢昺疏 周頌 豐年多黍多稌 內則 牛宜稌 豳風 十月穫稻 是一物也. 案沛國謂稻爲糯秔 稻屬也. 字林云 糯黏稻也 秔稻不黏者. 本草 以粳米稻米爲二物. 秔與粳古今字. 然秔糯甚相類 黏不黏爲異耳. 依說文 稌稻 卽糯也. 江東呼稬乃亂切. 蔡邕月令章句 十月穫稻 人君嘗其先熟 故在九月熟者謂之半夏稻. 顔師古曰 本草 稻米今之糯米. 愚按 稻者 或謂穬穀之通名 或謂漑種之通稱 蓋有粳糯二種. 糯米白如霜 粒圓黏可作酒 月令 秫稻必齊 是也. 粳米不黏 責飯食之 論語 食夫稻 是也. 統得稻名. 蓋稻字从禾 以種通其稱. 粳糯字从米 以色味別其名也.

45 『논어(論語)』「양화(陽貨)」.

粱(기장) : 『시경(詩經)』「당풍(唐風)」〈보우(鴇羽)〉[46]

양천이 『물리론』[47]에서 말하였다. '량(기장)'이라는 것은 '서(찰기장)'와 '직(메기장)'을 아우른 이름이다. '도(벼)'라는 것은 물을 대어 재배하는 것을 아우른 이름이다. '숙(콩)'이라는 것은 여러 '두(콩)'를 아우른 이름이다. 세 곡식은 20개씩으로 60가지 종류가 있다. 채소와 과일의 열매에 곡식 20개씩 더하면, 모두 백가지 곡식이 된다. 따라서 『시경』에서 "백가지의 곡식을 파종하도다"[48]라 하였다.

범계연이 말하였다. 동쪽 지방에는 '맥(보리)'과 '도'가 많고, 서쪽 지방에서 '마(삼)'가 많고, 북쪽지방에는 '숙'이 많고, 가운데 지방에는 '화(벼)'가 많다. 다섯 지방의 토질은 적당하나 각각 높고 낮음이 있다. 높고 양지바른 곳에는 '두'가 많고, 평평하고 그늘진 곳에는 오곡이 많다.

소공이 말하였다. '량'은 비록 '속(조)'의 무리이나, 상세히 논의하면 구별된다. '황량'은 이삭이 크고 털이 길며 곡식의 알맹이가 거칠다. '백량'은 이삭이 크며 털이 많으면서 길고, 껍질이 거칠고 넓어서 둥근 '속'과는 같지 않다. '청량'은 곡식 이삭에 털이 있고 낟알이 푸르며 알맹이가 또한 작고 푸른데 '황량'과 '백량' 보다도 가늘다.

범승지가 『농서』에서 말하였다. '량'은 '출(찰곡식)'과 '속'이 틀림없지만 지금 세속에서는 '량'이라 이르며, 옛 제사에서 사용되는 '자성'[49]이 이것이다.

---

46 앞장 '보(鴇)' 참조.

47 진(晉) 양천(楊泉)이 지은 것으로 진(秦)과 한(漢) 제자(諸子)들에 대한 설명이다.

48 『시경(詩經)』「소아(小雅)」〈대전(大田)〉.

49 제기에 담긴 서직(黍稷).

‘자(기장)’로 지은 밥은 술을 빚을 수 있는데, ‘나미(찹쌀)’ 또한 마찬가지이다. 어떤 사람은 ‘량’에 ‘갱(메벼)’이라는 것도 있다고 한다.
라원이 『이아익』에서 말하였다. 옛날에는 ‘속’을 곡식 이름으로 여기지 않고, 다만 ‘미(쌀)’에 껍질이 있는 것을 모두 ‘속’이라 하였다. 지금 사람들이 곡식의 가장 가늘고 둥근 것을 ‘속’이라 여기는데, ‘량’이 그 무리인 것은 옳다. 옛 천자의 수라에는 ‘백량’과 ‘황량’을 올렸으니, 두 가지 종류만을 엄격히 모았을 뿐이다.

楊泉物理論 粱者黍之總名. 稻者漑種之總名. 菽者衆豆之總名. 三穀各二十種爲六十. 蔬果之實助穀各二十 凡爲百穀. 故詩曰 播厥百穀. 范計然曰 東方多麥稻 西方多麻 北方多菽 中央多禾. 五土之宜各有高下. 高而陽者多豆 平而陰者多五穀. 蘇恭曰 粱雖粟類 細論則別. 黃粱穗大毛長穀米麤. 白粱穗大多毛且長 而穀粗扁不似粟圓也. 青粱殼穗有毛粒青 米亦微青 而細于黃白粱. 氾勝之農書 粱是秫粟今俗謂之粱 古祭祀所用粢盛 是也. 可作粢食及釀酒 亦如粳米. 或云粱亦有粳者. 羅願 爾雅翼 古不以粟爲穀名 但米有孚殼者皆稱粟. 今人以穀之最細而圓者爲粟 則粱是其類. 古天子之飯有白粱黃粱者 明耴[50]二種耳.

50 원문에는 ‘첩(耴)’으로 되어 있으나 『이아익(爾雅翼)』에 의거하여 ‘취(取)’로 해석하였다.

蘞(백렴) : 『시경(詩經)』「당풍(唐風)」〈갈생(葛生)〉[51]

『모전』에서 말하였다. '렴(백렴)'은 들에 덩굴로 난다.

육기가 『모시초목조수충어소』에서 말하였다. '렴'은 '괄루'[52]와 비슷하나, 잎이 무성하고 가늘며, 그 씨는 '연욱(머루)'과 같이 매우 검지만 먹을 수 없다. 유주 사람들은 '오복'이라 부른다. 그 줄기와 잎은 삶아서 '우(소)'에게 먹이는데 열을 제거해 준다.

『정의』에서 말하였다. '갈(칡)'과 '렴'은 모두 덩굴로 나는 풀인데 여기서 나서 저기까지 덮기 때문에 부인이 밖에서 다른 가정을 이룸을 비유한 것이다.

毛傳 蘞生蔓于野. 陸璣疏 蘞似栝樓 葉盛而細 其子正黑如燕薁不可食也. 幽州人謂之烏服. 其莖葉煮以哺牛除熱. 正義曰 葛蘞皆是蔓草 發此蒙彼 故以喩婦人外成他家也.

51 진(晉) 헌공(獻公)이 전쟁하는 것을 좋아하니 나라에 죽는 사람이 많았음을 풍자한 시이다.
52 과라(果蓏), 하늘타리 또는 그 열매이다. 줄기와 잎, 열매는 약재로 쓰인다.

蒹(어린갈대) : 『시경(詩經)』「진풍(秦風)」〈겸가(蒹葭)〉[53]

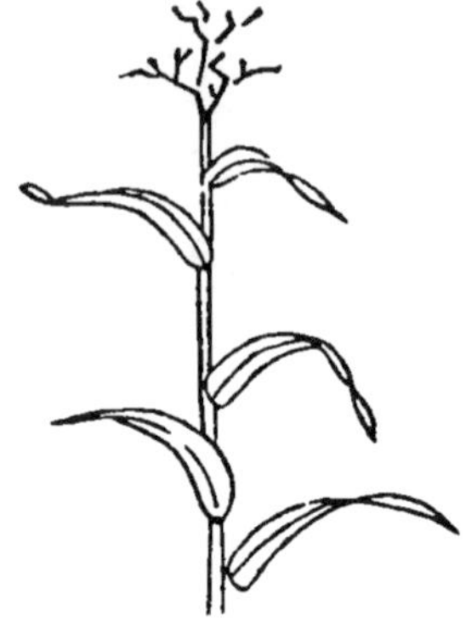

『이아』에서 말하였다. '겸(어린갈대)'은 '렴(꽃 안 핀 물억새)'이다.

곽박이 주에서 말하였다. '겸'은 '환(물억새)'과 비슷하지만 가늘고, 높이는 몇 자나 된다. 강동에서는 '렴'이라 부른다.

육기가 『모시초목조수충어소』에서 말하였다. '겸'은 물풀이다. 단단한 열매는 '우(소)'에게 먹여서 살지고 힘세게 한다. 청주와 서주 사람들은 '렴'이라 이르니, 연주와 요동에서도 통용되는 말이다.

『비아』에서 말하였다. '렴'은 높이가 몇 자나 되는데, 지금 사람들이 '염박'으로 여기니, 이를 따라 이름 지었다.

나는 이렇게 생각한다. '가(어린갈대)'의 주에도 함께 보인다.

爾雅 蒹薕. 郭璞註 蒹似萑而細 高數尺. 江東呼爲薕. 陸璣疏 蒹水草也. 堅實牛食之令牛肥彊. 青徐人謂之薕 兗州遼東通語也. 埤雅 薕高數尺 今人以爲薕箔 因此爲名. 愚按互見葭註.

53 문왕(文王)이 천명(天命)을 받아 신령스러운 덕이 있어 새와 짐승, 곤충에게까지 미치는 것을 백성들이 즐거워한 시이다.

荍(당아욱) : 『시경(詩經)』「진풍(陳風)」〈동문지분(東門之枌)〉[54]

『모전』에서 말하였다. '교'는 '비부(당아욱)'이다. 『정의』에서 사인이 "'교'는 다른 이름으로 '비배(당아욱)'라고 한다"라 하였고, 곽박은 "지금의 '형규'인데 '규(아욱)'와 비슷하지만 자주색이다"라 하였다. 사씨는 "작은 풀이며 꽃이 많고 잎은 적은데 잎은 또한 무성하게 일어난다"라 하였다. 육기가 『모시초목조수충어소』에서 "'비부'는 다른 이름으로 '형규'라 하는데 '무청(순무)'과 비슷하고 자록색이며 먹을 수 있지만 조금 쓰다"라 한 것이 이것이다. 『도경』에서 말하였다. '촉규(접시꽃)'는 '규'와 비슷하고, 꽃은 '목근화(무궁화)'와 같으며, 다섯 가지 색이 있고 꽃이 작은 것을 '금규(당아욱)'라고 하니 곧 '형규'이다.

毛傳 荍芘芣也. 正義曰 舍人曰 荍一名蚍衃. 郭璞曰 今荊葵也 似葵紫色. 謝氏曰 小草多花少葉 葉又翹起. 陸璣疏云 芘芣一名荊葵似蕪菁 華紫綠色可食微苦 是也. 圖經 蜀葵似葵 花如木槿花 有五色小花者名錦葵 卽荊葵也.

54 유공(幽公)이 음황(淫荒)하니, 이를 따라 남녀가 시정(市井)에 모여 가무(歌舞)함을 비판한 시이다.

紵(모시) : 『시경(詩經)』「진풍(陳風)」〈동문지지(東門之池)〉[55]

육기가 『모시초목조수충어소』에서 말하였다. '저(모시)'는 또한 '마(삼)'이다. 한 그루에 수십 줄기가 나온다. 묵은 뿌리가 땅 속에 있어 봄이 되면 스스로 나오니 해마다 심지는 않는다. 형주와 양주 사이에서는 한 해에 세 번 거둔다. 지금 관청의 동산에 그것을 심어 해마다 베는데, 베면 다시 나온다. 껍질을 벗기면 단단하기가 마치 '죽(대나무)'을 끼운 것 같은데, 겉이 두꺼워지면 껍질이 스스로 벗겨진다. 다만 그 속을 얻으면 질기기가 힘줄과 같으니 '휘저'[56]라고 한다. 지금 남월에서 '저포'[57]라고 하는 것은 모두 이 '마'를 쓴다.

나는 이렇게 생각한다. '저마(모시풀)'로 '저'를 만드는데, '저'로 길쌈을 할 수 있으므로 '저'라고 부른다. 무릇 '마'의 가는 것을 '전'이라 하며 거친 것은 '저'라 한다. 그 껍질을 벗길 때에는 반드시 먼저 물에 담가 부드럽고 질기게 만든다. 길쌈을 '포(베)'라고 여기는데 지금 오중에서 '적저'라 하는 것이 이것이다.

陸璣疏 紵亦麻也. 科生數十莖. 宿根在地中至春自生 不歲種也. 荊揚之間一歲三收. 今官園種之歲再刈 刈便生. 剥之以鐵若竹挾之 表厚皮自脫. 但得其裏韌如筋者謂之徽紵. 今南越紵布皆用此麻. 愚按 苧麻作紵 可以績紵故名紵. 凡麻細者爲絟麤者爲紵. 剝其皮必先漚之於水使之柔韌. 績以爲布 今吳中呼爲績苧 是也.

---

55 세상을 풍자한 시이니, 군주가 음란하고 혼암함을 병통이 여겨 어진 여인을 군주의 배필로 삼을 것을 생각한 것이다.

56 '마(麻)'로 지은 섬유.

57 모시. 마포(麻布). 모시풀의 껍질로 짠 피륙이다.

菅(사초) : 『시경(詩經)』「진풍(陣風)」〈동문지지(東門之池)〉[58]

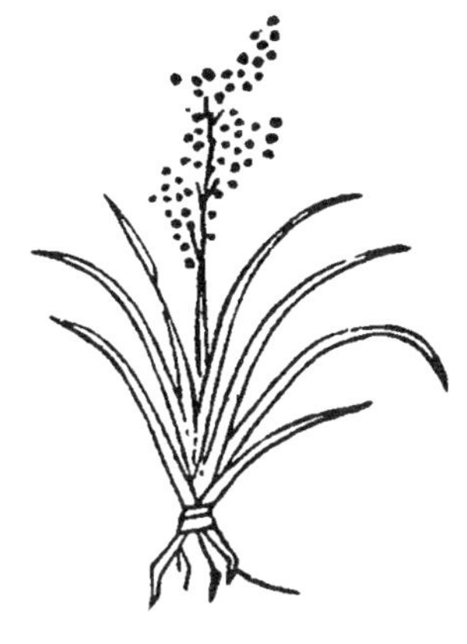

『산해경』에서 말하였다. 오림산 속에 '간초(띠)'가 많다. 주에 "'간초'는 곧 '간(사초)'이다"라 하였다.[59]
『모전』에서 말하였다. '백화(왕골)'는 '야간'이니 물에 담가두면 '간'이 된다.
『정의』에서 말하였다. 「석초」에서 "'모(띠)'는 '간'이고, '백화'는 다른 이름으로 '야간'이다"라 하였고, 곽박은 "'모'의 따위이다"라 하였다. 이 '백화' 또한 '모'와 '간'의 따위이다. 물에 담가서 부드럽고 질기게 되면 이름을 달리 하는데 '간'이라고 부른다. 따라서 들에 있어 물에 젖지 않은 것은 '야간'이라 부른다.
나는 이렇게 생각한다. 『좌전』「성공 9년」'일시'에서 "명주실이 있더라도 '간'이나 '괴(기름새)'를 버리지 말라"고 하였으니, 대개 노란 꽃이 피는 것을 세속에서는 '황망'이라고 부르는데 곧 '괴'이고, 흰 꽃이 피는 것을 세속에서는 '백망'이라고 하는데 곧 '간'이다. 또 '간'과 '모'는 다른데, '모'는 봄철에 꽃이 피고 '간'은 가을철에 꽃이 핀다. 뾰족하고 검은 열매를 맺고, 길이는 한 푼[60]쯤 되며, 뿌리는 가는 '죽(대나무)' 뿌리와 같다. 범조우[61]는 "'간'으로 신발을 만든다"고 하였다.

山海經 吳林之山其中多蔞草. 注 蔞草卽菅也. 毛傳 白華野菅也 已漚爲菅. 正義曰 釋草

58 앞장 '저(紵)' 참조.

59 『산해경(山海經)』「중산경(中山經)」.

60 길이의 단위로 척(尺)의 100분의 1이다.

61 1041~1098. 자는 순보(淳甫)·몽득(夢得). 송(宋)의 화양(華陽) 사람으로 『자치통감(資治通鑑)』의 편집, 『실록(實錄)』의 수찬(修撰) 등에 참여하였고, 『당감(唐鑑)』 12권을 지었다.

云 茅菅白華一名野菅 郭璞曰 茅屬也. 此白華亦是茅菅類也. 漚之柔韌異其名謂之爲菅. 因謂在野未漚者爲野菅也. 愚桉 成九年左傳逸詩云 雖有絲無棄菅蒯 蓋黃華者俗名黃芒卽蒯也 白華者俗名白芒卽菅也. 又菅與茅異 茅春時華 菅秋時華. 結實尖黑 長分許 其根如細竹根. 范祖禹曰 菅以爲屨.

苕(완두) : 『시경(詩經)』 「진풍(陳風)」 〈방유작소(防有鵲巢)〉[62]

『모전』에서 말하였다. '초(완두)'는 풀이다.
『정의』에서 말하였다. 〈초지화〉[63]에 『전』에서 "'초'는 '능초(능소화)'이다"라 하였고, 여기서는 다만 "'초'는 풀이다"라 하였다. 저 '능초'의 풀은 땅이 낮고 습기가 많은 곳에서 잘 나는데 이것은 곧 높은 언덕에서 나니 저것과 다르다. 육기가 『모시초목조수충어소』에서 "'초'는 '초요'이다. 유주 사람들은 '교요'라 이르며, 여름에 난다. 줄기는 '노두(들콩)'와 같으나 가늘고, 잎은 '질려(남가새)'와 비슷하나 푸른색이다. 그 줄기와 잎은 녹색이고, 날로 먹을 수 있으며, '소두(팥)'의 잎과 같다"라 하였다.

毛傳 苕草也. 正義曰 苕之華傳云 苕陵苕 此直云苕草 彼陵苕之草好生下濕 此則生於高丘 與彼異也. 陸璣疏云 苕苕饒也. 幽州人謂之翹饒夏生. 莖如勞豆而細 葉似蒺藜而靑. 其莖葉綠色 可生食 如小豆藿也.

62 선공(宣公)이 남을 헐뜯는 거짓말을 잘 믿어서 다른 이를 해칠까 걱정한 시이다.
63 『시경(詩經)』 「소아(小雅)」의 장명.

鷊(칠면조) : 『시경(詩經)』「진풍(陳風)」〈방유작소(防有鵲巢)〉[64]

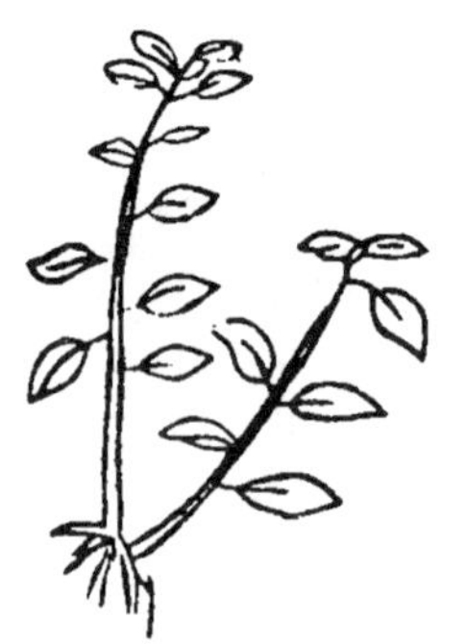

『이아』에서 말하였다. '역(칠면초)'은 '수(칠면초)'이다.
곽박이 주에서 말하였다. 작은 풀로 색깔이 섞여있어 인끈과 비슷하다.
육기가 『모시초목조수충어소』에서 말하였다. '역'은 다섯 가지 색깔로 인끈의 무늬를 만들기 때문에 '수초'라고 한다.
구양수[65]가 말하였다. '수초'가 여러 색이 섞여 무늬를 만드는 것이 마치 많은 말들이 서로 섞여서 미혹함을 이루는 것과 같으니, 뜻이 '패선'[66]과 같다.
동유가 말하였다. '역'은 예전에 '역(虉)'으로 썼다.
류근이 말하였다. 『비아』에서 "'역'은 원래 새의 이름이고 또한 '수조(칠면조)'라 이름 한다. 목구멍 아래에 작은 인끈과 같은 주머니가 있고, 다섯 가지 색을 갖추고 있다"고 하였으나 '역'은 풀의 이름일 뿐, 어찌 그 '역조(칠면조)'와 비슷함에서 그 뜻을 얻었겠는가?

爾雅 鷊綬. 郭璞註 小草有雜色似綬也. 陸璣疏 鷊五色作綬文 故曰綬艸. 歐陽修曰 綬草雜衆色以成文猶多言交織以成惑 義與貝錦同. 董逌曰 鷊舊作虉. 劉瑾曰 埤雅云 鷊本鳥名 亦名綬鳥 咽下有囊如小綬 具五色 鷊草之名 豈因其似鷊鳥而取義乎.

---

64 앞장 '초(苕)' 참조.

65 1007~1072. 송(宋)의 여릉(廬陵) 사람이다. 당송팔대가의 한 사람으로 저서로는 『신오대사(新五代史)』·『모시본의(毛詩本義)』·『집고록(集古錄)』 등이 있다.

66 조개의 아름다운 무늬를 넣어 짠 비단으로, 인신하여 남을 모함하기 위하여 꾸며낸 참언(讒言)을 비유한다.

蒲(부들) : 『시경(詩經)』「진풍(陳風)」〈택피(澤陂)〉[67]

『모전』에서 말하였다. '포(부들)'[68]는 풀이다.

허신이 『설문』에서 말하였다. 물풀이며 자리를 만들 수 있다.

육기가 『모시초목조수충어소』에서 말하였다. '포'가 처음 나면 한 가운데가 땅속으로 들어가 의지해 있다고 하여 '약(어린부들)'이라 부른다. 크기가 숟가락 자루만하고, 순백색이며 날로 먹는데 달면서 연하다. 삶아서 쓴 술에 담그는 것은 마치 '순(죽)'을 먹는 법과 같다.

『비아』에서 말하였다. '포'는 '완(왕골)'[69]과 비슷하나 좁다. 물가에서 나는데 가벼워 흩날리고 잘 뜬다. 부드러우며 미끄럽고 따뜻하니 자리를 만들 수 있다.

나는 이렇게 생각한다. 엄찬은 "'완'은 작고 '포'는 크다"라고 하였으며 『시경』에서는 "아래는 왕골이고 위에는 대자리로구나"[70]라고 하였으니, '완'은 '포'와 비슷하지만 작다. 육기는 『모시초목조수충어소』에서 "식초에 담가 '순'처럼 먹는다"라고 하였으니, 곧 〈한혁〉[71]에서 "그 나물은 무엇인가. 오직 죽과 부들이로다"라고 한 것이 이것일 뿐이다.

毛傳 蒲草也. 許愼說文 水草也可以作席. 陸璣疏 蒲始生取其中心入地者名蒻. 大如匕

---

67 영공(靈公)의 군신(君臣)이 그 나라에서 음란한 짓을 함에 남녀가 이를 좇으니 근심하고 슬퍼하여 이를 풍자한 시이다.

68 향포. 부들과의 다년초.

69 석자초(席子草). 방동사니과의 일년초.

70 『시경(詩經)』「소아(小雅)」〈사간(斯干)〉.

71 『시경(詩經)』「대아(大雅)」의 장명.

柄 正白生噉之甘脆. 煑而以苦酒浸之如食筍法. 埤雅 蒲似莞而褊. 生於水厓輕揚善泛. 柔滑而溫 可以爲席. 愚按 嚴粲云 莞精蒲麤 詩 下莞上簟 莞似蒲而精. 陸疏云 醋浸如食筍 卽韓奕 其蔌維何 惟筍及蒲 是已.

萇楚(장초) : 『시경(詩經)』「회풍(檜風)」〈습유장초(隰有萇楚)〉[72]

『이아』에서 말하였다. '장초(장초)'는 '요익(양도)'이다.
곽박이 주에서 말하였다. 지금의 '양도'이며 혹은 '귀도'라 부른다. 잎은 '도(복숭아)'와 비슷하고, 꽃은 희며, 열매는 '소맥(밀)'과 같고 또한 '도'와 비슷하다.
육기가 『모시초목조수충어소』에서 말하였다. 잎은 길면서 좁고, 꽃은 자적색이다. 그 줄기와 가지는 약하고, 한 자가 넘으며, 풀 위에 덩굴로 자란다. 지금 사람들은 물에 적셔두기 때문에 무겁고 잘 가라앉아서 '양류(버드나무)'와 같지 않다. 뿌리 아래를 칼로 잘라 그 껍질에 뜨거운 재를 붙여 가운데를 벗겨내면 붓이나 피리를 집어넣을 수 있다.
도은거가 말하였다. 열매는 가늘면서 작고, 써서 씹으면 참을 수 없으며, 산과 들에 많이 있다.

爾雅 萇楚銚弋. 郭璞註 今羊桃也 或曰鬼桃. 葉似桃 華白 子如小麥亦似桃. 陸璣疏 葉長而狹 華紫赤色. 其枝莖弱 過一尺 引蔓于草上. 今人以爲汲灌 重而善沒 不如楊柳也. 近下根刀切其皮 著熱灰中脫之可韜筆管. 陶隱居曰 子細小 苦不堪噉 山野多有之.

72 나라 사람들이 그 군주의 음탕함과 방자함을 미워하여 정욕(情慾)이 없는 사람을 그리워한 시이다.

稂(강아지풀) : 『시경(詩經)』「조풍(曹風)」〈하천(下泉)〉[73]

『모전』에서 말하였다. '랑(강아지풀)'은 '동량'이다. 『정의』에서 말하였다. 사인이 "'랑'은 다른 이름으로 '동량'이다"라 하였다. 곽박은 "'유(강아지풀)'의 따위이다"라 하였다. 육기는 『모시초목조수충어소』에서 "'화(벼)'가 패어 이삭이 되어서도 익지 않고, 뒤섞여 엇갈린 듯한 것을 '동량'이라 이른다. 지금 사람들은 '숙전옹'이라 이르고, 어떤 사람은 '숙수'라 이른다. 〈대전〉[74]에서 '강아지풀이 없고 구미초가 없도다.'라 한 것과 『외전』에서 "'마(말)'가 '낭유'[75]를 지나지 않는구나"라 한 것이 모두 이것이다"라 하였다. 이 '랑'은 '화(벼)'가 패어도 열매가 없는 것이다. 그러므로 물을 대지 않는 풀이니, 물을 만나면 병이 생긴다.

나는 이렇게 생각한다. '랑'은 들풀이 아니지만, 또한 풀의 따위이다. 『본초』에서 "'낭미초'이다"라 하였다. 『정전』에서 "'랑'은 마땅히 '량(凉)'이라 써야 한다. '양초'는 '소시'의 무리이다"라 하였다. 『정의』에서 "「석초」에 '량'이라는 풀 이름이 보이지 않아 정씨가 무엇에 근거한 것인지는 알지 못한다." 나는 경전에서 분명하게 '랑'이라 한 것으로 여겼으니 다른 글자풀이는 쓸 필요가 없다.

毛傳 稂童粱. 正義曰 舍人曰 稂一名童粱. 郭璞曰 莠類也. 陸璣疏云 禾秀爲穗而不成則[76]嶷然謂之童粱. 今人謂之宿田翁 或謂宿守也. 甫田[77]云 不稂不莠 外傳曰 馬不過稂

73 조(曹) 사람들이 정사(政事)에 밝은 임금과 어진 관리를 생각한 시이다.

74 『시경(詩經)』「소아(小雅)」〈대전(大田)〉.

75 농작물을 해치는 잡초의 범칭.

莠 皆是也. 此稂是禾之秀而不實者. 故非灌漑之草 得水而病. 愚按 稂非野草 亦草類也. 本草謂之 狼尾草. 鄭箋云 稂當作凉 凉草蕭蓍之屬. 正義曰 釋草不見草名凉者 未知鄭何所據. 愚以爲經明言稂 不必作別字解.

76 『모시초목조수충어소』에는 '前'으로 되어 있어 원문에 따라 해석하였다.

77 『모시초목조수충어소』에도 '甫田'으로 되어 있으나 '不稂不莠' 구절이 『시경(詩經)』「소아(小雅)」〈보전(甫田)〉 뒤의 〈대전(大田)〉에 있어 이에 따라 해석하였다.

蓍(시초) : 『시경(詩經)』 「조풍(曹風)」 〈하천(下泉)〉[78]

『백호통』에서 말하였다. '시(시초)'는 '늙은이'라고 말하는데, 늙은 사람은 오래 살아서 지나간 옛 일들을 다시 알 수 있다.

장화가 『박물지』에서 말하였다. '시'는 천 년을 살고, 그 몸통에 줄기가 300개이며, 그 나무가 이미 오래되었기 때문에 길흉을 알 수 있다.[79]

육기가 『모시초목조수충어소』에서 말하였다. '뢰(쑥)'나 '호(쑥)'와 비슷하지만 푸른색이고 무더기로 자란다.

『설문』에서 말하였다. '호'의 무리는 천 년을 살고 줄기가 300개이기 때문에, 『역경』에서는 이것으로 수를 삼는다고 하였다. 천자는 '시'가 아홉 자이고, 제후는 일곱 자이며, 대부는 다섯 자이고, 선비는 세 자라 하였다.

『설원』에서 말하였다. 풀에 해당하는 것이 360종인데 '시'가 가장 오래 산다.

『도경』에서 말하였다. '시'는 떨기로 나며 가지가 곧고, 가을이 지난 후에 가지 끝에서 홍자색의 꽃이 핀다. 『비아』에서 위에는 떨기로 나는 '시'가 있고, 아래에는 엎드린 '귀(거북)'가 있다고 했는데, 곧 '귀'와 '시'가 반드시 같이 쓰인다는 것이다.

白虎通 蓍之言耆也 老人歷年多更事久能盡知也. 張華博物志 蓍一千歲而三百莖 其本已老 故知吉凶. 陸璣疏 似藾蒿青色科生. 說文 蒿屬生千歲三百莖 易以爲數. 天子蓍九

78 앞장 '랑(稂)' 참조.

79 『박물지』에는 "蓍一千歲而三百莖同本 以老 故知吉凶"으로 되어 있으나 『모시명물도설』 원문을 따랐다.

尺 諸侯七尺 大夫五尺 士三尺. 說原 草植三百六十 蓍爲之長. 圖經 蓍生作叢 條直 秋後有花出於枝端 紅紫色. 埤雅 上有叢蓍 下有伏龜. 則龜蓍必相爲用.

葽(애기풀) : 『시경(詩經)』「빈풍(豳風)」〈칠월(七月)〉[80]

『이아』에서 말하였다. '요요(강아지풀)'는 '극원(애기풀)'이다.

곽박이 주에서 말하였다. 지금의 '원지(애기풀)'이다. '마황'[81]과 비슷한데, 꽃은 붉으며 잎은 날카롭고 노랗다. 그 위를 '소초'[82]라 한다.

『박물지』에서 말하였다. 싹을 '소초'라 하고 뿌리를 '원지'라 한다.

왕응린이 『시고』에서 말하였다. "4월에는 '수요'[83]이다"라고 하였는데, 여러 선비들이 그 이름을 자세히 알지 못하였다. 오직 『설문』에서만 '요'가 쓰다는 유향의 설명을 인용하였다. 조씨가 『이아』와 『본초』를 가지고 증명하여 그것이 '원지'임을 알게 되었다.

도은거가 말하였다. '소초'는 모양이 '마황'과 비슷하지만 푸르다.

『세설』[84]에서 말하였다. 사안[85]은 "은둔하고 있으면 '원지'이고, 밖으로 나오면 '소초'이다"라 하였다.

爾雅 葽繞蕀蒬. 郭璞註 今遠志也. 似麻黄 赤華葉銳而黄. 其上謂之小草. 博物志 苗曰小草 根曰遠志. 王應麟 詩攷 四月秀葽 諸儒不詳其名. 惟說文引劉向說以爲苦葽. 曹氏

80 앞장 '격(鶪)' 참조.
81 마황과의 상록 관목. 또는 한의학에서 마황의 줄기를 약재로 이르는 말이다. 발한(發汗), 이뇨(利尿) 등에 쓴다.
82 약초(藥草) 이름으로 원지(遠志)의 별칭이다.
83 꽃이 피지 않고도 열매가 열리는 풀이다.
84 『세설신어(世說新語)』.
85 320~385. 진(晉) 양하(陽夏) 사람. 자(字)는 안석(安石). 전진(前秦)의 부견(苻堅)이 공격해 왔을 때 조카인 현(玄) 등을 보내 비수(肥水)에서 대파한 공으로 태보(太保)에 임명되고, 죽은 후 태부(太傅)에 추증되었다.

以 爾雅 本草證之 知其爲遠志. 陶隱居曰.小草狀似麻黃而青. 世說 謝安曰 處則爲遠志 出則爲小草.

薁(머루) : 『시경(詩經)』「빈풍(豳風)」〈칠월(七月)〉[86]

『설문』에서 말하였다. '욱(머루)'은 '영욱(머루)'이다.

『시소』에서 말하였다. 다른 이름으로 '거앙등'인데, 『시경』에서 "6월에 머루를 먹으니"라고 한 것이 이것이다.

『본초』에서 말하였다. '영욱'은 강동에서 나고, 열매는 '포도'와 비슷한데 작고 둥글며, 맛이 시고, 진한 자주색은 아니다.

說文 薁蘡薁也. 詩疏 一名車鞅藤 詩六月食薁 此也. 本草 蘡薁子生江東 實似葡萄小而圓 味酸 色不甚紫.

86 앞장 '격(鶪)' 참조.

葵(아욱) : 『시경(詩經)』「빈풍(豳風)」〈칠월(七月)〉[87]

『이아』에서 말하였다. '종규'[88]는 '번로'[89]이다.
곽박이 주에서 말하였다. '승로(아욱)'이니 줄기가 크고, 잎이 작으며, 꽃은 자황색이다.
형병이 소에서 말하였다. '규(아욱)'의 따위는 다른 이름으로 '종규'라 하고, 다른 이름으로 '번로'라 한다.
『사기』에서 말하였다. 공의자 휴가 노의 재상이 되어 '규'를 먹었는데 맛이 좋아 그 동산의 '규' 잎을 따게 했다.
『집전』에서 말하였다. '규'는 채소의 이름이다.
여조겸이 말하였다. 먹을 수 있다.
나는 이렇게 생각한다. 『본초』에 "'낙규'는 3월에 심는데, 어린 싹을 먹을 수 있다. 5월에 덩굴이 뻗어나가는데, 잎은 '행(살구나무)'의 잎과 비슷하지만 두툼하고 실하며 먹을 수 있다. 8월과 9월에는 작은 꽃을 피우는데 자주색이다. 잇달아서 열매를 맺으니 크기는 '오미자'와 같고 익으면 주물러서 즙을 취하는데 붉기가 연지와 같다. 여자들이 얼굴을 꾸미거나, 입술에 점을 찍거나, 베를 물들일 때 쓰는 것이니 '호연지'라 이른다"고 하였다.

爾雅 葼葵蘩露. 郭璞註 承露也大莖 小葉 華紫黃色. 邢昺疏 葵類一名葼葵一名蘩露. 史記 公儀子休爲魯相 食葵而美拔其園葵棄之. 集傳 葵菜名. 呂祖謙曰 可茹. 愚按 本草 落葵三月種 嫩苗可食. 五月蔓延 葉如杏葉而肥厚可啖. 八九月開細花紫色. 累累結實大如五味子 熟則揉取汁 紅如臙脂. 女人餙面 點唇 染布 謂之胡臙脂.

---

87 앞장 '격(鶪)' 참조.
88 일년생 만초. 줄기는 굵고 잎은 둥글며 주황빛 꽃이 핀다. 순과 잎은 식용한다.
89 '종규'의 다른 이름으로 줄기는 굵고 잎은 작으며 주황빛 꽃이 핀다.

菽(콩) : 『시경(詩經)』 「빈풍(豳風)」 〈칠월(七月)〉[90]

『광아』에서 말하였다. '대두'는 '숙(콩)'이며, '소두'는 '답'이다. '비두(완두)' · '완두(완두)' · '류두(완두)'이다. '호두'[91]는 '항쌍(강두)'이다. '두(콩)'의 껍질은 '협'이라 부르며 그 잎은 '곽'이라 부른다.
『물리론』에서 말하였다. '숙'이라는 것은 여러 '두'의 총칭이다.
『설문』에서 말하였다. '기(콩대)'는 '두'의 줄기이다. 그렇기 때문에 껍데기를 '협'이라 부르고, 잎을 '곽'이라 부르는 것이다. 『시경』에서 "우리 마당의 콩잎을 먹는구나"[92]라 한 것이 이것이다. 줄기는 '기'라 한다.
『연의』에서 말하였다. '대두'는 녹색 · 갈색 · 흑색 세 가지가 있고, 크고 작은 것 두 종류가 있다. 큰 것은 양자강과 절강 그리고 호북과 호남에서 나며, 작은 것은 다른 곳에서 난다. 또 갈아서 두부를 만들 수 있다.

廣雅 大豆尗也 小豆荅也. 豍豆豌豆蹓豆也. 胡豆跭䝄也. 豆角謂之莢 其葉謂之藿也. 物理論 菽者衆豆之總名. 說文 萁豆莖. 然則角曰莢 葉曰藿. 詩食我場藿 是也. 莖曰萁. 衍義 大豆有綠褐黑三種 有大小兩類. 大者出江浙湖南北 小者生他處. 又可磑爲腐食.

90 앞장 '격(鶪)' 참조.
91 콩 종류 중에 하나이며, 다년생 초목이다.
92 『시경(詩經)』 「소아(小雅)」 〈백구(白駒)〉.

瓜(오이) : 『시경(詩經)』「빈풍(豳風)」〈칠월(七月)〉[93]

『광아』에서 말하였다. ‘동과’[94]는 ‘급(동아)’이다. ‘수지’는 ‘과(오이)’이다. 그 씨앗은 ‘렴’이라 한다. ‘용호’ · ‘호장’ · ‘양교’ · ‘토두’ · ‘계지’ · ‘밀용’ · ‘온둔’ · ‘리두’ · ‘백편’ · ‘무여’ · ‘겸’은 ‘과’의 따위이다.

『비아』에서 말하였다. ‘과’라는 글자는 그 열매가 수염처럼 늘어져 덩굴 사이에 있는 모양이다. 성질은 조금 길며 잘 썩는다.

『본초』에서 말하였다. ‘과’의 꼭지는 7월에 캔다. 『도경』에서 “곧 ‘과’의 꼭지는 달다. 또 ‘백과’ · ‘월과’ · ‘호과’가 있다”고 하였다.

나는 이렇게 생각한다. ‘과’는 아우르는 이름이다. 종류는 하나가 아닌데, 각 지방에서 생산되고 또 구분되니 한두 개를 헤아리면 모두를 규정할 수 있다. 〈면〉[95]의 편에서 ‘과질’이라 하였는데, 대체로 큰 것을 ‘과’라 하고 작은 것을 ‘질’이라 한다. 『이아』에서는 ‘질박’이라 하였는데, 사인은 “‘질’의 이름이 ‘박’[96]이며, 작은 ‘과’이다”라고 하였다.[97]

廣雅 冬瓜菰也. 水芝瓜也. 其子謂之瓤. 龍蹏虎掌羊骹兎頭桂支蜜筩䉶瓝貍頭白瓟 無餘縑 瓜屬也. 埤雅 瓜字象其實在鬚蔓之間. 性少延輒腐. 本草 瓜蔕七月採. 圖經云 卽甜瓜蔕也. 又有白瓜越瓜胡瓜. 愚按 瓜統名也. 種類不一 五方所産又殊 則圖其一二以例凡. 至緜之篇曰 瓜瓞. 蓋大者曰瓜 小者曰瓞. 爾雅云 瓞瓝. 舍人曰 瓞名瓝 小瓜也.

---

93 앞장 ‘격(鶪)’ 참조.

94 박과에 속하는 일년생 만초(蔓草), 또는 그 열매. 씨는 동과자(冬瓜子), 껍질은 동과피(冬瓜皮)라 하여 약재로 쓰인다.

95 『시경(詩經)』「대아(大雅)」의 장명.

96 북치. 그루갈이로 열린 작은 오이.

97 앞에서 말한 ‘질’ · ‘질박’ · ‘박’은 그루갈이로 열린 작은 오이이다.

壺(박) : 『시경(詩經)』「빈풍(豳風)」〈칠월(七月)〉[98]

『모전』에서 말하였다. '호(박)'는 '호(瓠, 호리병박)'이다.

『정의』에서 말하였다. '호'를 쓴다는 것과 '과(오이)'를 먹는다는 것은 연결된 문장이니 곧 먹을 수 있는 것이다. 그러므로 '호'를 '호(瓠)'로 알아서 '감호'라고 불렀으며, 먹을 수 있는데 덩굴로 뻗어나가면 잘라서 먹는다.

『비아』에서 말하였다. '포(박)'와 비슷하나 둥근 것을 '호'라고 한다. '호'는 둥근 그릇이기 때문에 '호'라고 부른다.

나는 이렇게 생각한다. 『본초』에서 "짧은 주둥이와 넓은 배가 있는 것이 '호'이다"라 하였고, 『집전』에서 "'과'를 먹고 '호'를 자른다는 것은 또한 채마밭을 없애고 타작마당을 만드는 것이다"라 하였다.

毛傳 壺瓠也. 正義曰 以壺與食瓜連文 則是可食之物. 故知壺爲瓠謂甘瓠 可食就蔓斷取而食之. 埤雅 似匏而圓曰壺. 壺圜器也故謂之壺. 愚桉 本草 有短柄大腹者爲壺 集傳云 食瓜斷壺 亦去圃爲場之漸也.

98 앞장 '격(鶪)' 참조.

苴(삼씨) : 『시경(詩經)』「빈풍(豳風)」〈칠월(七月)〉[99]

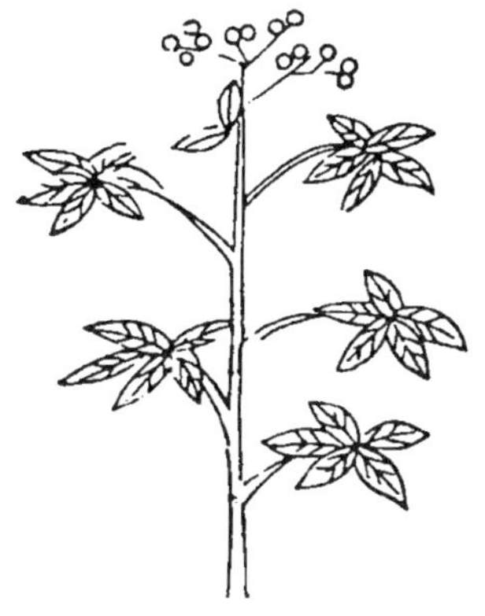

『모전』에서 말하였다. '저(삼씨)'는 '마자(삼씨)'이다. 「상복」 주에서 말하였다. '저'는 '마'의 열매 있는 것이다. 소에서 "'마'는 9월에 익기 시작하는데, 주워서 국거리 채소로 바친다"고 하였다.

『정의』에서 말하였다. '숙'은 줍는다는 것이다. '저'를 줍는다는 것은 '마'의 열매를 주워서 음식으로 바침을 이른다.

『본초』에서 말하였다. '마자'는 맛이 달고 성질은 치우치지 않으며, 주로 비위(脾胃)를 보(補)하고, 오래 복용하면 살지고 튼튼해지며 늙지 않는다.

毛傳 苴麻子也. 喪服註 苴麻之有實者. 疏云 麻九月初熟 拾取以供羹菜. 正義曰 叔拾也. 叔苴謂拾取麻實以供食. 本草 麻子味甘平 主補中益氣 久服肥健不老.

---

99 앞장 '격(鵙)' 참조.

韭(부추) : 『시경(詩經)』 「빈풍(豳風)」 〈칠월(七月)〉[100]

「곡례」[101]에서 말하였다. '구(부추)'를 '풍본(부추)'이라 말한다.

『설문』에서 말하였다. 한 종류로 오래 살기 때문에 '구'라고 부른다. 모양을 흉내내서 '일(一)' 위에 있으니, '일(一)'은 땅이다.

『비아』에서 말하였다. 『제민요술』에서 "'구'가 세 치 정도 크면 자르는데 자른 것은 마치 '총(차)'과 같다. 한 해에 다섯 번을 넘지 않게 자른다. 무릇 잘린 것은 한낮에는 쓸 수 없다. '구'는 뿌리가 안에서 자라는 성질이 있고, 위로 뻗어 올라가는 것을 좋아하기 때문에 '규(아욱)'와 같은 종류로 보았고, 밭두둑에 매우 많다"라고 하였다.

나는 이렇게 생각한다. 라원이 "음력 정월은 누런 빛이 나고 땅에서 나오지 않았을 때가 가장 맛있기 때문에 초봄에는 이른 '구'라고 한다"라 하였다. 지금 오중에서는 '구아'라고 부른다. 그 성질은 쉽게 자라고 자르면 곧 다시 난다.

曲禮 韭曰豐本. 說文 一種而久者故謂之韭. 象形在一之上 一地也. 埤雅 齊民要術云 韭高三寸便剪 剪如葱法. 一歲之中不過五剪. 凡剪不用日中. 韭性內生根 喜上跳故種與葵同法 而畦欲極深. 愚按 羅願云 首春色黃未出土時最美 故曰春初早韭. 今吳中呼爲韭芽. 其性易長 剪則便生.

---

100 앞장 '격(鶪)' 참조.
101 『예기(禮記)』의 편명.

果蠃(하눌타리) : 『시경(詩經)』「빈풍(豳風)」〈동산(東山)〉[102]

『이아』에서 말하였다. '과라(하눌타리)'의 열매는 '괄루(하눌타리)'이다.

곽박이 주에서 말하였다. 지금 제 사람들이 부르기를 '천과(하눌타리)'[103]라고 한다.

이순이 주에서 말하였다. '괄루'는 씨앗의 이름이다.

형병이 소에서 말하였다. 『본초』에서 "'괄루'는 '과(오이)'와 비슷하고 잎의 모양은 쌍쌍으로 서로 맞닿아 있다. 덩굴로 자라며 청흑색이다. 6월에 꽃이 피며, 7월에 열매를 맺는데, 마치 '과판(오이씨)' 같은 것이 이것이다"라 하였다.

『도경』에서 말하였다. 곳곳에 있으니, 3・4월에 싹이 나고 '등(등나무)'에 이끌려 덩굴진다. 잎은 엇갈려 나며 가는 털이 있다. 7월에는 꽃이 피는데 옅은 황색이다. 열매는 꽃 아래에 맺히며, 크기는 주먹만 하고 청색으로 난다. 9월에 익으면 적황색이 된다. 아주 둥근 것도 있고 뾰족하며 긴 것도 있다. 뿌리의 이름은 '백약'이다.

나는 이렇게 생각한다. 허신은 "나무 위쪽을 '과'라 이르고 땅 아래쪽을 '라'라 이른다"고 하였다. 대개 이 풀은 덩굴로 나서 나무에 붙어 자라기 때문에 두 이름이 함께 붙여졌다. 그 뿌리는 가루로 만들면 눈처럼 흰색인데, 세속에서는 '천화분'[104]이라 부르며, 방약[105]에는 항상 그것을 사용한다.

---

102 앞장 '관(鸛)' 참조.
103 박과의 다년생 만초(蔓草). 씨와 뿌리는 약재로 쓰인다.
104 하눌타리 뿌리의 가루로 거담(祛痰), 소갈(消渴), 하열(下熱)의 약재로 쓰인다.
105 의사의 처방과 약. 또는 처방에 따라 조제한 약.

爾雅 果蠃之實栝樓. 郭璞註 今齊人呼之爲天瓜. 李巡註 栝樓子名也. 邢昺疏 本草云 栝樓似瓜 葉形兩兩相値. 蔓生青黑色. 六月華 七月實 如瓜瓣是也. 圖經 所在有之 三四月生苗 引藤蔓. 葉作叉有細毛. 七月開花淺黃色. 結實在花下 大如拳生靑. 九月熟 赤黃色. 有正圓者 有銳而長者. 根名白藥. 愚按 許愼曰 木上曰果 地下曰蓏. 蓋此草蔓生附木故得兼名. 其根作粉色 白如雪 俗名天花粉 方藥中恒用之.

草下

苹(쑥) : 『시경(詩經)』「소아(小雅)」〈녹명(鹿鳴)〉[1]

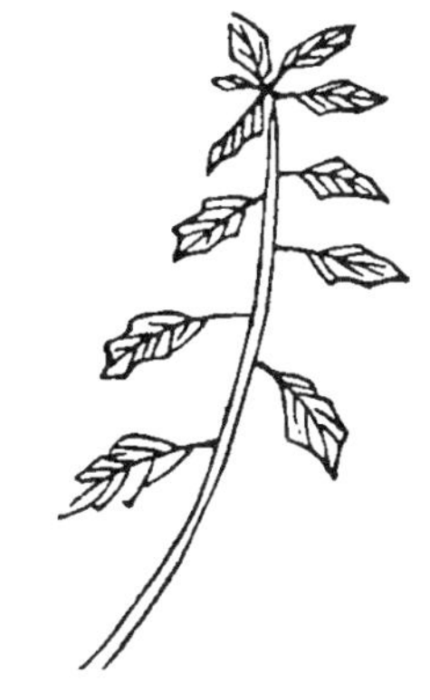

『이아』「석초」에서 말하였다. '평(苹)'은 '뢰소(蕭)'이다.
곽박이 주 말하였다. 지금의 '뢰호'이니 처음 난 것은 또한 먹을 수 있다.
육기가 『시소』에서 말하였다. 잎은 청백색이고, 줄기는 젓가락과 비슷하며 가볍고 살졌다. 처음 난 것은 향기로워서 날로 먹을 수 있으며 또 쪄서 먹을 수도 있다.
나는 이렇게 생각한다. 이 '뢰호'는 육지에서 나는 것으로 '록(사슴)'이 먹는 것이다. 『모전』에서 "'평'은 '평(蓱, 부평초)'이다"라 했으나, 『정전』과 『역전』에는 '뢰소'라고 했다. 대개 「석초」에서 "'평'은 '평(蓱)'이니 그 큰 것이 '빈(네가래)'이다"라 했는데, 이것은 물 위에 '부평(개구리밥)'으로 '록'이 먹는 것은 아니다. 글자에 따라 뜻을 취했는데, '평(萍, 개구리밥)'은 '수(水)'자와 '평(平)'자를 따랐으니, 물에 있는 풀이고, '평(苹)'은 '평(平)'자를 따라 땅의 풀이니 그 글자가 다르다. '록'은 해독할 수 있는 아홉 종류의 풀을 먹는데 '평'은 그 중 하나이다.

爾雅釋草 苹藾蕭. 郭璞註 今藾蒿也初生亦可食. 陸璣詩疏 葉青白色 莖似箸而輕肥. 始生香可生食 又可蒸食. 愚按 此藾蒿是陸地所生鹿所食也. 毛傳云 苹蓱也 而鄭箋易傳以爲藾蕭者. 蓋以釋草云 苹蓱其大者蘋 是水中浮萍非鹿所食. 就文取義 萍从水从平是水中之草也 苹从平 是平地之草 其文異也. 鹿食九種解毒之草 苹其一焉.

1　여러 신하들과 좋은 손님들을 모아 잔치를 여는 내용의 시이다. 이미 먹고 마시게 하고 또 폐백(幣帛)을 광주리에 담음으로 그 두터운 뜻을 받들어야 하니, 그런 뒤에야 충신과 손님들이 그 마음을 다할 수 있음을 말하고 있다.

蒿(쑥) : 『시경(詩經)』 「소아(小雅)」 〈녹명(鹿鳴)〉[2]

『이아』에서 말하였다. '호(쑥)'는 '긴(제비쑥)'이다.
손염이 주에서 말하였다. 형과 초 사이에서 '호'라 부르는 것이 '긴'이다.
곽박이 주에서 말하였다. 지금 사람들은 '청호'라 부르는데, 향기로운 것 중에 구워 먹는 것이 '긴'이다.
육기가 『모시초목조수충어소』에서 말하였다. '청호'이다.
소송이 『도경』에서 말하였다. 봄에 나는 어린잎은 매우 가늘고 먹을 수 있다. 여름에는 키가 네다섯 자에 이른다. 가을이 지난 뒤에 가늘고 엷은 노란색의 꽃을 피우며, 열매를 맺는데 '속(조)' 크기와 같다.
나는 이렇게 생각한다. '청호'는 '백호'보다 잎이 가늘다. 『이아』에 모두 '호'라 하였으니, '긴'만 홀로 특별히 '호'라 일컬음은 어찌 모든 '호'의 잎 뒷면이 모두 하얗고, 이 '호'만 홀로 푸른 까닭이겠는가? 또 「석초」에 "'번(다북떡쑥)'의 종류인데 가을에는 '호'가 된다"라 하였으니, 곧 '호'의 이름은 '청호'라 전하지 않는다. 『이아』에 있는 '번'·'호'·'울(제비쑥)'·'시(가새풀)'·'아(쑥)'·'구(물쑥)'·'소(산쑥)' 일곱 가지는 아울러 『시경』에 보인다. 『본초』에 또 '인진호(더위지기)'·'사호'·'동호'는 각각의 종류이니, 또한 '호'의 종류이다.

爾雅 蒿鼓. 孫炎註 荆楚之間謂蒿爲鼓. 郭璞註 今人呼青蒿 香中炙啖者爲鼓. 陸璣疏 青蒿也. 蘇頌圖經 春生嫩葉極細可食. 至夏高四五尺. 秋後開細淡黃華 結子如粟大. 愚按青蒿葉細於白蒿. 爾雅諸蒿 獨鼓單稱爲蒿 豈以諸蒿葉背皆白 而此蒿獨青故歟. 又釋草

---

2 앞장 '평(苹)' 참조.

云 繁[3]之醜秋爲蒿 則蒿之名不專爲靑蒿也. 爾雅蘩蒿蔚蓍莪購蕭七種並見於詩. 而本草又有茵蔯蒿邪蒿同蒿各種 亦蒿之醜也.

3 원문에는 '繁'이지만, 『이아』 원문에는 蘩으로 되어 있어 이를 따랐다.

芩(황금) : 『시경(詩經)』「소아(小雅)」〈녹명(鹿鳴)〉[4]

『모전』에서 말하였다. '금'은 풀이다.

육덕명이 『석문』에서 말하였다. 『설문』에서 "'호(쑥)'이다"라 하였다.

육기가 『모시초목조수충어소』에서 말하였다. 줄기는 비녀다리 같고, 잎은 '죽(대나무)'과 같으며, 못 안이나 메마른 땅이나 소금기가 있는 곳에서 덩굴로 자라는데, '우(소)'나 '마(말)'가 또한 실제로 그 열매를 즐겨 먹는다.

毛傳 芩草也. 陸德明釋文 說文云 蒿也. 陸璣疏 莖如釵股 葉如竹 蔓生澤中下地鹹處 爲草眞實 牛馬亦喜食之.

4 앞장 '평(苹)' 참조.

臺(사초) : 『시경(詩經)』 「소아(小雅)」 〈남산유대(南山有臺)〉[5]

『이아』에서 말하였다. '대(사초)'는 '부수'이다.
사인이 말하였다. '대'의 다른 이름은 '부수'이다.
장읍이 『광아』에서 말하였다. 털이 있는 '사(사초)'는 '수'이다.
육기가 『모시초목조수충어소』에서 말하였다. '사초'이니, 사립[6]을 만들 수 있다. 어떤 사람은 '대'는 풀 중에서 껍질이 단단하고 가늘며 부드러우면서도 촘촘하여 우산을 만들 수 있고, 남산에 많이 있다고 하였다.
소공이 『당본초』에서 말하였다. 이 풀의 뿌리를 '향부자'[7]라 부르고, 다른 이름으로는 '작두향'[8]이며 여기저기에서 자란다.
나는 이렇게 생각한다. '대'는 다르게 '대(薹)'로도 쓰니 풀이름으로 쓴다. 삿갓을 만드는 풀이니, '립'의 이름을 빌린 것이다. 〈도인사〉[9]에서 "사초로 로 만든 삿갓"라 한 것이 이것이다. 이름을 '부수'라 한 것은 비천한 남자에게 필요한 것이기 때문이다. 싹과 줄기와 잎이 한데 모여 있는 것이 세모꼴과 비슷하다. 뿌리는 '부자'[10]와 같고 이름은 '향부'이며, 많은 털이 주변을 두르고 있다.

---

5 현자(賢者)를 얻음을 즐거워한 시이니, 현자를 얻으면 국가가 잘 다스려져 태평(太平)의 기초를 세울 수 있다는 것이다.
6 도롱이와 삿갓.
7 방동사니과의 다년초. 또는 그 뿌리줄기를 말린 것. 건위(健胃), 진통, 생리조절 등의 약재로 쓰인다.
8 향료명(香料名).
9 『시경(詩經)』 「소아(小雅)」의 장명.
10 한약재의 이름. 바곳의 구근(球根). 오두(烏頭). 손발이 찬 데나 신경통 등에 쓰인다. 극약(劇藥)임.

爾雅 臺夫須. 舍人曰 臺一名夫須. 張揖廣雅 毛莎隋也. 陸璣疏 莎草也 可爲簑笠. 或謂臺草有皮堅細滑緻 可爲簦笠 南山多有. 蘇恭唐本草 此草根名香附子 一名雀頭香 所在有之. 愚按 臺一作薹草名以此. 草爲笠 借爲笠名. 都人士云 臺笠 是也. 名夫須者賤夫所須也. 苗莖葉都似三稜. 根如附子名香附 周帀多毛.

萊(명아주) : 『시경(詩經)』「소아(小雅)」〈남산유대(南山有臺)〉[11]

『모전』에서 말하였다. '래(명아주)'는 풀이다.
육기가 『모시초목조수충어소』에서 말하였다. '래'는 풀 이름이니 그 잎은 먹을 수 있고, 지금 연주 사람들은 쪄서 먹는데 그것을 '래증'이라 부른다.
범일재[12]가 『보전』에서 말하였다. '래'는 풀이니 먹을 수 있는 나물이다.

毛傳 萊草也. 陸璣疏 萊草名 其葉可食 今兗州人烝以爲茹 謂之萊烝. 范逸齋補傳 萊草可爲菜茹.

11 앞장 '대(臺)' 참조.
12 범처의(范處義).

莪(쑥) : 『시경(詩經)』「소아(小雅)」〈청청자아(菁菁者莪)〉[13]

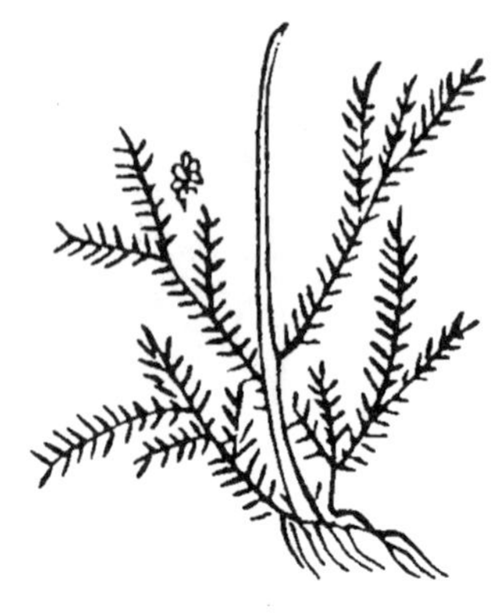

『이아』에서 말하였다. '아(쑥)'는 '라'[14]이다.
『모전』에서 말하였다. '아'는 '라호'이다.
육기가 『모시초목조수충어소』에서 말하였다. '아호'는 다른 이름으로 '나호'인데, 물이 있는 밭이나 지대가 낮고 습한 곳에 나고, 잎은 '사호'와 비슷하나 가늘며, 무더기로 난다. 3월경에 줄기를 날로 먹을 수 있고, 또 찔 수도 있는데 향기롭고 맛이 좋으며, 맛은 '루호(물쑥)'와 매우 비슷하다.
『광아』에서 말하였다. '아호'는 '림호'이다.
나는 이렇게 생각한다. 『본초』에 다른 이름으로 '포낭호'라 하였는데, 뿌리를 품었다가 떨기로 나기 때문에 '포낭'이라 이름 지었다고 하였다. 곧 "길고 긴 쑥(莪)이라 여겼더니 쑥(莪)이 아니라 저 쑥(蒿)이로다"[15]라 함은 혹시 이 때문인가? '림(다북떡쑥)'을 높다고 말하였으니, '아'의 무더기는 높다. 장읍이 "'위'는 '파'이고, '청'은 '예'이며, '화'는 '화'이다"라 하였으니,[16] 청청한 것은 '예'가 되기 때문에 『모전』에 "무성한 모양"이라 하였다. 이 풀은 물과 땅에 아울러 나는데, 고개 가운데나 큰 언덕 가운데에는 높고 메마른 곳이고, 물가 가운데에는 낮고 습한 곳이다.

爾雅 莪蘿. 毛傳 莪蘿蒿. 陸璣疏 莪蒿一名蘿蒿 生澤田沮洳之處 葉似邪蒿而細 科生. 三月中 莖可生食 又可蒸 香美 味頗似蔞蒿. 廣雅 莪蒿䕡蒿也. 愚按 本草又名抱娘蒿 抱根

---

13 인재 기르기를 즐거워한 시이다.
14 나무 위에 나는 이끼의 한 가지이다.
15 『시경(詩經)』「소아(小雅)」〈요아(蓼莪)〉.
16 각기 서로 같은 글자임을 설명한 것이다.

叢生故名抱娘. 則蓼蓼者莪 匪莪伊蒿 或以此與. 蘽之爲言高也 莪科高也. 張揖云 蘜葩菁蘽 花華也 則菁菁爲蘽故毛傳云 盛貌. 此草水陸並産 中阿中陵高燥處 中沚卑濕處也.

芑(백량속) : 『시경(詩經)』「소아(小雅)」〈채기(采芑)〉[17]

『모전』에서 말하였다. '기'는 나물이다.

육기가 『모시초목조수충어소』에서 말하였다. '고채(씀바귀)'와 비슷하나 줄기가 청백색이다. 그 잎을 따면 흰 즙이 나온다. 기름지고 날로 먹을 수 있으며, 또한 쪄서 먹을 수 있다. 서하[18] · 안문[19]의 '기'가 더욱 맛있는데, 오랑캐들이 그것을 그리워하여 변방으로 나가지 않았다 하니 이것이다.

주자가 『집전』에서 말하였다. 지금 '고매'[20] 나물이니, 마땅히 '마(말)'이 먹는다. 군사들이 행군할 때 그것을 캐면 사람과 '마' 모두 먹을 수 있다.

毛傳 芑菜也. 陸璣疏 似苦菜 莖青白色. 摘其葉白汁出. 肥可生食 亦可蒸爲茹. 西河雁門芑尤美 胡人戀之不出塞 是也. 朱子集傳 卽今苦蕒菜 宜馬食. 軍行采之人馬皆可食也.

---

17 앞장 '준(隼)' 참조.

18 황하(黃河) 상류의 한 부분.

19 지금의 남양하(南陽河).

20 고거(苦苣). 시화과에 속하는 다년초로 어린잎을 먹으며 민간에서 위장약으로 쓴다.

蓫(소루쟁이) : 『시경(詩經)』「소아(小雅)」〈아행기야(我行其野)〉[21]

정현이 『전』에서 말하였다. '축(소루쟁이)'은 '우뢰(참소리쟁이)'이다. 또한 중춘(仲春)에 나서 캘 수 있다.

육기가 『모시초목조수충어소』에서 말하였다. 지금 사람들은 '양제(소루쟁이)'라고 이르니, '노복(무)'과 비슷하나 줄기가 붉다. 데쳐서 먹을 수 있으며, 부드럽고 맛이 좋다.

『석문』에서 말하였다. '축'은 '축(蓄)'으로도 쓰이며, '퇴'는 본래 '퇴(蓷)'로도 쓴다.

도은거가 말하였다. 지금 사람들은 '독채(양제초)'를 '축'이라 부르는데, 글자의 음이 잘못되었다.

『도경』에서 말하였다. 낮고 습한 지역에서 자라며 봄철에 싹이 피고 높이는 3~4자이다. 잎은 좁고 길며 자못 '와거(상추)'와 비슷하나 색이 진하다. 줄기는 자적색이고, 꽃은 청백색이며 이삭이 무성하다. 씨앗은 세모꼴로 '충위'[22]와 같다. 여름철에는 시들며, 뿌리는 '우방(우엉)'과 같으나 열매가 단단하다.

나는 이렇게 생각한다. 『정의』에서는 "「석초」에서는 무늬가 없다"라고 하였고 『이아』를 살펴보면 "'퇴'는 '우뢰'다"라고 하였다. 형병은 "「소아」에서 '축'을 캔다[23]고 하였고, 『전』에서 '축'은 '우뢰'라고 하였으며, 곽씨가 지금 강동에서 풀을 '우뢰'라고 부른다고 하였다"라 하였다. 따라서 '축'·'퇴'·'축(蓄)'은 한 가지 식물이다.

---

21 선왕(宣王)을 풍자한 시이다.

22 익모초(益母草). 잎과 줄기는 강장제, 이뇨제, 더위 먹은 데 등에 약재로 쓰인다.

23 『시경(詩經)』「소아(小雅)」〈아행기야(我行其野)〉.

鄭箋 蓫牛蘈也. 亦仲春時生可采也. 陸璣疏 今人謂之羊蹄 似蘆菔而莖赤. 可瀹爲茹 滑美. 釋文 蓫又作蓄 蘈本又作蕢. 陶隱居曰 今人呼秃菜卽蓄 字音訛也. 圖經 生下濕地 春生苗 高三四尺. 葉狹長 頗似萵苣而色深. 莖紫赤色 花靑白 成穗. 子三稜若茺蔚. 夏中卽枯 根似牛蒡而堅實. 愚按 正義曰 釋草無文 及按爾雅云 蕢牛蘈. 邢昺曰 小雅言采其蓫 箋云蓫牛蘈 郭云今江東呼草爲牛蘈者. 然則蓫也蕢也蓄也其卽一物也.

葍(메) : 『시경(詩經)』「소아(小雅)」〈아행기야(我行其野)〉[24]

『이아』에서 말하였다. '복(메)'은 '부(메꽃)' 이다.

곽박이 주에서 말하였다. 잎이 크고, 꽃이 희며, 뿌리는 손가락 같고, 순백색이며, 먹을 수 있다.

육기가 『모시초목조수충어소』에서 말하였다. 유주 사람들은 '연복'이라 부르는데, 그 뿌리는 순백색이고, 뜨거운 재 속에 넣어서 따뜻하게 만들어 먹을 수 있다. 기근이 있는 해에는 쪄먹어 굶주림을 막을 수 있다.

정현이 『전』에서 말하였다. '복'은 '부'이니 또한 중춘(仲春)에 나고, 캘 수 있다.

『광아』에서 말하였다. '오거'는 '복'이다.

나는 이렇게 생각한다. 「석초」에서 또 "'부'는 '경(메)'의 싹이다"라 하였다. 곽박은 "꽃이 붉은 것이 '경(메)'이니, 대개 '경'과 '부'는 같은 종류일 따름이다. 또한 '릉(마름)'과 '초(능소화)'를 꽃이 노란색이냐 흰색이냐에 따라 이름을 달리한 것과 같은 것이다"라 하였다. 정씨가 '축(소루쟁이)'과 '복'을 모두 중춘에 캘 수 있다고 말했으니 혼인의 때를 기록한 것이다. 『모전』에서 아울러 "좋지 않은 나물이다"라 하였으니, 뜻이 바르지 못한 사람과 짝하는 것을 비유한 것이다. 대개 모공은 가을과 겨울이 혼기라 하였으므로 서리가 내리면 신부를 맞아 혼인하고, 얼음이 녹으면 베는 것을 멈춘다. 『주례』에 "중춘에 남녀를 만날 수 있게 하였는데, 예를 갖추지 않고 교합하여도 막지 않았다"[25] 고 했는데, 이는 기간을 넘긴 사람들에게 하는 말이니, 곧

---

24 앞장 '축(蓫)' 참조.

중춘이 바른 시기는 아니다. 왕소는 "나가서 좋지 않은 나무를 마주하고 좋지 않은 나물을 캔다는 것은 이미 결혼한 사람이 좋지 않은 사람과 짝한다는 말이다"라 하였다.

爾雅 葍葍. 郭璞註 大葉 白華 根如指 正白 可啖. 陸璣疏 幽州人謂之燕葍 其根正白 可著熱灰中温噉之. 饑荒之歲可蒸以禦饑. 鄭箋 葍葍也 亦仲春時生 可采. 廣雅 烏麸葍也. 愚桉 釋草又云 葍藑芽. 郭曰 華赤者爲藑 蓋藑葍一種耳. 亦猶淩苕華黃白異名也. 鄭於蓫葍並言仲春可采 以記昏姻之候. 而毛傳並云 惡菜 以喻遇人不淑意. 蓋毛公以秋冬爲婚期故霜降迎婦 氷泮殺止. 而周禮 仲春令會男女 奔者不禁 此爲過期者而言 則仲春非正期也. 王蕭云 行遇惡木采惡菜言已適人遇惡人也.

25 『주례(周禮)』「지관(地官)」〈매씨(媒氏)〉.

莞(왕골) : 『시경(詩經)』「소아(小雅)」〈사간(斯干)〉[26]

『이아』에서 말하였다. '완(왕골)'은 '부리'이다. 그 위는 '력(산마늘)'이다.

곽박이 주에서 말하였다. 지금 서쪽 지역 사람들이 '포'라 부르는 것이 '완포(왕골과 부들)'인데, '력'은 그 가장 윗부분의 머리를 이른다. 지금 강동에서는 '부리'라 이르고, 서쪽 지역에서는 또한 다른 이름으로 '포'라 하며, 가운데 줄기는 '력'인데, 그것을 사용하여 자리를 만든다.

「석문」에서 말하였다. 풀은 물속에서 떨기로 나고, 줄기는 둥글며, 강남에서는 자리를 만드는데 모양이 '소포'와 비슷하지만 열매가 열리지 않는다.

『광아』에서 말하였다. '총포(왕골)'는 '완'이다.

복일지가 말하였다. '완'은 또 '등심초(골풀)'라 이르는데, 못 속에서 나니, 곧 '부리'이다.

『본초』에서 말하였다. '등심초'는 떨기로 나는데, 줄기가 둥글고 가늘면서 길고 곧아서 사람들이 그것을 사용하여 자리를 만든다.

나는 이렇게 생각한다. 〈사궤연〉[27]에 '완'으로 만든 자리와 '포'로 만든 자리가 있다고 하였는데, 대개 자리에는 두 가지가 있으니, '완'이 '포'보다 더 정교하다.

爾雅 莞苻蘺. 其上蒚. 郭璞註 今西方人呼蒲爲莞蒲 蒚謂其頭臺首也. 今江東謂之苻離 西方亦名蒲 中莖爲蒚 用之爲席. 釋文 草叢生水中 莖圓 江南以爲席形似小蒲而實非

---

26 앞장 '웅(熊)' 참조.

27 『주례(周禮)』「춘관종백(春官宗伯)」의 장명.

也. 廣雅 蒠蒲莞也. 濮一之曰 莞又云燈心草 生池澤中 卽苻蘺也. 本草 燈心草叢生 莖圓細而長直 人用之爲席. 愚按 司几筵有莞筵蒲筵 蓋席有兩種 莞精於蒲耳.

蔚(모호) : 『시경(詩經)』「소아(小雅)」〈요아(蓼莪)〉[28]

『이아』에서 말하였다. '위(모호)'는 '모긴'이다.
곽박이 주에서 말하였다. 씨앗이 없는 것이다.
형병이 소에서 말하였다. 곧 '호(쑥)'의 수컷이며 씨앗이 없는 것이다. 육기가 "'모호(제비쑥)'이다. 3월에 나기 시작하고, 7월에 꽃이 피는데, 잎은 '호마'[29]의 꽃과 비슷하나 자적색이다. 8월에는 꼬투리가 되는데, 꼬투리는 '소두(팥)'의 꼬투리와 비슷하나 날카롭고 길다. 다른 이름으로 '마신호'라 한다"라고 하였으니 이것이다.
육전이 『비아』에서 말하였다. '위'는 '호'보다 크다.

爾雅 蔚牡菣. 郭璞註 無子者. 邢昺疏 卽蒿之雄無子者. 陸璣曰 牡蒿也. 三月始生 七月華 葉似胡麻華而紫赤. 八月爲角 角似小豆角銳而長. 一名馬新蒿 是也. 陸佃埤雅 蔚大於蒿.

28 유왕(幽王)을 풍자한 시이다.
29 참깨와 검은깨 따위의 범칭이다.

蔦(담쟁이덩굴) : 『시경(詩經)』 「소아(小雅)」 〈규변(頍弁)〉[30]

『모전』에서 말하였다. '조(담쟁이덩굴)'는 다른 식물에 붙어산다.
「석목」[31]에서 말하였다. '우목'[32]은 '완동'이다.
곽박이 주에서 말하였다. 나무에 붙어 살며 다른 이름은 '조'이다.
육기가 『모시초목조수충어소』에서 말하였다. '조'는 다른 이름으로 '기생(기생목)'이다. 잎이 '당로'[33]와 비슷하고 열매는 '복분(복분자)'과 같은데, 검붉으며 달고 맛이 좋은 것이 바로 이것이다.
정초가 『통지』에서 말하였다. '기생'은 두 종류가 있는데, 한 종은 큰 것으로 잎이 '석류' 잎과 같고, 한 종은 작은 것으로 잎이 '마황'[34] 잎과 같다. 그 열매는 모두 서로 비슷하다. 큰 것의 이름은 '조'이고, 작은 것의 이름은 '여라(소나무겨우살이)'이다.
〈동방삭전〉에서 말하였다. 나무에 있는 것은 붙어서 살고, 땅에 있는 것은 좁은 덤불을 이룬다.
『당본초』에서 말하였다. '풍(단풍나무)'·'곡(떡갈나무)'·'거(느티나무)'·'유(버들)'·'수양(갯버들)' 과 같은 나무 위에 많이 산다. 열매는 누런색이며 크기는 작은 '조'와 같은데, 9월에 비로소 익는다.

---

30 여러 공경(公卿)들이 유왕(幽王)을 풍자한 시이다.
31 『이아(爾雅)』의 편명.
32 남에게 기생하여 사는 식물.
33 말머리에 다는 금장식. 당로(當顱).
34 마황과의 상록 관목. 또는 한의학에서 마황의 줄기를 약재로 이르는 말이다. 발한(發汗)·이뇨(利尿) 등에 쓴다.

채원도가 『명물해』에서 말하였다. '조'가 '백(측백나무)'에 퍼지는 것은 다른 성의 친척들이 왕에 의지하는 것과 같고 '여라'가 '송'에 퍼지는 것은 동성의 친척들이 왕에 의지하는 것과 같다. 여러 공경(公卿)들이 유왕의 친척으로 있으면서도 의지하지 않았는데, 어찌 '송백'[35]의 덕이 있을 수 있겠는가.

毛傳 蔦寄生也. 釋木 寓木宛童. 郭璞註 寄生樹一名蔦. 陸璣疏 蔦一名寄生. 葉似當盧子如覆盆 赤黑 甜美 是也. 鄭樵通志 寄生有兩種 一種大者葉如石榴葉 一種小者葉如麻黃葉. 其子皆相似. 大者名蔦 小者名女蘿. 東方朔傳 在樹爲寄生 在地爲寠藪. 唐本草多生楓槲櫸柳水楊等樹上. 子黃 大如小棗 九月始熟. 蔡元度名物解 蔦之施於栢猶異姓之親托於王也 女蘿之施於松猶同姓之親托於王也. 諸公有幽王之親而無以托焉 安能有松栢之德哉.

35 소나무와 측백나무. 또는 소나무와 잣나무. 둘 다 상록수이며 굳은 절개를 상징한다.

女蘿(소나무겨우살이) : 『시경(詩經)』 「소아(小雅)」 〈규변(頍弁)〉[36]

『광아』에서 말하였다. '여라(소나무겨우살이)'는 '송라(소나무겨우살이)'이다.
육기가 『모시초목조수충어소』에서 말하였다. '토사(새삼)'는 풀 위에 덩굴로 이어져 있고 금과 같은 황적색이다. 지금 약으로 조제하는 '토사자'가 이것이니, '송라'는 아니다. '송라'는 스스로 '송(소나무)' 위에 덩굴로 나고, 가지가 아주 푸르니, '토사'와는 다른 것이다.
『비아』에서 말하였다. '조(담쟁이덩굴)'는 '송(소나무)'과 '백(측백나무)' 위에서 기생하고, '여라'는 '송' 위에 덩굴을 감으며 자란다.
라원이 『아익』에서 말하였다. '여라'는 색이 푸르고, 가늘며 길고, 잔 덩굴이 없기 때문에 〈산귀〉[37] 편에서 "'벽려(줄사철나무)'로 이불 삼고, '여라'로 띠를 삼는다"고 하였으니, 푸르고 긴 것이 띠와 같다는 말이다.
나는 이렇게 생각한다. 이것은 '송라'이지 '토사'는 아니다. '토사'는 바로 '당(새삼)'이니, 아울러 〈상중〉[38] '당'의 주에 자세하다.

廣雅 女蘿松蘿. 陸璣疏 菟絲蔓連草上 黃赤如金. 今合藥菟絲子 是也 非松蘿. 松蘿自蔓松上生 枝正青 與菟絲殊異. 埤雅 蔦松栢上寄生 女蘿松上浮蔓. 羅願爾雅翼 女蘿色青而細長 無雜蔓故山鬼篇 被薜荔兮 帶女蘿 謂青長如帶也. 愚桉 此是松蘿 非菟絲也. 菟絲是唐 互詳桑中唐註.

36 앞장 '조(蔦)' 참조.
37 『초사(楚辭)』 「구가(九歌)」의 장명.
38 『시경(詩經)』 「용풍(鄘風)」의 장명.

芹(미나리) : 『시경(詩經)』「소아(小雅)」〈채숙(采菽)〉[39]

『이아』에서 말하였다. '근(미나리)'은 '초규'이다.
곽박이 주에서 말하였다. 지금 물 가운데 있는 '근채(미나리)'이다.
『본초』에서 말하였다. '수근(미나리)'은 다른 이름으로 '수영(미나리)'이다.
도은거가 주에서 말하였다. 2·3월이 꽃부리를 만드는 때이고, 김치를 만들 수 있다. 여물면 그것을 데쳐 먹는다. 또 '사근'도 있는데 날로 먹을 수 있다.
『비아』에서 말하였다. '근'은 깨끗하게 하얗고, 마디가 있으며, 그 냄새가 향기롭지만 맛은 '순'[40]의 맛좋음만 못하다.

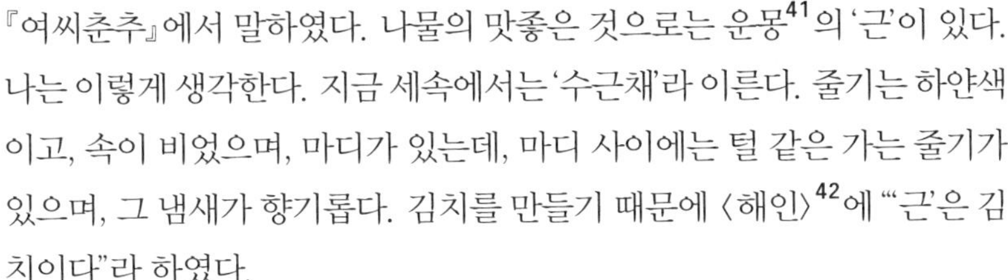

『여씨춘추』에서 말하였다. 나물의 맛좋은 것으로는 운몽[41]의 '근'이 있다.
나는 이렇게 생각한다. 지금 세속에서는 '수근채'라 이른다. 줄기는 하얀색이고, 속이 비었으며, 마디가 있는데, 마디 사이에는 털 같은 가는 줄기가 있으며, 그 냄새가 향기롭다. 김치를 만들기 때문에 〈해인〉[42]에 "'근'은 김치이다"라 하였다.

爾雅 芹楚葵. 郭璞註 今水中芹菜. 本草 水芹一名水英. 陶隱居註 二三月作英時 可作葅. 及熟 爚食之. 又有渣芹 可生噉. 埤雅 芹潔白 而有節 其氣芬芳而味不如蓴美. 呂氏春秋 菜之美者有雲夢之芹. 愚按 今俗謂水芹菜. 莖白色 空中 而節 節間有細莖如髮 其氣芬芳. 作葅故醢人云 芹菹.

---

39 유왕(幽王)을 풍자한 시이다.
40 수련과의 다년생 수초.
41 초(楚)에 있던 대표적인 연못으로, 오늘날의 호남성 북부에 위치한 동정호(洞庭湖)이다.
42 『주례(周禮)』「천관총재(天官冢宰)」의 장명.

藍(쪽) : 『시경(詩經)』「소아(小雅)」〈채록(采綠)〉[43]

정씨가 『전』에서 말하였다. '람(쪽)'은 염료가 되는 풀이다.

『정의』에서 말하였다. '람'으로 푸르게 물들일 수 있기 때문에 『회남자』에서 "푸름은 '람'에서 나온다"라 하였다. 「월령」에서 "중하(中夏)에는 '애(쑥)'와 '람'이 없다"라 하였는데, 이것들은 염료가 될 수 있는 풀이다.

『비아』에서 말하였다. "'람'을 베지 말라"라 한 것과 정씨가 "자라는 기운을 다치게 한다"라 한 것은 '애'와 '람'을 선왕이 금한 것이니, 이로 인하여 '감(監)'을 좇아서 글자를 만든 것이다.

『통지』에서 말하였다. '람'은 세 종류가 있는데, '요람'[44]은 녹색으로 물들이는 것이고, '대람'[45]은 '개(겨자)'와 같으니 짙은 푸른색으로 물들이는 것이며, '괴람'은 '괴(홰나무)'와 같으니 푸른색으로 물들이는 것이다.

세 가지의 '람'은 모두 쪽빛 염료를 만들 수 있고, 만들어진 색은 본래의 것보다 뛰어나기 때문에 "푸름은 '람'에서 나지만, '람'보다 푸르다"라 한 것이다.

鄭箋 藍染草也. 正義曰 以藍可以染青故淮男子云 青出於藍. 月令 仲夏無艾藍 是可以染之草. 埤雅 無刈藍 鄭氏言 爲傷長氣則艾藍先王有禁 制字从監以此. 通志 藍三種 蓼藍染綠 大藍如芥 染碧 槐藍如槐 染青. 三藍皆可作澱 色成勝母故曰 青出於藍而靑於藍.

43 유왕(幽王) 때에 과부와 홀아비가 많음을 풍자한 시이다.

44 겨자과에 속하는 이년초로 열매는 한약재로 쓴다.

45 초훼(草卉)의 하나로 청대(青大)이다. 쪽의 한 가지이며 판람(板藍)이라고도 한다.

苕(능소화) : 『시경(詩經)』「소아(小雅)」〈초지화(苕之華)〉[46]

『이아』에서 말하였다. '초(능소화)'는 '능초'이다. 누런 꽃은 '표', 흰 꽃은 '발'이다.

사인이 말하였다. 꽃의 색으로 나눈 이름이다.

육기가 『모시초목조수충어소』에서 말하였다. 다른 이름으로 '서미'[47]이니, 낮고 습한 곳이나 물속에서 자라며 7・8월 사이에 자주색 꽃이 핀다. 지금의 '자초'[48]와 비슷하고 검은색으로 물들일 수 있으니, 삶아서 머리를 감으면 검게 된다.

『정의』에서 말하였다. 예컨대「석초」의 글에서는 '초'의 꽃이 본래 누런색과 흰색이 있다고 하였고, 『전』에서는 "장차 떨어지면 누런색이 된다"고 하였는데, 이는 처음부터 누런색이 아니라는 것인 듯하다. 『전(箋)』에서 "'능초'의 꽃은 자적색이며 번성한다"고 하였고 육기 또한 그 꽃이 자주색이라 하였으니, 아마도 자주색 가운데에 황자색이나 백자색이 있을 뿐이고, 장차 떨어지게 되면 모두 변하여 누런색이 된다는 것이다.

『집전』에서 말하였다. 『본초』에서 "바로 지금의 '자위(능소화)'라고 하였으니, 덩굴로 자라고 교목 위에 붙어살며 꽃이 황적색이다. 또한 '능소'[49]라고 불린다"라 하였다.

---

46 대부(大夫)가 당대를 근심한 시이다. 유왕(幽王) 때에 서융(西戎)과 동이(東夷)가 나라를 침범하여 사려(師旅)가 함께 일어나고 기근(饑饉)이 생기니, 군자(君子)가 주(周)가 장차 망하게 됨을 근심하여 자신이 이러한 때를 만난 것을 슬퍼한 것이다.

47 둥근뱀차조기. 꿀풀과의 다년초. 서미초(鼠尾草).

48 지치과에 속하는 다년초. 뿌리는 화상・동상 등의 약재로 쓴다.

49 능소화과의 낙엽 활엽 만목(蔓木). 황적색 꽃이 피고, 꽃・줄기・잎은 모두 약재로 쓰인다.

爾雅 苕陵苕. 黃華蔈 白華茇. 舍人曰 別華色之名. 陸璣疏 一名鼠尾. 生下濕水中 七八月中華紫. 似今紫草 可染皁 煮以沐髮則黑. 正義曰 如釋草文則苕華本自有黃有白 傳言 將落則黃 是初不黃矣. 箋言 陵苕之華紫赤而繁 陸璣亦言其華紫色. 蓋就紫色之中有黃紫白紫耳 及其將落 則全變爲黃也. 集傳 本草云 卽今紫威 蔓生 附於喬木之上 其華黃赤色. 亦名凌霄.

堇(바곳) : 『시경(詩經)』「대아(大雅)」〈면(緜)〉[50]

『모전』에서 말하였다. '근(바곳)'은 나물이다.

「내칙」에서 말하였다. '근'·'환'·'분(흰느릅나무)'·'유(느릅나무)'이다.

『이아』에서 말하였다. '설'은 '고근'[51]이다.

곽박이 주에서 말하였다. 지금의 '근규'이다. 잎은 '류(버드나무)'와 비슷하고, 씨는 '미(쌀)'와 같으며, 삶아 먹으면 부드럽다.

『설문』에서 말하였다. '근'의 뿌리는 '제(냉이)'와 같고, 잎은 '세류(실버들)'와 같으며, 쪄서 먹으면 달다.

엄찬이 『시집』에서 말하였다. 공씨가 "'근'은 곧 '오두(바곳)'이다"라 했는데 곧 '짐독'[52]과 더불어 같은 종류이고, '도(씀바귀)'처럼 캐서 먹을 수 있는 종류는 아닌 듯하다. '도'는 비록 쓰지만 서리를 맞으면 달고 무르게 되기 때문에 "엿과 같다"고 말할 수 있다. '오두'는 독이 있는 식물이라 먹을 수 없는데, 어떤 이유로 그것이 엿과 같다고 알고 있었을까? 모씨는 '근'을 나물이라 하였고, 독이 있는 식물이라고 말하지는 않았다.

나는 이렇게 생각한다. 「진어」[53]에서 "려희[54]가 장차 신생을 참소하려 할 때에 술에는 '짐(짐새)'을 넣고 고기에는 '근'을 넣었다"고 하였다. 가규[55]는

---

50 문왕(文王)의 일어남이 본래 태왕(太王)으로부터 말미암았다는 내용의 시이다.

51 미나리아재비과에 속하는 월년초.

52 짐새의 깃을 담가 빚은 독주나 독약이다.

53 『국어(國語)』의 편명.

54 ?~B.C.651. 춘추(春秋) 때 여융(驪戎)의 여자이다. 나라가 진헌공(晉獻公)에게 망한 뒤 그의 보인이 되어, 태자(太子) 신생(申生)을 모살(謀殺)하고 자기 소생인 해제(奚齊)를 왕위에 앉혔으나 진의 대부 이극(里克) 등에게 살해되었다.

55 30~101. 자(字)는 경백(景伯). 후한(後漢)의 평릉(平陵) 사람으로 가의(賈誼)의 9대손이다. 저서에 『경전의고(經傳義詁)』·『논란(論難)』 등이 있다.

“‘근’은 ‘오두’이다”라 하였다. 『본초』를 살펴보면 “겨울에는 ‘부자’[56]를 캐고, 봄에는 ‘오두’를 캐니, 그 성질이 매우 뜨겁고 독이 있어서 먹을 수 없다”라 하였다. 그러므로 『국책』에서 “사람이 굶주려도 ‘오훼(부자)’를 먹지 않는다고 한 것은 비록 구차하게 배를 채우기는 하지만 같이 죽거나 같이 걱정하게 되기 때문이다”라 하였다. 먹는 것이 또한 불가능한데 어떻게 엿과 같다고 알았을까? 앞선 유학자 중에 ‘오두’라고 한 사람이 많은 것은 대개 「석초」에 또 “‘급(대왐풀)’은 ‘근’이다”라 한 것 때문이니 이것을 ‘근’이라 한 것은 잘못이다. 하물며 시를 쓴 사람이 “주의 벌판은 땅이 기름지도다”[57]라 한 것은 곧 ‘근’이나 ‘도’나 ‘고채(씀바귀)’가 서리를 맞으면 달고 무르게 되는데, 모두 엿처럼 단 것은 땅의 기운이 그렇게 만든 것뿐이라는 것이다. 만약 독이 있는 것으로써 땅의 좋음을 본다면 이치에는 맞지 않다.

毛傳 堇菜也. 內則 堇荁枌榆. 爾雅 齧苦堇. 郭璞註 今堇葵也. 葉似柳 子如米 汋食之滑. 說文 堇根如薺 葉如細柳 烝食之甘. 嚴粲詩緝 孔氏謂堇卽烏頭則與鴆毒相類 非荼菜可食之類矣. 荼雖苦得霜甜脆故可言如飴. 烏頭毒物不可食 何由知其如飴乎. 毛氏 以堇爲菜 不言毒物. 愚按 晉語 驪姬將譖申生寘鴆於酒 寘堇於肉. 賈逵云 堇烏頭也. 按本草冬采爲附子 春采爲烏頭 其性大熱 有毒不可食. 故國策云 人之饑所以不食烏[58]喙者 以其雖偷充腹而與死同患也. 食且不可 何知如飴. 而先儒多指爲烏頭者蓋因釋草又云 芨堇草故誤指此堇也. 况詩人言 周原膴膴 則堇荼苦菜得霜甜脆 皆甘如飴地氣使然耳. 如必以毒物見地之良於理未安.

56 ‘근’의 구근(球根)이다. 손발이 찬 데나 신경통 등에 쓰이는 극약(劇藥)이다.

57 『시경(詩經)』「대아(大雅)」〈면(綿)〉.

58 ‘오(烏)’의 오기인 것 같아 이에 따라 해석하였다.

筍(죽순) : 『시경(詩經)』 「대아(大雅)」 〈한혁(韓奕)〉[59]

『이아』에서 말하였다. '순(죽순)'은 '죽맹(죽순)'이다. 손염이 주에서 말하였다. '죽(대나무)'이 처음 싹을 틔운 것을 '순'이라 한다.
「석기」에서 말하였다. 나물을 '속(나물)'이라 한다. 형병이 소에서 말하였다. '순'은 나물 반찬으로 할 만하다. 『시경』에 "그 채소는 무엇인가? 죽순과 부들이었네"[60]라 하였으니, '속'은 곧 나물 반찬이다.
「천관」 〈혜인〉에서 말하였다. '순' 김치와 생선 젓갈이다.
육기가 『모시초목조수충어소』에서 말하였다. '순'은 모두 4월에 나는데, 오직 파 땅의 '죽순'만 8·9월에 난다. 처음 땅에서 나오면 길이가 몇 치인데, 삶아서 독한 술이나 메주의 즙에 그것을 담갔다가 술안주나 음식으로 할 수 있다.
『순보』에서 말하였다. '죽'은 처음에 씨를 뿌리면 뿌리가 땅 아래를 먹어 어미에게 구하는 듯하다. 뽑을 때가 되면 '순'이 땅 위를 덮어 아들을 사랑하는 듯하다. '순'은 대체로 청록색이다.

爾雅 筍竹萌. 孫炎註 竹初萌生謂之筍. 釋器 菜謂之蔌. 邢昺疏 筍可爲菜殽. 詩云 其蔌維何 維筍及蒲 蔌則菜殽也. 天官醢人 筍菹魚醢. 陸璣疏 筍皆四月生 惟巴竹筍八九月生. 始出地長數寸 鬻以苦酒豉汁浸之可以就酒及食. 筍譜 竹初種根食土而下乎母也. 及擢筍冒土而上 愛乎子也. 筍大約不過靑綠色.

---

59 앞장 '묘(貓)' 참조.
60 『시경(詩經)』 「대아(大雅)」 〈한혁(韓奕)〉.

荼(씀바귀) : 『시경(詩經)』「주송(周頌)」〈양사(良耜)〉[61]

『이아』에서 말하였다. '도(蒤, 감제풀)'는 잎이 늘어진 것이다.
형병이 소에서 말하였다. 잡초이다. 왕숙이 시를 설명하면서 "'도(씀바귀)'는 땅의 잡초이다"라 하였는데, 그렇다면 '도'란 것은 들과 밭에 무성히 나는 거친 풀이니, '고채(씀바귀)'가 아니다.
최표가 『고금주』에서 말하였다. '도'는 '료'이니, 자주색은 '도'이고 푸른색은 '료'이다.

爾雅 蒤委葉. 邢昺疏 穢草也 王肅說詩云 荼陸穢草 然則荼者原田蕪穢之草 非苦菜也. 崔豹古今注 荼蓼 紫色者荼也 青色者蓼也.

61 가을에 사직(社稷)에 보응하는 제사를 노래한 시이다.

蓼(여뀌) : 『시경(詩經)』「주송(周頌)」〈양사(良耜)〉[62]

『모전』에서 말하였다. '료(여뀌)'는 물에서 자라는 풀이다.
『이아』에서 말하였다. '장(여뀌)'은 '우료'이다.
곽박이 주에서 말하였다. '우료'는 '택료'[63]이다.
형병이 소에서 말하였다. 곧 '료'는 못에서 나는 것이다.
『정의』에서 말하였다. 왕숙은 "'도(씀바귀)'는 뭍에서 나는 잡초이고, '료'는 물에서 자라는 풀이다"라 하였다. 그렇다면 밭에는 벌판도 있고 진펄도 있으므로 물과 뭍, 잡초와 풀을 아우른 것이다.
『당본초』에서 말하였다. '수료'[64]는 낮고 습한 물가에서 사는데, 줄기는 붉은 색이다.
나는 이렇게 생각한다. '수료'의 잎은 크고 위에 검은 점이 있으며 꽃은 홍백색인데 열매는 검붉다. 대체로 '수홍'[65]과 같은 무리이다. 맛이 맵고 쓰기 때문에 〈소비〉[66]에서는 "내가 또 여뀌에 앉았노라"고 하였으니, 어려운 처지에 놓여 있다는 말이다. "씀바귀와 여뀌를 제거하도다"[67]의 '호(薅)'는 '호(茠)'로 쓰기도 한다. 『설문』에서는 "밭에서 풀을 뽑는다"고 하였으니, 음과

62 앞장 '도(荼)' 참조.
63 습한 곳에 사는 풀의 이름으로 '수료'의 별칭이다.
64 '료'과의 1년생 풀이다. 강이나 물가 등 물이 흐르는 곳에서 산다.
65 '료'의 한 종류로 물가에 살며 이삭 모양의 붉은 꽃을 핀다. 다른 이름으로 '대료'이다.
66 『시경(詩經)』「주송(周頌)」의 장명.
67 『시경(詩經)』「주송(周頌)」〈양사(良耜)〉.

뜻이 같다.

毛傳 蓼水草也. 爾雅 薔虞蓼. 郭璞註 虞蓼澤蓼. 邢昺疏 卽蓼之生水澤者也. 正義曰 王肅云 荼陸穢 蓼水草. 然則所由田有原有隰故並擧水陸穢草. 唐本草 水蓼生下隰水旁莖赤色. 愚按 水蓼葉大 上有黑點 華紅白 子赤黑. 大槩與水葒相類. 其味辛苦故小毖云予又集於蓼 言辛苦也. 以薅荼蓼 薅一作茠. 說文云 拔田草也 音義同.

茆(순채) : 『시경(詩經)』 「노송(魯頌)」 〈반수(泮水)〉[68]

『모전』에서 말하였다. '묘(순채)'는 '부규(순채)'이다. 육기가 『모시초목조수충어소』에서 말하였다. '묘'와 '행채(노랑어리연꽃)'는 서로 비슷한데, 잎의 크기가 손과 같고, 붉고 둥글며, 살진 것도 있는데 손안에 놓으면 미끄러져 멈출 수 없다. 줄기는 크기가 숟가락 자루와 같고, 잎은 날로 먹을 수 있으며, 또 죽으로 만들 수 있고, 미끄럽고 맛이 좋다. 강남 사람들은 '순채'라 부르고, 어떤 사람들은 '수규(순채)'라 부르는데, 늪이나 못의 물속에 모두 있다.

정소동이 말하였다. 강동 사람들은 '순채'라 이름하는 데 못 속에 산다.

나는 이렇게 생각한다. '묘'는 곧 '순채'이다. '순(순채)'은 물을 따르고 성질이 미끄럽기 때문에 또한 '순채(淳菜)'라고도 부르는데 오중 사람들이 즐겨 먹는다. 장한[69]은 "가을바람에 '순채'가 생각난다"고 했으니 곧 이것이다. 간보가 "지금의 '압록초'이다"라 했는데 이것은 아니다.

毛傳 茆鳧葵. 陸璣疏 茆與荇菜相似 葉大如手 赤圓 有肥者 著手中滑不得停. 莖大如匕柄 葉可以生食 又可鬻 滑美. 江南人謂之蓴菜 或謂之水葵 諸陂澤水中皆有. 鄭小同曰 江東人名之蓴菜 生陂澤中. 愚按 茆卽蓴菜. 蓴逐水而性滑故亦謂之淳菜吳中人喜食之. 張翰 思秋風蓴菜 卽此也. 若干寶云 今之鳧蘺草 非是.

---

68 앞장 '상(象)' 참조.

69 자(字)는 계응(季鷹). 진(晉)의 오군(吳郡) 사람으로 문장에 뛰어났다.

木上

桃(복숭아나무) : 『시경(詩經)』「주남(周南)」〈도요(桃夭)〉[1]

「월령」에서 말하였다. 중춘(仲春)에 '도(복숭아나무)'에 비로소 꽃이 핀다.
『한시외전』에서 말하였다. 봄에 '도'와 '리(오얏나무)'를 심고, 여름에 그 아래에서 나무 그늘을 얻으며, 가을에 그 열매를 얻어먹는다.
공영달이 『정의』에서 말하였다. 요요는 '도'가 어리다는 말이고, 작작은 꽃이 무성하다는 말이다. '도'가 어리기 때문에 꽃이 무성한 것이고 이로써 어린 여자의 용모가 아름다움을 비유하였다.
육전이 『비아』에서 말하였다. '도'는 무성한 꽃을 가지고 있는 것으로 그 성질은 꽃이 일찍 핀다. 또 중춘에 꽃이 피기 때문에 「주남」 편에서 여자의 나이가 때에 마땅하게 갖추어졌음을 흥(興)하였다.
주자가 『집전』에서 말하였다. '도'는 나무이름이다. 꽃이 붉고 열매는 먹을 수 있다. 요요는 어리고 좋은 모양이고, 작작은 꽃이 무성함이니 나무가 어리면 곧 꽃이 무성하다. '분'은 열매가 무성함이고, 진진은 잎이 무성함이다.
채원도가 『명물해』에서 말하였다. '도'는 모든 과일나무 보다 앞서 꽃이 피기 때문에 글자는 '조(兆)'자를 좇았다. 그 때는 곧 봄으로 볕이 알맞기 때문에 혼인하는 때라고 적는다.
나는 이렇게 생각한다. 『시경』에서 꽃을 먼저 말하고, 열매를 다음으로 하였으며, 잎을 다음으로 함은 어째서인가? 대개 시인의 말에는 지극히 순서

1 후비의 덕으로 남녀가 바루어지고 혼인을 제 때에 할 수 있었음을 읊은 시이다.

가 있으니 '도'는 중춘이 되어야 꽃이 먼저 무성하고, 꽃이 지면 곧 열매를 맺으며 잎은 무성하지 않다. 그 뒤에야 잎이 무성해지기 때문에 마지막에 잎을 말한 것이다.

月令 仲春之月桃始華. 韓詩外傳 春植桃李 夏得蔭其下 秋得食其實. 孔穎達正義 夭夭言桃之少 灼灼言華之盛. 由桃少故華盛 以喩女少而 色盛也. 陸佃埤雅 桃有華之盛者其性早華. 又華于仲春故周南以興女之年時俱當. 朱子集傳 桃木名. 華紅實可食 夭夭少好貌 灼灼華之盛也 木少則 華盛. 蕡實之盛也 蓁蓁葉之盛也. 蔡元度名物解 桃先百果而華故字从兆. 其時則春而陽中也 故以記婚姻之時. 愚按 詩先言華次實次葉何也 蓋詩人之語極有次第 桃當仲春時華先盛 華落則結實 葉尙未茂. 厥後其葉蓁蓁而盛故終言葉也.

楚(가시나무) : 『시경(詩經)』 「주남(周南)」 〈한광(漢廣)〉[2]

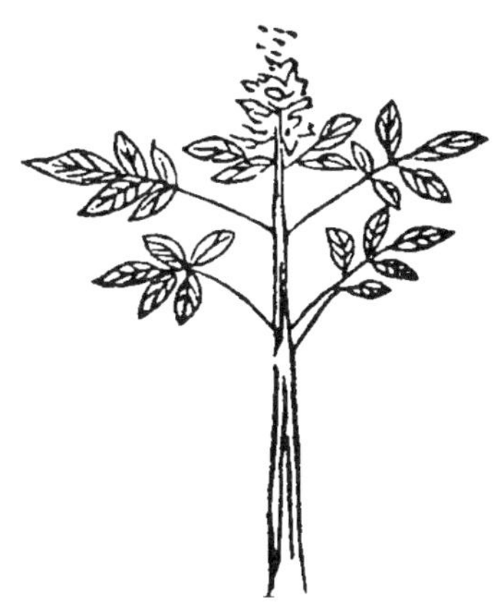

장읍이 『광아』에서 말하였다. '초(가시나무)'는 '형'이다.

『정의』에서 말하였다. '초'는 나무이름이다. 그러므로 「학기」[3] 주에 "'초'를 가지고 매를 만든다"고 하였고, 「왕풍」·「정풍」에 아울러 "묶어 놓은 가시나무도 흘려보내지 못하도다"라 하였으니 모두 이것이다.

『본초도경』에서 말하였다. '모형(마편초과의 낙엽관목)'이니 곧 채찍과 곤장을 만드는 것이다. 나뭇가지와 줄기의 굳세고 강함으로 등급을 매긴다. 덩굴로 자라지 않기 때문에 '모'라 한다. 잎은 '비마(아주까리)'와 같고, 꽃은 붉으며 이삭을 맺는다. 열매는 가늘고 누런색이며, '마(삼)' 씨와 같지만 크다.

나는 이렇게 생각한다. '초'라는 것은 초 땅에서 나는 것이니 다른 이름으로 '형'이다. 그러므로 또 부르기를 '형초'라 하니 또한 이로써 나무가 이름을 얻었다. '모'라는 것은 그 가지가 덩굴로 자라지 않는 것으로 '만형(순비기나무)'에 대하여 말한 것이지 열매가 없는 것을 '모'라 한 것은 아니다. 옛날에 '초'를 가지고 형장(刑杖)을 삼았기 때문에 '형(荊)'자는 '형(刑)'자를 좇는다. '초'는 곧 '형'이다. 「학기」에 "'하(개오동나무)'와 '초' 두 물건이다"라 하였는데 '초'가 곧 이것인가?

張揖廣雅 楚荊也. 正義 楚木名. 故學記注 以楚爲荊 王風鄭風並云 不流束楚 皆是也. 本

---

2 앞장 '루(蔞)' 참조.

3 『예기(禮記)』의 편명.

草圖經 牡荊卽作箠杖者. 枝莖堅勁作科. 不爲蔓生故曰牡. 葉如萆麻 花紅 作穗. 實細而黃 如麻子大. 愚按 楚者楚地所出 一名荊 故又號荊楚 亦以此木得名. 謂之牡者以其枝不蔓生 對蔓荊而言 非無實之謂牡也. 古者刑杖以荊故荊字从刑. 楚卽荊也. 學記夏楚二物 楚卽此乎.

甘棠(팥배나무) : 『시경(詩經)』「소남(召南)」〈감당(甘棠)〉[4]

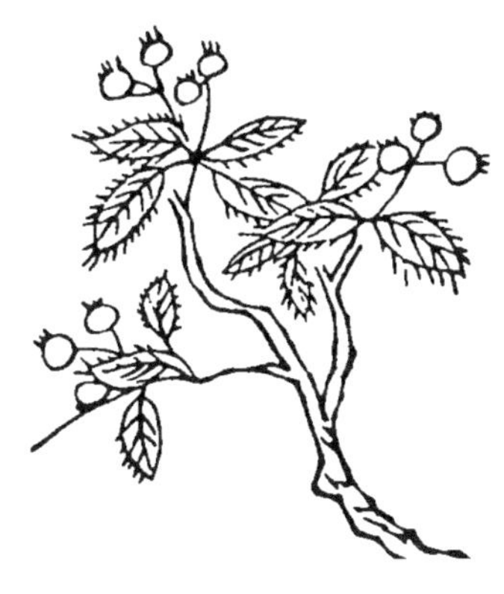

『이아』「석목」에서 말하였다. '두(팥배나무)'는 '감당(팥배나무)'이다.

곽박이 주에서 말하였다. 지금의 '두리(팥배나무)'이다.

『정의』에서 말하였다. 사인이 "붉은 '두'를 '적당'이라 이름하고, 흰 것은 또한 '당(팥배나무)'이라 이름한다"라 하였으니 곧 흰 것이 '당'이 되고, 붉은 것이 '두'가 된다. 〈체두〉[5] 『전』에서 "'두'는 '적당'이다"라고 하였다.

육기가 『시소』에서 말하였다. '적당'과 '백당'은 한가지일 뿐이다. 다만 열매의 붉거나 흼, 맛이 좋거나 나쁨이 있다. 열매가 흰색은 '백당'·'감당'이라 하니 조금 시고 윤기가 흐르며 맛이 좋다. '적당'의 열매는 떫고 시니 세속의 말로 "떫기가 '두'와 같다"라 한 것이 이것이다.

나는 이렇게 생각한다. 「석목」에 또 "'두'는 '적당'이고, 흰 것은 '당'이다"라 하였으니 곧 '당'에는 붉거나 흰 두 종류가 있다. '두'는 그 합한 이름이다. 흰 것이 '감당'이고, 붉은 것이 '두'이니 진실로 육기가 설명한 바와 같다. 곽박이 "'당'은 색이 다르고, 이름도 다르다"라고 말했는데 이것은 그 열매의 붉거나 흼이 있음을 따라 그것을 분별해서 말한 것이다. 나무는 '리(배나무)'와 같지만 작고, 잎은 세 가닥이 있으며, 가장자리에 톱니가 있다. 2월에 꽃이 피고, 열매를 맺는데 '소련자'와 같으며, 서리가 내린 뒤에 먹을 수 있으니 곧 모두 같다. "우뚝 선 팥배나무여"[6]에 자세히 보이니 이에 다시 그림을

---

4 소백(召伯)의 교화가 남쪽나라에 밝혀짐을 읊은 시이다.
5 『시경』「당풍(唐風)」의 장명.
6 『시경』「당풍(唐風)」〈체두(杕杜)〉.

넣어 설명하지 않는다.

爾雅釋木 杜甘棠. 郭璞註 今之杜梨. 正義 舍人曰 杜赤色名赤棠 白者亦名棠 然則白者爲棠 赤者爲杜. 杕杜傳曰 杜赤棠 是也. 陸璣詩疏 赤棠與白棠同耳. 但子有赤白 美惡. 子白色爲白棠甘棠也 少酢滑美. 赤棠子澀而酢 俗語云澀如杜 是也. 愚按 釋木又云 杜赤棠 白者棠 然則棠有赤白二種. 杜其統名也. 白者甘棠 赤者爲杜 誠如陸璣所說 郭璞云 棠色異 異其名 此因其子有赤白故 分別言之. 樹似梨而小 葉有三叉 邊如鋸齒. 二月開華 結實如小楝子 霜後可食則皆同也. 有杕之杜 詳見 于斯不復圖說.

梅(매화나무) : 『시경(詩經)』 「소남(召南)」 〈표유매(摽有梅)〉[7]

「하소정」에서 말하였다. 정월에 '매(매화나무)' · '행(살구나무)' · '이'[8] · '도(복숭아나무)'가 좋은 꽃을 피운다. 5월에 '매' 열매가 익어서 '두(콩)' 열매처럼 된다.

곽박이 말하였다. '매'는 '행'과 비슷하고, 열매는 시다.

『시의소』에서 말하였다. '매'는 '행'과 같은 따위이다. 나무와 잎은 모두 '행'과 같지만 검고, 익은 열매는 햇볕에 쬐어 말리면 '소(차조기)'처럼 된다.

가사협[9]이 말하였다. '매' 꽃은 이른 아침에 피는데 희며, '행' 꽃은 해질 무렵에 피는데 붉다. '매' 열매는 작고 시며, '행' 열매는 크고 달다. '매'는 음식으로 요리할 수 있으나, '행' 열매는 사용할 수 없다. 사람들이 간혹 구별할 수 없으면 '매'와 '행'은 같은 것이라 말한다.

나는 이렇게 생각한다. '매'는 과일나무 중에서 '도'와 '행'보다 먼저 꽃을 피우고, 열매를 맺음은 '행'과 같으나 맛은 시다. 오의 '매'는 크든 작든 '도' · '행'과 더불어 같은 따위이다. 「진풍」에서 "가래나무가 있고 매화나무가 있도다"[10]라 하였고, 육씨가 『모시초목조수충어소』에서 "나무는 '예장(녹나무)'과 비슷하고, 그 목재는 널과 배를 만들 만하다"고 하였으니 마땅히 한

---

7 문왕의 교화를 입어 남녀가 제 때에 혼인함을 읊은 시이다.

8 '백양목(白楊木)'과 비슷한 종류이다.

9 후위(後魏)의 사람. 벼슬은 고평태수(高平太守)를 지냈다. 저서에 『제민요술(齊民要術)』이 있다.

10 『시경(詩經)』 「진풍(秦風)」 〈종남(終南)〉.

종류로부터 구별해야 하니, 또한 '매'라 이름할 뿐이다. 〈종남〉 편에 함께 자세하다.

夏小正 正月梅杏杝桃則華. 五月煑梅爲豆實. 郭璞曰 梅似杏 實酢. 詩義疏 梅杏類也. 樹及葉皆如杏而黑 煑而曝乾爲蘇. 賈思勰曰 梅華早而白 杏花晩而紅. 梅實小而酸 杏實大而甜. 梅可調鼎 杏則不任用. 人或不能辨 言梅杏爲一物. 愚按 梅在果中 先桃杏而華 結實如杏而味酢. 吳中梅樹大小與桃杏相類. 秦風所云 有條有梅 陸疏謂 木似豫章 其材可爲棺舟 當別自一種 亦名梅耳. 互詳終南篇.

唐棣(산앵도나무) : 『시경(詩經)』 「소남(召南)」 〈하피농의(何彼穠矣)〉[11]

『모전』에서 말하였다. '당체(산앵도나무)'는 '이(산이스랏나무)'이다.

『정의』에서 말하였다. 사인이 "'당체'는 다른 이름으로 '이'라 한다"고 하였다. 곽박이 "지금의 '백이(흰산이스랏나무)'이니 '백양(황철나무)'과 비슷하고, 강동에서는 '부이(산이스랏나무)'라 부른다"고 하였다.

『비아』에서 말하였다. 평범한 나무의 꽃은 모두 먼저 교배하고 뒤에 피는데 오직 이것만 꽃이 먼저 피고 뒤에 교배한다. 시[12]에 "산앵도나무의 꽃이여! 그 번득여서 펄럭이도다"라 읊었다.

진장기가 『본초습유』에서 말하였다. '부이'는 나무로 강남의 산골짜기에서 난다. 나무 크기는 몇 십 둘레나 되고, 바람이 없어도 잎이 움직여서 꽃이 뒤집어진 뒤에 교배한다고 하였다.

최표가 『고금주』에서 말하였다. '이양'이니 잎은 둥글고, 꼭지[13]가 약하며, 작은 바람에도 크게 흔들린다. 다른 이름으로 '고비' · '독요' · '이류'이다.

라원이 『이아익』에서 말하였다. 잎은 바람이 없어도 스스로 움직이니 이는 '이양'이 맞고, '백양'은 아니다.

나는 이렇게 생각한다. 「석목」에서 "'당체'는 '이'이다"라 하였고, 또 "'상체(산앵도나무)'는 '체(산앵도나무)'이다"라 하였으니 대개 '이'는 곧 '백이'이다.

---

11 문왕(文王)의 손녀를 찬미한 시이다.

12 "산앵도나무의 꽃이여! 번득여서 펄럭이도다. 어찌 너를 생각하지 않으리오마는 집이 멀기 때문이니라(唐棣之華 偏其反而 豈不爾思 室是遠而)." 『논어』 「자한(子罕)」.

13 꽃이나 열매가 가지, 줄기 등과 서로 연결된 부분이다.

꽃이 핀 뒤에 교배하니 곧 〈하피농의〉의 '당체'와 일시의 "그 번득여서 펄럭이도다"의 '당체'가 이것이다. '상체'는 다른 이름으로 '백체(흰산앵도나무)'이며 열매는 '앵도(앵도나무)'와 같고, 먹을 수 있으니 「소아」에 "산앵도나무의 꽃이도다"[14]가 이것이다. 읽는 사람들이 '당체'와 뒤섞어 '상체'로 삼는 것은 잘못이고, 또 '상체'를 '당체(棠棣, 산앵도나무)'의 음으로 삼아 읽는 것도 또 잘못일 것이다.

毛傳 唐棣移也. 正義 舍人曰 唐棣一名移. 郭璞曰 今白移也 似白楊 江東呼夫移. 埤雅 凡木之華皆先合 而後開 惟此華先開 而後合. 詩曰 唐棣之華 偏其反而. 陳藏器本草拾遺 扶移木生江南山谷. 樹大十數圍 無風葉動花反後合. 崔豹古今注 移楊 圓葉 弱蒂 微風大摇. 一名高飛一名獨摇一名移柳. 羅願爾雅翼 葉無風自動 此是移楊 非白楊也. 愚按 釋木云 唐棣移 又云 常棣棣 蓋移卽白移. 花開後合 卽何彼穠兮之唐棣 與逸詩 偏其反而之唐棣 是也. 常棣一名白棣 子如櫻桃 可食 小雅 常棣之華 是也. 讀者混唐棣爲常棣者誤 且讀常棣爲棠棣音者 則又誤矣.

---

14 『시경(詩經)』「소아(小雅)」〈상체(常棣)〉.

李(오얏나무) : 『시경(詩經)』「소남(召南)」〈하피농의(何彼穠矣)〉[15]

『관자』[16]에서 말하였다. 다섯 기름진 흙에 그 나무는 '리(오얏나무)'가 마땅하다.[17]

『소문』[18]에서 말하였다. 동쪽의 나무이다.

유향이 『설원』에서 말하였다. '도(복숭아)'와 '리'라는 것은 여름에는 쉼을 얻고, 가을에는 그 열매를 얻는다.

『비아』에서 말하였다. '리'의 성질은 늙기 어려운데, 늙더라도 비록 가지는 시들어도 열매는 또한 가늘어지지 않는다. 그 품질은 '도' 위에 자리한다.

『이아익』에서 말하였다. '리'는 나무 가운데 열매가 많고, 꽃도 가장 많고 빽빽하다.

『이아』에서 말하였다. 세 종류가 있으니 '좌'[19]는 '접우리(오얏의 일종)'로 곧 지금의 '맥리'로 '맥(보리)'과 더불어 같이 익는 것이라 하였다. 과육이 두터워질 때 말리면 씨와 함께 서로 떨어진다. '박'[20]은 '적리'로 곧 '리'의 붉은 것이다. '휴'[21]인 '무실리'는 '리'의 열매가 많다면 훔쳐 먹었다는 의심이 있겠

---

15 앞장 '당체(唐棣)' 참조.

16 전국(戰國) 때 제(齊)의 관중(管仲)이 지었다고 전해지는 책이다. 부민(富民), 입법(立法) 등을 서술하고, 패도(覇道)정치를 역설하였다. 원래 86편이었으나 76편만 전해지며 총 24권이다.

17 『관자(管子)』「지원(地員)」.

18 중국에서 가장 오래된 것으로 추측되는 저자 미상의 의서(醫書)이다. 해부·생리·병리·진단·위생 등의 각 방면을 논술하였다. 원제는 『황제소문(黃帝素問)』이며 총 24권이다.

19 맥수(麥秀, 보리의 이삭이 팸)의 때에 열매가 익는 오얏나무를 지칭하며 또한 그 과일의 이름을 뜻하기도 한다.

20 가래나무와 느릅나무.

21 '휴'와 관련된 의미 가운데 나무이름과 관련된 뜻은 없다. 다만 이는 앞선 '오얏나무' 두 품종의 특징을 집약한 용어인 '좌'와 '박'이라는 명칭처럼, 열매가 없는 '오얏나무' 아래에서는 남에게

지만 열매가 없으니 곧 그 아래에서 쉴 수 있을 것이다.
『명물해』에서 말하였다. '리'는 순수하게 흰 꽃이지만, '도'나 '리' 같은 것은 붉거나 흰 것이 서로 섞이기도 한다. '도'와 '리'의 열매 맺음은 그 때를 함께 한다고 하였다.

管子 五沃之土其木宜李. 素問 東方木也. 劉向說苑 樹桃李者夏得休息 秋得其實焉. 埤雅 李性難老 老雖枝枯子亦不細. 其品處桃上. 雅翼 李木之多子者 花最繁密. 爾雅 有三種 座接虞李[22] 卽今之麥李與麥同熟者. 爲果肉厚而乾 與核相離. 駁赤李 則李之赤者. 休無實李李實繁 有竊食之嫌 無實則其下可休矣. 名物解 李以純白之華. 如桃李者紅白相間也. 桃李之成實其時偕也.

의심받을 이유가 없으므로 편히 쉴 수 있다는 의미에서 '休(쉬다)'라는 명칭을 사용한 듯하다.

22 『십삼경주소(十三經注疏)』에는 '痤椄慮李'로 나온다.

棘(가시나무) : 『시경(詩經)』「패풍(邶風)」〈개풍(凱風)〉[23]

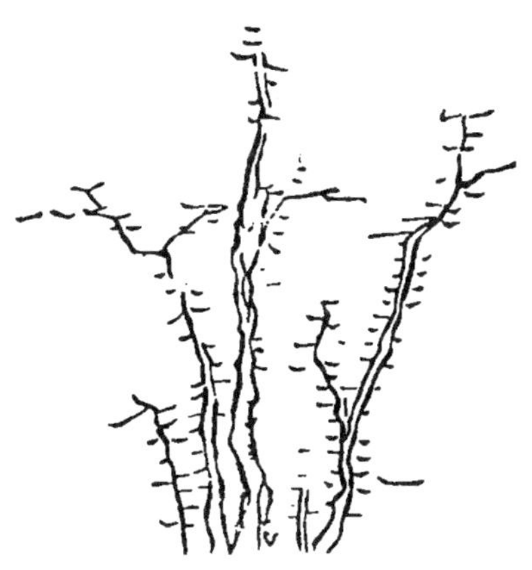

『모전』에서 말하였다. '극(가시나무)'은 자라기 어려운 것이다.

『집전』에서 말하였다. 작은 나무이니 떨기로 자라고, 가시가 많으며 자라기 어렵다.

양웅이 『방언』에서 말하였다. 모든 풀과 나무 중 사람을 찌르는 것을 북연과 조선의 사이에서는 '자'라 하고, 함곡관으로부터 동쪽에서는 '경(가시나무)'이라 하며, 함곡관으로부터 서쪽에서는 '자'라 하고, 양자강과 상강 사이에서는 '극'이라 한다.

나는 이렇게 생각한다. 『모전』에서 「위풍」 〈원유극〉 부분에 "'조(대추나무)'이다"라 하고, 〈개풍〉 부분에 '극'을 단지 "자라기 어렵다"고 말한 것은 '극'이 아니라 '조'이다. 주자가 "작은 나무이니 떨기로 자라고, 가시가 많다"라 한 것은 곧 '형극'의 '극'이 분명하니 저것과는 다르다. 1장에서는 '극심'[24]을 말하고, 2장에서는 '극신'[25]에 대해 말하였으니 이는 땔감으로 이바지할 수 있음을 말한 것으로 그것은 「위풍」에서 '극'의 열매가 있다는 것과는 같지 않다. 또, 옛사람들은 조정 자리에 '극'을 심었는데, 〈추관・조사〉에서 "외조의 법에 따르면 세 그루 '괴(홰나무)'를 얼굴로 향하게 하고, 왼쪽에 아홉 그루 '극'을 심고, 오른쪽에 아홉 그루 '극'을 심는다"[26]라 하였으니 이것이

---

23 효자를 찬미한 시이다. 위(衛)에 일곱 아들이 어머니께 효도를 다하여 어머니 마음을 평안케 한 내용을 읊고 있다.

24 아직 자라지 않은 '극'을 뜻한다.

25 땔감으로 쓸 수 있을 만큼 다 자란 '극'을 뜻한다.

26 『주례(周禮)』 〈추관(秋官)・조사(朝士)〉. 주(周) 때 조정의 뜰에 홰나무 세 그루를 심고 그 아래에는 삼공을, 가시나무 아홉 그루를 심은 자리에는 공경대부를 나누어 앉게 하였다.

다. 그 재목으로 화살을 만들 수 있다. 『전』에서 "'도(복숭아나무)' 활과 '극' 화살로 재앙을 막았다"라고 하였다. 또 수저를 만들 수 있는데, 〈대동〉에 "굽은 가시나무 수저로다"[27]라 하였다. 곧 조정의 자리에는 반드시 작은 나무를 심지 않았고, 화살과 수저를 만들었으며, 단지 땔나무로 쓰는 것에 그치지 않았으니 '형극'의 '극'과는 다르다. 육씨인 농사와 라씨인 단량은 이것이 '이(멧대추나무)'와 '극'이라고 아울러 지적했으나 옳지 않다.

毛傳 棘難長養者. 集傳 小木叢生 多刺 難長. 楊雄方言 凡草木刺人北燕朝鮮之間謂之茦 自關而東謂之梗 自關而西謂之刺 江湘之間謂之棘. 愚按 毛傳於魏風園有棘云 棗也 而于凱風之棘止言 難長養 不以棘爲棗者. 朱子云 小木 叢生 多刺 則明此荊棘之棘 與彼異也. 一章云棘心 二章曰棘薪 言止可供薪爨 其與魏風有實之棘不同. 又古者朝位植棘 秋官朝士 外朝之法 面三槐 左九棘 右九棘 是也. 取其材可以爲矢. 傳曰 桃弧棘矢以除其災. 又可爲匕 大東曰 有捄棘匕. 則朝位所植必非小木 爲矢爲匕 不止供薪 又與荊棘之棘異也. 而陸氏農師羅氏端良並指此爲樲棘者 非是.

27 『시경(詩經)』「소아(小雅)」〈대동(大東)〉.

榛(개암나무) : 『시경(詩經)』「패풍(邶風)」〈간혜(簡兮)〉[28]

『모전』에서 말하였다. '진(개암나무)'은 나무 이름이다.

『정의』에서 말하였다. 육기가 "'률(밤나무)' 따위로 그 열매는 작고 '서(상수리나무)'의 열매와 비슷하나 겉껍질은 검고 맛은 '률'과 같다"라 한 것이 이것이다. '진'자는 가끔 '진(蓁, 개암나무)'으로 쓰기도 하니 대체로 근본은 하나이다.

『주례』「변인」에서 말하였다. 익힌 음식을 담는 그릇에는 그 '진' 열매를 놓는다.

『명물해』에서 말하였다. '진'은 작은 나무이지만, 예식의 열매로 쓰기 때문에 귀한 것이다. "개암나무와 밤나무와 의나무와 오동나무와 가래나무와 옻나무를 심도다"[29]라 한 것은 예식의 열매가 있는 나무를 먼저 심고 그릇을 만드는 나무를 뒤에 심는다는 것이다.

나는 이렇게 생각한다. 허씨가 『설문』에서 "'진(亲)'은 열매가 작은 '률'과 같고, '진'은 나무이다"라 하였다. 대체로 옛 글자는 '진(亲)'과 '진'을 구별하였으나 오경[30]에서는 두루 '진'자로 썼다. 지금의 '진' 열매는 겉이 '서'와 비슷하지만 누렇고, 맛은 '률'과 같지만 그윽하니, 부인이 예를 잡는 것과 같다.

毛傳 榛木名. 正義陸璣曰 栗屬 其子小 似杼子 表皮黑 味如栗 是也. 榛字或作蓁 蓋一本也. 周禮籩人 饋食之籩 其實榛. 名物解 榛小木也 所以爲禮實 則貴矣. 植之榛栗椅桐梓漆 先禮實而後工器也. 愚按 許氏說文云 亲果實如小栗. 榛木也. 蓋古字分別亲同榛 五經遍作榛字. 今之榛實房似杼而黃 味如栗而杳 猶爲婦人摯禮.

---

28 앞장 '금(芩)' 참조.

29 『시경(詩經)』「용풍(鄘風)」〈정지방중(定之方中)〉.

30 『역경(易經)』·『시경(詩經)』·『서경(書經)』·『예기(禮記)』·『춘추(春秋)』를 가리킨다.

栗(밤나무) : 『시경(詩經)』「용풍(鄘風)」〈정지방중(定之方中)〉[31]

허신이 『설문』에서 말하였다. "'률(㮚, 밤나무)'은 '목(木)' 자를 따르고, 그 열매가 아래로 드리워지기 때문에 '조(卤)' 자를 좇았다"라 쓰여 있다.

『대대례』에서 말하였다. 8월에 '률(밤나무)'이 내린다. 내린다는 것은 떨어진다는 것이다. 내린 후에 그것을 얻기 때문에 벗겨진다고 말하지 않는다.

「내칙」에서 말하였다. '률'은 그것을 가려내고, '도(복숭아)'는 그것을 문질러 닦는다.

공씨가 소에서 말하였다. '률'은 벌레들이 좋아하는 음식인데, 여기저기 늘어놓고 그것을 살펴보며 가려낸다. '도'는 털이 많은데, 문질러 닦고 다듬어 색을 푸르게 하니, 쓸개같이 미끄럽다.

『좌전』에서 말하였다. 여자의 폐백은 '진(榛)'과 '률'에 지나지 않는다.

『비아』에서 말하였다. '률'은 맛이 짜고, 북쪽 지방의 열매 나무이다. 껍질에 도톨도톨하게 '위(고슴도치)' 털이 있어 스스로 감싸고, 가을에 익으면 갈라 터져 그 열매가 나오는데 폭발하는 것 같이 놀라서 펄쩍 뛰니, 『동관서』에 "'률'이 놀란다"라 한 것이다.

범처의가 『보전』에서 말하였다. '진(개암나무)'과 '률'은 열매 나무의 아름다운 것이니 제사 그릇의 과실로 갖출 수 있다. '의(의나무)'·'동(오동나무)'·'재

31 위(衛) 문공(文公)을 찬양한 시이다. 위(衛)가 오랑캐에게 멸망당하고 초구(楚丘)로 옮겼는데 그 나라가 때와 제도에 맞게 경영하여, 부유하게 되었기 때문이다.

(가래나무)'·'칠(옻나무)' 모두 나무의 재목이니 그릇을 만드는 데 쓸 수 있다.

許愼說文 作㮚从木 其實下垂 故从卤. 大戴禮 八月栗零. 零也者降也. 零而後取之故不言剝也. 內則 栗曰撰之 桃曰膽之. 孔疏 栗蠹好食 數數布陳 撰省視之. 桃多毛 拭治令色靑 滑如膽. 左傳 女摯[32]不過亲栗. 埤雅 栗味鹹 北方之果也. 有莍蝟自裹 秋熟罅發其實驚躍如爆 東觀書所謂 栗駭也. 范處義補傳 榛栗果之嘉者 可以備籩實. 椅桐梓漆皆木之材者 可以爲器用.

32 『좌전』 원문에는 '贄'로 되어 있어 이에 따라 해석하였다.

椅(의나무) : 『시경(詩經)』「용풍(鄘風)」〈정지방중(定之方中)〉[33]

『이아』에서 말하였다. '의(의나무)'는 '재(가래나무)'이다.

사인이 말하였다. '재'는 다른 이름으로 '의'이다.

곽박이 말하였다. 곧 '추(개오동나무)'이다.

『모전』에서 말하였다. '의'는 '재' 따위이다.

육기가 『모시초목조수충어소』에서 말하였다. '재'는 '추' 중에서 결이 성기고 흰색인데, 씨앗이 생기는 것은 '재'가 되고, '재' 열매에 '동(오동나무)' 껍질은 '의'라고 부르니 거의 같고 조금만 다르다.

나는 이렇게 생각한다. 선대의 유학자들은 대부분 '의'와 '재'를 하나의 사물이라고 하여 "'의'·'동'·'재'·'칠(옻나무)'"이라 하였는데, 이미 '의'라 말하고 '재'라 말하였으니, 이 두 나무에 의심이 없음을 밝힌 것이다. 육원각[34]의 분별함이 자세하다.

爾雅 椅梓. 舍人曰 梓一名椅. 郭璞曰 即楸. 毛傳 椅梓屬. 陸璣疏 梓者楸之疏理白色 而生子者爲梓 梓實桐皮曰椅 則大類同 而小別也. 愚按 先儒多指椅梓爲一物 然椅桐梓漆 旣言椅又言梓 明是二本無疑. 陸元恪辨之精也.

---

33 앞장 '률(栗)' 참조.

34 육기(陸璣).

桐(오동나무): 『시경(詩經)』 「용풍(鄘風)」 〈정지방중(定之方中)〉[35]

「우공」[36]에서 말하였다. '역양고동'[37]이다.
『이아』에서 말하였다. '영(오동나무)'은 '동목(오동나무)'이다.
엄찬이 『시집』에서 말하였다. 육기가 "'금슬(거문고와 비파)'을 만들기에 적합한 것이 '백동'이다"라 하였다. "의나무와 오동나무와 가래나무와 옻나무를 심도다"[38]의 '동'은 '백동'이고, "오동나무가 자라니"[39]의 '동'은 '청동'이다.
『비아』에서 말하였다. '동'은 곧 '백동'이니, 꽃을 피우나 열매가 없다. 『이아』에서 "'영'은 '동목'이다"라 한 것이 이것이다. 지금은 '화동'이라고도 부른다.
구종석이 『본초연의』에서 말하였다. '동'에는 네 종류가 있다. '백동'은 깎아서 거문고를 만들 수 있고 잎은 세 갈래로 나 있으며, 하얀 꽃을 피우는데 열매를 맺지 않는다. '임동'은 이른 봄에 먼저 담홍색 꽃을 피우는데 씨앗으로 '동유'[40]를 만든다. '오동'은 4월에 담황색 작은 꽃이 피는데 '조'의 꽃과 같다. 가지 끝에 난 털이 땅에 떨어지면 기름이 생긴다. 5・6월에는 '동'의 씨앗이 맺히는데, 지금 사람들이 그것을 얻어 볶으면 좋은 맛이 난다. 이것을 「월령」[41]에서는 "맑은 날에 '동'이 비로소 꽃을 피운다"라 한 것

---

35 앞장 '률(栗)' 참조.
36 『서경(書經)』의 편명.
37 역산(嶧山)의 남쪽에 자라는 한 그루의 큰 오동나무. 거문고를 만드는 데 좋은 재료로 쓴다.
38 『시경(詩經)』 「용풍(鄘風)」 〈정지방중(定之方中)〉.
39 『시경(詩經)』 「대아(大雅)」 〈권아(卷阿)〉.
40 오동나무의 씨로 짠 기름. 도료(塗料) 따위를 만드는 데 쓴다.

이다. 강동은 꽃을 피우지 않고 거문고를 만들기에도 적합하지 않으며 몸체가 무겁다.

『아익』에서 말하였다. 씨앗은 기름을 만들 수 있으니, 곧 『시경』에서 "오동나무와 가래나무여, 그 열매가 주렁주렁 달려있도다"[42]라 하였다.

『둔갑경』[43]의 주에서 말하였다. '동'은 해와 달의 '정윤'[44]을 알아서 1년에 열두 개 잎이 생기며 항상 한쪽마다 여섯 개 잎이 있다. 아래쪽으로 세어 내려가면 한 개의 잎이 한 달이 되고, 윤달에는 열세 개 잎이 생긴다. 잎이 작게 남아 있는 것을 보고 윤년의 어느 달인지를 알 수 있다. 입추(立秋)에는 한 개 잎이 먼저 떨어진다.

禺貢 嶧陽孤桐. 爾雅 榮桐木. 嚴粲詩集 陸璣曰 中琴瑟者白桐也. 椅桐梓漆之桐爲白桐. 梧桐生矣之桐爲靑桐. 埤雅 桐卽白桐 華而不實. 爾雅云 榮桐木 是也. 今亦謂之華桐. 寇宗奭本草衍義 桐有四種. 白桐可斲琴者 葉三杈 開白華 不結子. 荏桐早春先開淡紅花 子作桐油. 梧桐四月開淡黃小花 一如棗花. 枝頭出絲墮地成油. 五六月結桐子 今人取炒爲果. 此是月令 淸明之日桐始華者. 崗桐無花 不中作琴 體重也. 雅翼 子可作油者 卽詩 其桐其椅 其實離離者也. 遁甲經註 桐知日月正閏 歲生十二葉 每邊六葉. 從下數一葉 爲一月 有閏則十三葉 視葉小處 則知閏某月. 立秋之日一葉先墜.

---

41 『예기(禮記)』의 편명.

42 『시경(詩經)』「소아(小雅)」〈잠로(湛露)〉.

43 당대(唐代) 호건(胡乾) 찬(撰). 책의 이름만 전해진다.

44 평년(平年)과 윤년(閏年). 윤달이 없는 해와 윤달이 있는 해이다.

梓(가래나무) : 『시경(詩經)』 「용풍(鄘風)」 〈정지방중(定之方中)〉[45]

육기가 『모시초목조수충어소』에서 말하였다. '추(개오동나무)' 중에 결이 성기고, 흰색이며, 씨를 맺는 것을 '재(가래나무)'라고 한다.
정초가 『통지』에서 말하였다. '재'와 '추'는 서로 비슷하다.
라원이 말하였다. '재'는 온갖 나무들 중에 으뜸이기 때문에 옛 사람들이 기구를 만드는 장인을 '재인'[46]이라 이름하였다. 『관자』에서 "다섯 가지 기름진 땅에는 흰 '재'가 마땅하다"라고 하였다. 초 땅에도 이 나무가 많은데, 좁고 가는 것이 젓가락과 같고, 길이는 겨우 한 자 정도 되며, 겨울이 지난 뒤에 잎이 떨어지고, 콩꼬투리와 비슷한 것이 나무에 많이 있다.
육농사가 말하였다. '재'는 온갖 나무들 중에 으뜸이기 때문에 '재'를 나무의 왕이라 부른다.
『고금주』에서 말하였다. '극(멧대추나무)'의 열매를 '조(대추)'라 하고, '재'의 열매를 '예장'이라 한다.

陸璣疏 楸之疏理 白色 而生子者曰梓. 鄭樵通志 梓與楸相似. 羅願曰 梓爲百木長 故古者名制器之工爲梓人. 管子云 五沃之土宜白梓. 楚地又多此木 筴細如箸 其長僅尺 冬後葉落 而莢猶在樹緫緫然. 陸農師曰 梓爲百木長 故呼梓爲木王. 古今注 棘實爲棗 梓實爲豫章.

---

45 앞장 '률(栗)' 참조.
46 고대의 목공(木工)으로 순거(筍虡)·술잔·과녁 등을 전문으로 만들었다.

漆(옻나무) : 『시경(詩經)』 「용풍(鄘風)」 〈정지방중(定之方中)〉[47]

육덕명이 『설문』을 보고 말하였다. '칠(옻나무)'은 나무 이름이다.
『설문』에서 말하였다. '칠(桼, 옻나무)'은 나무 즙으로 물건을 칠할 수 있다. '칠(桼)'이 물처럼 아래로 흐르는 모양을 본떴다.
『장자』에서 말하였다. '칠'은 쓸 수 있기 때문에 그것을 벤다.
『고금주』에서 말하였다. '칠' 나무는 단단한 도끼로 찍어 그 껍질을 열고, '죽(대나무)' 대롱을 그곳에 이으면, 즙이 대롱 가운데로 방울져 떨어지니 곧 '칠'이 만들어진다.
소송이 말하였다. 나무의 높이는 두 세 장이고, 껍질은 희며, 나무 고갱이는 노랗다. 잎은 '춘(참죽나무)'같고, 꽃은 '괴(홰나무)'와 비슷하며, 열매는 '우리(갈매나무)'같다. 6・7월에 '죽' 대롱을 나무 속에 찔러 넣어서 그것을 얻는다.

陸德明說文 漆木名. 說文 桼木汁可以鬃物. 象形 桼如水滴而下. 莊子 漆可用 故割之. 古今注 漆樹以剛斧斫其皮開 以竹管承之 汁滴管中 卽成漆也. 蘇頌曰 樹高二三丈 皮白木心黃. 葉如椿 花似槐 子如牛李. 六七月以竹筒針入木中取之.

47 앞장 '률(栗)' 참조.

(뽕나무) : 『시경(詩經)』「용풍(鄘風)」〈정지방중(定之方中)〉[48]

『이아』에서 말하였다. '상(뽕나무)'과 '류(버들)' 무리는 가지가 늘어진다.
형병이 소에서 말하였다. '상'과 '류' 따위는 모두 부드럽고 아름답게 가지가 늘어진다.
『청사자』에서 말하였다. '상'은 가운데에 있는 나무이다.
채변이 말하였다. 연 땅에는 '상'이 마땅한데, 복강[49] 언저리의 '상' 숲 사이와 같으면 위험할 수 있다.
류근이 말하였다. 초의 언덕은 기하의 동쪽에 있고, 연주의 경계에 있으니, 문공이 보는 곳과 말하는 곳이 '상'을 심기에 적당한 땅인가.

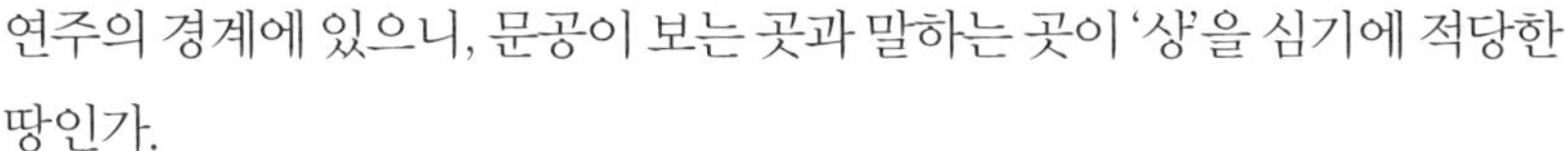

왕반이 『농서』에서 말하였다. '노상'[50]은 큰 '잠(누에)'을 먹이고, '형상'은 작은 '잠'을 먹인다.
나는 이렇게 생각한다. "내려와 뽕나무를 보도다"[51]라 하였으니 그 땅의 마땅함을 살핀 것이다. 〈칠월〉에 "이에 부드러운 뽕나무를 구하노라"[52]라고 한 것은 어린 '상'이고, "누에치는 달에 뽕나무의 가지를 치도다"[53]라고 한 것은 가지가 떨어지면 그 잎을 캐는 것이며, "저 어린 뽕나무는 잎만 취하노라"[54]라고 한 것은 싹이 돋은 '상'이다. 풀과 나무가 처음 나는 것을 '제'라

---

48 앞장 '률(栗)' 참조.
49 산동성(山東省)과 하남성(河南省)의 두 곳에 있었던 옛 강 이름이다.
50 '상'의 일종이다. '노상'은 오디가 적고, 잎은 둥글며 두껍다. 『농서(農書)』「패편(稗編)」에 "荊桑多葚 魯桑少葚"이라 되어 있다.
51 『시경(詩經)』「용풍(鄘風)」〈정지방중(定之方中)〉.
52 『시경(詩經)』「빈풍(豳風)」〈칠월(七月)〉 2장.
53 『시경(詩經)』「빈풍(豳風)」〈칠월(七月)〉 3장.
54 『시경(詩經)』「빈풍(豳風)」〈칠월(七月)〉 2장.

고 하는데, '여상'은 가지가 적고, 길게 늘어지지만 가지가 떨어지지 않는 것이니, 모아서 그것을 취한다. '상'의 열매를 '심(오디)'이라고 하는데, '형상'은 '심'이 많고, '노상'은 '심'이 적으며, 또 검은색과 흰색 두 종류가 있고, 〈반수〉[55]라는 시에서 '심(黮, 오디)'이라고 하였는데 같은 것이다.

爾雅 桑柳醜條. 邢昺疏 桑柳之類皆阿那垂條. 靑史子 桑中央之木. 蔡卞曰 兖地宜桑 如桑間濮上可驗也. 劉瑾曰 楚邱在冀河之東 兖州之境則 文公所觀所說其桑土之野乎. 王盤農書 魯桑飼大蠶 荊桑飼小蠶. 愚按 降觀于桑 察其土宜也. 七月云 爰求柔桑者 穉桑也 云 蠶月條桑者 枝落之其葉也 云 猗彼女桑者荑桑也. 草木初生謂荑 女桑少枝 長條不枝落者 束而之也. 桑實爲葚 荊桑多椹 魯桑少椹 又有白黑二種 泮水詩作黮 並同.

55 『시경(詩經)』「노송(魯頌)」〈반수(泮水)〉.

檜(전나무) : 『시경(詩經)』「위풍(衛風)」〈죽간(竹竿)〉[56]

『모전』에서 말하였다. '회(전나무)'는 '백(측백나무)'의 잎에 '송(소나무)'의 몸이다.
『집전』에서 말하였다. 나무의 이름이니, '백'과 비슷하다.[57]
『모시정의』에서 말하였다. 『서경』에 "괄(전나무)"이라는 글자로 쓰여 있다.
「우공」[58]에 "'춘(참죽나무)' 줄기와 '괄'과 '백'이다"라 하였고, 『주』[59]에 "'백'의 잎에 '송'의 몸을 '괄'이라 한다"고 하였으니 이것과 더불어 한가지이다.
『아익』에서 말하였다. '회'는 다른 이름으로 '괄'이다. 성질이 추위를 잘 견디고 목재가 커서 배와 노, 널을 만들 수 있다. 『좌전』에서는 널의 사면과 윗면에 장식이 있다[60]고 하였고, "기수에 전나무로 만든 노와 소나무로 만든 배로다"[61]라 하였다. 지금 사람들은 또한 '원백'이라 부르는데, '측백'과 구별하기 위함이다.

毛傳 檜柏葉松身. 集傳 木名似柏. 正義 書作 栝字 禹貢云 杶榦栝柏 註云 柏葉松身曰栝與此一也. 雅翼 檜一名栝 性耐寒 其材大 可爲舟楫及棺. 左傳 稱棺有翰檜 而淇水檜楫松舟也. 今人亦謂之圓柏 以別於側柏.

---

56 위(衛) 여인이 귀령(歸寧)할 것을 생각한 시이다.
57 『시경(詩經)』「위풍(衛風)」〈죽간(竹竿)〉 주자주(朱子註).
58 『서경(書經)』의 편명.
59 채침(蔡沈)의 『서경집주(書經集註)』.
60 『좌전(左傳)』「성공 2년(成公二年)」.
61 『시경(詩經)』「위풍(衛風)」〈죽간(竹竿)〉.

松(소나무) : 『시경(詩經)』 「위풍(衛風)」 〈죽간(竹竿)〉[62]

『장자』에서 말하였다. 차가운 기운이 이미 이르렀고, 서리와 눈이 이미 내렸어도 나는 '송(소나무)'과 '백(측백나무)'의 무성함을 안다.

『예기』에서 말하였다. '송'과 '백'은 굳은 심지가 있으니, 사계절 내내 가지를 고치거나 잎을 바꾸지 않는다.

왕안석이 『자설』에서 말하였다. '송'은 온갖 나무의 으뜸이니 공의 지위와 같아 '공(公)'자를 따른 것이다.

『사기』 「귀책전」에서 말하였다. 천 년 된 '송'은 위에 '토사(새삼)'가 있고 아래에 '복령'[63]이 있다.

나는 이렇게 생각한다. 『화목고』에 "'송'은 두 종류가 있는데 오직 '오엽(잣나무)'이라는 것만이 씨를 맺는다"라 하였다.

莊子 天寒旣至 霜雪旣降 吾是以知松柏之茂. 禮記 松柏之有心也 貫四時不改柯易葉. 王安石字說 松百木之長 猶公 故字从公. 史記龜筴傳 千歲之松上有兎絲 下有茯苓. 愚按 花木考云 松有二種 惟五葉者結子.

---

62 앞장 '회(檜)' 참조.

63 소나무를 자른 뒤 5·6년이 지나서 흙 속에 있는 솔뿌리에 생기는 버섯의 일종이다. 백복령과 적복령이 있으며 진정제·이뇨제 등의 약제로 쓰인다.

木瓜(모과) : 『시경(詩經)』「위풍(衛風)」〈목과(木瓜)〉[64]

『이아』에서 말하였다. '무(모과나무)'는 '목과(모과)'이다.

곽박이 말하였다. 열매는 작은 '과(오이)'와 같고, 시지만 먹을 수 있다.

『모전』에서 말하였다. '목과'는 '무' 나무이니, 먹을 수 있는 나무이다.

『정의』에서 말하였다. 아래의 '목도(아가위)'와 '목리'[65]는 모두 먹을 수 있는 나무인데, 곧 이 '목과' 또한 맛이 좋은 나무여서 먹을 수 있다.

『비아』에서 말하였다. 강좌[66]의 늙은이가 그 열매를 보았는데, 작은 '과'와 같으나 꼭지가 있고, 과즙이 많으며, 나무가 아닌 것을 '목과'라 이른다. 둥글지만 '목과'보다 작고, 먹으면 시고 떫으며 나무인 것을 '목도'라 이른다. '목리'는 크기가 '목도'와 같고, '목과'와 비슷하지만 꼭지가 없으며, 그 품질은 또한 작다.

나는 이렇게 생각한다. 육농사가 말한 바와 같이 '목도'와 '목리'는 '목과'와 비슷하니 곧 '도(복숭아)'와 '리(오얏나무)'이다. 공중달[67]이 말한 바와 같이 곧 '도'와 '리'이다. 그러므로 『모전』에 '목과'는 주가 있는데, '목도'와 '목리'는 글이 없다. 『이아』를 살펴보면 또한 나누어 풀이한 것이 없다. 어떤 사람은 "'도'에는 '양도'[68]가 있고, '리'에는 '작리(산이스랏나무)'가 있는데, 이는 모

---

64 제(齊) 환공(桓公)을 찬미한 시이다.

65 모과와 비슷하나 그보다 큰 과일 이름이다.

66 양자강(揚子江)의 동쪽 지방으로, 지금의 강소성(江蘇省)이다.

67 공영달(孔穎達).

두 가지이거나 덩굴이기 때문에 나무를 말하여 그것들을 구별하였다"라 하였다. 그러면 비록 나무를 말하였어도 곧 '도'와 '리'이다. '목과'와 같이 한 가지로 정하였는데, 선주[69]의 것을 뛰어나게 여겨, 고을의 사람들이 조정에 바치는 토산물로 갖추었다. 또 한 가지는 '명로목'인데, 꽃과 열매가 '목과'와 매우 비슷하다. 그것을 구별하고자 하면, 꼭지 사이에 거듭하여 젖 모양과 같은 꼭지가 따로 있는 것이 보이니, 이것이 '목과'이다.

爾雅 楙木瓜. 郭璞云 實如小瓜酢可食. 毛傳 木瓜楙木也 可食之木. 正義 以下木桃木李皆可食之木 則此木瓜亦美木可食. 埤雅 江左故老視其實 如小瓜而有鼻 食之津潤 不木者謂之木瓜. 圓而小於木瓜 食之酸澀而木者謂之木桃. 木李大如木桃 似木瓜而無鼻 其品又小. 愚按 如陸農師所說木桃木李類於木瓜 而非卽桃李. 如孔仲達所說 卽是桃李. 故毛傳木瓜有注 而木桃木李無文. 考諸爾雅 亦無分釋. 或云 桃有羊桃 李有雀李 此皆枝蔓也 故言木以別之. 然則雖言木 而卽桃李也. 若木瓜定是一種 以宣州者爲良 州人以充土貢. 又一種榠樝木 花實酷類木瓜. 欲辨之 看蒂間別有重蒂如乳者 是木瓜也.

68 꽃과 열매가 모두 복숭아나무 비슷하며 열매는 맛이 달다.
69 수(隋) 때에 안휘성(安徽省) 동남부에 둔 행정 구역이다.

蒲(향포) : 『시경(詩經)』「왕풍(王風)」〈양지수(揚之水)〉[70]

정강성이 『전』에서 말하였다. '포(향포)'는 '포류(갯버들)'이다.
육기가 『모시초목조수충어소』에서 말하였다. '포류'는 두 종류가 있는데, 껍질이 매우 푸른 것은 '소양'이라 하고, 붉은 것은 '대양'이라고 한다. 그 잎은 모두 '류' 잎보다 길고 넓으며, 모두 화살대를 만들 수 있다.
『고금주』에서 말하였다. '포류'는 물가에서 나며, 잎은 푸른 '양(버들)'과 비슷하여 다른 이름으로 '포양(포류)'이라고 한다. 가지 줄기는 가늘어서 화살로 쓴다.
나는 이렇게 생각한다. 여러 설과 『본초』에서 모두 '수양(갯버들)'을 가리켰고 『모전』에서 "'포'는 풀이다"라고 하였다. 『설문』에서 "자리를 만들 수 있다"고 하였고, 『정의』에서는 "앞 장에서는 '신(섶)'을 말하였고, 아래 장에서는 '포'와 '초(가시나무)'를 말하였는데, '포'와 '초'는 '신'과 비슷한 나무 이름으로 풀이 될 수 없으므로 『역전』에서 '포'로써 '류'를 삼은 것이다"라 하였다. 손육[71]이 "『전』에 긴 것으로 뜻을 삼았다"라 하였으니 그렇다면 정씨의 『전』이 이것이다. 허씨가 자리를 만들 수 있다고 한 것은 〈택피〉[72]의 '포'이니, 지금의 풀의 종류로 들어가 있는 것은 이 '포류'가 아니다.

鄭康成箋 蒲蒲柳. 陸璣疏 蒲柳有兩種 皮正青者曰小楊 紅者曰大楊. 其葉皆長廣於柳

---

70 주(周) 사람들이 평왕(平王)을 풍자한 시이다.
71 진(晋) 사람으로 『모시이동평(毛詩異同評)』을 지었다. 현재 이 책은 전해지지 않는다.
72 『시경(詩經)』「진풍(陳風)」의 장명.

葉皆可爲箭幹. 古今注 蒲柳生水邊 葉似青楊 一名蒲楊. 枝勁細任矢用. 愚按 諸說及本草並指水楊 而毛傳云 蒲艸也. 說文云 可以作席 正義曰 以首章言薪 下言蒲楚 則蒲楚似薪之木名不宜爲草 故易傳以蒲爲柳. 孫毓云 箋義爲長 然則鄭箋 是也. 許氏云可爲席者 乃澤陂之蒲 今入草類非此蒲柳也.

杞(구기자나무) : 『시경(詩經)』「정풍(鄭風)」〈장중자(將仲子)〉[73]

『이아』에서 말하였다. '모(버들)'는 '택류(버들)'이다.

『통지』에서 말하였다. '기류(고리버들)'는 또한 '택류'라고도 하며, 잔으로 만들 수 있는 것이다.

육기가 『모시초목조수충어소』에서 말하였다. '기(구기자나무)'는 '류(버들)'의 따위이다. 물가에서 나고 나무는 '류'와 같으며, 잎은 거칠고 희며, 나뭇결의 색은 조금 붉다. 그 재목은 굳고 질기기 때문에 지금 사람들이 거곡[74]을 만든다.

『도경』에서 말하였다. 지금 사람들은 그 가는 가지를 얻어 두루 태워서 부드럽고 질기며 굽어지게 해서 상협[75]을 만든다. 고자가 "'기류'로 그릇을 만든다"[76]고 한 것이 이것이다.

왕응린이 『옥해』에서 말하였다. '기'에는 세 가지가 있으니, "내가 심은 구기자나무를 꺾지 말라"[77]는 '류'의 따위이고, "남산에 구기자나무가 있도다"[78]와 "저 구기자나무와 멧대추나무가 있도다"[79]는 '배기'이며, "구기자나무에 모이도다"[80]와 "그 구기자를 따도다",[81] "습한 곳에 구기자나무와

73 어머니의 편애를 이겨내지 못하고 아우를 해친 장공(莊公)을 풍자한 시이다.
74 수레바퀴의 굴대를 끼우는 부분. 또는 수레바퀴.
75 대오리로 엮어 만든 직사각형의 상자.
76 『맹자(孟子)』「고자(告子)」.
77 『시경(詩經)』「정풍(鄭風)」〈장중자(將仲子)〉.
78 『시경(詩經)』「소아(小雅)」〈남산유대(南山有臺)〉.
79 『시경(詩經)』「소아(小雅)」〈담로(湛露)〉.
80 『시경(詩經)』「소아(小雅)」〈사모(四牡)〉.
81 『시경(詩經)』「소아(小雅)」〈체두(杕杜)〉, 『시경(詩經)』「소아(小雅)」〈북산(北山)〉.

멧대추나무가 있도다”[82]는 ‘구계’이다.

爾雅 旄澤柳. 通志 杞柳亦曰澤柳 可爲桮棬者. 陸璣疏 杞柳屬也. 生水旁 樹如柳 葉麤而白色理微赤 其材堅韌 故今人以爲車轂. 圖經 今人取其細條 炎逼令柔韌 屈作箱篋. 告子謂 杞柳爲桮棬 是也. 王應麟玉海 杞有三 無折我樹杞 柳屬也 南山有杞 在彼杞棘 梓杞也 集於苞杞 言采其杞 隰有杞桋 枸檵也.

82 『시경(詩經)』「소아(小雅)」〈사월(四月)〉.

檀(참빗살나무) : 『시경(詩經)』「정풍(鄭風)」〈장중자(將仲子)〉[83]

『모전』에서 말하였다. '단(참빗살나무)'은 강하고 질긴 나무이다.
육기가 『모시초목조수충어소』에서 말하였다. '단'의 껍질은 매우 푸르고 미끄러우며 윤이 나는데, '계미(가막살나무)'와 서로 비슷하며 또한 '박마'와 비슷하다. '박마'는 '재(가래나무)'와 '유(느릅나무)'이다. 따라서 속담에 "'단'을 베었으나 잘 살피지 못해서 '계미'를 얻었으니, '계미'가 오히려 '박마'를 얻음보다 낫다"고 하였다. '계미'는 다른 이름으로 '설혜'이다. 그래서 제의 사람들이 "산에 올라가 '단'을 베려면 '설혜'를 먼저 없애라"라고 말하는 것이다.
왕충이 『논형』에서 말하였다. '단'을 심으면 5월에 잎이 나고 돌아오는 봄이면 나무에 꽃이 피는데, 재목이 매우 강해서 수레의 굴대로 쓴다.
『당본초』에서 말하였다. 다른 종류인 '자진단'은 곤륜[84]과 반반국에서 나온다. 비록 중국에서는 나지 않지만, 사람들이 두루 가지고 있다.
소송이 말하였다. 황색・백색・자색 세 종류가 있는데, 오늘날 사람들이 많이 쓴다.

毛傳 檀彊韌之木. 陸璣疏 檀木皮 正靑 滑澤 與繫迷相似 又似駮馬. 駮馬梓楡. 故里語曰 斫檀 不諦 得繫迷 繫迷尙可得駮馬. 繫迷一名挈榼. 故齊人諺曰 上山斫檀 挈榼先殫. 王

83 앞장 '기(杞)' 참조.
84 신화에서 서왕모(西王母)가 살며 아름다운 옥(玉)이 산출된다고 하는 영산(靈山)이다.

充論衡 樹檀以五月生葉 後彼春榮之木 其材彊勁 車以爲軸. 唐本草 一種紫眞檀出崑崙盤盤國. 雖不生中華 人間遍有之. 蘇頌曰 有黃白紫三種 今人多用之.

舜(무궁화) : 『시경(詩經)』「정풍(鄭風)」〈유녀동거(有女同車)〉[85]

「월령」에서 말하였다. 중하(中夏)에 '목근(무궁화)'의 꽃이 핀다.
『이아』에서 말하였다. '가(유자나무)'는 '목근(무궁화)'이고, '츤(무궁화)'도 '목근'이다.
곽박이 주에서 말하였다. 두 이름으로 구별한다.
육기가 『모시초목조수충어소』에서 말하였다. '순(무궁화)'은 다른 이름으로 '목근'이고, 다른 이름으로 '츤'이며, 다른 이름으로 '가'이다. 제와 노 사이에서는 '왕증'이라 이르니, 지금 아침에 나서 저녁에 지는 것이 이것이다.
『아익』에서 말하였다. 『포박자』에 "'목근'은 중하에 음기에 응하여 자라는데, 그 꽃이 아침에 피고 저녁에 지니, 장생[86]은 '조균(무궁화)'이라 여겼다"고 하였다.
『연의』에서 말하였다. 작은 '규(아욱)'와 같고, 꽃은 연붉은색이며, 다섯 잎이 하나의 꽃을 이루는데, 호남성과 호북성의 마을에서는 많은 씨를 심어 울타리를 만든다.

月令 仲夏木菫榮. 爾雅 椵木槿 櫬木槿. 郭璞註 別二名. 陸璣疏 舜一名木槿 一名櫬 一名椵. 齊魯之間謂之王蒸 今朝生暮落者 是也. 雅翼 抱朴子曰 木槿仲夏應陰 而生 其花朝開暮落 莊生 以爲朝菌. 衍義 如小葵 花淡紅色 五葉成一花 湖南北人家多種植爲籬障.

85 태자(太子)인 홀(忽)이 제(齊)의 임금 딸과 혼인하지 않는 것을 정(鄭) 사람들이 풍자한 시이다.
86 장자(莊子).

柳(버들) : 『시경(詩經)』 「제풍(齊風)」 〈동방미명(東方未明)〉[87]

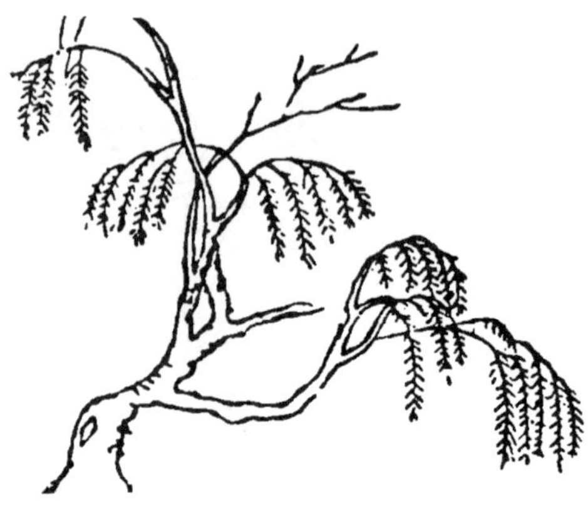

『모전』에서 말하였다. '류(버들)'는 부드럽고 무른 나무이다.

『설문』에서 말하였다. 작은 '양(버들)'이다. 본래 '류(桺)'자로 지었으니 부수는 '목(木)'이고 음은 '유(丣)'이다.

『집전』에서 말하였다. '양'은 아래로 드리운 것으로, 부드럽고 무른 나무이다.

『비아』에서 말하였다. '류'는 쉽게 자라는 나무이고, '양'과 같은 따위이니, 세로나 가로 또는 거꾸로 심어도 모두 산다.

『당본초』 주에서 말하였다. '류'와 '수양(갯버들)' 모두 서로 비슷한 것이 아니니, '수양'의 잎은 둥글둥글하고 붉은 색이며 가지는 짧고 단단하지만, '류'의 잎은 가늘고 길며 청록색이고 가지는 길고 연하다. 도씨가 "'류'는 '수양'이다"라고 하였지만 아니다.

나는 이렇게 생각한다. 지금 오중에서는 '양류'라고 부르는데, 그 열매와 가지가 드러나 솟은 것을 '양'이라 하고, 가지와 잎이 아래로 드리운 것을 '류'라고 하니 각각이 같지 않다. 오직 그 가지가 부드럽고 연하기 때문에 '류'를 꺾어 울타리를 만들 수 있다.

毛傳 柳柔脆之木. 說文 小楊也. 本作桺 从木 丣聲. 集傳 楊之下垂者柔脆之木也. 埤雅 柳 易生之木 與楊同類 縱橫顚倒植之 皆生. 唐本草注 柳與水楊全不相似 水楊葉圓濶

87 군신(君臣)이 도리(道理)를 잃어서 남녀가 예로 교화되지 못하여 쇠(衰)함을 풍자한 시이다.

而赤 枝條短硬 柳葉狹長靑綠 枝條長軟. 陶云 柳卽水楊 非也. 愚按 今吳中呼爲楊柳 其實枝條楊起者爲楊 枝葉下垂者爲柳 各不同也. 惟其枝條柔軟 故折柳可爲樊籬.

棘(멧대추나무) : 『시경(詩經)』「위풍(魏風)」〈원유도(園有桃)〉[88]

『모전』에서 말하였다. '극(멧대추나무)'은 '조(대추나무)'이다.

『이아』에서 말하였다. '이(멧대추나무)'는 '산조'[89]이다.

곽박이 주에서 말하였다. 나무가 작고 열매가 시다. 『맹자』에서 "'이극(멧대추나무)'을 기른다"[90]고 하였다.

조기가 말하였다. '이극'은 작은 '조'이니, 이른바 '산조'이다.

『설문』에서 말하였다. '극'은 작은 '조'이니, 큰 것을 '조'라 하고 작은 것을 '극'이라 한다.

나는 이렇게 생각한다. '조'와 '극'은 모두 '속(朿)'자를 따르니, '속'자가 겹쳐 있는 것을 '조'라 하고, '속'자가 나란히 있는 것을 '극'이라 한다. 그 무늬의 크고 작은 차이가 있는데, "동산에 멧대추나무가 있으니 그 열매를 먹도다"[91]라 한 것은 '조'가 먹을 수 있는 것이어서, 〈개풍〉[92]의 '극'과 〈청승〉의 "멧대추나무에 앉았도다"[93]와 〈초자〉의 "멧대추나무를 제거하도다"[94] 따위와 같지 않음을 안 것이다.

---

88 시대(時代)를 풍자한 시이다. 대부(大夫)가 나라는 좁고 군주는 인색하므로 날로 침삭(侵削)해감을 걱정하여 이 시를 지은 것이다.

89 멧대추. 씨는 산조인(酸棗仁)이라 하여 한약재로 쓰인다. 산조(山棗).

90 『맹자(孟子)』〈고자(告子)〉.

91 『시경(詩經)』「위풍(魏風)」〈원유도(園有桃)〉.

92 『시경(詩經)』「패풍(邶風)」의 장명.

93 『시경(詩經)』「소아(小雅)」〈청승(青蠅)〉.

94 『시경(詩經)』「소아(小雅)」〈초자(楚茨)〉.

毛傳 棘棗也. 爾雅 樲酸棗. 郭璞注 樹小實酢. 孟子曰 養其樲棘. 趙岐曰 樲棘小棗 所謂酸棗也. 說文 棘小棗也. 大曰 棗 小曰 棘. 愚按 棗棘 皆從朿 重朿曰 棗 並朿曰 棘. 其文有大小之異也 曰 園有棘其實之食 則有棗可食 知不與凱風之棘 青蠅之止於棘 楚茨之抽其棘 類也.

樞(느릅나무) : 『시경(詩經)』「당풍(唐風)」〈산유추(山有樞)〉[95]

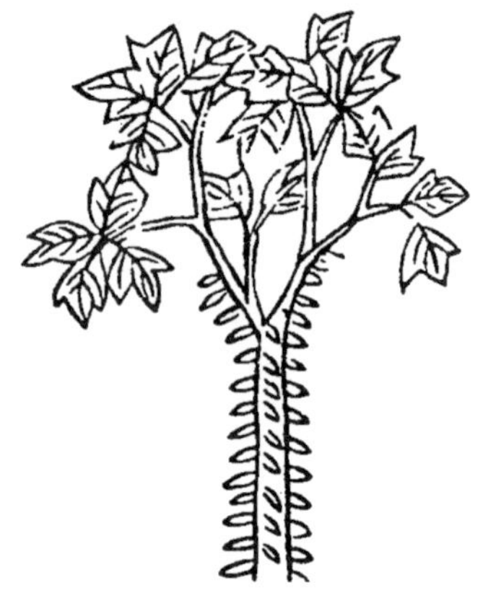

『이아』에서 말하였다. '추(느릅나무)'는 '지(느릅나무)'이다.

곽박이 주에서 말하였다. 지금의 '자유'이다.

육기가 『모시초목조수충어소』에서 말하였다. 바늘 모양 가시는 '자(산뽕나무)'와 같고, 그 잎은 '유(느릅나무)'와 같다. 삶아서 먹으면 맛과 부드러움이 '백유(흰느릅나무)'와 같다. 열 종류가 있으니, 잎은 모두 서로 비슷하나 껍질과 나뭇결이 다를 뿐이다.

나는 이렇게 생각한다. 『광아』에서 "'자유'는 '경유'이다"라 하였다. 무릇 풀이나 나무가 사람을 찌르는 것을 어떤 사람은 '경'이라 하고 어떤 사람은 '자(刺)'라고 하기 때문에 장읍은 '경유'라 하였고, 곽박은 '자유'라 하였다. 아래 글에 "진펄에는 느릅나무가 있도다"[96]에서 '유'라는 것은 두루 쓰는 이름이다. '유' 중에서 흰 것을 '분(흰느릅나무)'이라 하는데 「진풍」〈동문지분〉에 설명이 자세하다.

爾雅 藲荎. 郭璞註 今之刺楡. 陸璣疏 其針刺如柘 其葉如楡. 瀹爲茹 美滑如白楡. 類有十種 葉皆相似 皮及木理異矣. 愚按 廣雅曰 柘楡梗楡也. 凡草木刺人 或謂之梗 或謂之刺 故張揖謂之梗楡 郭璞 謂之刺楡也. 下文隰有楡 楡者統名也. 楡之白者謂枌 說詳陳風東門之枌篇.

---

95 진(晉) 소공(昭公)을 풍자한 시이다. 도를 닦음으로 나라를 바르게 하지 못하여서, 재물이 있어도 쓰지 못하고 북이 있어도 스스로 즐기지 못하며 조정이 있어도 쇄소(洒埽)하지 못하였다. 정치는 황폐하고 백성은 흩어져서 곧 망할 것 같아 사방에 이웃이 그 나라를 취하려고 도모하는데도 이를 알지 못하니 나라 사람들이 시를 지어 풍자한 것이다.

96 『시경(詩經)』「당풍(唐風)」〈산유추(山有樞)〉.

栲(북나무) : 『시경(詩經)』「당풍(唐風)」〈산유추(山有樞)〉[97]

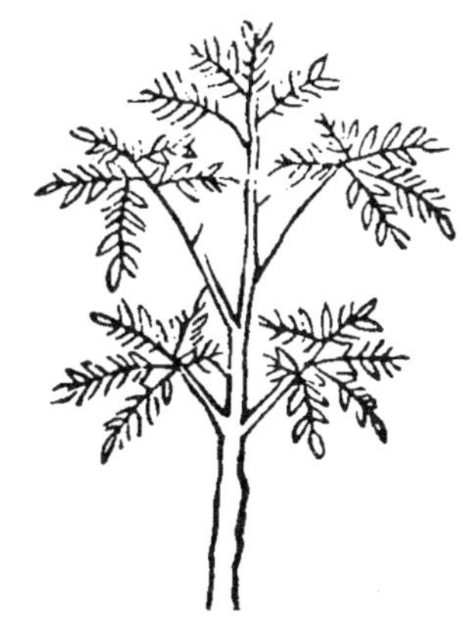

『이아』에서 말하였다. '고(북나무)'는 '산저(북나무)'이다. 형병이 소에서 말하였다. 곽씨가 "'고'는 '저(가죽나무)'와 비슷한데, 색은 조금 하얗고, 산 속에서 나며, 또한 '칠(옻나무)'과 비슷하다"라 하였다. 속담에 "'춘(참죽나무)'·'저'·'고'·'칠'은 서로 비슷하여 한가지 같다"라 하였다. 육기가 『모시초목조수충어소』에서 "'산저'는 아래의 '전저'와 대략 다름이 없으나 잎이 조금 좁을 뿐이다. 오의 사람들은 그 잎으로 차를 만든다. 지방의 풍속에는 이름이 알려져 있지 않아 이것이 '고'가 된 것이다. 지금 '고'라고 부르는 것은 잎이 '역(상수리나무)'과 같고, 나무껍질의 두께는 몇 치나 되며, 수레의 바퀴살을 만들 수 있어서 어떤 사람들은 '고력(북나무)'이라 이른다. 허신은 '고'를 '구'라고 읽어 바로잡았는데, 지금 사람들은 '고'라 말하니, 그 소리를 잃은 것이다"라 하였다.

爾雅 栲山樗. 邢昺疏 郭云 栲似樗 色小白 生山中 亦類漆樹. 俗語曰 櫄樗栲漆相似如一. 陸璣疏云 山樗與下田樗畧無異 葉似差狹耳. 吳人以其葉爲茗. 方俗無名 此爲栲者. 今所云爲栲者 葉如櫟 木皮厚數寸 可爲車輻 或謂之栲櫟. 許愼 正以栲讀爲糗 今人言栲失其聲矣.

97 앞장 '추(樞)' 참조.

杻(감탕나무) : 『시경(詩經)』 「당풍(唐風)」 〈산유추(山有樞)〉[98]

『산해경』에서 말하였다. 영산[99] 위에 '뉴(감탕나무)'와 '강(감탕나무)'이 많다.

주에서 말하였다. '뉴'는 '체(산앵도나무)'와 비슷하지만 잎이 가늘고 다른 이름으로 '토강'이라 하며, 나무가 수레의 재목으로 알맞다.

육기가 『모시초목조수충어소』에서 말하였다. 잎은 '행(살구나무)'과 비슷하나 뾰족하고 흰색이며, 껍질은 순적색이고, 나무는 구부러짐이 많고 곧음이 적으며, 가지와 잎이 무성하고 아름답다. 2월 중에는 잎이 성기고, 꽃이 비단과 같고 가늘며, 꽃술이 희고 나무를 덮는다. 지금 관청 정원에 그것을 심고 이름을 바로잡아 '만세'라고 부른다. 이미 억만[100]에서 이름을 취하였고 그 잎이 또 아름답기 때문에 그것을 심는 것이다. 공급산 아래에 사는 사람들은 '우근'이라 하기도 하고, '억(감탕나무)'이라 하기도 한다. 그 재목으로 활의 활대를 만들 수 있다.

山海經 英山其上多杻橿. 註 杻似棣 而細葉 一名土橿 木中車材. 陸璣疏 葉似杏 而尖白色 皮正赤 爲木多曲少直 枝葉茂好. 二月中葉疏 華如練 而細 蘂白蓋樹. 今官園種之 正名曰 萬歲. 旣取名於億萬 其葉又好 故種之. 共汲山下人 或謂之牛筋 或謂之檍. 材可謂弓弩幹也.

98 앞장 '추(樞)' 참조.
99 호북성(湖北省) 영산현(英山縣) 동쪽에 있는 산 이름이다.
100 대단히 많은 수효, 또는 그러한 사물을 뜻한다.

椒(산초나무) : 『시경(詩經)』「당풍(唐風)」〈초료(椒聊)〉[101]

『이아』에서 말하였다. '훼(산초)'는 '대초(진초)'이다.

곽박이 주에서 말하였다. 지금 '초(산초나무)'는 떨기로 자라는데, 열매가 큰 것을 '훼'라고 부른다.

육기가 『모시초목조수충어소』에서 말하였다. '초'나무는 '수유'[102]와 같으며 바늘 모양 가시가 있는데, 잎은 단단하고 매끄러우며 윤기가 난다. 촉 땅의 사람들은 '차(荼)'를 만들고, 오 땅의 사람들은 '차(茗)'를 만드는데 모두 그 잎을 삶아 뭉쳐서 향을 낸다. 지금 성고[103]의 여러 산에 '초'가 있는데, 이를 '죽엽초'라 하고 그 나무 또한 촉의 '초'와 비슷하며 음식에 넣어 먹을 수 있다. 또 '계(닭)'와 '돈(돼지)'을 찌는데 사용하면 매우 좋은 향기가 난다.

나는 이렇게 생각한다. 「석목」에 "'초'와 '살'[104]은 껍질이 있는 무리이다"라 했으니, 대개 '살'은 '수유'이다. '추'는 무리이고 '구'는 집이다. 이순은 '초'와 '수유' 모두 열매집이 있다고 하였다. '초' 안에 검은 씨는 '초목'이라 부른다. 또 『본초』를 살펴보면 '진초'는 태산에서 나오고, '촉초'는 무도에서 나오며, '만초'는 운중에서 자라고, '호초'는 서융에서 자란다. 지금 이 시는 진(晉) 사람이 진(晉)땅에서 지은 것이지만 서쪽 경계가 진(秦) 땅과 맞닿아 있으니 그 말한 것은 의심컨대 진(秦)의 '초'를 말한 듯하다. 육기가 "'료'는 어

---

101 진(晉) 소공(昭公)을 풍자한 시이다.

102 운향과의 낙엽 활엽 교목, 또는 그 열매이다.

103 옛 현(縣)의 이름. 본래 옛 동괵국(東虢國)을 이른다.

104 수유(茱萸)와 비슷하나 그보다 좀 작다. 오수유(吳茱萸).

조사이다"라 하였으므로 그 이름의 표시를 단지 '초'라고 하였다.

爾雅 檓大椒. 郭璞註 今椒樹叢生 實大者名檓. 陸璣疏 椒樹如茱萸 有針刺 葉堅 而滑澤. 蜀人作茶 吳人作茗 皆合煮其葉以爲香. 今成皐諸山間有椒謂之竹葉椒 其樹 亦如蜀椒 可著飮食中. 又用蒸雞豚 最佳香. 愚按 釋木云 椒樧醜莍 蓋樧茱萸也. 醜類也莍房也. 李巡 所謂椒茱萸 皆有房也. 椒內黑子謂之椒目. 又据 本草 秦椒出太山 蜀椒出武都 蔓椒生雲中 胡椒生西戎. 今此詩作於晉人晉地 西界接秦 其所言者疑秦椒也. 陸璣曰 聊語助也 故標其名止曰椒.

栩(상수리나무) : 『시경(詩經)』 「당풍(唐風)」 〈보우(鴇羽)〉[105]

『이아』에서 말하였다. '허(상수리나무)'는 '서(상수리나무)'이다.
곽박이 주에서 말하였다. '작(상수리나무)'나무이다.
육기가 『모시초목조수충어소』에서 말하였다. 지금의 '작력'이다. 서주 사람들은 '력(상수리나무)'을 '서' 혹은 '허'라고 부른다. 그 열매는 검은색인데 어떤 사람은 '조두(상수리)'라 말한다. 그 껍질로 즙을 내서 검은색 물을 들일 수 있는데, 지금 경락과 하내에서는 '서즙'이라고 많이 부른다. '력'을 '서'라고 부르는 것은 모든 곳에서 통하는 말이다.
『고금주』에서 말하였다. '서'의 열매를 '상(상수리)'이라고 한다.
『본초』에서 말하였다. '상실(상수리)'은 물을 들이는 데 쓰는데 다른 이름으로 '서두(상수리)'라고 한다. '곡(떡갈나무)'과 '력'은 모두 열매가 있는데 '력'에 있는 것을 더 좋다고 여긴다. 산이나 골짜기에 모두 있다. 『도경』에서 "나무의 높이는 두세 장이고, 3・4월에 노란 꽃을 피우며, 8・9월에 열매를 맺는다. '작력'・'서'・'허' 모두 '상력'과 통하는 이름이다"라고 하였다.
나는 이렇게 생각한다. 지금 오중에서는 그 열매를 '상두자'라고 부른다. 여러 설들을 합하여 보면 모두 '허'를 가리켜 '작력'이라 하는데 주자도 『집전』에서 그것을 따랐으니, 곧 「진풍」에 "산에 상수리나무가 있도다"[106]라 한 것이 바로 이 '허'이다. 오직 정어중[107]만이 '허'와 '력'을 두 개의 나무로

105 앞장 '보(鴇)' 참조.
106 『시경(詩經)』 「진풍(秦風)」 〈신풍(晨風)〉.
107 정초(鄭樵).

나누었는데 이것은 모든 지역의 서로 다른 말들을 살피지 못했을 따름이다.

爾雅 栩杼. 郭璞註 柞樹. 陸璣疏 今柞櫟也. 徐州人謂 櫟爲杼 或謂之爲栩. 其子爲皁 或言皁斗. 其殼爲汁 可以染皁 今京洛河內多言杼汁. 謂櫟爲杼五方通語也. 古今註 杼實曰 橡. 本草 橡實堪染用 一名杼斗. 槲櫟皆有斗 以櫟爲勝. 所在山谷中 皆有. 圖經云 木高二三丈 三四月開黃花 八九月結實 柞櫟也杼也栩也 皆橡櫟之通名. 愚按 今吳中呼其實爲橡斗子. 合觀諸說 皆指栩爲柞櫟 朱子集傳 亦從之 則秦風山有苞櫟 卽此栩也. 惟鄭漁仲 分栩櫟爲二木 是未審五方之異語耳.

木下

楊(버드나무) : 『시경(詩經)』「진풍(秦風)」〈거린(車鄰)〉[1]

『이아』「석목」에서 말하였다. '양(버들)'은 '포류(갯버들)'이다.
곽박이 주에서 말하였다. 화살을 만들 수 있는데, 『좌전』에서 "동[2]땅 연못의 '포(갯버들)'이다"라 한 것이다.
나는 이렇게 생각한다. '양'과 '류(버들)'는 두 종류이니, 『시경』에서 나누어 말한 것은 「제풍」의 "버드나무를 꺾어 채마밭에 울타리를 치도다"[3]와 「진풍(秦風)」의 "진펄에 버드나무가 있도다"[4]와 「진풍(陳風)」의 "동문 밖의 버드나무여"[5]가 이것이다. 합하여 말한 것은 「소아」의 "버드나무가 한들거리도다"[6]가 이것이다. 그러나 가지가 단단하여 위로 일어난 것을 '양'이라 하고, 가지가 약하여 아래로 늘어뜨린 것을 '류'라 하니, 진실로 같지 않다. 『이아』의 '포류'는 곧 『본초』의 '수양(갯버들)'이다. "진펄에 버드나무가 있도다"에서 땅이 낮고 물기가 많은 곳을 '습'이라 하니 이것이 '수양'이라는 데는 의심할 바가 없다.

爾雅釋木 楊蒲柳. 郭璞註 可以爲箭 左傳 所謂董澤之蒲. 愚按 楊柳二種 詩分而言之者齊風折柳樊圃 秦風隰有楊 陳風東門之楊 是也. 合而言之者小雅楊柳依依 是也. 然枝勁而揚起者曰楊 枝弱而下垂者曰柳 寔不同也. 爾雅 蒲柳卽本草水楊也. 隰有楊下濕曰隰 此是水楊無疑矣.

1 나라를 강대하게 만든 진중(秦仲)을 찬미한 시이다.
2 산서성(山西省)에 있었던 춘추(春秋) 때 진(晉) 땅이다.
3 『시경(詩經)』「제풍(齊風)」〈동방미명(東方未明)〉.
4 『시경(詩經)』「진풍(秦風)」〈거린(車鄰)〉.
5 『시경(詩經)』「진풍(陳風)」〈동문지양(東門之楊)〉.
6 『시경(詩經)』「소아(小雅)」〈채미(采薇)〉.

條(개오동나무) : 『시경(詩經)』「진풍(秦風)」〈종남(終南)〉[7]

『이아』에서 말하였다. '도(개오동나무)'는 '산가(개오동나무)'이다.

손염이 주에서 말하였다. 『시경』에서 "개오동나무가 있고 매화나무가 있도다"[8]라 말한 '조(개오동나무)'는 '도'이다.

곽박이 주에서 말하였다. 지금의 '산추(개오동나무)'이다.

형병이 소에서 말하였다. 육기가 "'도'는 지금의 '산추'이다. 또한 메마른 밭의 '추'와 같을 따름이다. 껍질과 잎은 흰색이며, 또한 흰 재목은 결이 좋아서 마땅히 수레의 판자를 만들 수 있다. 습기에 강하고, 또 관을 만들 수 있다. 마땅히 양북산에 이것이 많이 있다"라 하였다.

나는 이렇게 생각한다. 어찌 같다고 할 수 있는가.

爾雅 槄山榎. 孫炎註 詩曰 有條有梅 條槄也. 郭璞註 今之山楸. 邢昺疏 陸璣曰 槄今山楸也. 亦如下田楸耳. 皮葉白色 亦白材理好 宜爲車板. 能溼 又可爲棺木. 宜楊北山多有之. 愚按 能與耐同.

---

7 양공(襄公)이 주(周) 땅을 취하여 제후가 된 것을 경계한 시이다.

8 『시경(詩經)』「진풍(秦風)」〈종남(終南)〉.

梅(매실나무) : 『시경(詩經)』「진풍(秦風)」〈종남(終南)〉[9]

『이아』에서 말하였다. '매(매실나무)'는 '염(매화나무)'이다.

육기가 『시소』에서 말하였다. '매'나무는 껍질과 잎이 '예장(녹나무)'과 비슷하다. '예장'의 잎 크기는 '우(소)'의 귀만하며, 한 끝이 뾰족하고 속이 붉다. 꽃은 적황색이고 열매는 푸른데 먹을 수 없다. '염'의 잎은 크고 서너 개의 잎이 하나의 떨기로 난다. 나뭇결은 '예장'보다 가늘고 고우며, 열매가 붉은 것은 목재가 단단하고 열매가 흰 것은 목재가 무르다. 강남과 신성[10]과 상용,[11] 촉[12]에는 모두 '장'과 '염'이 많다. 종남산[13]은 상용, 신성과 더불어 통하기 때문에 또한 '염'이 있다.

나는 이렇게 생각한다. 육기가 말한 잎은 '예장'과 비슷한 것이고 오중의 '매'나무와는 서로 전혀 같지 않으니, 반드시 한 종류인 '염'이며, 목재로는 관과 배를 만들 수 있다. 옛 말에 진 문제가 일찍이 '염'의 목재로 전함을 만들어 나왔으니, 곧 이 '염'이다. 대개 풀과 나무는 같은 이름인데도 다른 무리가 많은데, 하나의 '기(키버들)'가 세 가지 종류가 있고 하나의 '동(오동나무)'

9 앞장 '조(條)' 참조.

10 춘추 때의 진(晉) 땅으로 현재 산서성(山西省) 문희현(聞喜縣) 동쪽 20리에 위치해 있다.

11 옛 용국(庸國)으로 진(秦)이 상용현(上庸縣)을 둔 곳이다. 후한(後漢)말에는 상용군(上庸郡)을 두었다. 지금의 호북성(湖北省) 죽산현(竹山縣) 동남쪽에 위치해 있다.

12 촉주(蜀州). 당(唐)이 설치한 곳으로 당안군(唐安郡)을 고쳐 부른 것이다. 현재 사천성(四川省) 숭경현(崇慶縣)에 위치해 있다.

13 남산(南山). 섬서성(陝西省) 장안현(長安縣)에서 450리 떨어진 곳에 위치해 있다.

이 네 가지 종류가 있는 것과 같다. 사람들이 대부분 〈표유매〉[14]와 이것이 하나라고 혼동하고 있으니 어찌 육기의 『모시초목조수충어소』를 참고하지 않았는가.

爾雅 梅枏. 陸璣詩疏 梅樹皮葉似豫章. 豫章葉大如牛耳 一頭尖 赤心. 華赤黃 子青 不可食. 枏葉大 可三四葉一叢 木理細緻於豫章 子赤者材堅 子白者材脆. 江南及新城上庸蜀 皆多樟枏. 終南山 與上庸新城通 故亦有枏也. 愚按 陸璣 所稱葉 似豫章者 與吳中梅樹全不相似 定是一種枏 木材可爲棺舟. 舊說 陳文帝 嘗出枏材造戰艦 卽此枏也. 蓋艸木同名 異類者多 如一杞 而有三種 一桐而有四類. 人多混摽有梅 與此爲一 盍將陸璣之疏 參之.

14 『시경(詩經)』「소남(召南)」〈표유매(摽有梅)〉.

駮(참빗살나무) : 『시경(詩經)』「진풍(秦風)」〈신풍(晨風)〉[15]

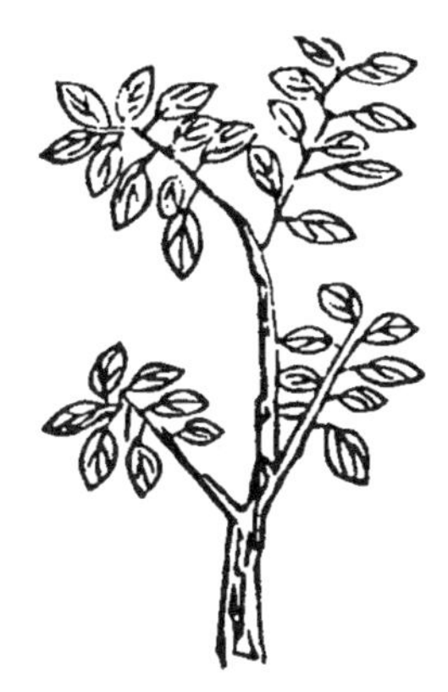

공영달이 『정의』에서 말하였다. 육기가 『모시초목조수충어소』에서 "'박마'는 '재유(가래나무와 느릅나무)'이니, 나무껍질에 청백색 얼룩무늬가 있어서, 멀리서 보면 '박마(얼룩말)'와 비슷하여 '박마'라 부른다"고 하였다. 아래 장[16]에서 "산에는 더부룩히 난 산앵도나무가 있고, 진펄에는 산배나무를 심어놓았도다"[17]라 하였는데, 모두 산과 진펄의 나무로 짝지은 것이니, 짐승이라 말하는 것은 마땅하지 않다. 이것은 일리 있는 말인데, 다만 『전(箋)』과 『전(傳)』에서 언급하지 않았을 뿐이다.

나는 이렇게 생각한다. 『모전』에서 「석축」의 문장에 의거하여 '박'[18]을 말하길 "'마(말)'와 같고, 어금니가 굽었으며, '호(범)'나 '표(표범)'를 먹는다"고 하였으니, 이것은 곧 짐승의 이름인 '박'이다. 그리고 여섯이라 말한 것에 대해 왕소는 "본 것에 의거하여 말하였다"고 하였다. 그러나 육기는 '박'을 '재유'라 하였고, 아울러 "산과 진펄의 나무로 짝지은 것이니 짐승이라 말하는 것은 마땅하지 않다"고 하였으니 당연할 것이다. 다만 '박'은 '재유'라고 하면서 '육(六)'자는 해석하지 않았다. 범일재는 "꼭 여섯이라고 말한 것은 짐승이 세 마리면 무리라고 하는데, 여섯이면 곧 한 무리가 아니라는 뜻이다. 떨기로 자라는 나무들은 멀리서 보면 또한 짐승의 무리처럼 보이는데, 그것을 '박락(얼룩소)'이라 썼다는 말이다"라 하였다.

---

15 앞장 '신풍(晨風)' 참조.

16 『시경(詩經)』의 시구 중에서 '박(駮)'이 나오는 구절 바로 다음 장을 가리킨다.

17 『시경(詩經)』「진풍(秦風)」〈신풍(晨風)〉.

18 말의 모양을 하고 범이나 표범을 잡아먹는다는 전설상의 맹수다.

孔穎達正義 陸璣疏云 駮馬 梓楡也 其樹皮青白駮犖 遥視似駮馬 故謂之駮馬. 下章云 山有苞棣 隰有樹檖 皆山隰之木相配 不宜云獸. 此言非無理也 但箋傳不言. 愚按 毛傳 依釋畜文 解駮曰 如馬 倨牙 食虎豹 則此獸名駮 而言六者 王肅云 據所見 而言也 然陸璣謂 駮爲梓楡 並言 山隰之木相配 不宜云獸 當矣. 但駮爲梓楡 而六字無解. 范逸齋云 必以六言意獸三爲羣 六則非一羣. 言木之叢生望而視之 亦若獸之群聚 其文駮犖也.

檖(산배나무) :『시경(詩經)』「진풍(秦風)」〈신풍(晨風)〉[19]

『이아』에서 말하였다. '수(산배나무)'는 '라(여라)'이다.
곽박이 주에서 말하였다. 지금의 '양수'이다. 열매는 '리(배)'와 비슷하나 작고, 시지만 먹을 수 있다.
육기가『모시초목조수충어소』에서 말하였다. 다른 이름으로 '적라'·'산리(산돌배)'인데, 지금 사람들은 '양수'라 이르며, 열매는 '리'와 같으나 다만 작을 뿐이다. 다른 이름으로 '녹리(산돌배나무)'·'서리'이다. 지금 사람들은 또한 그것을 심으니, 매우 무르고 맛있는 것이 있으며, 또한 '리'의 맛과 같은 것도 있다.
육전이『비아』에서 말하였다. 그 무늬가 가늘고 촘촘함이 그물과 같기 때문에 '라'라 한다. 또 흰 것도 있다. 붉은 '라'는 무늬가 거칠고, 하얀 '라'는 무늬가 부드럽다. 비록 모두 무늬가 새겨진 나무지만, 붉은 '라'가 으뜸이 된다.

爾雅 檖蘿. 郭璞註 今楊檖也. 實似梨而小酢可食. 陸璣疏 一名 赤蘿 一名山梨 今人謂之楊檖 實如梨 但小耳. 一名鹿梨 一名鼠梨 今人 亦種之 極有脆美者 亦如梨之美者. 陸佃埤雅 其文細密如羅 故曰羅. 又有白者. 赤羅文棘 白羅文緩. 雖皆文木 赤羅爲上.

---

19 앞장 '신풍(晨風)' 참조.

枌(백유) : 『시경(詩經)』「진풍(陳風)」〈동문지분(東門之枌)〉[20]

『이아』에서 말하였다. '유(백유)'는 '백분(느릅나무)'이다.

손염이 주에서 말하였다. '유'가 하얀 것을 '분'이라고 한다.

곽박이 주에서 말하였다. '분'과 '유'는 잎이 먼저 나고, 틈에 꼬투리가 붙으며, 껍질은 흰색이다.

『회남자』에서 말하였다. 5월에 그 나무가 '유'이다.

장화가 『박물지』에서 말하였다. '유'를 먹으면 잠들어도 깰 수 없다.

구종석이 『연의』에서 말하였다. '유'의 껍질을 쌓아두면 가루가 되는데, 흉년 든 해에는 이것으로 먹을 것을 대신한다. 잎은 푸르고 어릴 때에 거두어 쌓아 두며, 또한 끓여서 먹기도 한다.

나는 이렇게 생각한다. 『시경』에 네 곳에서 '유'를 말하는데, 「당풍」에 "펄에 백유가 있도다"[21]는 아우른 이름이며, "산에 느릅나무가 있도다"라 함은 '자유'이다. 「진풍(秦風)」에 "펄에 여섯 참빗살나무가 있도다"[22]라 하였으니 '재유'이다. 「진풍(陳風)」에 "동문의 느릅나무로다"[23]는 '백유'이다. '유'는 바람 부는 땅 그늘 아래에서 사는 성질이 있다. 옛날 사람들은 그곳으로 쉬러 갔기 때문에 "동문의 느릅나무로다", "그 아래에서 춤추도다"라고 말하였다.

---

20 앞장 '규(莍)' 참조.

21 『시경(詩經)』「당풍(唐風)」〈산유추(山有樞)〉.

22 『시경(詩經)』「진풍(秦風)」〈신풍(晨風)〉.

23 『시경(詩經)』「진풍(陳風)」〈동문지분(東門之枌)〉.

爾雅 楡白枌. 孫炎註 楡白者名枌. 郭璞註 枌楡先生葉 卻著筴 皮白色. 淮南子 五月 其樹楡. 張華博物志 啖楡 則眠不欲覺. 寇宗奭衍義 楡皮磑爲粉 歉歲農以代食. 葉靑嫩時收貯 亦用爲羹茹. 愚按 詩 所陳楡者四 唐風隰有楡統名也 山有樞刺楡也. 秦隰有六駮梓楡也 陳東門之枌白楡也. 楡性扇地其陰在下. 古人就以息焉 故曰 東門之枌 婆娑其下.

(팥배나무) : 『시경(詩經)』「빈풍(豳風)」〈칠월(七月)〉[24]

『모전』에서 말하였다. '울(팥배나무)'은 '체(산앵두나무)'의 따위이다.

류정[25]이 『모시의문』에서 말하였다. 나무의 높이는 대여섯 자이고 열매크기는 '리(오얏나무)'와 같은데, 순적색이며 맛이 달다.

『본초』에서 말하였다. 다른 이름은 '작리'·'차하리'·'체'이다. 높은 산과 하천, 계곡이나 혹은 평평한 밭에서도 나며 5월에 익는다.

毛傳 鬱棣屬. 劉稹[26]毛詩義問 其樹高五六尺 其實大如李 正赤 食之甜. 本草 一名雀李 一名車下李 一名棣. 生高山川谷 或平田中 五月時熟.

24 앞장 '격(鶪)' 참조.

25 삼국시대 위(魏) 사람으로 자(字)는 공간(公幹)이다.

26 류정(劉楨)의 오기(誤記)인 듯하다.

棗(대추나무) : 『시경(詩經)』 「빈풍(豳風)」 〈칠월(七月)〉[27]

『이아』에서 말하였다. '조(대추나무)'는 '호조'이며 '변요조'이다. '제(흰대추)'는 '백조'이다. '이(멧대추나무)'는 '산조(멧대추)'이다. '양철'은 '제조'이다. '준'은 '양조(고욤)'이다. '선(큰대추)'은 '대조(대추)'이다. '자'는 '전조'이다. '궐설'은 '고조'이다. '석'은 '무실조'이다. '환미'는 '염조'이다.

형병이 소에서 말하였다. '호조'라는 것은 모양이 호리병과 비슷하다. 가장자리가 넓고 허리가 가는 것을 '변요조'라 이름한다. 하얗게 익는 것을 '제'라 이름한다. 신맛이 나는 것을 '이'라 이름한다. '양철'은 자세하지 않다. '준'은 '양조'인데 세속에서는 '양시조'라 부른다. '선'은 가장 큰 것의 이름인데, 열매가 달걀만하다. '자'가 '전조'인지는 자세하지 않다. '궐설'은 맛이 쓴 것의 이름이고, '석'은 열매가 없는 것의 이름이다. '환미'는 맛이 없다.

『청사자』에서 말하였다. '조'는 북쪽의 풀이며, 겨울 나무이다.

『비아』에서 말하였다. '박'은 치는 것이다. '조' 열매는 익지 않으면 치더라도 떨어지지 않으나 이미 익으면 문드러져서 치지 않아도 스스로 떨어진다. 『제민요술』에서 "모두 붉게 되면 거두어들이는데, 거두어들이는 방법으로는 흔들어 떨어지게 하여 줍는 것이 있다"라 한 것이 이것이다.

爾雅 棗壺棗 邊要棗. 樀白棗. 樲酸棗. 楊徹齊棗. 遵羊棗. 洗大棗. 煑塡棗. 蹶洩苦棗. 晳

---

27 앞장 '격(鵙)' 참조.

無實棗. 還味捻棗. 邢昺疏 壺棗者形似壺也. 邊大 而腰細者名邊要棗. 白熟者名擠. 味酢者名樲. 楊徹未詳. 遵羊棗 俗謂之羊矢棗. 洗最大之名 子如雞卵. 蕢墳棗未詳. 蹶洩味苦之名 皙者無實之名. 還味者短味也. 靑史子 棗北方之草 冬木也. 埤雅 剝擊也. 棗實未熟雖擊不落 已熟 則爛 不擊自隋. 齊民要術 所謂全赤 卽收 收法撼 而落之爲上 是也.

樗(가죽나무) : 『시경(詩經)』「빈풍(豳風)」〈칠월(七月)〉[28]

『장자』「소요유」에서 말하였다. 나에게 큰 나무가 있는데, 사람들이 '저(가죽나무)'라 이른다. 그 큰 밑동은 울퉁불퉁하여 먹줄을 칠 수 없다. 그 작은 가지는 말려 있고 구부러져서 걸음쇠나 자를 댈 수 없다.

육기가 『모시초목조수충어소』에서 말하였다. '저'의 나무와 껍질은 모두 '칠(옻나무)'과 비슷하나 푸른색이고 그 잎은 냄새가 난다.

소공이 『당본초』에서 말하였다. '춘(참죽나무)'과 '저' 두 나무는 모양이 서로 비슷한데, '저' 나무는 성기고, '춘' 나무는 튼튼하다.

소송이 『도경』에서 말하였다. '춘'의 잎은 향기롭고 먹을 수 있으나 '저'는 냄새가 난다. 북쪽 사람들은 '산춘'이라 부르고 강동에서는 '귀목'이라 부른다. 잎이 떨어져 없어지면 눈동자와 같은 흔적이 있기 때문에 이 이름을 얻었다.

나는 이렇게 생각한다. '춘'의 잎은 지금 세속에서 '향춘(참죽나무)'이라 부르고, '저' 나무는 세속에서 '취수'라 부르는데, 그 재목을 취하여 다만 땔나무로 쓰기 때문에 "가죽나무를 베도다"[29]라 하였다.

莊子逍遥遊 吾有大樹 人謂之樗. 其大本擁腫 不中繩墨. 其小枝卷曲 不中規矩. 陸璣疏

28 앞장 '격(鶪)' 참조.

29 『시경(詩經)』「빈풍(豳風)」〈칠월(七月)〉.

樗樹及皮 皆似漆 青色 其葉臭. 蘇恭唐本草 椿樗二樹形相類 樗木疎 椿木實. 蘇頌圖經 椿葉香可啖 樗氣臭. 北人呼爲山椿 江東呼爲鬼目. 葉脫去有痕如眼目 故得此名. 愚按 椿葉今俗呼爲香椿 樗木俗呼爲臭樹 取其材 止可供薪 故曰薪樗.

杞(구기자나무) : 『시경(詩經)』 「소아(小雅)」 〈사모(四牡)〉[30]

『이아』에서 말하였다. '기(구기자나무)'는 '구계(구기)'이다.
곽박이 주에서 말하였다. 지금의 '구기'이다.
일화자가 『본초』에서 말하였다. '지선묘'가 곧 '구기'이다.
『도경』에서 말하였다. 봄에 싹이 나고 잎은 '석류' 잎과 비슷하나, 연하고 얇아 먹을 만하고, 세속에서는 '첨채'[31]라고 부른다. 줄기와 가지는 3~5자 정도 길이이며 떨기를 만든다. 6·7월에 작게 홍자색 꽃이 나고, 때마다 붉은색 열매가 열리는데 모양은 조금 길고 '조(대추나무)'의 씨 같다. 그 뿌리의 이름은 '지골(구기자)'이다.
엄찬이 『시집』에서 말하였다. 『시경』에 '기'가 세 번 나오는데, 〈장중자〉[32]에서 "내가 심은 구기자를 꺾지 말지어다"는 '류(버드나무)'의 따위이다. 〈유대〉에서 "남산에 구기자가 있도다"와 〈담로〉에서 "저 구기자와 멧대추나무에 있도다"라 한 것은 산나무이다. 이 시에 "더부룩히 난 구기자에 모이도다"[33]와 〈체두〉·〈북산〉에서 "구기자를 따도다"와 〈사월〉에서 "습한 곳에 구기자와 멧대추나무가 있도다"라 한 것은 '구기'이다.[34]

爾雅 杞枸檵. 郭璞註 今枸杞也. 日華子本草 地仙苗 卽枸杞. 圖經 春生苗 葉如石榴葉

30 앞장 '추(騅)' 참조.
31 구기자나무의 새싹.
32 『시경(詩經)』 「정풍(鄭風)」의 장명.
33 『시경(詩經)』 『소아(小雅)』 〈사모(四牡)〉.
34 〈유대(有臺)〉·〈담로(湛露)〉·〈체두(杕杜)〉·〈북산(北山)〉·〈사월(四月)〉은 모두 『시경(詩經)』 「소아(小雅)」의 장명이다.

而軟薄 堪食 俗呼爲甜菜. 莖幹高三五尺 作叢. 六七月生小紅紫花 隨結紅實 形微長 如棗核. 其根名地骨. 嚴粲詩緝 詩 有三杞 將仲子無折我樹杞 柳屬也. 有臺南山有杞 湛露在彼杞棘 山木也. 此詩 集於苞杞 杕杜北山言采其杞 四月隰有杞桋 枸杞也.

常棣(산이스랏나무) : 『시경(詩經)』「소아(小雅)」〈상체(常棣)〉[35]

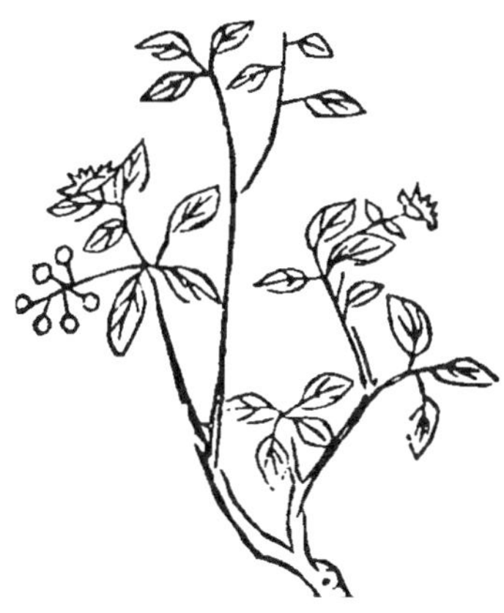

『이아』에서 말하였다. '상체(산이스랏나무)'는 '체(산앵두나무)'이다.

곽박이 주에서 말하였다. 지금 관서에는 '체'나무가 있는데, 열매가 '앵도(앵두나무)'와 같으며 먹을 수 있다.

육기가 『모시초목조수충어소』에서 말하였다. 허신이 "흰 '체'나무이다"라고 하였으니, '리(오얏나무)'와 비슷하나 작은데, 마치 '앵도'와 같고 순백색이다. 지금 관청 동산에 그것을 심는다. 또 붉은 '체'나무도 있는데 역시 흰 '체'와 비슷하고, 잎은 '자유'의 잎과 같으나 약간 둥글다. 열매는 순적색으로 '욱리(산이스랏나무)'와 같지만 작으며 5월에 익기 시작한다. 관서와 천수, 농서에 그것이 많이 있다.

정씨가 『전』에서 말하였다. 꽃을 받치고 있는 것을 '악(꽃받침)'이라하니 '부'자를 쓴 것은 잘못이다. '부'는 '악족'[36]이다.

양용수가 말하였다. '악'은 꽃의 봉오리이니 지금 문헌에는 '악(蕚, 꽃받침)'으로 쓰여 있고, 꽃봉오리가 없는 것은 지금 문헌에는 '부(跗, 발)'로 쓰여 있다. 꽃 아래에는 '악(蕚)'이 있고 '악(蕚)' 아래에는 '부(跗)'가 있는데, 꽃은 '악(蕚)'이 서로 이어 감싼 것이기 때문에 찬란하고 밝게 빛난다.

나는 이렇게 생각한다. "산사나무의 꽃이도다"[37]라고 한 것은 『이아』에서 '체(栘, 산앵두나무)'라고 한 것이다. 이 시의 '상체'와 〈채미〉[38]에서 "오직 산

35 앞장 '척령(脊令)' 참조.

36 꽃받침을 지탱해주는 다리.

37 『시경(詩經)』「소남(召南)」〈하피농의(何彼穠矣)〉.

38 『시경(詩經)』「소아(小雅)」의 장명.

이스랏나무의 꽃이로다"라고 한 것은 모두 『이아』에서 이른바 "'체(棣)'이다"라고 한 것이다. 지금 사람들이 '상체'를 '당체'라고 하는 것은 잘못이다.

爾雅 常棣棣. 郭璞註 今關西有棣樹 子如櫻桃可食. 陸璣疏 許愼曰 白棣樹也. 如李而小如櫻桃正白. 今官園種之. 又有赤棣樹 亦似白棣 葉如刺楡葉 而微圓. 子正赤 如郁李 而小 五月始熟. 關西天水隴西多有之. 鄭箋 承華者曰鄂 不當作拊. 拊鄂足也. 楊用修曰 鄂花苞也 今文作蕚 不花蒂也 今文作跗. 華下有蕚 蕚下有跗 花蕚相承覆 故得韡韡 而光明. 愚按 唐棣之華 卽爾雅 謂移也. 此詩常棣及采薇 維常之華 並爾雅 所謂棣也. 今人謂常棣爲唐棣者誤.

杞(멀구슬나무) : 『시경(詩經)』「소아(小雅)」〈남산유대(南山有臺)〉[39]

육기가 『모시초목조수충어소』에서 말하였다. '기(멀구슬나무)'는 다른 이름으로 '구골'[40]이니 산에서 나는 목재이다. 나무는 '저(가죽나무)'와 같고, 결이 희고 미끄러우며, 상자나 널빤지를 만들 수 있다. 그 열매에는 '목맹(등에)'이 생기는데 약에 포함시킬 수 있다.

나는 이렇게 생각한다. 이 시에서 '기'와 〈담로〉장의 "저 멀구슬나무와 가시나무에 있도다"[41]는 '재(가래나무)'와 '기'인데 앞장의 두 '기'와는 같지 않다.[42] 아울러 앞장 주에 보인다.

陸璣疏 杞一名枸骨 山材也. 其樹如樗 理白 而滑 可以爲函及檢板. 其子爲木蝱 可合藥.

愚按 此詩杞及湛露在彼杞棘 梓杞也 與前二杞不同. 互見前註.

39 앞장 '대(臺)' 참조.

40 목서과(木犀科)에 속하는 상록 소교목이다.

41 『시경(詩經)』「소아(小雅)」〈담로(湛露)〉.

42 앞장의 두 '기'는 키버들과 구기자를 말한다.

枸(호깨나무) : 『시경(詩經)』「소아(小雅)」〈남산유대(南山有臺)〉[43]

『고금주』에서 말하였다. '지구자(호깨나무)'는 다른 이름으로 '수밀'이고, 다른 이름으로 '목당'이다. 열매의 모양은 구부정하고, 씨는 열매 밖에 있다.

육기가 『모시초목조수충어소』에서 말하였다. '구(호깨나무)'는 '지구(호깨나무)'이다. 나무의 높이와 크기는 '백양(황철나무)'과 비슷한데, 산 속에 모두 있다. 가지는 곧지 않고, 열매는 가지 끝에 붙어있는데 크기는 손가락만 하고, 길이는 몇 치이며, 씹으면 달고 맛이 좋아 떡과 같다. 8·9월에 익는데, 강남의 것이 특히 맛이 좋다. 지금 관청의 동산에 그것을 심고, '목밀(호깨나무)'이라 이른다.

『비아』에서 말하였다. 가지가 많으나 구부정하고, 날아다니는 새들이 그 위에 둥지 틀기를 좋아한다. 송옥[44]이 〈부〉[45]에서 "'지구'에 와 둥지를 트는구나"라 한 것이 이것이다.

『본초』에서 말하였다. 그 나무의 지름은 한 치이고, 잎은 '상(뽕나무)'과 '자(산뽕나무)'와 같으며, 그 열매가 송이를 이루는 것이 '산호'와 비슷하고, 씨는 그 끝에 있는데, 사람들이 모두 그것을 먹는다.

古今注 枳椇子一名樹蜜 一名木餳. 實形拳曲 核在實外. 陸璣疏 枸枳枸也. 木高大似白

43 앞장 '대(臺)' 참조.

44 전국(戰國) 때 초(楚)의 시인이다. 자(字)는 자연(子淵)이고 굴원(屈原)의 제자이며 경양왕(頃襄王)의 대부를 지냈다. 〈구변(九辯)〉, 〈초혼(招魂)〉, 〈풍부(風賦)〉, 〈고당부(高唐賦)〉, 〈신녀부(神女賦)〉 등의 작품이 있으며, 그 문사(文詞)가 화려한 것으로 유명하다.

45 〈풍부(風賦)〉.

楊 山中皆有. 枝柯不直 子著枝端 大如指 長數寸 噉之甘 美如飴. 八九月熟 江南特美. 今官園種之 謂之木蜜. 埤雅 多枝而曲 飛鳥喜巢其上. 宋玉賦曰 枳枸來巢 是也. 本草 其樹徑尺 葉如桑柘 其子作房似珊瑚 核在其端 人皆食之.

楰(광나무) : 『시경(詩經)』「소아(小雅)」〈남산유대(南山有臺)〉[46]

『이아』에서 말하였다. '유(광나무)'는 '서재'이다.

이순이 주에서 말하였다. '서재'는 다른 이름으로 '유'이다.

곽박이 주에서 말하였다. '추(개오동나무)' 따위이다. 지금 강동에 '호재'가 있다.

육기가 『모시초목조수충어소』에서 말하였다. 그 나뭇잎과 나뭇결이 '추'와 같으나, 산의 '추'와 다른 것으로 지금 사람들은 '고추'라고 부른다. 습할 때에는 무르고 건조할 때에는 단단해진다.

나는 이렇게 생각한다. '서재' 나무는 산의 '추'와 비슷하지만 검은색이다.

爾雅 楰鼠梓. 李巡註 鼠梓一名楰. 郭璞註 楸屬也 今江東有虎梓. 陸璣疏 其樹葉木理如楸 山楸之異者今人謂之苦楸. 濕時脆 燥時堅. 愚按 鼠梓木似山楸而黑.

---

46 앞장 '대(臺)' 참조.

穀(닥나무) : 『시경(詩經)』「소아(小雅)」〈학명(鶴鳴)〉[47]

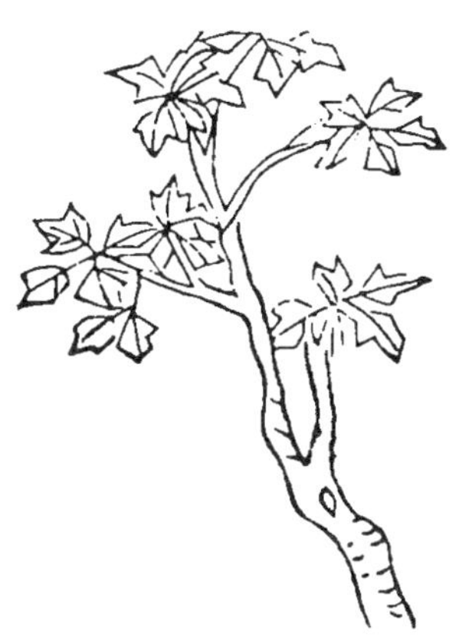

장읍이 『광아』에서 말하였다. '곡(닥나무)'은 '저(닥나무)'이다.

육기가 『모시초목조수충어소』에서 말하였다. 유주 사람들은 '곡상(닥나무)'이라 하고 형주와 양주 사람들은 '곡'이라 하며 중주[48] 사람들은 '저'라고 한다. 은 중종 때 '상(뽕나무)'과 '곡'이 함께 자랐다는 것이 이것인데, 지금 강남 사람들은 그 껍질을 길쌈하여 베를 만든다. 또 찧어서 종이를 만드니 '곡피지'라고 한다.

단성식이 『유양잡조』에서 말하였다. 잎이 꽃잎에 있는 것을 '저'라 하고, 없는 것을 '구(닥나무)'라 한다.

찬영[49]이 『물류상감지』[50]에서 말하였다. 그 아교는 단사[51]를 뭉칠 수 있다.

나는 이렇게 생각한다. 초 사람들은 젖을 '곡'이라 부르는데, 지금 나무 속 하얀 즙이 젖과 같기 때문에 또한 '곡'이라 이름 한 것이다. 오 풍속에 도끼로 벤 나무를 취하여 주발에 즙을 담아 쇠를 다듬을 때 이용하니 '곡수즙'이라 부른다. 쓸모 없는 나무로, 잘 자라는데, 껍질에 얼룩무늬가 있는 것을 '저' 라하고 껍질이 하얀 것을 '곡'이라 한다. 그 열매는 '양(버드나무)' · '매(매화나무)'와 같이 붉으며 먹을 수 없다.

---

47 앞장 '학(鶴)' 참조.

48 하남성(河南省).

49 북송(北宋) 때의 고승(高僧).

50 총1권. 송(宋) 소식(蘇軾)이 찬(撰)한 것으로 사물들이 서로 감응하고 변화하는 것을 나열하여 수록한 책이다.

51 수은(水銀)과 유황(硫黃)의 화합물로 약과 붉은 색의 염료로 쓴다. 주사(朱砂), 진사(辰砂).

張揖廣雅 穀楮也. 陸璣疏 幽州人謂之穀桑 荊揚人謂之穀 中州人謂之楮. 殷中宗時桑穀共生 是也 今江南人績其皮以爲布. 又擣以爲紙謂之穀皮紙. 段成式酉陽雜俎 葉有瓣曰 楮 無曰 構. 贊寧物類相感志 其膠可團丹砂. 愚按 楚人呼乳爲穀 今木中白汁如乳 故亦名穀. 吳俗取斧斫樹 以椀盛汁 用以團金 呼爲穀樹汁. 惡木易生 皮斑者爲楮 白者爲穀. 其實赤如楊梅 不可食.

楰(멧대추나무) : 『시경(詩經)』「소아(小雅)」〈사월(四月)〉[52]

『이아』에서 말하였다. '이(멧대추나무)'는 붉은 '색(멧대추나무)'인데, 흰 것도 '색'이다.
곽박이 주에서 말하였다. 붉은 '색'은 잎이 가늘고 갈라져서 뾰족하다. 껍질의 결이 섞이고 어그러져 있고, 산 속에서 떨기로 잘 자라며, 수레바퀴를 만들기에 알맞다. 흰 '색'은 잎이 둥글고 갈라졌으며 큰 나무가 된다.
육기가 『모시초목조수충어소』에서 말하였다. '색'은 잎이 '작(상수리나무)'과 같으며, 껍질이 얇고 희다. 나뭇결이 붉은 것은 '순색'인데 다른 이름으로 '이'이며, 흰 것은 '색'이다. 나무가 모두 튼튼하고 질겨서 지금 사람들이 수레바퀴를 만든다.

爾雅 楰赤楝 白者楝. 郭璞註 赤楝樹葉細 而岐銳. 皮理錯戾 好叢生山中 中爲車輞. 白楝葉圓而岐 爲大木. 陸璣疏 楝葉如柞 皮薄 而白. 其木理赤者爲舜楝 一名楰 白者爲楝. 木皆堅韌 今人以爲車轂.

52 앞장 '단(鶉)' 참조.

柞(떡갈나무) : 『시경(詩經)』「소아(小雅)」〈거할(車舝)〉[53]

허신이 『설문』에서 말하였다. 나무이다.

『시집』에서 말하였다. '작(떡갈나무)'은 굳세고 질긴 나무이다. 새 잎이 장차 나려 하면 옛 잎은 이에 떨어지는데, 붙어 있는 것은 매우 단단한 것이다.

진장기가 말하였다. '작' 나무는 남쪽 지방에서 나고, 잎이 가는데, 지금 그것으로 빗을 만드는 것이 이것이다.

나는 이렇게 생각한다. 나무줄기에 가시가 있고, 그 재목은 굳세고 질기다. 높은 산등성이에 오르는 것은 그 나무를 쪼개서 땔감으로 삼기 위해서인데, 그 잎이 우거지게 되면 높은 산등성이를 덮기 때문이다. 어진 여자가 왕후의 자리에 오르면 반드시 투기하는 여자를 제거하는데 그 임금의 현명함을 덮음이니, 이를 비유한 것이다. 잎이 가장 무성하기 때문에 〈채숙〉[54]에서 "오직 떡갈나무의 가지만 그 잎이 무성하도다"라 하였다.

許愼說文 木也. 詩緝 柞堅韌之木. 新葉將生 故葉乃落 附著甚固. 陳藏器曰 柞木生南方 細葉 今以之作梳者 是也. 愚按 木幹有刺 其材堅韌. 登高岡者析其木以爲薪 爲其葉茂蔽高岡也. 以喩賢女得在后位 必除嫉妬之女 爲其蔽君明也. 葉最茂盛 故采菽云 維柞之枝其葉蓬蓬.

---

53 앞장 '교(鷮)' 참조.

54 『시경(詩經)』「소아(小雅)」〈채숙(采菽)〉.

棫(두릅나무) : 『시경(詩經)』「대아(大雅)」〈면(綿)〉[55]

『이아』에서 말하였다. '역(두릅나무)'은 '백유'이다.
곽박이 주에서 말하였다. '유(두릅나무)'는 작은 나무인데 떨기로 나고 가시가 있다. 열매는 귀걸이와 같고, 자적색이 되면 먹을 수 있다.
육기가 『모시초목조수충어소』에서 말하였다. 『왕창』[56]에서 '역'은 곧 '작(떡갈나무)'이라고 설명하였다. 그 나뭇결이 전부 하얀 색이며 붉은 심이 없는 것이 '백유'이다. 결이 곧아서 쉽게 쪼개지니 함이나 바퀴살을 만들 수 있고, 모[57]·극[58]·궁[59]도 만들 수 있다. 지금 사람들은 '백구(흰 상수리나무)'라고 하고 어떤 사람들은 '백자(흰 산뽕나무)'라고 부른다.
소송이 말하였다. 나무의 크기는 대여섯 자 정도이며 줄기 사이에는 가시가 있다.
나는 이렇게 생각한다. 『본초』에서 "잎이 가는 것은 '구기(구기자나무)'와 비슷하나 좁고 길며, 꽃은 희고, 어린잎은 줄기에 붙어서 나며 자적색이고, 크기는 '오미자'와 같다. 화려한 열매의 꽃술들이 아래로 드리워져있기 때문에 '유'라고 이른다"라 하였고, '작목(떡갈나무)'은 또한 '역'이라 하는데 나뭇결이 실제로 다르다.

---

55 앞장 '근(菫)' 참조.
56 육기 『모시초목조수충어소』 원문에는 '三蒼'이라고 되어 있다.
57 긴 자루 끝에 날을 단 병기.
58 양쪽에 날이 있는 병기.
59 창자루.

爾雅 棫白桵. 郭璞註 桵小木 叢生 有刺. 實如耳璫 紫赤可啖. 陸璣疏 王蒼 說棫 卽柞也. 其材理全白 無赤心者爲白桵. 直理 易破 可爲櫝車輻 又可爲矛戟矜. 今人謂之白梂 或曰白柘. 蘇頌曰 木高五六尺 莖間有刺. 愚按 本草 葉細似枸杞 而狹長 花白 子附莖生 紫赤色 大如五味子. 華實蕤蕤下垂 故謂之桵 柞木 亦名棫 而材理實異.

楛(싸리나무) : 『시경(詩經)』「대아(大雅)」〈한록(旱麓)〉[60]

「주어」[61] 위소의 주에서 말하였다. '호(싸리나무)'는 나무이름이다.

『정의』에서 말하였다. 육기는 "'호'는 그 모양이 '형(가시나무)'과 비슷하나 붉은 줄기는 '시(시초)'와 비슷하다. 상당[62] 사람들은 그것을 얽어서 광주리, 상자 등의 그릇을 만들었다. 또 구부려서 비녀까지 만들었기 때문에 상당 사람들은 우스갯말로 부인에게 붉은 연지를 살지 말지를 물을 때는 부엌 아궁이에 황토가 변함없이 있는지를 묻는 것이고, 비녀를 살지 말지를 물을 때는 산에 '호'가 변함없이 있는지를 묻는 것이다"라 하였다.

『도경』에서 말하였다. 푸른색과 붉은색 두 가지가 있으니 푸른색은 '형'이라 하고, 붉은색은 '호'라 한다. 어린 가지로 모두 광주리와 소쿠리를 만들 수 있다. 옛날에는 가난한 부인들이 '형'으로 비녀를 만들었으니, 이 두 종류의 나무이다.

나는 이렇게 생각한다. 옛날에는 '시'로 만든 비녀와 '형'으로 만든 비녀가 있었는데, 지금 오나라 사람은 누런 '양(버드나무)'으로 비녀를 만드니, 곧 예부터 전해져온 것이라는 뜻이다. '시'로 만든 비녀는 『한시외전』[63]에 보인다.

---

60 선조(先祖)의 공업을 받았음을 읊은 시이다. 주(周)의 선조가 대대로 후직(后稷)과 공류(公劉)의 업을 닦아 태왕(太王)과 왕계(王季)가 백복(百福)과 간록(干祿)을 거듭한 것이다.

61 『국어(國語)』의 편명.

62 장치(長治)의 옛 이름.

63 『한시외전(韓詩外傳)』 9권.

周語韋昭註 楛木名. 正義 陸璣云 楛其形似荊 而赤莖似蓍. 上黨人織以爲斗管箱器. 又屈以爲釵 故上黨人調曰 問婦人欲買赭不 謂竈下自有黃土. 問買釵不 謂山中自有楛. 圖經 有靑赤二種 靑者荊 赤者楛. 嫩條 皆可爲筥箇. 古者貧婦以荊爲釵 卽此二木也. 愚按 古有蓍簪荊釵 今吳人以黃楊木作簪 卽古之遺意. 蓍簪見 韓詩外傳.

栵(산밤나무) : 『시경(詩經)』「대아(大雅)」〈황의(皇矣)〉[64]

『이아』에서 말하였다. '열(산밤나무)'은 '이(산밤나무)'이다.
곽박이 주에서 말하였다. 나무가 '곡속(떡갈나무)'과 비슷하나 낮고 작으며, 열매는 작은 '률(밤)'과 같고 먹을 수 있다. 지금 강동에서 또한 '이율'이라 부른다.
나는 이렇게 생각한다. 형숙명[65]은 '지이'[66]를 인용하여 증명하였다. 그러나 「내칙」에서 말한 '지이'는 모두 '지(지초)'의 무리이다. 유위는 "꽃과 잎이 없이 자라는 것을 '지이'라 한다"고 하였으니 다른 이름으로 '연(목이버섯)'이다. 나무에서 자라는 것을 '연'이라 하고, 땅에서 자라는 것을 '균(버섯)'이라 하니, 곧 여기에서 말한 '이'는 아니다. '열'이라는 것은 지금 오중에서 '모율'이라 부른다.

爾雅 栵栭. 郭璞註 樹似槲樕 而痺小 子如細栗 可食. 今江東 亦呼爲栭栗. 愚按 邢叔明引芝栭爲証. 然內則云 芝栭 蓋芝屬也. 庾蔚云 無花葉 而生者曰 芝栭 一作檽. 木生者爲檽 地生者爲菌 則非此栭也. 所謂栵者今吳中呼爲茅栗.

64 하늘이 은(殷)을 대신할 나라를 살펴보니 주(周)만한 나라가 없고, 주에 대대로 덕을 닦은 사람이 문왕(文王)만한 이가 없다며 주를 찬미한 시이다.
65 형병(邢昺)의 자(字).
66 나무에 돋는 버섯.

檉(버드나무) : 『시경(詩經)』「대아(大雅)」〈황의(皇矣)〉[67]

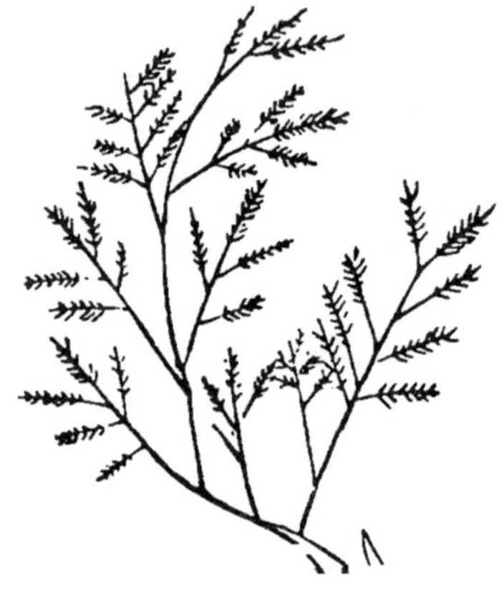

『이아』에서 말하였다. '정(버드나무)'은 '하류'이다. 곽박이 주에서 말하였다. 지금 강가에 있는 붉은 줄기의 '소양(버들)'이다.

육기가 『모시초목조수충어소』에서 말하였다. 물가에서 나고, 껍질은 진홍색 같은 순적색이다. 다른 이름으로 '우사'이다. 가지와 잎은 '송(소나무)'과 같다.

라원이 『이아익』에서 말하였다. '정'의 잎은 실과 같이 가늘며, 부드럽고 아름다워 사랑스럽기까지 하다. 하늘이 장차 비를 내리려 하면 '정'은 그것에 응하여 먼저 기운을 일으키기 때문에 다른 이름으로 '우사'라 하였고 글자는 '성(聖)'을 좇았다. 『시소광요』[68]에서 말하였다. 비가 옴을 알려줄 뿐만 아니라 또 서리나 눈을 지탱할 수 있으니 큰 추위에도 시들지 않음이 다른 '류(버들)'와 차이가 있다.

강엄이 『정송』에서 말하였다. 나무는 겨울에 꽃 피는 것을 귀하게 여기고, '정'의 열매는 찬 느낌을 주는 빛깔을 낸다.

『연의』에서 말하였다. 사람들이 '삼춘류(능수버들)'라 하는 것은 일 년 중에 세 가지 빼어난 것이기 때문이다.

정초가 『통지』에서 말하였다. 대개 '송'과 '삼(삼목)'의 따위인데, 기색과 자태는 '류'와 비슷하며, 그 재목은 구부릴 수 있어 쟁반을 만들 수 있다.

---

67 앞장 '열(栵)' 참조.

68 명(明) 모보(毛普)의 『모시초목조수충어소광요(毛詩草木鳥獸蟲魚疏廣要)』이다.

爾雅 檉河柳. 郭璞註 今河旁赤莖小楊. 陸璣疏 生水旁 皮正赤如絳[69]. 一名雨師. 枝葉如松. 羅願爾雅翼 檉葉細如絲 婀娜可愛. 天之將雨 檉先起氣以應之 故一名雨師 而字從聖. 詩疏廣要 非獨知雨 又能負霜雪 大寒不凋有異餘柳. 江淹檉頌 木貴冬榮 檉實寒色. 衍義 人謂之三春柳 以其一年三秀也. 鄭樵通志 大槩松杉之類 而意態似柳 其材可卷爲盤合.

69 본 책에는 '絳'으로 되어 있지만, 『모시초목조수충어소』 원문에는 '絳'으로 되어 있어 이에 따라 해석하였다.

椐(영수목) : 『시경(詩經)』「대아(大雅)」〈황의(皇矣)〉[70]

『이아』에서 말하였다. '거(영수목)'[71]는 '궤(영수목)'이다.
손염이 주에서 말하였다. '궤'는 마디에 옹이가 있어서 지팡이를 만들 수 있다.
육기가 『모시초목조수충어소』에서 말하였다. 마디 가운데에 옹이가 있는 것이 '부로(대나무)'[72]와 비슷한데 곧 지금의 '영수'[73]가 이것이다. 사람들은 이것으로 '마(말)'의 채찍과 지팡이로 삼으며, 홍농의 공북산[74]에 이것이 매우 많다.
『한서』「공광전」에서 말하였다. '영수' 지팡이를 내려주었다.
안사고가 주에서 말하였다. 이 나무는 '죽(대나무)'과 비슷하여 가지에 마디가 있다. 길이는 여덟아홉 자를 넘지 않고 둘레는 서너 치이다. 자연히 지팡이 만들기에 알맞아서 깎거나 손댈 필요가 없다. 사람들의 나이를 늘려주고 수명을 더해준다.
나는 이렇게 생각한다. 『본초』에서 다른 이름으로 '부로장'·'영수목'이라 한다고 하였다. 잎은 둥글면서 뾰족하고, 꽃이 있기 때문에 『산해경』에서 "'영수'의 열매와 꽃이다"라 하였다.

爾雅 椐樻. 孫炎註 樻腫節 可以作杖. 陸璣疏 節中腫似扶老 卽今靈壽 是也. 人以爲馬鞭及杖 弘農其北山甚有之. 漢書孔光傳 賜靈壽杖. 顔師古註 木似竹 有枝節. 長不過八九

---

70 앞장 '열(栵)' 참조.
71 대나무와 비슷하며 마디가 있는 작은 나무이다.
72 대나무가 지팡이의 재료가 되는 데서 지팡이를 일컫기도 한다.
73 '거'의 다른 이름이다. 인신하여 지팡이를 뜻하기도 한다.
74 본 책에는 '其北山'이라고 되어 있지만, 육기의 『모시초목조수충어소』 원문에는 '共北山'이라고 되어 있어서 이에 따라 해석하였다.

尺 圍三四寸. 自然合杖制 不須削治. 令人延年益壽. 愚按 本草 一名扶老杖 一名靈壽木. 葉圓 而銳 有華 故山海經云 靈壽實華.

檿(산뽕나무) : 『시경(詩經)』「대아(大雅)」〈황의(皇矣)〉[75]

『이아』에서 말하였다. '염상(산뽕나무)'은 '산상(산뽕나무)'이다.
곽박이 주에서 말하였다. '상'과 비슷하고, 재목은 활과 수레의 끌채를 만들기에 알맞다.
『고공기』에서 말하였다. 활 쏘는 사람들이 활대를 구하려 한다면 '자(산뽕나무)'가 으뜸이 되고, '염상'이 그 다음이다.
〈우공〉[76]에서 말하였다. 청주 지역에서 광주리에 담아 바치는 폐백은 '염'에서 나오는 실로 만든다.
주에서 말하였다. '잠(누에)'에게 '염상'을 먹이고 실을 얻으니, 질겨서 거문고의 줄에 적합하다.
『설문』에서 말하였다. '산상'은 점무늬가 있는 것이다.
주자가 『집전』에서 말하였다. '염'은 '산상'이다. '자'와 함께 모두 좋은 재목이니 활대를 만들 수 있고 또 '잠'을 칠 수도 있다.

爾雅 檿桑山桑. 郭璞註 似桑 材中作弓及車轅. 考工記 弓人取幹 柘爲上 檿桑次之. 禹貢 青州厥篚檿絲. 註 蠶食檿桑所得絲 韌中琴瑟絃. 說文 山桑有點文者. 朱子集傳 檿山桑也. 與柘 皆美材 可爲弓幹 又可蠶也.

---

75 앞장 '열(栵)' 참조.
76 『서경(書經)』「하서(夏書)」의 장명.

柘(산뽕나무) : 『시경(詩經)』 「대아(大雅)」 〈황의(皇矣)〉[77]

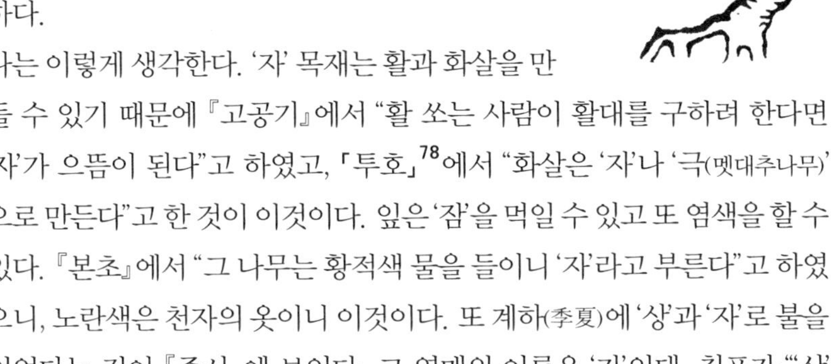

『회남자』에서 말하였다. 8월에 '자(산뽕나무)'를 심는다.
『설문』에서 말하였다. '상(뽕나무)'의 무리이다.
『잠서』에서 말하였다. '자' 잎을 '잠(누에)'에게 먹이면 실을 만들어낸다. 거문고 줄로 알맞으니 맑은 소리와 울림이 다른 실보다 낫다.
『비아』에서 말하였다. '자'는 돌산에 심음이 마땅하다.
나는 이렇게 생각한다. '자' 목재는 활과 화살을 만들 수 있기 때문에 『고공기』에서 "활 쏘는 사람이 활대를 구하려 한다면 '자'가 으뜸이 된다"고 하였고, 「투호」[78]에서 "화살은 '자'나 '극(멧대추나무)'으로 만든다"고 한 것이 이것이다. 잎은 '잠'을 먹일 수 있고 또 염색을 할 수 있다. 『본초』에서 "그 나무는 황적색 물을 들이니 '자'라고 부른다"고 하였으니, 노란색은 천자의 옷이니 이것이다. 또 계하(季夏)에 '상'과 '자'로 불을 얻었다는 것이 『주서』에 보인다. 그 열매의 이름은 '가'인데, 최표가 "'상' 열매를 '심(오디)'이라 하고, '자' 열매를 '가'라 한다"고 하였다.

淮南子 八月其樹柘. 說文 桑屬. 蠶書 柘葉飼蠶 爲絲. 中琴瑟絃 淸響勝凡絲. 埤雅 柘宜山石. 愚按 柘材可爲弓矢 故考工記云 弓人取幹 柘爲上 投壺云 矢以柘若棘 是也. 葉可飼蠶 又堪染色. 本草云 其木染黃赤色謂之柘 黃天子服 是也. 又季夏取桑柘之火 見周書. 其實名佳 崔豹曰 桑實曰 葚 柘實曰 佳.

---

77 앞장 '열(栵)' 참조.
78 『예기(禮記)』의 편명.

梧桐(오동나무) : 『시경(詩經)』「대아(大雅)」〈권아(卷阿)〉[79]

『모전』에 말하였다. '오동(오동나무)'은 부드러운 나무이다.

『정의』에 말하였다. 부드러운 나무이기 때문에 '유목'이라 한다. 「석목」에 "'츤(오동나무)'은 '오(오동나무)'이다"라 하였고, 곽박은 "지금의 '오동'이다"라 하였다.

『회남자』「설산훈」에서 말하였다. '오동'으로 뿔을 자른다.

주[80]에서 말하였다. 부드러움이 강함을 이긴다.

『연의』에서 말하였다. 4월에 꽃을 피우고, 5·6월에 열매를 맺는데, 「월령」에 청명(淸明)[81]에 '동(오동나무)'이 처음 꽃을 피운다는 것이 이것이다. 나는 이렇게 생각한다. 꽃은 가늘게 떨어지며, 가지의 끝은 가느다란 채찍처럼 나오는데 길이는 세 치 가량이며, 다섯 조각이 모여 이루어지고, 늙으면 쪼개져 열려 '고악'이라 이른다. 그 열매는 '동유'라 이르는데 '고악' 위에 이어져 있다. 날아다니는 새들이 그 나무에 둥지 틀기를 좋아해서, 『장자』에 "'동유'에 이르러 둥지를 튼다"라고 하였다. 나무의 성질이 고상하고 깨끗하여 여러 나무들과 다르기 때문에 옛 말에 '봉황'은 '오동'이 아니면 깃들지 않는다고 하였다.

毛傳 梧桐柔木也. 正義 柔刄之木 故曰 柔木. 釋木云 櫬梧. 郭璞云 今梧桐. 淮南子說山訓 梧桐斷角. 註 柔勝剛也. 衍義 四月開花 五六月結子 月令 淸明桐始華者是. 愚按 花

---

79 앞장 '봉황(鳳凰)' 참조.

80 『회남자(淮南子)』에 대한 고유(高誘)의 주(註)이다.

81 양력 4월 5~6일경.

細墮之 枝頭出絲筴 長三寸許 五片合成 老則裂開如箕謂之橐鄂. 其子謂桐乳 綴橐鄂上. 飛鳥喜巢其樹 莊子 所謂桐乳致巢也. 樹性高潔 異於群木 故舊說鳳凰非梧桐不棲.

柏(측백나무) : 『시경(詩經)』「상송(商頌)」〈은무(殷武)〉[82]

『이아』에서 말하였다. '백(측백나무)'은 '국'[83]이다.

왕안석이 『자설』에서 말하였다. '백'은 여러 나무의 우두머리가 되고 '백'은 '백(百)'과 같기 때문에 '백(百)' 자를 따랐다.

『육서정온』에서 말하였다. '백'은 그늘에 사는 나무이다. 나무는 모두 양(陽)에 속하는데, 유독 그늘을 향하고 서쪽을 가리킨다. 대개 나무가 곧음과 덕이 있기 때문에 '백(白)'자를 따랐다. '백(白)'은 서쪽을 향하는 순수한 색깔이다.

구종석이 말하였다. 내가 섬서의 관리로 있을 때 높은 곳에 올라 '백'을 바라보니, 수많은 그루들이 모두 한결같이 서쪽을 가리키고 있었다. 이 나무는 매우 견고하고 서리와 눈을 두려워하지 않는다.

나는 이렇게 생각한다. '백'은 두 종류가 있는데, '원백'과 '측백(측백나무)'이다. 그 잎이 둥글고 바늘 같은 것이 곧 '회(전나무)'인데, 「위풍」〈죽간〉에 자세하다. 또 한 종류는 '측백'인데 지금 오중에서는 '편백(노송나무)'이라 부른다. 『화보』에서 "'백'으로 몸을 묶는다"라 하였고, 그 재목으로 배나 집을 만들 수 있기 때문에 『시경』에서 "측백나무 배여!"[84]라 하였으며, 이 시에서 "종묘의 정전과 후전을 이룬 것이 매우 편안하도다"라 한 것과 한 무제가 백량대[85]를 세운 것이 모두가 이것이다.

---

82 상(商) 고종(高宗)을 제사하는 내용을 읊은 시이다.
83 측백나무와 노송나무의 총칭이다.
84 『시경(詩經)』「패풍(邶風)」〈백주(柏舟)〉.
85 한 무제가 지금의 섬서성(陝西省)에 세운 대(臺)의 이름이다.

爾雅 柏椈. 王安石 字說 栢爲百木之長 栢猶百也 故从百. 六書精蘊 柏陰木也. 木皆屬陽 而柏向陰指西. 蓋木之有貞德者 故字从白. 白西方正色也. 寇宗奭曰 予官陝西 登高望 柏 千萬株 皆一一西指. 此木至堅 不畏霜雪. 愚按 柏有二種 圓柏側柏 其葉圓如針者 卽 檜也 詳衛風竹竿 又一種側柏 今吳中呼爲扁柏. 畫譜云 柏樹纏身 其材可作舟屋 故詩曰 柏舟 此詩 寢成孔安 及漢武帝起柏梁臺 皆是也.

모시명물도설 | 찾아보기

ㄱ

ㄹ

ㅁ

ㅂ

ㅇ

ㅈ

ㅊ

ㅋ

ㅌ